U0109292

古典文獻研究輯刊

二一編

潘美月・杜潔祥 主編

第10冊

清末民初嶺南詩歌總集研究

黎　聰著

國家圖書館出版品預行編目資料

清末民初嶺南詩歌總集研究／黎聰 著 -- 初版 -- 新北市：花木蘭文化出版社，2015〔民104〕

目 2+310 面；19×26 公分

（古典文獻研究輯刊 二一編；第 10 冊）

ISBN 978-986-404-348-4（精裝）

1. 清代詩 2. 詩評

011.08　　104014545

ISBN- 978-986-404-348-4

古典文獻研究輯刊

二一編 第十冊　　ISBN：978-986-404-348-4

清末民初嶺南詩歌總集研究

作　　者　黎聰

主　　編　潘美月　杜潔祥

總 編 輯　杜潔祥

副總編輯　楊嘉樂

編　　輯　許郁翎

企劃出版　北京大學文化資源研究中心

出　　版　花木蘭文化出版社

社　　長　高小娟

聯絡地址　235 新北市中和區中安街七二號十三樓

電話：02-2923-1455／傳眞：02-2923-1452

網　　址　http://www.huamulan.tw 信箱 hml 810518@gmail.com

印　　刷　普羅文化出版廣告事業

初　　版　2015 年 9 月

全書字數　249810 字

定　　價　二一編 16 冊（精裝）新台幣 30,000 元

清末民初嶺南詩歌總集研究

黎　聰　著

作者簡介

黎聰，男，1981 年 10 月生於廣東省化州市。2013 年 7 月畢業於華南師範大學文學院，獲文學博士學位。現為廣東警官學院公共課教研部教師，主要從事中國近代文學以及嶺南文化、文學的研究。先後發表《近代南海伍氏家世事迹與家族精神傳承述略》、《晚清民國嶺南傳統學術之薪傳者——試述溫廷敬先生的學術歷程及其貢獻》等論文多篇。

提　要

本書側重從嶺南詩歌總集與嶺南詩歌史、嶺南地域文化等要素的關係入手，選取伍崇曜、譚瑩輯《楚庭耆舊遺詩》、溫廷敬輯《潮州詩萃》、胡曦輯《梅水彙靈集》等三部分屬於廣府、客家和福老三大民系，且在清末民初頗具影響力的三部詩歌總集作為主要觀照對象。一方面，詳細考察其編輯者的生平行迹，詩學淵源以及在目錄學、文獻學領域的貢獻；另一方面，從對三部詩歌總集的編纂體例（編排形式、選詩標準、附件）以及詩歌總集中所收錄的詩人與具體作品的考察，闡明其總集的構成要素、編輯體例的傳承與創新性，選輯詩人的地域分佈性以及選源豐富性等特點，勾勒出它們的基本概貌。並進而理清《楚庭耆舊遺詩》與嶺南詩歌總集編纂的興起、《潮州詩萃》與「韓江文化」的定型、《梅水彙靈集》與客家文學意識的成熟等一系列以嶺南詩歌總集與嶺南詩歌史、嶺南文化史的互動關係為中心所進行的專題考察。

同時，這批嶺南詩歌總集的編纂問世，不但強化了詩歌總集中固有的嶺南山川風物書寫，而且也深刻地體現出了嶺南詩歌總集對阮元及「學海堂」樸學之風的傳承，藏書刻書與儒、商文化合作的興起，以及嶺南族群研究意識的覺醒。這對整個嶺南文化的近代化進程都具有深遠的歷史影響。

目次

緒　論

文學總集，是中國文學史上一種非常重要而又獨特的文獻典籍形式，它通過薈萃各時期、各地域作家的名篇佳作，生動再現了特定歷史時期內某種文學體裁的原始風貌。總集的出現，一般以晉摯虞《文章流別集》爲標誌，《晉書・摯虞傳》云：「虞撰《文章志》四卷，注解《三輔決錄》，又撰古文章，類聚區分爲三十卷，名曰《流別集》，各爲之論，辭理愜當，爲世所重。」〔註 1〕《隋書・經籍志》著錄摯虞《文章流別集》四十一卷，《文章流別志、論》二卷。並將其《隋書》視爲「總集」之首，曰：「總集者，以建安之後，辭賦轉繁，眾家之集，日以滋廣，晉代摯虞，苦覽者之勞倦，於是採摘孔翠，芟剪繁蕪，自詩賦下，各爲條貫，合而編之，謂爲《流別》。是後文集總鈔，作者繼軌，屬辭之士，以爲覃奧，而取則焉。」〔註 2〕自此起，總集的經典意義被確立下來，並開始對後世的詩、詞、文、賦、小說、戲曲等諸多文體都產生直接或間接的影響。例如由南朝梁蕭統編選的，收錄了從先秦到梁代八九百年間一百三十位作者的五百一十四篇各種體裁的文學作品的「文選」一書，不但成爲士人學習詩賦的範本，更是衍化成了一門專門的學問——「選學」，澤披深遠。

清代是我國古代文學的終結與集大成的時期，清詩創作總量之多、清人對詩學之重視、編輯出版事業之發達以及清人對古文獻進行整理之熱情都是

〔註 1〕【唐】房玄齡等撰：《晉書》卷五十一，「列傳」第二十一，北京：中華書局，1974 年版，第 1427 頁。

〔註 2〕【唐】魏徵等撰：《隋書》卷三十五，「志」第三十，「經籍」四，北京：中華書局，1973 年版，第 1089～1090 頁。

前代人所無法企及的，故清人纂輯詩歌總集的風氣空前興盛，數量也非常巨大。章鈺等編《清史稿・藝文志》著錄清詩總集約二百八十種；武作成先生編《清史稿藝文志補編》補充約二百八十種；王紹曾先生主編《清史稿藝文志拾遺》在二書之外，又增收約一千五百種，三者合計約二千種，更不遑計算下落未明或早已散佚者。

與當時全國範圍內的詩歌總集纂輯之風潮同步，嶺南地區對詩歌總集編纂的重視，也是從清初開始，清中葉以後則愈演愈烈，到了清末民初，更是迎來了詩歌總集編纂的一個黃金時代。這一時期，不但擺在眾多詩歌編纂者面前的嶺南詩歌文獻材料比前代更爲豐富，而且，經過數代先賢編纂經驗的積纍，此時編者的主體編纂意識相對更爲突出，所採用的編纂體例也相對更爲完備，使得嶺南詩歌總集的整體編纂質量也遠勝前代。這不但是嶺南詩歌總集編纂領域自身的繁榮，而且，這種繁榮也極大地豐富了前代嶺南詩人、詩作及詩學的相關文獻成果，並對當時和後世的嶺南詩壇的發展起到了重要的促進作用。同時，嶺南詩歌總集作爲一種具有豐富內涵的文獻典籍形式，也爲後世研究者考察詩歌總集編者的學術思想、詩學觀念，乃至相關時代的社會環境、文化風氣、文人群體、文學潮流等，提供了豐富的文獻資料與多樣的學術視角。

本書以「清末民初嶺南詩歌總集」作爲研究對象，爲使全書論述之邏輯更爲清晰，筆者茲就研究對象涉及的若干問題，包括對「清末民初嶺南詩歌總集」的範疇的界定、嶺南詩歌總集研究的現狀、以及本書的主要研究內容及其意義作一些簡單的交代。

第一節　「清末民初嶺南詩歌總集」釋義及相關問題界定

一、「清末民初」的時限界定

本書的研究對象是「清末民初嶺南詩歌總集」，故有必要首先對「清末民初」的時限作一個說明。目前文學史界對於「清末民初」，或稱之爲「近代」的時間範圍比較通行的規定，是從 1840 年鴉片戰爭爆發到 1919 年五四運動前夕，約八十年。本書對「清末民初」研究範圍的確定，一方面考慮歷史學界和文學史界的一般界定；另一方面，也會對具體的研究對象給予充分的考慮。因此，本書將「清末民初」的上限定爲鴉片戰爭爆發的1840年，而下限則取至包含清末餘波的二十世紀三十年代。將下限延展到1919年以後，是因爲新文化運動興起後，雖然新詩發展勢頭迅猛，大有取代傳統的舊體詩歌之勢，但古體及律絕詩，以及對其進行選輯的詩歌總集，以其頑強的生命力，仍在發揮著它最後的光與熱，影響著至少一代人的詩歌創作。而事實上，不少嶺南詩歌總集也是在民國時期才編成，或延至此時才付梓出版，甚至再版。比如大埔溫廷敬輯《潮州詩萃》最後編定於民國四年（1915），東莞張其淦輯《東莞詩錄》刊行於民國十三年（1924），順德何藻翔編《嶺南詩存》刊行於民國十四年（1925）、臺山黃文寬編《嶺南小雅集》刊行於民國二十五年（1936）、香山黃紹昌、劉熽芬輯《香山詩略》刊行於民國二十六年（1937）。而且，需要說明的是，本書所考察的「清末民初」這一時間段，指的是詩歌總集編定成書的時間，這與它的正式刊行的時間並不是同一個概念。正如上文提及的溫廷敬編輯的《潮州詩萃》，它雖然在民國四年（1915）便已編訖，但由於時局動蕩，編者經濟拮据等諸多因素，一直未能付梓。溫廷敬1954年春在汕頭去世後，《潮州詩萃》的手抄稿本便交由汕頭市圖書館負責收藏。在經過了長達近一個世紀的沉寂之後，《潮州詩萃》才終於在2001年1月由汕頭大學出版社出版印行。因此，本書謹根據該部嶺南詩歌總集的實際成書時間來決定它是否屬於論列。

二、「嶺南」的範圍界定

嶺南古爲百越之地，是百越族居住的地方，秦末漢初，它是南越國的轄地。《晉書・地理志》將秦代所立的南海、桂林、象郡稱爲「嶺南三郡」。所謂嶺南，是指五嶺（越城嶺、都龐嶺、萌渚嶺、騎田嶺、大庾嶺）之南。五嶺大體分佈在今天廣西東部至廣東東部和湖南、江西五省區交界處，是中國南方最大的橫向構造帶山脈，是長江和珠江兩大流域的分水嶺。長期以來，南嶺作爲一道天然屏障，阻礙了嶺南地區與中原的交通與經濟聯繫，使嶺南地區的經濟、文化遠不及中原地區，被當時中原華夏漢人稱爲「蠻夷之地」。自唐朝宰相張九齡在大庾嶺開鑿了梅關古道以後，嶺南地區才得到逐步地開發。歷史上，唐朝嶺南道的統轄區域，除了包括現在廣東、廣西及海南全境，以及湖南及江西等省的部分地區，還包括曾經臣屬於中國的越南紅河三角洲一帶。在宋代以後，越南北部才從中國版圖分離出去，自此，嶺南的概念也開始將越南排除在外。嶺南，作爲我國一個特定的環境地域的普泛性稱呼，由於歷經數千年行政區劃的變革，其確切所指已發生了不小的變化。當我們現在再提及「嶺南」一詞，可能特指的便是如今的廣東、廣西和海南三省區，更尤以稱呼廣東爲主。至於歷史沿革中曾一度納入「嶺南」範圍內的江西和湖南的部分地區則已被完全摒除在外。

需要說明的是，本書所討論的「嶺南」區域，特指的是清代雍正十一年以後的廣南東道的行政區域，即廣州府、肇慶府、惠州府、潮州府、嘉應直隸州、雷州府、韶州府、廉州府、瓊州府、連州直隸州、羅定直隸州、南雄直隸州與欽州直隸州。其中廣州府下轄南海、番禺、順德、東莞、從化、龍門、增城、香山、新會、三水、新寧、清遠、新安、花縣等十四縣以及佛岡直隸廳、赤溪直隸廳；肇慶府下轄高要、四會、新興、陽春、高明、恩平、廣寧、開平、鶴山、德慶州、封川、開建等十二縣和陽江直隸廳；惠州府下轄歸善、博羅、長寧、永安、海豐、陸豐、龍川、香山、連平、河源、和平等十一縣；雷州府下轄海康、遂溪、徐聞等三縣；瓊州府下轄瓊山、澄邁、定安、文昌、會同、樂會、臨高、儋州、昌化、萬州、陵水、崖州、感恩等十三縣；嘉應直隸州下轄興寧、長樂、平遠、鎭平等四縣；潮州府下轄海陽、潮陽、揭陽、惠來、普寧、澄海、饒平、豐順、大埔等九縣和南澳直隸廳；韶州府下轄曲江、樂昌、仁化、乳源、翁源、英德等六縣；高州府下轄茂名、電白、信宜、化州、吳川、石城等六縣；廉州府下轄合浦、靈山二縣；連州直隸州下轄陽山與連山直隸廳；羅定直隸州下轄東安、西寧二縣；南雄直隸州下轄始興一縣；欽州直隸州下轄防城一縣。

三、關於「詩歌總集」的概念及其變化

「詩歌總集」作爲本書最重要的研究對象，很有必要簡要界定其範疇，並順帶回顧一下前人對「總集」這一概念的認識。

關於總集，《四庫全書總目》述曰：「文籍日興，散無統紀，於是部集作焉。一則網羅放佚，使零章殘什，並有所歸。一則刪汰繁蕪，使莠稗皆除，菁華畢出。是故文章之衡鑒，著作之淵藪矣。《三百篇》既列爲經，王逸所彙又僅《楚辭》一家，故體例所成，以摯虞《流別》爲始。其書雖佚，其論尚散見《藝文類聚》中，蓋分體編錄者也。《文選》而下，互有得失，至宋眞德秀《文章正宗》，始別出談理一派。而總集遂判兩途，然文質相扶，理無偏

廢。各明一義，未害同歸。惟末學循聲，主持過當，使方言俚語，俱入詞章，麗製鴻篇，橫遭嗤點。是則並德秀本旨失之耳。今一一別裁，務歸中道。至明萬曆以後，儈魁漁利，坊刻彌增，剽竊陳因，動成巨帙，並無門徑之可言，姑存其目，爲冗濫之戒而已。」〔註3〕

由此可見，總集的編輯，其要旨有二：一是要有保存文獻的意識，即「網羅放佚，使零章殘什，並有所歸」；二是要有選擇的意識，即「刪汰繁蕪，使莠稗皆除，菁華畢出」。

事實上，對「總集」功能的上述闡述，代表的已是清乾隆年間館臣們的觀念。在清代以前，乃至更早，士人對「總集」之功能更側重於「選擇」。如梁元帝蕭繹便指出：「諸子興於戰國，文集盛於兩漢。至家家有制，人人有集。其美者足以敘情志，敦風俗；其弊者只以煩簡牘，疲後生。往者既積，來者未已，翹足志學，白首不遍；或昔之所重，今反輕；今之所重，古之所賤。嗟我後生博達之士，有能品藻異同，刪整蕪穢，使卷無瑕玷，覽無遺功，可謂學矣。」〔註4〕因此，人們對總集功能的認識，至少在南朝梁之時，還停留在編輯者在一定範圍內，按自己的編輯標準，從眾多的作家作品中輯選出相應的作品，並按一定的編排體例編排成集。而到了清中葉之後，尤其是針對某一地域歷代的詩人詩作所編成的地域詩歌總集，就更多的偏向於求全，即志在使其成爲「網羅放佚，使零章殘什，並有所歸」之全集，以完整保存一地之文獻。

這種以地域標準輯錄詩人詩作的總集，最早可以追溯到唐代殷璠的《丹陽集》。宋、元、明三代亦有類似的總集面世，但總體成就不大。眞正大規模，帶有自覺意識地輯錄一地的詩歌文獻的情況，到了清代，尤其是清末民初，才變得越來越突出，也因此出現了眾多的地域詩歌總集。

嶺南詩歌總集的大量編輯也是出現於此時。這個時期的地域詩歌總集，表現出一個鮮明的特點，即在總集的編纂之始，便往往帶上了輯選者濃厚的桑梓之情。例如，著名文獻學家阮元，他在其編輯的《淮海英靈集》序言中便明確表明：「吾鄉在江淮之間，東至於海，漢唐以來，名臣學士概可考矣……元幼時，即思輯錄諸家以成一集，而力未逮。入都後，勤於侍直，亦

〔註3〕【清】永瑢等：《四庫全書總目》卷一百八十六，《集部》三十九，「總集類一」，北京：中華書局，1965年版，第1685頁。

〔註4〕【南朝梁】蕭繹：《金樓子》卷四《立言》上，王雲五主編《叢書集成初編》，上海：商務印書館，1936年版，第63頁。

未暇及此。乾隆六十年自山左學政本命移任浙江，桑梓非遙，徵訪較易，遂乃博求遺籍，遍於十二邑，陳編蠹稿列滿幾閣，校試之暇，刪繁紀要，效遺山《中州》十集之體，錄爲甲乙丙丁戊五集，以壬集收閨秀、癸集收方外，虛巳庚辛三集，以待補錄，曰《淮海英靈》者。」〔註 5〕眾所週知，阮元對清中期以來之廣東學風影響甚大，特別是他這種對鄉邦先賢的崇敬，對鄉邦文獻的重視，令嶺南士人深以爲然。正因爲如此，嶺南士人在編輯嶺南詩歌總集之時，無論著眼點是一府、一州或一縣、一鎮，都體現出保存和整理地方詩歌文獻的積極態度。而爲了兼顧選輯詩人的全面性，編者往往採取「因人存詩」的原則，只要是嶺南籍的詩人，無論其爲顯宦、名士、布衣、詩僧或是閨秀，只要其人足以傳者，多則二三百首、少則一二首，皆擇其詩錄之。最重要的是，據今人駱偉《廣東文獻綜錄》的統計，現存清代嶺南詩歌總集的數量不下二百種，這在詩歌總集編纂史上實在是一個極其令人矚目的文化現象。

在此需要特別說明的是，本書研究所涉及的「詩歌總集」，既然將「詩歌」作爲其定語，則該總集中所收錄的文體僅爲詩歌，而不可以兼收詞、文乃至其它文體。所謂依據「《文選》之體」，而將包括詩、詞、文等多種體裁的作品廣而並收的詩歌總集，一概不在本書關注之列。除此之外，本書在選擇詩歌總集之時，亦嚴守「總集」原始之義，與別集、叢刻等絕不混同。則如王隼編輯的《嶺南三大家詩選》、劉彬華編輯的《嶺南四家詩鈔》、盛大士編輯的《粵東七子詩》、黃玉階編輯的《粵東三子詩鈔》等，雖合收兩個以上作家之作品，但性質上與詩人詩集的合刻本無異，因此，此類集子亦不在本書討論範圍內。

第二節　嶺南詩歌總集的研究概況

自清代起，學者文人對詩歌總集的關注已經有所加強。《四庫全書總目提要》中便包含約六十種清詩總集的提要文字，爲後世研究清詩總集提供了大量有用的信息。但更多的相關文字，僅散見於序跋、詩文評、筆記等文獻中。較早對清詩總集作系統研究評述的反而是日本學者，1922 年，日本漢學家神田喜一郎撰文《關於清詩總集》（日文）將六十餘種清詩總集按不同時期和類

〔註 5〕【清】阮元：《淮海英靈集・自序》，清嘉慶三年刻本。

型進行考敘，概述了清詩總集的基本情況，發表於當年二月六日、四月八日、六月十日在日本出版的《支那學》雜誌第二卷六號、八號及十號。該文雖篇幅不長，只有幾千字，但在清詩研究相對冷清之時，可謂開風氣之先；大半個世紀後，1989 年 12 月，日本京都府立大學松村昂撰寫的專著《清詩總集131 種解題》由日本中國文藝研究會印行出版。書中對其所親見的 131 種清詩總集選本作了題錄，並附有清詩總集一覽表、人名索引等；1991 年 8 月，松村昂更將該書以活頁的形式進行增訂，標題改爲《清詩總集 138 種解題》；朱則傑先生在 1994 年第 4 期的《社會科學戰線》上撰文《清詩總集研究的碩果——讀松村昂著〈清詩總集 131 種解題〉》對該書進行了高度評價，認爲它具有很強的系統性和濃厚的理論色彩，且有意識地把清詩總集的編纂作爲清代詩歌乃至整個清代文學發展史的一環來看待，不止一次地明確指出有關清詩總集與清代文學，特別是清代詩歌發展的內在聯繫，提高了清詩總集研究的理論層次，決非一般的工具書所能比，也超越了當時國內學界清詩總集研究的水平；2010 年 11 月，松村昂的又一部清詩總集研究的著作《清詩總集敘錄》由東京汲古書院印行出版。全書著錄各類型清詩總集約二百種，從清初王士禎輯《濤音集》到民國時期徐世昌輯《晚晴簃詩彙》，每種介紹其編者、版本、序跋、體例、內容以及收藏單位等，數據豐富，敘述詳明。卷首《前言》論及清詩總集的基本情況和大致分類，並統計到本書所著錄的總集共收清代詩人「絕對數爲四萬四千三百二十家左右」。卷末後記按年代回顧作者研究清詩總集的歷程，前後貫穿約四十年。全書最末，還附有本書所涉《人名索引》、《書名索引》。它的問世，對促進清詩總集以及整個清代詩歌的研究，都具有重要的意義；1998 年，美國 GRINNELL 學院謝正光先生與香港中文大學佘汝豐先生共同編著了《清初人選清初詩彙考》（南京大學出版社，1998 年版），該書集中考察清初的全國性清詩總集。正文部分共計五十五種（凡「二集」、「續集」之類均各以一種計），每種依次介紹編者簡歷、著錄與版本情況，正文後還附錄了「清初詩選集庋藏一覽表」和「清初詩選待訪書目」，後者涉及清初詩歌總集凡二十五種。該書爲研究者提供了許多第一手的文學史料，影響比較大。但可惜研究範圍僅局限於清乾隆二十六年（1761）以前，未能對清詩總集展開全景式的研究。

此外，新世紀以來關於清詩總集研究的學位論文有：高春花《惲珠與〈國朝閨秀正始集〉研究》（南京師範大學 2006 年中國古代文學專業碩士學位論文，導師：馬玨玶教授）；王煒《〈清詩別裁集〉研究》（武漢大學 2006 年中國古代文學專業博士學位論文，導師：陳文新教授）；王卓華《鄧漢儀〈詩觀〉研究》（南京師範大學 2007 年中國古典文獻學專業博士學位論文，導師：陸林教授）；劉和文《清人選清詩總集研究》（蘇州大學 2009 年中國古代文學專業博士學位論文，導師：馬衛中教授）；王兵《清人選清詩與清代詩學》（北京語言大學 2009 年中國古代文學專業博士學位論文，導師：黃卓越教授）；夏勇《清詩總集研究（通論）》（浙江大學 2011 年中國古代文學專業博士學位論文，導師：朱則傑教授）。以上述及的專著和學位論文中都頗不乏深入而新穎的解讀，然而他們的研究著眼點都僅停留在清代全國性的詩歌總集上，而使地域性的詩歌總集研究歸於冷落。

實際上，在清代詩學風氣的推動下，清人編選的嶺南詩歌總集數量眾多，據駱偉的《廣東文獻綜錄》統計，現存清代嶺南詩歌總集的數量就不下二百種。直至清末，嶺南人對詩歌總集的編纂熱情仍然高漲不衰，並延續到了民國初年。除了一如既往地整理編纂立足嶺南全境的詩歌總集，一些府、縣的文人、學者也開始積極加入到本地詩歌總集的編纂中來，使嶺南詩歌總集的層級分佈與選詩範圍比以前有了更大的拓展，也爲今人對嶺南詩人和嶺南詩學的研究提供了珍貴的文獻史料，其重要程度不容忽視。

然而遺憾的是，目前學界對嶺南詩歌總集的關注仍非常有限，即使如陳永正主編的《嶺南文學史》（廣東高等教育出版社，1993 年 9 月第 1 版），管林等合著的《嶺南晚清文學研究》（廣東人民出版社，2003 年 11 月第 1 版）這兩部著眼於嶺南文學史的著作，雖對嶺南文學有較全面的闡述，字裏行間也顯示出諸位先生精湛的學術造詣，但卻沒有提及嶺南詩歌總集；又如嚴明的《清代廣東詩歌研究》（文津出版社，1992 年 8 月第 1 版）與陳永正的《嶺南詩歌研究》（中山大學出版社，2008 年 2 月第 1 版），兩書均以嶺南詩歌爲研究中心，極具學術眼光和價值。尤其是後者，對嶺南從古至今的詩歌、詩人、詩集、詩派、詩社、詩人世家以及詩學理論都作了全面的整理與多角度的觀照，代表著嶺南詩歌系統研究的最高水平。同時，陳先生身爲粵人，以其強烈的鄉土情懷主編《全粵詩》，辛勤搜求鄉土文獻遺產並加以輯集，多年風霜、篳路藍縷。如今該書的清代部分雖然尚未編成付梓，但相信現存的嶺南詩歌總集會是他編書的一個重要文獻來源，只可惜陳先生並沒有因此而對嶺南詩歌總集作更系統深入的研究。

反而是近年來有兩篇碩士學位論文對嶺南詩歌總集作了一定的研究，分別是宋迪《嶺南詩歌總集研究》（中山大學 2006 年 6 月中國古典文獻學專業碩士學位論文，導師：陳永正教授）、陳凱玲《清代廣東省級詩歌總集研究》（浙江大學 2008 年 6 月中國古代文學專業碩士學位論文，導師：朱則傑教授）。

宋迪《嶺南詩歌總集研究》論題中的「嶺南」即以清末民初廣東省所轄的範圍爲準，主要是指現在的廣東、海南及廣西欽州地區。全文分爲上、下兩篇，上篇爲總論，由嶺南詩歌總集的發展概況、版本流傳、分類、編排體例、選詩特點、文獻學價值等六章組成。考證了最早的嶺南詩歌總集，總結了嶺南詩歌總集在版本流傳、編排體例、選詩等方面的特點，闡述了嶺南詩歌總集在文獻學方面的意義和價值；下篇爲敘錄，對其中七部詩歌總集，即明清以後纂輯而成的《嶺南文獻》（三十二卷）、《廣東詩粹》（十二卷補編一卷）、《嶺南風雅》（三卷）、《嶺南群雅》（初集三卷二集卷初補二卷）、《粵東詩海》（一百卷補編六卷）、《嶺南詩存》、《粵詩蒐逸》（四卷）的版本、收藏、體例、價值等進行簡要介紹。此外，論文還附錄了《嶺南詩歌總集知見錄》（共著錄七十一種），當中具體羅列出了每部詩歌總集的卷數、版本以及館藏地。且在駱偉《廣東文獻綜錄》僅收錄廣東省立中山圖書館、中山大學圖書館、華南農業大學圖書館、華南師範大學圖書館、廣州中醫學院圖書館藏古籍的基礎上，加入了對中國國家圖書館、潮州市圖書館、汕頭市圖書館藏書的考察，能爲後來的研究者提供了很大的便利，顯得殊爲珍貴，故可視爲全文的一大亮點。於此也可窺見作者搜閱之勤與用功之深。但該文也頗有些不盡人意之處：一、論文的研究對象雖然涵蓋了明末以來的幾十部嶺南詩歌總集，但做的多是面上的概括性敘述，而沒有專門地去對某一部詩歌總集進行細緻深入的探討。即使是下篇敘錄對七部詩歌總集進行了介紹，但每部僅有一兩千字，仍顯過於簡單；二、附錄的《嶺南詩歌總集知見錄》雖然指出了每部詩歌總集的館藏地，且考察範圍貌似比駱偉《廣東文獻綜錄》還要廣，但其實往往局限於作者熟悉的中山大學圖書館和廣東省立中山圖書館。如《楚庭耆舊遺詩》，僅就廣州而言，在華南師範大學圖書館、暨南大學圖書館、華南農業大學圖書館、中山大學圖書館和廣東省立中山圖書館均有收藏，這在《廣東文獻綜錄》中早已有標明（除了暨南大學圖書館），但在《嶺南詩歌總集知見錄》中僅列館藏地爲中山大學圖書館和粵圖（廣東省立中山圖書館）；三、由於論文所關注的詩歌總集有幾十部之多，內容雜且多，出現小紕漏也是在所難免，但文中一些簡單錯誤的出現還是令人頗感遺憾。如伍崇曜編的《楚庭耆舊遺詩》，當中收錄了南海、番禺、順德、嘉應、海康、鶴山、陽春等嶺南多地詩人的作品，海康（原爲湛江市下屬縣，現已升格爲雷州市）籍詩人陳昌齊更是列於卷首，但作者仍將《楚庭耆舊遺詩》歸結介紹爲「收清廣州人詩」的詩歌總集，就實屬對「楚庭」一詞簡單的望文生義了。

陳凱玲《清代廣東省級詩歌總集研究》以廣東省級清詩總集爲中心論題，作者對於「廣東省級清詩總集」有自己的定義界定。所謂「省級」的含義有兩層，一指該總集所收作者，必須籍屬清代的廣東省；二指該總集選詩範圍必須立足全省，而並非限於省級之下的府、縣、鄉鎮等局部地區；至於「清詩總集」，作者採取的則是更爲開放的態度，她認爲「詩歌總集」同時也可以兼收清詞乃至散文，例如屈大均輯《廣東文選》與陳蘭芝輯《嶺南風雅》。該文分爲引言、概論、分論三大板塊。概論部分側重從宏觀上考察廣東省級清詩總集的基本情況，作者將研究對象界定爲十三部清詩總集，即《廣東文選》、《嶺南五朝詩選》、《廣東詩粹》、《嶺南風雅》、《嶺南群雅》、《粵東詩海》、《國朝嶺海詩鈔》、《嶺表國朝詩傳》、《楚庭耆舊遺詩》、《嶺南鼓吹》、《嶺南詩存》、《嶺南小雅集》、《廣東詩彙》。然後闡述其發展歷程、基本類型、編纂特色、歷史地位、文化價值，以及編者情況；分論部分則選取其中頗具典型性價值的《廣東文選》、《嶺南五朝詩選》、《嶺南群雅》、《國朝嶺海詩鈔》這四部總集爲個案，從微觀上揭示其文本特色、文學意義、文獻價值等。文章既勾勒出了廣東省級清詩總集的縱向發展脈絡：屈大均《廣東文選》（康熙二十六年，1687）（現存最早的一部廣東省級通代詩、文總集）→黃登《嶺南五朝詩選》（清康熙三十九年，1700）（現存最早的一部廣東省級通代詩歌總集）→劉彬華《嶺南群雅》（嘉慶十八年，1813）（現存最早的一部廣東省級斷代清詩總集）→淩揚藻《國朝嶺海詩鈔》（道光六年，1826）（收錄了凡 648 位詩人，1670 餘首詩作，爲現存廣東省級斷代清詩總集之最）；又在對單部詩歌總集的評述中旁及詩集編輯者所編選的其它詩文集，以作橫向比較，分析其編纂體例、選詩旨趣之異同，對其論題的研究是個有益的補充。此外，正文之後附錄了《九種廣東地區詩歌總集鉤沉》，仿傚其導師朱則傑教授《六種廣東地區清詩總集鉤沉》（《五邑大學學報》2009 年第 1 期）一文的寫法，再就相關線索，另爲分別刊刻於康熙、雍正、乾隆、道光四朝以及民國元年的九種清詩總集作鉤沉發微。篇幅雖短，但都言出有據，值得引起學界的關注。

除此之外，與嶺南詩歌總集研究直接相關的期刊論文有 8 篇，都是以個案研究的方式對某一部總集進行微觀的考察，其中《潮州詩萃》研究 3 篇〔註 6〕，《嶺南五朝詩選》研究 3 篇〔註 7〕，《國朝嶺海詩鈔》研究 2 篇〔註 8〕。論述篇幅普遍不長，多則萬餘字，少則四五千字。且都往往演變成爲單純的文獻價值研究或詩歌總集編纂體例（或稱「選政」）分析，以考察其詩文選學之選心（指編選之意圖、選者希望通過編選傳達出來的審美觀念和宗派意識、選集所體現的選擇標準）、選源（指所採選的來源和範圍）、選域（指所選對象的時代跨度、區域歸屬，作品的題材、內容和風格樣式的多樣性）、選陣（指所選對象的排列次序和結構）、選型（指選本的類型）等編纂方面的問題。這樣的研究固然有其意義所在，但難免會有膠柱鼓瑟之嫌，因此而帶來的見木不見林的弊病則更明顯。

綜上所述，目前學界對於嶺南詩歌總集的相關研究仍較爲薄弱，很多相關研究也仍處於起步階段。至今沒有一本以此爲研究對象的專著。即使有學者對此加以涉獵，也是或以方家的手眼用總論、通論的方式進行宏觀的觀照，或是以個案研究的方式對某一部或幾部總集進行微觀的考察，但都往往局限於單篇論文的形式，從而稍嫌系統性與深度不足。

清末民初這一時期的嶺南詩歌總集研究就更是顯得冷清，還沒有任何一部專著、碩士學位論文、博士學位論文或博士後出站報告以「清末民初嶺南詩歌總集」作爲專門的研究對象。如《嶺南耆舊遺詩》、《潮州詩萃》、《梅水

〔註 6〕閔定慶：《〈潮州詩萃〉選政初探》，《華南師範大學學報》，2006 年第 5 期；閔定慶：《〈潮州詩萃〉選政三題》，《古籍整理研究學刊》，2008 年第 2 期。

〔註 7〕史洪權：《黄登與〈嶺南五朝詩選〉》，《中山大學研究生學刊》，2001 年第 3 期；陳凱玲：《〈嶺南五朝詩選〉》的體例創新——以清代廣東省級詩歌總集爲背景》，《文學前沿》，2008 年第 2 期；陳凱玲：《論清代地方詩歌總集的文獻價值——以黄登〈嶺南五朝詩選〉爲中心》，《廈門教育學院學報》，2011 年第 1 期。

〔註 8〕陳凱玲：《廣東清代詩歌總集的集大成之作——論淩揚藻〈國朝嶺海詩鈔〉的編選旨趣》，《北京理工大學學報》，2009 年第 3 期；陳凱玲：《廣東清代詩歌總集的後出轉精之作——論淩揚藻〈國朝嶺海詩鈔〉的體例創新》，《江南大學學報》，2009 年第 6 期。

彙靈集》等一大批極具研究價值的嶺南詩歌總集反而被束之高閣，無人問津，殊爲可惜。

第三節　本選題的研究內容及意義

清代以降，詩學的地域性特徵日益明顯，而清人所編的地域詩歌總集在總體數量、涵蓋地域、選詩規模等諸多方面均取得了令人矚目的成就，可謂是我國古代地域詩歌總集編纂史上的一個興盛時期。正如蔣寅在其文章《清初詩學的地域格局與歷史進程》中所提到的：「文學發展到明清時代，地域性特徵變得格外豁目起來，人們對地域文學傳統的意識也愈益自覺。地域文化積纍的小傳統，不僅孕育了特定的文學風貌，也形成自己的價值觀和風格傾向，通過結社、家學和地域性總集、選集的編集，營造出不同的文學風氣和文學氛圍。理論上表現爲對鄉賢代表的地域文學傳統的理解和尊崇，創作上體現爲對鄉里先輩作家的接受和模倣，在批評上則呈現爲對地域文學特徵的自覺意識和強調。」

明清兩代，嶺南地區隨著社會經濟的繁榮以及與其它地區文化交流的增多，詩壇出現了前所未有的活躍氣氛，出色詩人輩出。如元末明初的「南園前五子」（孫蕡、王佐、趙介、李德、黃哲）；明中葉的「南園後五子」（歐大任、梁有譽、黎民表、吳旦、李時行）；明末的「嶺南前三家」（鄺露、黎遂球、陳邦彥）；清初的「嶺南三大家」（屈大均、陳恭尹、梁佩蘭）；清中葉的「嶺南四家」（黎簡、張錦芳、黃丹書、呂堅），「粵東三子」（張維屏、譚敬昭、黃培芳）；「近代嶺南四家」（梁鼎芬、曾習經、羅惇曧、黃節）以及黃遵憲、丘逢甲等，其詩歌成就都可與中原詩人爭雄。嶺南詩人的詩歌創作水平的不斷提高，爲此時期嶺南詩歌總集的編纂給予了強大的文獻支撐，使它直至清末民初仍長盛不衰。這個時期的嶺南士人，除了一如既往地整理編纂立足嶺南全境的詩歌總集，一些著眼於一府、一州、一縣、一鎮的詩歌總集也開始紛紛出現，使嶺南詩歌總集的層級分佈與選詩範圍比以前有了更大的拓展。

同時，必須提及的是，清末民初嶺南詩歌總集編纂的高度繁榮，與前代諸多地域詩歌總集所積纍下來的成功經驗也是密不可分的。我國地域詩歌總集的編纂起源於唐五代，唐殷璠輯《丹陽集》，五代劉松輯《宜陽集》均開一代之風氣；發展於宋元，宋孔延之、黃康弼合輯《會稽掇英總集》，元汪澤民、張師愚合輯《宛陵群英集》等相繼面世；至明代，地域詩歌總集的編纂之風較前代有了更明顯地張揚，有明韓雍等輯《皇明西江詩選》，明舒曰敬輯《皇明豫章詩選》，明趙諫輯《東甌詩集》，明謝鐸輯《赤城集》，明徐熥輯《晉安風雅》，明陳是集輯《溟南詩選》、明費經虞輯《蜀詩》、明趙彥復輯《梁園風雅》、明胡纘宗輯《雍音》；降至清代，大批地域詩歌總集更是層出不窮，呈現出一片繁榮景象。如黃宗羲輯《姚江逸詩》、屈大均輯《廣東文選》、汪森輯《粵西詩載》、施閏章、蔡臻春輯《續宛雅》、胡文學輯《甬上耆舊詩》、鮑楹輯《清溪先正詩集》、柴傑輯《國朝浙人詩存》、淩揚藻輯《國朝嶺海詩鈔》、張沆輯《國朝蜀詩略》、姜兆翀輯《國朝松江詩錄》、朱緒曾輯《國朝金陵詩徵》、吳顥輯《國朝杭郡詩輯》、袁景輅輯《國朝松陵詩徵》、曹錫辰輯《國朝海上詩鈔》、謝聘輯《國朝上虞詩集》、劉紹攽輯《仁南遺音》、劉彬華輯《嶺南群雅》、金德瑛、沈瀾輯《西江風雅》、阮元輯《兩浙輶軒錄》、《淮海英靈集》、王豫輯《江蘇詩徵》、《京江耆舊集》、商盤輯《越風》、雷楚材輯《漢南詩約》、李苞輯《洮陽詩集》。自唐以來的這些詩歌總集，作爲地域詩歌總集中的經典模板，也成爲了嶺南士人在編纂嶺南詩歌總集時必不可少的參考對象，而其間無論是成功的經驗，或是失敗的教訓，均被很好地加以了汲取。

眾多的嶺南詩歌總集的刊行面世，令大量不爲人所知的嶺南詩人及其詩歌能播諸中原詩壇，爲世人所瞭解。而且，由於嶺南詩歌總集中保存了歷代大量的嶺南人詩歌及其相關資料，是研究嶺南詩人、嶺南詩歌，甚至嶺南文化的重要文獻，更使它們具有了不可估量的史料價值。

上個世紀二十年代，方孝岳曾經指出：「凡是輯錄詩文的總集，……選錄詩文的人，都各人顯出一種鑒別去取的眼光」〔註 9〕方先生的話其實點明了一個事實，那就是詩歌總集在選輯時，雖然都標舉客觀、公允，但這畢竟往往只能是一種理想境界。事實上，每部詩歌總集都不免滲透著編選者自己鮮明的文學審美觀念以及詩學追求。但是，正如蔣寅所言，詩歌總集「收錄的作品出自選家的自覺選擇，當然集中體現了他的趣味和價值觀，而個體的審美情趣和價值觀從來就不是絕對主觀、絕對屬於個人的，它必然反映著一個時

〔註 9〕方孝岳：《中國文學批評・導言》，北京：生活・讀書・新知三聯書店，2007 年版，第 19～20 頁。

代一部分人的好尚。事實上任何以主觀形式表現出來的評價與選擇都帶有不同程度的普遍性，顯示一定的接受狀況。因而，研究一些有代表性的選本表現出的傾向，不僅可以直面一個時代的文學創作，同時還能洞悉當時的文學批評，瞭解時人的審美趣味與價值標準。」〔註 10〕因此，由於清末民初嶺南詩歌總集的內容及其編纂過程與嶺南的詩歌流派、詩歌創作及作家個體都有著密切的關係，也蘊含著極其豐富的嶺南詩歌、詩人傳記、詩歌流派、詩學評論等方面的文學文獻史料，故我們對清末民初嶺南詩歌總集進行全面系統的研究，可以在一定程度上還原當時眞實的詩壇生態，對於釐清和揭示清末民初之際的嶺南詩歌對前代的繼承以及自身新的嬗變，能提供一定的資料依據，具有較高的文獻參考價值。

但傳統的詩學研究，往往都僅熱衷於對詩集或詩評類專著進行探討，卻忽略了對詩歌總集所蘊含的詩歌史、文體史價值，這不能不說是一種缺憾。這也造成了現今學界關於清末民初嶺南詩歌總集的研究成果無論從整體質量或是數量上，都仍嫌不足。

考慮到嶺南地區是我國漢民系分佈最廣、情況最複雜的地區，包括廣府系、客家系和福佬系。這些民系在歷史發展長河中，創造了獨具一格的文化，即廣府文化、客家文化和福佬文化。它們在我國多元一體的民族和文化結構中佔有重要的地位，產生過深遠的影響。時至今日，這些民系在語言、習俗、觀念和行爲方式等方面都有強烈的地區差異，並由此產生相當多的具有他們區域文化特色和風格的詩歌。故本書擬在前人研究成果的基礎上，選取伍崇曜、譚瑩輯《楚庭耆舊遺詩》（側重收錄廣州府詩人詩作）、溫廷敬輯《潮州詩萃》（收錄自唐至民初潮州籍詩人詩作）、胡曦輯《梅水彙靈集》（收錄從北宋至清末嘉應地區詩人詩作）等三部清末民初嶺南詩歌總集作爲主要對象，進行個案的研究：

1.《楚庭耆舊遺詩》

《楚庭耆舊遺詩》是由伍崇曜和譚瑩合作編成的一部旨在收錄乾隆、嘉慶、道光年間嶺南籍詩人，尤其是廣州府詩人的詩歌總集。先後刊刻前、後、續三集，凡十三冊，合共收錄詩人七十家，詩作三千五百九十七首。其中《楚庭耆舊遺詩》前、後二集乃於道光二十三年（1843）同時刻印。前集四冊，凡二十一卷，選輯陳昌齊等十九位詩人之詩一千二百一十首；後集同

〔註 10〕蔣寅：《大曆詩風》，南京：鳳凰出版社，2009 年版，第 8 頁。

爲四冊，二十一卷，選輯吳蘭修等十九位詩人之詩一千零五十三首。續集則於道光三十年（1850）刻印。分爲五冊，共三十二卷，選輯顏檢等三十二位詩人之詩一千三百三十四首。

2.《潮州詩萃》

《潮州詩萃》是溫廷敬於民國四年（1915），憑一己之力，耗數十年心血編成，旨在收錄潮州歷代詩歌作品的詩萃巨編。全書凡五十卷，合共收錄自唐、宋、元、明至清末民初的潮州籍詩人四百三十九家，詩作六千五百三十餘首。其中唐代詩人一家，宋代詩人六家，元代詩人七家，明代詩人一百二十家，清代詩人二百七十八家，方外，閨秀詩人共二十七家。

3.《梅水彙靈集》

《梅水彙靈集》是胡曦於清光緒十二年（1886）編定的，現存最早、規模最大、體系最爲完備的嘉應一地歷代詩歌總集。共收錄嘉應地區從北宋至清末約一千餘年的二百二十七位詩人的優秀詩作二千零六十七首。全書分爲八卷，其中第一卷爲宋明部分，收錄詩人二十三家，詩作九十三首。第二卷至第七卷所收則均爲清代的梅州詩人及詩作，合共一百八十五人，詩歌一千九百一十五首。最後一卷，即第八卷，編者將其分爲上下兩個部份。上半部份所收乃十位閨秀詩人及其詩作四十四首，下半部份所收則是方外詩人及其詩作，凡詩人九家，詩歌十五首。卷末並附有宋明兩代無名氏創作的繇辭雜諺四首。

具體而言，本書把對《楚庭耆舊遺詩》、《潮州詩萃》、《梅水彙靈集》的原始文獻的整理作爲研究的基礎，並以整體研究與個案研究相結合的方式，將這三部詩歌總集與溫汝能輯《粵東詩海》、溫廷敬輯《潮州名媛集》、陳玨輯《古瀛詩苑》、張榕軒、張耀軒昆仲輯刊《梅水詩傳》等同時期的嶺南詩歌總集聯繫起來，進行綜合考察。本書總體運用了比較、分析、演繹、歸納等方法，將宏觀考察與微觀分析相結合，對每部詩歌總集都展開立體的研究。而在研究分析具體的一部詩歌總集時，則著重運用對比分析與材料互證的方法。一方面，認眞著眼於對總集文本進行獨立整理與分析；另一方面，則努力搜尋與此相關的詩人傳記、地方志與同時代的詩集、詩話作品，進行比較分析和材料互證，挖掘清末民初多本嶺南詩歌總集之間各具面目而又互相關聯的內在特徵與文體規律，以期能更好地釐清清末民初嶺南詩歌總集的總體面貌與特徵。

第一章　《楚庭耆舊遺詩》與嶺南詩歌總集編纂的興起

清代嶺南學人張維屏曾言：「前兩廣總督太傅阮文達公，一代名臣，三朝元老，學術夙本於經術，儒宗並領夫詞宗。……公蒞粵十年，……取學海之義以建堂，士林獲稽古之益。……至於寰宇痹安，斯文炳煥，《經籍纂詁》百十卷，悉古訓之精華；《皇清經解》八十家，實藝林之淵嶽。豈徒嶺南紙貴，已看海內風行。公擘經有集，著述等身，而獨舉二書者，則以此二書能闡發乎群經，而皆開雕於東粵者也。」〔註 1〕張氏的話道出了阮元督粵九年，對廣東典籍刊刻事業發展的大力推動。自此，道光、咸豐、同治、光緒四朝，嶺南校刻典籍的高潮持續出現。同治年間創立的廣東書局、光緒十三年創設的廣雅書局，便都躋身於全國著名的官書局之列。不僅如此，私人校刻典籍的成就在當時也非常突出。尤其是是南海籍廣東十三行富商、藏書家、刻書家伍崇曜，更堪稱同仁中的佼佼者。

同治十三年（1874），張之洞在就任四川學政時，曾撰有《勸刻書說》一文。文中提到：「凡有力好事之人，若自揣德業學問不足過人而欲求不朽者，莫如刊佈古書一法。但刻書必須不惜重費，延聘通人，甄擇秘籍，詳校精雕，刻書不擇佳惡，書佳而不離校，猶糜費也。其書終古不廢，則刻書之人終古不泯，如歙之鮑，吳之黃，南海之伍，金山之錢，可決其五百年中必不泯滅，豈不勝於自著書、自刻集者乎？假如就此錄中，隨舉一類，刻成叢書，即亦

〔註 1〕【清】張維屏：《國朝詩人徵略二編》卷四十五，見陳永正點校，蘇展鴻審定：《國朝詩人徵略》，廣州：中山大學出版社，2004 年版，第 1022 頁。

不惡。且刻書者，傳先哲之精蘊，啓後學之困蒙，亦利濟之先務，積善之雅談也。」言語中將「南海之伍」與乾隆年間安徽歙縣輯刻《知不足齋叢書》，將家藏善本古書公諸海內的鮑廷博、鮑士恭父子，乾嘉時期江蘇吳縣以搜藏宋本，影舊存眞的思想爲主導，輯刻《士禮居叢書》的黃丕烈以及道光年間江蘇金山縣盡出藏書，數易寒暑以輯刻《守山閣叢書》的錢熙祚並稱，並斷言他們終將因刻書之功而不朽，爲後人所銘記。這位「南海之伍」——指的便是伍崇曜。而伍氏刻書中的代表作之一，便是《楚庭耆舊遺詩》。

第一節　南海伍氏家世淵源與家族文化精神傳承考論

伍崇曜之伍氏家族在清代中後期乃南海之一方巨賈，「嘉慶間安海伍氏物力最富……每遇歲除，家庫核存常達千萬有奇」〔註 2〕；時在南海生活的美國商人威廉・C・亨特（William. C. Hunter）則直言：「遺產（筆者按：指同時代之廣州十三行行商同文行潘家，曾爲行商之首，亦爲巨富）超過二千萬元，約合伍怡和之財產額三分之一」〔註 3〕，如果其言屬實，則伍家之財就達六千萬元以上，無怪乎伍家曾被西方人視爲世界首富了。嘉慶八年（1803），伍氏更在廣州珠江南岸置地百畝開基立宅，興建伍家花園。園內「有太湖石屹立門內，雲頭雨腳，洞穴玲瓏高丈餘，有米元章題名。池廣數畝，曲通溪澗，駕以長短石橋，旁倚樓閣，倒影如畫。水口有閘，與溪峽相通，昔時池中常泊畫舫。有水月宮，上踞山巔。垣外即海幢大雄寶殿。內外古木參天，仿如仙山樓閣倒影池中，別繞佳趣。」〔註 4〕園中妍花古樹、風亭水榭佈局精宜，奢華中又透露出濃重的嶺南園林情調，令人歎爲觀止，伍氏財勢之隆於此也可見一斑。

而如此一個聲勢顯赫、富甲一方的大家族，在當時的文史資料中卻所記不多，以《南海縣志》爲例，僅有同治十一年（1872）刊本的卷十四「列傳」中專列有「伍崇曜」的條目對其生平、事功加以概略式的介紹。而即便如此，對伍崇曜父兄以及家族先世等情況的記載也甚爲簡略，只言其「先世自

〔註 2〕梁嘉彬：《廣東十三行考》，南京：國立編譯館，1937 年版，第 289 頁。

〔註 3〕【美】威廉・C・亨特著，馮樹鐵、沈正邦譯：《廣州番鬼錄・舊中國雜記》，廣州：廣東人民出版社，2009 年版，第 284 頁。

〔註 4〕伍綽餘：《萬松園雜感》詩注，見黃任恒《番禺河南小志》，《至樂樓叢書》（第三十八），1990 年版，第 361 頁。

閩遷粵，父秉鑒多財善賈，總中外貿遷事，手握貨利樞機者數十年。性喜施予，道光初，曾與侄婿盧文錦共捐銀十萬兩，將桑園圍改築石堤。粵督阮元親撰碑文紀其事。十三年，西潦大漲，沿西北江水庸多決。兄元蒿再捐銀五千兩，分派修築決口，趕樹晚木，其爲德於本邑甚厚……父秉鑒亦加布政使銜授榮祿大夫」〔註5〕。除此之外，在其它年份編纂的《南海縣志》中再難覓其它伍氏族人的相關記錄。相對而言，在清同治、光緒年間傳世的文字材料中，對伍氏家族提供了較多信息的當屬伍崇曜與其友、南海舉人譚瑩於道光年間編纂，旨在懷緬鄉邦師友耆老的詩歌總集《楚庭耆舊遺詩》。詩集中收錄了伍秉鏞、伍宗澤、伍元華、伍元菘、伍肇基五位伍氏族人的作品，並均附有簡略的介紹：「伍秉鏞，字序之，一字東坪，南海人，貢生。官湖南嶽常澧道，著有《淵雲墨妙山房詩鈔》。……東坪先伯宦情本淡，歸田後日以詩畫自娛。」〔註6〕；「伍宗澤，字振緒，一字霖川，南海人，監生。著有《隨筆錄》。……霖川再從兄幼即喜吟詩，屢舉不第，年三十三竟卒。」〔註7〕；「伍元華，字良儀，一字春嵐，南海人。候選道欽加鹽運司銜，著有《延暉樓吟稿》。……先四兄春嵐都轉善畫能詩。」〔註8〕；「伍元菘，字良弼，一字秋舲，南海人，道光癸巳欽賜舉人，官內閣中書內部員外郎。著有《池西草堂詩稿》。……六弟秋舲員外性耽禪悅。」〔註9〕；「伍肇基，字簣山，南海人。著有《紅棉山館吟草》。……簣山從侄夙擅詩才，尤精畫理。從余讀書萬松園最久。」〔註10〕譚瑩則在伍崇曜逝後爲其撰寫的《覃恩晉榮祿大夫紫垣伍公墓誌銘》與《覃恩誥授通奉大夫一品封典、晉授榮祿大夫布政使銜候選道紫垣伍公神道碑文》兩文中提供了伍崇曜的曾祖、祖父和父親的一些情況：「曾祖章蕃，祖國瑩，俱晉榮祿大夫。父秉鑒，候選道布政使銜、晉榮祿大夫。生七子，公行五。」〔註11〕文字雖短，但總算爲後人清晰勾勒出了從伍崇曜往上之三代世系：「伍章蕃→→伍國瑩（章蕃第三子）→→伍秉鑒（國瑩第三

〔註5〕【清】鄭夢玉等修、梁紹獻等纂：《南海縣志》，同治十一年刊本，卷十四「列傳」四八～四九「伍崇曜」。

〔註6〕【清】伍崇曜輯：《楚庭耆舊遺詩・後集》卷二十一「伍宗澤」。

〔註7〕【清】伍崇曜輯：《楚庭耆舊遺詩・後集》卷二十一「伍宗澤」。

〔註8〕【清】伍崇曜輯：《楚庭耆舊遺詩・續集》卷三十。

〔註9〕【清】伍崇曜輯：《楚庭耆舊遺詩・續集》卷三十一。

〔註10〕【清】伍崇曜輯：《楚庭耆舊遺詩・續集》卷三十二。

〔註11〕分別見【清】譚瑩：《樂志堂文續集》卷二「墓誌銘」六十四，卷二「神道碑」五十九。

子）→→伍崇曜（秉鑒第五子）」。

所幸在民國十五年，由伍氏家族後人伍銓萃任主編，開始編寫《嶺南伍氏合族總譜》。由於歷代與伍氏有關的文史資料過於零散，且人物龐雜，支脈眾多，因此辛勞程度也非常人可以想像。伍銓萃任主編僅僅三年，便累到心力交瘁，不幸病逝。之後不久，改由伍瑤光任主編，繼續編寫。前後耗時五年之久，終於在民國二十年大功告成。

族譜中記載了自炎帝至民國，伍氏家族幾千年的發展歷程。然而由於編纂工程巨大，其中還是難免出現了一些對某些伍氏人物、事件僅作簡單處理或記載不清乃至錯訛處。儘管如此，但伍氏後人能在先世人物如此繁多，數據如此龐雜的情況下，將族譜編修得如此條理明晰，傳必有據，已屬難能可貴，實在是瑕不掩瑜。

一、南海伍氏遠祖世系及遷徙入粵歷程

關於伍氏之起源，《嶺南伍氏合族總譜》將其追溯至遠古之炎帝神農：「古炎帝神農氏之子曰永，封於河隴之地，世爲雍侯。八世克公始居安定。傳至紹公，虞帝遷之椒邱以鎮江淮，改封椒侯。歷夏商周世，守南服。及周轍東，楚並椒國，降椒侯爲庶人。迄周頃王時，參公仕楚穆王商臣，爲左大夫，有功，封於伍地。遂以伍爲姓。」〔註 12〕東周時期，後人椒參因仕楚穆王，且屢立戰功，獲封於伍地，遂以伍爲姓，是爲伍氏之始祖。

伍參之子伍舉即爲二世，自此，世代相繼，伍奢三世，伍員四世，伍度五世。伍員因受吳王夫差猜忌，領命自刎而死，其子伍度因懼受牽連，與部份伍氏族人逃亡避禍，從此「隱武陵至喬公」〔註 13〕。喬公即伍喬，字國棟。南唐時人，「登南唐保大十三年乙卯（筆者按：公元 955 年）進士第一」。〔註 14〕縱觀廬江歷史，伍喬是該縣惟一的一名狀元，因此在當地所得讚譽甚高，其生平在《廬江縣志》中也有專門記載，伍喬官至南唐吏部考功員外郎卒，素有詩才，有詩集一卷傳世。其詩作在《南唐書》、《十國春秋》、《全唐

〔註 12〕伍銓萃、伍瑤光編：《嶺南伍氏合族總譜》，民國二十二年石印本，卷一上「先代宗圖」。

〔註 13〕伍銓萃、伍瑤光編：《嶺南伍氏合族總譜》，民國二十二年石印本，卷一上「先代宗圖」。

〔註 14〕【清】錢鍙修，盧鈺、俞燮奎纂：《光緒廬江縣志》，清光緒十一年刻本，卷七「選舉」。

詩》、《補五代史藝文志》等文史典籍中均有收錄。

按照《嶺南伍氏合族總譜》所記，伍喬輩屬參公四十世。筆者自其身而下述其子、其孫、其曾孫、其玄孫直至其後七世孫伍佩，即參公四十七世，爲敘述明晰，簡單羅列如下：

■參公四十世　喬

■參公四十一世　神授　喬次子

■參公四十二世　太節

■參公四十三世　任

■參公四十四世　翬　任次子

■參公四十五世　瓚　翬次子

■參公四十六世　簡

■參公四十七世　佩

■參公四十八世　歆

這份伍氏嶺南支世系圖以南唐人伍喬爲參照軸，上自參公四十世伍喬始，下至參公四十七世伍佩止，從表面上看，人名具實，世代源流清晰。然而在筆者瀏覽伍氏湘鄂贛支的族譜時，驚奇地發現：雖然族譜中也記載了伍喬，但假如以其爲參照軸，卻明顯地出現了與伍氏嶺南支世系圖的先後秩序多有顛倒，甚至互相矛盾的現象。

伍氏湘鄂贛支世系圖：

■參公四十四世　瓚

■參公四十五世　簡

■參公四十六世　佩

■參公四十七世　喬

■參公四十八世　神授　喬次子

■參公四十九世　太節

稍經比照，便能很容易地指出兩份世系圖的差異，乃至在邏輯上完全不能兼容之處：在「嶺南支」中，伍瓚、伍簡、伍佩分別爲伍喬的五世、六世、七世孫，而在「湘鄂贛支」中，伍瓚、伍簡、伍佩分別爲伍喬的曾祖、祖父、父親。總之，此兩份譜表世系順序區別之大，輩分顛倒之離奇，令人驚駭。

那麼，兩份世系圖究竟哪一份更接近於歷史的眞相呢？

且先來分析一下伍喬、伍瓚、伍簡、伍佩四者之間的關係。伍喬是廬江名人，資料最爲易找，故證據也應當最爲確鑿。據《廬江縣志》及《嶺南伍氏合族總譜》中所記，伍喬在南唐保大十三年（955）狀元及第之時，年已五十有餘。於此，我們可知，伍喬之生年當在公元 900 年前後；再觀伍瓚、伍簡、伍佩三人。伍瓚登長慶進士，伍佩登乾寧進士。其中「長慶」乃唐穆宗李恒的年號，從公元 821 年至 824 年，前後共 4 年。「乾寧」則是唐昭宗李曄的年號，從公元 894 年至 898 年，前後共 5 年。通過將伍喬、伍瓚、伍佩三人的生活年份稍加整理排列，事實眞相便變得很明晰了，且不論生活在唐長慶年間的伍瓚，即便是生活年代較遲的伍佩，在其中進士之時，恐怕伍喬都尚未出生，伍喬又如何能成爲伍瓚和伍佩二人的先祖？至於伍簡其人，暫無法查到確切的記載，但念及兩份世系圖都將其記作伍瓚之子、伍佩之父，相信應不無根據，且從其說。如此一來，則可徹底推翻《嶺南伍氏合族總譜》中對於伍喬、伍瓚、伍簡、伍佩四人世系次序的描述了。至於「伍氏湘鄂贛支世系圖」中所記，伍瓚、伍簡、伍佩分別爲伍喬的曾祖、祖父、父親，是否就完全正確，因再無相關的旁證材料，不好貿然下判斷。然伍瓚→伍簡→伍佩→伍喬四人的生活年代總算能符合前後相續的基本邏輯，較爲合乎情理。

同時，筆者留意到，在「伍氏汴梁支世系圖」中有這樣的記載：

■參公四十三世　任
■參公四十四世　翬　任次子
■參公四十五世　瓚　翬次子
■參公四十六世　簡
■參公四十七世　佩
■參公四十八世　歆

這個譜系圖與上文所列的「伍氏嶺南支世系圖」呈現出了很大程度上的相似。如果使用剛才所推導出來的結論，則伍喬的輩分當在伍佩之下，且單純從相隔的時間來看，伍喬甚至很可能爲伍佩的子輩。但是依照「伍氏汴梁支世系圖」與「伍氏嶺南支世系圖」，都認爲伍歆是伍佩的兒子，那麼，伍喬與伍歆是親兄弟？或是從兄弟？答案是否定的。伍歆登咸平元年進士，「咸平」是宋眞宗的年號，咸平元年即公元 998 年。如果上文對伍喬出生年的推斷是合乎情理的話，在伍歆登進士第之時，伍喬已近百歲。年齡跨度如此之大，恐怕對兩人無論是親兄弟或是從兄弟的猜測都是不可能成立的。但於此我們反而可以推導出另外一個有意思的結論，那就是：在伍佩與伍歆之間，必定有記載遺漏的世代，因爲在緊連的兩代人之間，是不可能相隔百年以上的。那麼，是否正應了「伍氏湘鄂贛支世系圖」中之記載？伍佩之後，緊接著的便是伍喬？因爲這樣，也恰好填充了「伍氏嶺南支世系圖」和「伍氏汴梁支世系圖」中出現的伍佩與伍歆之間的時間眞空。

如上所述，伍歆登北宋眞宗咸平元年進士，自是，「子孫俱北宋歷代顯宦……門第望族由此發跡」〔註 15〕。伍歆之子伍仕登「宋徽宗大觀三年（筆者按：即 1109 年）己丑科二甲八名進士，官左拾遺。上章糾劾執政，忤旨出判興化府，即今福建興化府。宣和七年（筆者按：即 1125 年）乙巳十一月入籍莆田縣」〔註 16〕。這些史實在《莆田縣志》均可證，也正合伍銓萃在其所撰的《萬松山房六十壽唱和詩》序中所言：「先世仕公官於宋，南渡至福建，居莆田」〔註 17〕，此處之「仕公」即被貶爲興化府通判，從而入籍莆田縣的伍仕。伍銓萃進一步提到：「源海公遷晉江，遂家安海。迄十世，朝鳳公由閩入粵，康熙初籍隸南海」〔註 18〕。「源海公」即伍仕之三世孫，名祈求，字源海。伍祈求入籍安海的具體年份因年代久遠，且無相關的史料記載，已很難獲知。但考慮到伍祈求的伍仕三世孫身份，而伍仕乃宋徽宗大觀三年（1109）進士，古人通常以三十年爲父子相繼的一世，那就權且將伍仕登進士第的年齡定在 30 歲上下，再往後推三世，則伍祈求出生之期應在公元 1200 年前後，即南宋寧宗（筆者按：宋寧宗趙擴 1194 年～1224 年在位）統治年間。因此，按常理推測，伍祈求攜家遷安海的時間當在南宋理宗在位期間（筆者按：宋理宗趙昀 1224 年～1264 年在位）；「朝鳳公」則是伍祈求之十世孫，名朝鳳，字燦廷。兩人所跨的世代與詩序中「迄十世」一說也相吻合。如此一來，就能清晰地構建起了南海伍氏家族跨宋、元、明、清四朝的遷徙過程：宋徽宗宣和七年（1125），參公四十九世伍仕入籍福建莆田→→南宋理宗在位期間（1224～1264），參公五十二世伍祈求攜家遷福建安海→→康熙（筆者

〔註 15〕伍銓萃、伍瑤光編：《嶺南伍氏合族總譜》，民國二十二年石印本，卷一上「先代宗圖」，二十二。

〔註 16〕伍銓萃、伍瑤光編：《嶺南伍氏合族總譜》，民國二十二年石印本，卷一上「先代宗圖」，二十五。

〔註 17〕梁嘉彬：《廣東十三行考》，南京：國立編譯館，1937 年版，第 289 頁。

〔註 18〕梁嘉彬：《廣東十三行考》，南京：國立編譯館，1937 年版，第 289 頁。

按：公元 1661 年即位）初年，參公六十二世伍朝鳳由閩入粵，籍隸南海。終於可爲本書開頭所提到的《南海縣志》中語焉不詳的南海伍氏家族「先世自閩遷粵」一事作出了一個詳細的腳註。

二、南海伍氏家族的文化精神傳承

從獲封於伍地的始祖伍參起，伍氏往下世代相繼的三代子孫中便出了四個大夫、一個左尹、一個相國，可謂滿門忠烈、顯赫一時：伍參長子伍鳴，爲椒邑大夫；次子伍舉，仕楚康王爲大夫，又仕楚靈王爲左尹；伍舉長子伍奢，仕楚靈王爲大夫，仕楚平王加爲上大夫，兼太子太傅，封於連；伍奢長子伍尚，仕楚平王爲大夫，封於棠。伍奢次子伍員（伍子胥）「棄小義，雪大恥」，到吳國後，輔佐吳王闔閭，修法制以任賢能，獎農商以實倉廩，治城郭以設守備，展現出了傑出的治國之才，後因對吳王夫差的忠誠而剛敢直言，以致招來殺身之禍。司馬遷在《史記》中盛讚其爲「烈丈夫」。其謀略卓識與忠孝剛烈均歷來爲世人所稱頌，名留千古。後伍員之子伍度因懼受牽連，與部份伍氏族人逃亡避禍，從此自吳地遷至武陵〔註 19〕。

隱於武陵後，伍氏家族已難復前楚吳之世的輝煌。伍燊堯《武陵伍氏四遷歌》曰：「子胥相吳國，度子隱武陵。失傳三十五……」〔註 20〕，所謂「失傳三十五」，非指眞的失傳，乃指安於桃花源生活般的專心耕讀與避禍不仕。而一旦他們能夠入朝爲官，則又能很好地展露出伍氏以儒學爲根本，尙忠義、善政事，且積極追求事功的家族傳統。且正如他們先祖伍子胥所躬身實踐的那樣，他們所恪守的人生信條，既表現爲對君王的忠誠、對民眾的關懷，同時也包含了棄私存公，捨身取義等更深層次的要求。

參公第二十四世孫伍孚（瓊）的忠勇事迹便見諸謝承《後漢書》以及裴松之《三國志・魏志・董二袁劉傳第六》注：「伍孚，字德瑜，少有大節，爲郡門下書佐。其本邑長有罪，太守使孚出教，敕曹下督郵收之。孚不肯受教，伏地仰諫曰：『君雖不君，臣不可不臣，明府奈何令孚受教，敕外收本邑長乎？更乞授他吏。』太守奇而聽之。後大將軍何進辟爲東曹屬，稍遷侍

〔註 19〕 筆者按：「武陵」這一地名，最早出現在西漢初年。《漢書・地理志》記載：「武陵郡，高帝置，莽曰建平。屬荊州。」而族譜中已記曰「遷武陵」，可知修此族譜的最早原記錄人至少生活在西漢以後。

〔註 20〕 伍銓萃、伍瑤光編：《嶺南伍氏合族總譜》，民國二十二年石印本，卷一上「先代宗圖」，十三。

中、河南尹、越騎校尉。董卓作亂，百僚震栗。孚著小鎧，於朝服裏挾佩刀見卓，欲伺便刺殺之。語闋辭去，卓送至合中，孚因出刀刺之。卓多力，退卻不中，即收孚。卓曰：『卿欲反邪？』孚大言曰：『汝非吾君，吾非汝臣，何反之有？汝亂國篡主，罪盈惡大，今是吾死日，故來誅奸賊耳，恨不車裂汝於市朝以謝天下。』遂殺孚。」在東漢末年皇權昏聵，「董卓作亂」的情況下，滿朝文武「百僚震栗」，莫敢相抗。伍孚雖處城門校尉之卑，但以匡扶漢室自任，出手刺賊，事敗慷慨陳辭，殺身成仁。實乃不世出之忠君愛國之士。當時伍氏人物類似這樣的事例還有不少，由此可見伍氏後人受其家族文化濡染之深。

伍氏家族除了恪守儒家思想道德觀念和爲人、處世、治國之道，他們還十分重視對後代的教育，講究以詩書傳家。正是這樣的一種家風，使得唐宋年間成爲伍氏家族發展的全盛時期，每代皆有族人進士及第，入仕爲宦，並持續不衰，令人矚目。其中的佼佼者有：伍操，唐太宗時獲封爲經略使；伍任，唐高宗時官至福州長史；伍瓚，唐穆宗時官至楚長史；伍簡，唐宣宗時官至夾山縣令；伍正己，唐宣宗時官至御史中丞；伍佩，唐昭宗時官至校尉書郎；伍喬，「登南唐保大十三年乙卯（筆者按：公元 955 年）進士第一」〔註 21〕。縱觀廬江歷史，伍喬是該縣惟一的一名狀元，後官至吏部考功員外郎；伍希文，宋哲宗時官至樞密院直學士兼秋官提刑侍制；伍歆，宋眞宗時官至工部侍郎。他們大都「明敏而有才幹」，以善於政事聞名，自是，「子孫俱北宋歷代顯宦……門第望族由此發跡」〔註 22〕。他們的聲勢在汴梁漸盛，並開始對當時的政治，以及地方經濟、文化、教育及社會生活中的若干層面，展現出一定的影響力。然伍氏家族雖宦途通達，卻並未沾染官場普遍存在之圓滑弄權、貪瀆腐敗、傾軋異己、明哲保身之陋習，相反，他們以國家、以人民之利益爲依歸，忠直進言。當然，任何事物都有其兩面性，伍氏之「忠直」也使其家族在此後的發展歷程中遭受了不少政治衝擊與挫折。最嚴重的一次出現在宋徽宗末年，伍仕登徽宗大觀三年（1109）己丑科二甲第八名進士，官左拾遺。因「上章糾劾執政，忤旨出判興化府」〔註 23〕。在其身上表

〔註 21〕【清】錢鏷修，盧鈺、俞燮奎纂：《光緒廬江縣志》，清光緒十一年刻本，卷七「選舉」。

〔註 22〕伍銓萃、伍瑤光編：《嶺南伍氏合族總譜》，民國二十二年石印本，卷一上「先代宗圖」，二十二。

〔註 23〕伍銓萃、伍瑤光編：《嶺南伍氏合族總譜》，民國二十二年石印本，卷一上「先

現出來的「忠敏質直」，本就是儒學理想中的君子人格，而這也是伍氏家族文化的基本特質。但正是這次的貶謫徹底改變了伍氏家族的政治命運，伍仕宣和七年乙巳十一月入籍蒲田縣後不足一年，北宋滅亡，朝廷南渡偏安一隅，是爲南宋。從此，曾經連綿數世，代有顯宦的伍氏家族伴隨著與當時政治權力高層之間的齟齬，以及入籍莆田後對於政治中心都市的遠離，他們在政治影響上的衰頹之勢日漸顯露。

更令人感到惋惜的是，南宋之後，伍氏家族之家學傳統在科場的一貫優勢也開始變得式微。尤其是以後來伍崇曜爲代表的南海伍氏一支，從南宋直至康熙初年，在他們曾作長時間定居的福建莆田、晉江、安海三地的方志文獻中，據筆者的翻查，前後五百餘年時間，伍姓有科名者僅有一進士、一舉人、四貢生，分別是正德十四年丙戌進士伍鎧，萬曆七年己卯舉人伍鳳章，另有天順年間貢生伍亮、萬曆年間貢生伍璠、崇禎年間貢生伍子章以及康熙年間貢生伍培元。此已屬凋零，更何況伍鎧、伍璠、伍子章和伍培元四人姓名並未見南海伍氏族譜，不屬其支脈。至於伍鳳章與伍亮，伍氏族譜中載有同姓名者，前者記爲參公七十二世孫，後者記爲參公六十四世孫。慮及伍朝鳳爲康熙朝人，方爲參公六十二孫，而伍鳳章與伍亮，按其中舉與入貢的時間，皆爲明代人無疑，故可知兩人也非屬南海伍氏的後人，僅爲同名姓而已。科名如此，則宦迹記載就更無從提起了。而且，與科場與仕途的失意所伴生的還有家族一次次無奈的遷徙。

但是，最出人意料的是，遷徙所帶來的陌生感與不安定並未使落籍福建的伍氏家族歸於沉寂，相反，他們竟然開始了從仕宦家族到商業家族的轉型。如前所述，在北宋末年，伍仕攜族人遷居落籍福建莆田。莆田古稱興化、興安，自古便是地少人多，且「地本瘠磽」〔註 24〕，故在唐代及以前的年份，軍民總戶數通常不足三萬戶。而待宋朝南渡之後，尤其是在（南宋）光宗紹熙年間，未計民戶，僅軍戶竟已多達驚人的七萬二千三百六十三戶〔註 25〕，導致人口過剩，耕田緊缺的情況進一步惡化。這就迫使很多莆田人背井離鄉、移民外地。而伍氏家族，作爲新一代移民，在莆田的生存環境同

代宗圖」，二十五。

〔註 24〕【清】汪大經、王恒修，民國十五年（1926）吳輔再補刻：《興化府莆田縣志》，卷五「賦役」。

〔註 25〕【清】汪大經、王恒修，民國十五年（1926）吳輔再補刻：《興化府莆田縣志》，卷五「賦役」。

樣難稱理想。於是，在南宋的又一次民眾遷移潮中，伍氏「源海公遷晉江，遂家安海」。安海位於福建晉江南部，距伍氏原居之莆田約二百里，乃閩南著名的商貿重鎮，素有重商之傳統：「安海瀕海，山水之區，土田稀少，民業儒商」〔註26〕，「南望海門十里許，通天下商船，賈胡與居民互市」〔註27〕，「於今商則襟帶江湖，足迹遍天下」。〔註28〕當時安海的大族，皆以「入海而貿夷」而聞名一時。到了明代天啓年間，安海的鄭芝龍異軍突起，稱霸於明末東南海疆，「海船往來，非鄭（芝龍）令旗不與通行。……故八閩以鄭爲長城，稱雄閩粵」，海商力量更是大大增強。「大約販洋之家，十居七八」，令經商成爲了當時包括莆田、晉江、安海在內的福建沿海地區的一個社會常態，也造就了福建人闖蕩天下的個性，進而形成了當地悠遠豐厚的商業文化。

而正是這種商業的文化與勇於開拓的傳統對伍氏家族產生了極大的影響，特別是隨著明代隆慶、萬曆年間海外貿易的合法化，越來越多的老百姓開始投身其中，商人們的社會地位也早已非往日可比，越來越受到尊崇與重視。這種觀念上的重要轉變促使伍氏家族在商品經濟迅猛發展的明代開始了從仕宦家族到商業家族的轉型，從而爲這個已經稍顯疲態的仕宦大家族重新注入了旺盛的活力。

然而，或許是受到了中國長久以來重農、重仕卻抑商的傳統觀念的影響，對於伍氏家族在福建的具體經商活動，各種文獻並未見具體的記載。反而是當時美國商人威廉・C・亨特（William. C. Hunter），在他的那部旨在描述 1825 年至 1844 年期間外商在廣州口岸之活動情形的著作《廣州番鬼錄》（「*The Fankwae at Canton*」）中有一段重要的描述：「（伍氏家族）長期在武夷山作茶葉種植園主，他們初來廣州大約在 1750 年，即對外貿易被限制在該口岸之後不久」〔註29〕。

這則材料雖簡短，卻可清楚地反映出威廉・C・亨特對伍氏家族的兩個重要認識：一、伍氏家族入粵的具體時間。威廉・C・亨特將其「大約」定在

〔註26〕【清】佚名纂：《安海志》卷之二「士風民俗」，《中國地方志集成》鄉鎮志專輯26，上海：上海書店，1992年版，第515頁。

〔註27〕【清】佚名纂：《安海志》卷之二「士風民俗」，《中國地方志集成》鄉鎮志專輯26，上海：上海書店，1992年版，第505頁。

〔註28〕【清】佚名纂：《安海志》卷之二「士風民俗」，《中國地方志集成》鄉鎮志專輯26，上海：上海書店，1992年版，第515頁。

〔註29〕【美】威廉・C・亨特著，馮樹鐵、沈正邦譯：《廣州番鬼錄・舊中國雜記》，廣州：廣東人民出版社，2009年版，第95頁。

1750 年，即所謂「對外貿易被限制在該口岸之後不久」，但事實上乾隆頒令實行廣州一口岸通商乃始於 1757 年，並非 1750 年，可見其言並不準確。況上文已經詳細考論了伍氏家族入粵的時間，乃在康熙初年，故威廉・C・亨特「伍氏家族 1750 年入粵」一說是完全錯誤的。但問題在於：既然威廉・C・亨特對「廣州一口通商」這個時間點如此印象深刻，且將其與伍氏入粵時間相聯繫，或許我們可以據此作出一個大膽的推斷：即伍氏家族從 1757 年，即「廣州一口通商」之後不久，便開始便抓住當時清政府對外貿易政策的改變，積極參與到海外商品貿易中來，故也是自這時起，他們才更多地出現在英美等商人的視野之中，從而令威廉・C・亨特有了一個伍氏「初來廣州大約在 1750 年」的錯誤印象；二、伍氏家族入粵前的主要商業活動。這在伍氏族譜或伍崇曜等人的回憶性文字中均語焉不詳，《莆田縣志》與《安海志》中也未見有相關的人物或事件記載。因此，威廉・C・亨特指出伍氏「長期在武夷山作茶葉種植園主」，姑不論其眞實性，已經能爲有志於研究伍氏家族史的學者提供了一個很重要的線索。與此同時，筆者發現，曾任職於北京總稅務司署和上海、天津、北海、淡水、龍川、漢口、廣州各海關的美國人馬士（Hosea Ballou Morse）所著的《東印度公司對華貿易編年史 1635～1834 年》（「*The Chronicles of the East India Company*」）一書中，赫然附有東印度公司向伍氏家族購買 100 箱貢熙茶的合約記錄〔註 30〕，時間爲 1778 年。此時距離伍國瑩 1784 年創立怡和行尚有 6 年之久，可見伍氏在承充行商，建立怡和行之前，確實已經長時間在從事大批量訂單的茶葉貿易，而且是以福建專供出口的重要茶品種爲主要商品。而且，更爲重要的是，2010 年 12 月 3 日，現居廣州的伍秉鑒八世孫伍淩立帶著房譜，回到位於晉江安海石獅巷 51 號的伍氏宗祠認祖歸宗。之後他在接受《晉江經濟報》的記者採訪時，就曾明確提到：「早在明末清初，伍秉鑒的祖先伍典備（筆者按：伍典備即上文所提到的伍朝鳳之父），也叫伍符龍，就從安海來到武夷山，以種茶爲業，於清康熙年間移居廣州。」〔註 31〕這段對伍氏家族史的追述不但與威廉・C・亨特的「（伍氏家族）長期在武夷山作茶葉種植園主」之說相吻合，更可與《伍氏族譜》中所記的「祖伯叔典華、典修、典和任粵東潮州府理刑，典備自少經商粵省」相

〔註 30〕【美】馬士著，區宗華、林樹惠、章文欽譯：《東印度公司對華貿易編年史》，廣州：中山大學出版社，1991 年版，第 350 頁。

〔註 31〕胡建志：《伍秉鑒：安海歷史上的世界首富》，見《晉江經濟報》2011 年 1 月 9 日第三版。

互印證，故應當非常眞實可信。而且最關鍵的點在於，這段話確認了伍典備經商的具體內容，因而能使人對南海伍氏入粵前在福建的經商活動有更清楚的瞭解。

伍氏家族在明代多年的商業活動保障了家族發展的經濟來源，維繫了家族的良性發展。同時，也使他們有了足夠的資本積纍。康熙初年，伍典備、伍朝鳳父子「經商粵省」並遷居南海。

清朝時南海縣之行政區域，與今日之南海是有很大差異的。當時南海縣分別由捕屬、九江主簿、六司管轄，而南海縣署就設在廣州城內。眾所週知，自唐宋兩代始，廣州便開始逐漸成爲我國重要的外貿港口。到了明清時代，雖然明清政府實行「時開時禁，以禁爲主」的海外貿易政策，但是卻對廣東實行特殊政策。嘉靖元年（1522），「遂革閩、浙二市舶司」〔註 32〕，惟存廣東市舶司進行對外貿易。康熙二十四年（1685），清政府正式設立粵海關。故自嘉靖元年至 1750 年前後伍氏家族入粵，廣州已一躍而爲全國進出口貿易的第一大港。尤其是到了乾隆二十二年（1757），乾隆帝下令僅實行廣州一口岸通商，令廣州成爲了當時全國唯一合法的海上對外貿易口岸。與此同時，廣州十三行也就順理成章成爲了唯一一個由清政府特許的海外貿易壟斷性經營機構。之後的嘉慶、道光兩朝也都繼續沿用了這一政策，直至道光二十二年（1842）中英《五口通商章程》簽訂後方告中止〔註 33〕，前後合共 85 年。這項政策的實施使來自全國各地的出口商品都雲集十三行，再由其發售世界各地，尤其是英美等國；而經英國東印度公司爲首的英美公司、洋行船舶運抵的外國商品，也只能通過十三行再發售內地各大城市，直接使十三行成爲了晚清中外經濟貿易史上的一個最爲舉足輕重的角色，也宣告中西貿易從此開創了一個嶄新的時代。據統計，僅僅從康熙五十年（1711）至乾隆二十二年（1757），英國東印度公司就共有船隻上千艘來華貿易，而除了廈門、寧波、舟山三港口有 6 艘船隻停靠外，其餘皆在廣州港停靠。由此可見廣州港

〔註 32〕【清】張廷玉等撰：《明史》卷七十五「職官四」，北京：中華書局，1974 年版。

〔註 33〕道光二十二年（1842），清政府被迫與英國政府簽訂了不平等的《南京條約》，繼而簽訂《五口通商章程》，開放了除廣州以外的廈門、寧波、福建、上海等四口岸爲自由通商口岸，十三行失去其對外貿易壟斷地位。咸豐六年（1856），「亞羅船事起，英軍再攻廣州，居民憤恨外人頻年橫暴，不問黑白，縱火焚燒夷館，洋行亦被殃及，盡成焦土矣」自此，十三行徹底退出歷史舞臺。

在一口通商政策的蔭護下所處的絕對壟斷地位。瑞典學者龍思泰在其專著《早期澳門史》中就曾這樣寫道：「廣州的位置和中國的政策，加上其它各種原因，使這座城市成爲數額很大的國內外貿易舞臺。……中華帝國與西方各國之間的全部貿易，都以此地爲中心。中國各地的產品，在這裏可以找到；……東京、交趾支那、柬埔寨、暹羅、馬六甲和馬來半島、東方群島、印度各港口、歐洲各國、南北美洲各國、和太平洋諸島等地的商品，都被運到這裏」〔註 34〕。特別是廣州得天獨厚的地理位置，它毗鄰葡萄牙人強行租借的澳門，這就令澳門可以順理成章地成爲廣州的外港，從而進一步開通了廣州——澳門——果阿——歐洲航線：廣州——澳門——馬尼拉——拉丁美洲航線；廣州——澳門——長崎航線；廣州——澳門——望加錫——帝汶航線：廣州——澳門——紐約——北美航線；廣州——澳門——大洋洲航線；廣州——澳門——俄羅斯航線等七條航線。如此之盛況，屈大均的《廣州竹枝詞》有云：「洋船爭出是官商，十字門開向二洋。五絲八絲廣緞好，銀錢堆滿十三行。」〔註 35〕在這樣的海外貿易政策以及巨大的商業利潤的驅使下，令中國各個省份，尤其是廣東鄰近省份的商人紛至沓來，彙集到廣州進行貿易。而慧眼獨具的伍氏家族在遷居南海後也如願地獲得了前所未有的巨大商機。

乾隆四十九年（1784），曾任潘氏同文行賬房、精明能幹且又諳熟對外貿易規則和資本運作的伍國瑩（按：伍崇曜的祖父），毅然決定自立門戶，創立了廣州十三行之怡和行，與英國人通商。因其子伍秉鑒（按：伍崇曜父）乳名亞浩，伍國瑩遂將商名定爲「浩官」，也即英國商人口中之「Howqua」（按：即「浩官」之英文譯音）。因伍氏出色的管理經營，以及與英人的良好關係，怡和行在開行之初便被眾多英商所熟知，且贊曰得力，並於嘉慶十八年（1813）取代潘氏同文行，成爲十三行行商之首，「總中外貿遷事，手握貨利樞機者數十年」〔註 36〕。道光十三年（1833），年僅二十三歲的伍崇曜繼承祖業，督辦怡和行務，按行商中祖孫、父子、兄弟沿用同一商名的習慣，他

〔註 34〕【瑞典】龍思泰著、吳義雄等譯：《早期澳門史》，北京：東方出版社，1997 年版，第 301 頁。

〔註 35〕【清】屈大均：《廣州竹枝詞》，轉自屈大均著《廣東新語》卷十五，《貨語》，北京：中華書局，1983 年版，第 477 頁。

〔註 36〕【清】鄭夢玉等修、梁紹獻等纂，同治十一年刊本《南海縣志》，卷十四「列傳」四八～四九「伍崇曜」。

成爲伍氏怡和行的第五位「浩官」〔註37〕（Howqua V），並同時新啓用「紹榮」作爲商名，怡和行在其主持下，極大地擴張了原有的家業，在商貿競爭中也具備了更大的優勢，「外船舶埔時，伍怡和各商第至海岸稍一瞭望，即遙指此船我出貨價若干，彼船我出貨價若干，便可交易，亦不細覽貨單。」〔註38〕自此，其富益盛。

從外人看來，此時已富可敵國的南海伍氏家族已完全屬於一個商業家族了，然而事實上，即便他們早從明代始便一直以經商作爲主業，其先世作爲仕宦家族時便業已形成的尙忠義、善政事，積極追求事功的傳統並未因此而斷絕。因爲這些傳統的特質已早內化爲其家族文化的因子，數百年得以相沿不廢。故我們可以看到，南海伍氏族人在世代經商之餘於科舉入仕一途仍是用力甚勤的，一直在積極備考參加科舉考試。而即便科場上的表現並不如意，他們也往往抓住各種機遇，或直接出錢捐官，或爲朝廷出力以求封賜科名、官銜等，以求重拾先世仕宦之途的風光：伍章蕃，伍國瑩因捐賑之功，俱晉授榮祿大夫；伍秉鑒，晉授候選道布政使銜、榮祿大夫；伍秉鏞，貢生，官湖南嶽常澧道；伍元華，1830、1832、1833 年三次出錢捐官，欽加鹽運司銜〔註39〕；伍元菘，1835、1842 年兩次出錢捐官，欽賜舉人、官內閣中書內部員外郎〔註40〕；伍崇曜以畿輔捐賑，得以欽賜舉人一體會試，但幾次赴京，始終舉業無成。後通過「輸助軍餉及調和中外事宜，累加布政使銜二品頂戴，賞賜花翎，覃恩晉授榮祿大夫」〔註41〕；伍元葵，「十年來道途梗塞」，多次參加會試，可惜均未能考中，故其《月波樓詩鈔》中有「春官再試歸長夜」之句，終生以此爲憾〔註42〕；伍紹棠，欽賜舉人，賞加四品銜候選郎中，賞戴花翎。其實，這也正體現了伍氏家族長久以來所形成的仕宦家族

〔註37〕前四位「浩官」分別是伍國瑩、伍秉鈞（伍國瑩二子，沿用父親之商名，兼用商名「沛官」）、伍秉鑒（伍國瑩三子，沿用父兄商名，無自己新的商名）、伍元華（伍秉鑒四子，沿用商名「浩官」，兼用商名「受昌」）。

〔註38〕梁嘉彬：《廣東十三行考》，南京：國立編譯館，1937 年版，第 243 頁。

〔註39〕【美】馬士著，區宗華、林樹惠、章文欽譯：《東印度公司對華貿易編年史》，廣州：中山大學出版社，1991 年版，第 28～30 頁。

〔註40〕【美】裨治文（Elijah C. Bridgman）主編：《中國叢報》（*Chinese Repository*），卷四，第 200 頁；齊思和：《鴉片戰爭》，上海：上海人民出版社，1957 年版，第四冊，第 264 頁。

〔註41〕【清】鄭夢玉等修、梁紹獻等纂：《南海縣志》，同治十一年刊本，卷十四「列傳」四八～四九「伍崇曜」。

〔註42〕【清】伍元葵：《月波樓詩鈔》，道光二十一年刊本，卷九，第 17 頁。

心理內核特徵的延續。

順利登科入仕以及受朝廷敕封，固然可以光耀門楣，提升家族地位。但就伍氏家族而言，絕非其最高的人生理想與道德追求。他們世代相傳的豐厚的儒家士大夫道德底蘊推動著其族人在積極追求商業利益與政治事功的同時，始終心繫故土，熱心鄉邦公益事業，憑藉著其家族雄厚的經濟實力與強大的政治影響力，造福一方：乾隆年間，南海縣桑園圍內李村修建南海神廟，捐白銀八兩〔註 43〕；乾隆三十五年，光孝寺重修佛殿，捐銀三十大元〔註 44〕；嘉慶十一年（1806），廣州米荒，捐購洋米兩萬五千元，折白銀一萬八千兩〔註 45〕；嘉慶十五年（1810），伍秉鑒與其它行商捐數千金於洋行會館，開設種洋痘局，「寒暑之交，有不願種者，反給以貲，活嬰無算」〔註 46〕。並幫助美國傳教士伯駕（Peter Park）在廣州設立中國第一家西醫館——博濟醫院（眼科），大大有利於西醫西藥的傳入，以造福南海病患；道光初，伍秉鑒與侄婿盧文錦合共捐白銀十萬兩，將桑園圍改築石堤。粵督阮元親撰碑文紀其事〔註 47〕；道光八年（1828），重修澳門媽祖廟，捐銀二百一十元〔註 48〕；道光十三年（1833），西潦大漲，沿西北江水庸多決。伍元菘捐白銀五千兩，分派修築決口，趕樹晚木〔註 49〕；道光二十四年（1844），伍崇曜聯合其它行商捐資重修琶洲塔和赤崗塔〔註 50〕。種種之善舉實在是不勝枚舉，南海縣民眾對此也是常含感激之情。

道光朝以降，清政府弊政叢生，國勢日衰。南海當地也是事釁連綿，「艇賊乍平，繼以紅匪，紅匪暫息，繼以西師，西師畧寧，突來髮賊，髮賊方滅，

〔註 43〕周湘：《廣州外洋行商人》，廣州：廣東人民出版社，2002 年版，第 33 頁。

〔註 44〕【清】李種漢：《光孝寺重修碑記》，見譚棣華、曹騰騑、冼劍民著：《廣東碑刻集》，廣州：廣東高等教育出版社，2001 年版，第 19 頁。

〔註 45〕【美】馬士著，區宗華、林樹惠、章文欽譯：《東印度公司對華貿易編年史》，廣州：中山大學出版社，1991 年版，第 26 頁。

〔註 46〕【清】潘尚楫等修，鄧士憲等纂：《南海縣志》，同治八年刊本，卷四十四，「雜錄二」。

〔註 47〕【清】鄭夢玉等修、梁紹獻等纂：《南海縣志》，同治十一年刊本，卷十四「列傳」四八～四九「伍崇曜」。

〔註 48〕梁嘉彬：《廣東十三行考》，南京：國立編譯館，1937 年版，第 394 頁。

〔註 49〕【清】鄭夢玉等修、梁紹獻等纂，同治十一年刊本《南海縣志》，卷十四「列傳」四八～四九「伍崇曜」。

〔註 50〕【清】譚瑩：《代潘德佘廉訪伍紫垣察請同修赤崗、琶洲兩文塔啓》，《樂志堂文續集》卷二。

亂起客民」〔註 51〕，內亂頻仍，令政府疲於應付，庫帑支絀。而西方列強則挾船堅炮利於珠江口外虎視眈眈，國家瓜分豆剖，危在旦夕。此時，以伍崇曜爲首的南海伍氏族人充分繼承並發揚了家族價值核心中報國安民的信念，關心民瘼，專意國家安危，「凡捐賑捐餉均攤，假貸先後所助盈千累萬，指不勝屈」〔註 52〕，挽狂瀾於既倒，保南海一方平安。道光六年至十年（1826～1830），爲新疆軍需合共捐輸白銀二十萬兩〔註 53〕；道光十二年至十三年（1832～1833），爲鎮壓連山瑤民暴亂捐輸白銀六十萬兩〔註 54〕；道光十九年（1839），鄧廷楨在虎門設木牌鐵鏈、添置炮臺，伍崇曜捐款白銀十萬兩。其後，林則徐募集兵勇、添置船炮，伍崇曜捐三年茶葉行用以充防英經費〔註 55〕；道光二十一年（1841），鴉片戰爭結束後，英軍強迫清政府「賠償」煙價白銀一百四十萬兩，伍氏獨立承擔賠款中的一百一十萬兩〔註 56〕；道光二十二年（1842），爲建炮臺、鑄炮、造戰船捐輸白銀十四萬兩〔註 57〕；咸豐四年（1854）的紅巾之亂，伍崇曜「先自倡捐，然後向殷戶董勸，旬日內得銀十餘萬，募丁壯數千人，分屯水陸要隘」〔註 58〕，使民安居；咸豐八年（1858），英軍攻打廣州城，「上下騷然，烽火照村落」，就在英軍即將開炮攻打廣州城的危難關頭，伍崇曜憑藉伍氏怡和行多年以來與英人的交情，成爲中英雙方交涉談判的主要斡旋人與中介者。之後他更親見英方代表，「責以大義，囚威稍戢，西關閭閻幸免灰劫」〔註 59〕。清廷爲表彰其功，特加伍

〔註 51〕【清】鄭夢玉等修、梁紹獻等纂：《南海縣志》，同治十一年刊本，卷十四「列傳」四八～四九「伍崇曜」。

〔註 52〕【清】鄭夢玉等修、梁紹獻等纂：《南海縣志》，同治十一年刊本，卷十四「列傳」四八～四九「伍崇曜」。

〔註 53〕【美】馬士著，區宗華、林樹惠、章文欽譯：《東印度公司對華貿易編年史》，廣州：中山大學出版社，1991 年版，卷四，第 95 頁。

〔註 54〕【清】伍長華輯：《兩廣鹽法志》，清道光十六年（1836）本，卷二十九，二八～三十。

〔註 55〕【清】文慶等編纂：《籌辦夷務始末·道光朝》，北京：中華書局，1964 年版，卷六，第 613 頁。

〔註 56〕齊思和：《鴉片戰爭》，上海：上海人民出版社，1957 年版，第 5 冊，第 222～223 頁。

〔註 57〕齊思和：《鴉片戰爭》，上海：上海人民出版社，1957 年版，第 4 冊，第 264 頁。

〔註 58〕【清】鄭夢玉等修、梁紹獻等纂：《南海縣志》，同治十一年刊本，卷十四「列傳」四八～四九「伍崇曜」。

〔註 59〕【清】鄭夢玉等修、梁紹獻等纂：《南海縣志》，同治十一年刊本，卷十四「列

崇曜「布政使銜二品頂戴，賞賜花翎，覃恩晉授榮祿大夫。父秉鑒亦加布政使銜授榮祿大夫，與崇曜均給予三世一品封典」〔註 60〕。伍崇曜同治二年（1863）去世時，「省垣官吏及泰西官商咸往祭奠，有欷歔泣下者，其爲人敬慕如此」〔註 61〕。伍氏家族在清代末世爲國家、爲南海當地所作之貢獻，在此過程中所表現出來的忠君愛國的赤誠之心，以及他們爲保護鄉梓而不惜毀家紓難的無私的犧牲精神，皆絕非一般的仕宦或商業家族所能相提並論，堪稱古往今來名門望族之典範。而這與伍氏家族良好的家風淵源是密不可分的。

余遜曾在《南朝之北士地位》〔註 62〕一文中指出世族爲人所推重者有三事：「一曰德行；二曰學問；三曰功業。有此三事，門閥之榮，得以永世常在。」此言可謂得道之論。伍氏之所以興旺發達，歷經數百年而不衰，也是因爲其家族文化傳統在重視德行與功業之外，同樣也很珍視文學、才藝對人的薰陶之功，尤其是注意對歷代學問和著作加以學習與傳承。南海伍氏此種重學養的家族文化肇自東周、興於隋唐、盛於兩宋，能沿至清末而不墜，確可謂淵源流長，影響深遠。僅以生活在清朝中後期的南海伍氏族人爲例，便是代有風雅才人出：伍秉鏞，字序之，號東坪，貢生。官湖南嶽常澧道，歸田後喜以詩畫自娛，畫尤工，喜仿倪瓚。「獲交馮魚山（筆者按：即馮敏昌）、黎簡民（筆者按：即黎簡）諸子，故所作具有根柢，此外若芷灣（筆者按：即宋湘）觀察、澧浦（筆者按：即謝蘭生）庶常……等時相揚扢，嘯竹吟花。」〔註 63〕有《淵雲墨妙山房詩鈔》傳世，羅蘿村盛讚其詩「從容樂易，蓋由資稟既厚而又澤以詩書，故其陶寫性情，率皆敦厚溫柔而無憤悶激昂之慨」〔註 64〕；伍宗澤，字振緒，號霖川，監生。幼年即喜吟詩，然命運多舛，屢舉不第，年僅三十三歲便鬱鬱而終，著有《隨筆錄》，詩集中雖「篇什不多，獨能即事會心，甄俗從雅，例之國朝檇李周青士、江都郭元釪，其人

傳」四八～四九「伍崇曜」。

〔註 60〕【清】鄭夢玉等修、梁紹獻等纂：《南海縣志》，同治十一年刊本，卷十四「列傳」四八～四九「伍崇曜」。

〔註 61〕【清】鄭夢玉等修、梁紹獻等纂：《南海縣志》，同治十一年刊本，卷十四「列傳」四八～四九「伍崇曜」。

〔註 62〕余遜：《南朝之北士地位》，《輔仁學誌》第 12 卷第 1、2 期，1943 年 12 月。

〔註 63〕見伍崇曜《茶村詩話》，轉引自伍崇曜輯：《楚庭耆舊遺詩・後集》卷二十「伍秉鏞」。

〔註 64〕見伍崇曜輯：《楚庭耆舊遺詩・後集》卷二十「伍秉鏞」。

其詩殆不多讓」〔註 65〕；伍元菘，字良弼，號秋舲，道光癸巳欽賜舉人，著有《池西草堂詩稿》。因其爲人性耽禪悅，故詩集中之句往往觸物成篇，寄興味於其內，發直趣於其外。在充滿意趣之餘包孕著深刻的禪理，旨意悠遠；伍肇基，字簣山。夙擅江山丹青，馳譽嘉慶嶺南畫壇，故詩名反而爲之所掩，然亦實詩壇俊才，詩歌頗不俗，著有《紅棉山館吟草》；伍元華，字良儀，號春嵐。伍氏怡和行第三代「浩官」，商名「受昌」。他與其父輩一樣，是個精幹善賈的商人，但在家族文化的薰陶下，同樣善畫能詩，有《延暉樓吟稿》傳世。而且，他與南海當地文人交往甚密，曾在伍氏花園內多次主持開展各種文人遊園、雅集活動，「築聽濤樓於萬松山楊子宅畔，多書籍、圖畫、金石、鼎彝，與蘿村、琴山、槐卿、秋浦、子春、夢秋諸君子嘯詠其中」〔註 66〕，極大地促進了當地詩藝的傳播與交流。

三、伍崇曜對嶺南文化的貢獻

近代南海伍氏家族中對嶺南文化及文獻整理貢獻最大者當屬伍崇曜。伍崇曜「生於嘉慶庚午年（筆者按：即嘉慶十五年，1810）二月初五日酉時，卒於同治癸亥年（筆者按：即同治二年，1863）十月二十二日亥時，年五十有四，即以其年十二月初一日酉時葬於廣州大北門外金錢嶺。」〔註 67〕原名元薇，字良輔，號紫垣。關於其字號，在清同治年間鄭夢玉等修、梁紹獻等纂，同治十一年刊本的《南海縣志》中記爲「伍崇曜，原名元薇，字紫垣」，而據譚瑩應伍崇曜家人之邀而撰寫的《覃恩晉榮祿大夫紫垣伍公墓誌銘》與《覃恩誥授通奉大夫一品封典、晉授榮祿大夫布政使銜候選道紫垣伍公神道碑文》兩文中的記載：「公諱崇曜，字良輔，號紫垣」。兩者有明顯出入，《南海縣志》記「紫垣」爲伍崇曜的字，而依譚瑩所言，「紫垣」則是伍崇曜的號。慮及譚瑩與伍氏數十年的密切交往，筆者認爲當以譚瑩的敘述爲準。伍崇曜在道光十三年（1833），年僅二十三歲時便接替其早逝的兄長伍元華，主持怡和行行務，併兼任公行總商。他以紹榮爲商名，故時人一般都習慣稱其爲伍紹榮。

〔註 65〕見張雲巢對伍宗澤詩歌的評價，引自伍崇曜輯：《楚庭耆舊遺詩・後集》卷二十一「伍宗澤」。

〔註 66〕【清】伍崇曜輯：《楚庭耆舊遺詩・續集》卷三十「伍元華」。

〔註 67〕【清】譚瑩：《覃恩晉榮祿大夫紫垣伍公墓誌銘》，見譚瑩：《樂志堂文續集》卷二「墓誌銘」六十四～六十七。

伍崇曜雖家富於財，但爲人好學，自小便有很好的國學功底，「讀等身之書，勤焠掌之業，年十三補博士弟子員，受知於潞河白小山大冢宰。……常熟翁文端師相尤擊賞焉。」〔註 68〕尤擅詩藝，著有《粵雅堂吟草》及《茶村詩話》。《茶村詩話》附於他編輯的《楚庭耆舊遺詩》中，頗易見到。而《粵雅堂吟草》則只能從同治間刊本的《南海縣志》查找到相關記載，並未見其流傳。

明清以降，「粵省號富饒而書板絕少，坊間所售，惟科場應用之書，此外無從購」〔註 69〕，「其它處販運來者，價値倍昂，寒士艱於儲蓄」〔註 70〕，針對這種窘境，伍崇曜開始致力於搜羅和收藏歷代的古籍，並特地築「遠愛樓」以作藏書之所，供「儲書萬簽，貯酒千斛，相與命儔嘯侶，送抱推襟，考川嶽之圖經，話生平之閱歷」〔註 71〕其藏書本來編有《遠愛樓書目》，只可惜現在已難獲見。除此之外，伍崇曜還在廣州城西白鵝潭畔建起了「粵雅堂」，作爲伍氏輯書校書之地。在其間「遍收四部圖書，尤重此邦文獻」〔註 72〕，尤其是廣爲搜集宋、明、清間多位著名嶺南學者的著述，如黃佐、邱濬、黎民表、陳子壯、黎遂球、陳昌齊、吳蘭修等。洋洋大觀，十分豐富。自道光初年起，伍崇曜更是一方面懷抱惠澤士林之心，一方面存彙輯鄉邦前賢文獻、弘揚本土文化之意，特意延請志同道合的譚瑩爲其藏書作品評甄別和校勘編訂，再擇其罕見者刻之。其中的艱辛以及兩人爲此所作的不懈努力，《粵雅堂叢書序》中曾這樣記道：「粵雅堂者，舊輯《嶺南遺書》、《粵十三家集》、《楚庭耆舊遺詩》之地而因以署焉者也。言念桑梓之邦，恭敬敢後，從事棗梨之役，推廣宜先。歲月不居，行能無算，酌叢編之前式，俾故帙之永傳。仍與玉生廣文同發舊藏，各從轉借，參懷撰定，殫極邱墳，校練有無，損併存佚。愧顏少監之討析必暢本源，同諸葛相之交遊獨觀大略。不拘時代，間考生平奧義名言，隨鈔瑣錄昔賢之剩稿，佚女所戲編，……苦奢願之難償，憐壯心之未已。藏山誰敢，壽世可期。更殷勤以訪求，仍次第以

〔註 68〕【清】譚瑩：《覃恩誥授通奉大夫一品封典、晉授榮祿大夫布政使銜候選道紫垣伍公神道碑文》，《樂志堂文續集》卷二「神道碑」，五十九。

〔註 69〕【清】瑞麟、戴肇辰等修，史澄等纂：《廣州府志》，光緒五年刊本，卷一百二十九，「伍崇曜」。

〔註 70〕【清】鄭夢玉等修、梁紹獻等纂：《南海縣志》，同治十一年刊本，卷十八「列傳」十四～十六「譚瑩」。

〔註 71〕【清】譚瑩：《遠愛樓記》，《樂志堂文集》卷十一。

〔註 72〕【清】譚瑩：《粵雅堂記》，《樂志堂文集》卷十一。

刊佈。」〔註73〕其中最早付梓的是《嶺南遺書》，自道光十一年（1831）始，至同治二年（1863）止，陸續刊行了六集共五十九種、三百四十三卷。其間又有《粵十三家集》一百八十卷（道光二十年，1840）、《楚庭耆舊遺詩・前後集》四十二卷（道光二十三年，1843）、《續集》三十二卷（道光三十年，1850）先後付之梨棗。而於道光三十年（1850）開雕的《粵雅堂叢書》可謂伍崇曜刻書事業中的最宏之作，彙輯了自三國魏至清代的著述共一百八十五種、一千三百四十七卷，刊刻工作直到光緒元年（1875）才終告完成，綿延二十五年之久。最爲難得的是，他們在叢書的每種書後均附有跋語，詳細介紹作者生平、書籍來源、版本情況和校勘概況等，可見用力之勤，用心之深。對此，當時之名流和後世之學人都給予了高度的評價，先是清末名臣張之洞在《勸刻書說》一文中專門提到「其書終古不廢，則刻書之人終古不泯，如歙之鮑，吳之黃，南海之伍，金山之錢，可決其五百年中必不泯滅」；接著近代學者劉錦藻在其《清朝續文獻通考》中也讚揚了伍氏的刊書之舉：「崇曜既賜鄉舉，乃與名流討論著述，刊有《粵雅堂叢書》、《粵十三家集》、《楚庭耆舊遺詩》前後集。是（筆者按：指《嶺南遺書》）於道光辛卯始付剞劂，續成六集。視李調元之《函海》、趙紹祖之《涇川叢書》，於鄉邦文獻，同爇心香，良可寶也」〔註 74〕；梁啓超本對伍崇曜這種近代買辦型商人頗爲不屑，但他在《清代學術概論》一書中也不得不承認伍氏刊書校勘工作之認眞與精細：「其時刻書之風甚盛，……伍崇曜，亦有《粵雅堂叢書》之刻。而其書且以精審聞」〔註 75〕。客觀而言，這幾部大型叢書的成功刊刻，不但使諸多的珍本、善本能藉此得以保存和流傳，自此，更使「廣州學者不出門而坐擁百城」〔註 76〕，進而能對歷代，尤其是明清以來的嶺南歷史、地理、文化、學術等方面的情況有了更全方位的瞭解，可謂功在千秋。粵雅堂因此名聲大振，與康有爲的「萬木草堂」、孔廣陶的「嶽雪樓」和潘仕成的「海山仙館」合稱「粵省四家」。而伍崇曜以總計刻書二百六十種，二千二百六十六卷的不俗數量，也使他有足夠資格躋身中國歷代著名刻書家之列。

〔註73〕【清】譚瑩：《粵雅堂叢書序》，《樂志堂文續集》卷一，六十二。

〔註74〕【清】劉錦藻編：《清朝續文獻通考・經籍考》，杭州：浙江古籍出版社，2000年版，卷二七一。

〔註75〕梁啓超：《清代學術概論》，北京：中華書局，1954年版，第48頁。

〔註76〕【清】瑞麟、戴肇辰等修，史澄等纂：《廣州府志》，光緒五年刊本，卷一百二十九，「伍崇曜」。

第二節　譚瑩與伍崇曜的合作

論及伍崇曜《楚庭耆舊遺詩》、《粵雅堂叢書》等一系列書籍的刊刻，就不能不提到譚瑩。

譚瑩，字兆仁，號玉生，南海捕屬人。清道光甲辰（道光二十四年，1844）舉人。官化州訓導，升瓊州府、肇慶府教授加內閣中書銜。幼穎悟，博覽群書，文才出眾，而尤長於詞賦，「年十二戲作《雞冠花賦》、《看桃花詩》，郡內老宿鍾啓韶、劉廣禮見而驚異曰：此子後來之秀也」〔註 77〕；後以縣考第一入泮，督學長洲顧元熙贊其「律賦胎息六朝，非時手所及」〔註 78〕；「道光初，阮（筆者按：指阮元）制府開學海堂於粵秀山。以經史課士，兼及詩賦，見瑩所作《蒲澗修禊序》及《嶺南荔枝詞百首》尤爲激賞」〔註 79〕；「道光六年，常熟相國翁心存以庶子督學粵東，歲考以樱心扇賦試諸生。瑩居首列，時值西陲用兵，覆試日題爲《擬平定回疆收復四城生擒首逆賀表》。瑩於風簷中振筆直書，駢四儷六，得一千五百餘言。學使批其卷有粵東固多雋才，此手合推第一等語」〔註 80〕；「平湖徐侍郎士芬閱其歷年試卷，有騷心選手，獨出冠時之譽」。由於一再得到南海當地詩壇名宿和寓粵導學、官員等的一致推許，譚瑩「文譽日噪，凡海內名流遊粵者，無不慕與締交矣」〔註 81〕。後相繼被聘爲學海堂學長與粵秀、越華、端溪書院監院，一生從事教職長達數十年，晚年朝廷嘉其功績，授內閣中書銜。

譚瑩也是清末嶺南著名的藏書家，據其子譚宗濬《希古堂書目》自序云：「余家希古堂書，凡先教授之所遺，近三萬餘卷……雖無宋元佳本，然搜採畧備」〔註 82〕。而且，他與世交好友伍崇曜志趣相投，均十分鍾情於鄉邦文

〔註 77〕【清】鄭夢玉等修、梁紹獻等纂：《南海縣志》，同治十一年刊本，卷十八「列傳」十四～十六「譚瑩」。

〔註 78〕【清】鄭夢玉等修、梁紹獻等纂：《南海縣志》，同治十一年刊本，卷十八「列傳」十四～十六「譚瑩」。

〔註 79〕【清】鄭夢玉等修、梁紹獻等纂：《南海縣志》，同治十一年刊本，卷十八「列傳」十四～十六「譚瑩」。

〔註 80〕【清】鄭夢玉等修、梁紹獻等纂：《南海縣志》，同治十一年刊本，卷十八「列傳」十四～十六「譚瑩」。

〔註 81〕【清】鄭夢玉等修、梁紹獻等纂：《南海縣志》，同治十一年刊本，卷十八「列傳」十四～十六「譚瑩」。

〔註 82〕徐信符：《譚瑩樂志堂、譚宗濬希古堂》，見徐信符：《廣東藏書紀事詩》，臺北：文海出版社有限公司，1975 年影印本，第 161 頁。

化，加之他強記過人，故「於先哲嘉言懿行及地方事沿革變更，雖隔數十年，述其顛末初終，絲毫不爽」〔註 83〕。同時，爲了使各種珍稀的嶺南鄉邦文獻乃至海內先賢的著作「不至湮沒，而後起有好學深思之士，亦得窺見先進典型」〔註 84〕，他一生尤致力於對其進行細緻的搜集與整理。同治十一年刊本的《南海縣志》認爲他「有功藝林尤在刊刻秘籍巨編」〔註 85〕，可謂公允之論。

上文已經提到，伍崇曜在主持刊刻《嶺南遺書》、《楚庭耆舊遺詩》、《粵十三家集》以及《粵雅堂叢書》時，均專門延請譚瑩襄助。故在所刻之書中的每卷末尾均明確標有「譚瑩玉生覆校」或「譚瑩玉生校」字樣。然而，譚瑩對叢書的刊刻所作的貢獻遠未止「覆校」一端。關於這一點，時人以及後世的學者們都是看得很清楚的。《廣東文徵》中便提到：「南海伍氏好刻古籍，延瑩主其事。凡刻《嶺南遺書》五十九種，三百四十三卷；《楚庭耆舊遺詩》七十四卷；又博採海內罕觀書籍，彙爲《粵雅堂叢書》一百八十種，共千餘卷。皆手自校刊，凡爲跋尾二百餘通。生平精力略盡於此矣」〔註 86〕。徐信符《廣東藏書紀事詩》中也明確指出「玉生爲伍氏校刊《粵雅堂叢書》，每集有序文，每書後有跋，可見其熟於流略。」〔註 87〕「(伍崇曜）當日藏書延南海譚玉生瑩爲之評別。玉生博考粵中文獻，凡粵人著述，代爲搜羅，擇其罕見者刻之，曰《嶺南遺書》五十九種，三百四十三卷。曰《粵十三家集》一百八十卷。其中或先代孤忠，或勝朝遺老，元精耿耿，賴以留存。選刻近人詩，曰《楚庭耆舊遺詩》七十四卷。又博採海內書籍罕見者彙刻之，曰《粵雅堂叢書》一百八十種，共千餘卷，《續刻》、《三刻》尚未計。凡伍氏校刻者，二千四百餘卷。跋尾二百餘篇，則玉生所爲，而署名伍紹棠也」〔註 88〕；倫

〔註 83〕【清】鄭夢玉等修、梁紹獻等纂：《南海縣志》，同治十一年刊本，卷十八「列傳」十四～十六「譚瑩」。

〔註 84〕【清】鄭夢玉等修、梁紹獻等纂：《南海縣志》，同治十一年刊本，卷十八「列傳」十四～十六「譚瑩」。

〔註 85〕【清】鄭夢玉等修、梁紹獻等纂：《南海縣志》，同治十一年刊本，卷十八「列傳」十四～十六「譚瑩」。

〔註 86〕《廣東文徵》編印委員會編：《廣東文徵》，香港：香港中文大學出版社，1978 年版，第五冊，第 11 頁。

〔註 87〕徐信符：《譚瑩樂志堂、譚宗濬希古堂》，見徐信符：《廣東藏書紀事詩》，臺北：文海出版社有限公司，1975 年影印本，第 162 頁。

〔註 88〕徐信符：《譚瑩樂志堂、譚宗濬希古堂》，見徐信符：《廣東藏書紀事詩》，臺北：文海出版社有限公司，1975 年影印本，第 162 頁。

明《辛亥以來藏書紀事詩》更直接聲明：「（譚瑩）嘗爲伍氏校刊《粵雅堂叢書》，每書後有伍紹棠跋，其所捉刀也。」〔註89〕從三位前輩的描述中，我們可以組織出一個事實，那就是在幾部叢書編刻的全過程中，從搜集古籍，到選擇版本，再到對書中文字內容作具體校對糾錯，以及撰寫叢書的序言和每種書後所附跋語等一系列環節，其實都是譚瑩以一己之力任之，伍崇曜由於商務繁忙，並沒有很多地參與其中。至於譚瑩僅自認「覆校」一職，除了歸結於爲人的謙遜與低調，相信更多的是一種成全，有著不願掠伍崇曜之功的初衷。

徐信符和倫明點破了譚瑩爲伍崇曜「捉刀」撰寫叢書序跋之事，使後人能夠更加清楚地瞭解譚瑩與伍崇曜合作刻書背後的具體細節，但當中也頗有描述不實之處，這是亟需訂正的。徐信符言「跋尾二百餘篇，則玉生所爲，而署名伍紹棠也」，倫明則言「（譚瑩）嘗爲伍氏校刊《粵雅堂叢書》，每書後有伍紹棠跋，其所捉刀也」。其實，《粵雅堂叢書》中各種書的跋語，並非如徐、倫兩位先生所言均署名「伍紹棠」，相反，這部叢書中大部份書的跋語署名是「伍崇曜」，而署名「伍紹棠」的跋語，則主要出現在光緒前後刊刻的書籍中。究其原因，很簡單，《粵雅堂叢書》的刊刻是項綿延二十餘年的大工程，從道光三十年（1850）開始，一直到光緒年間才宣告正式完成。剛開始的時候，主持叢書刊刻之事的人是伍崇曜，故各種書的跋語均由譚瑩「捉刀」，而署名「伍崇曜」。但隨著伍崇曜與譚瑩二人的先後離世（筆者按：伍崇曜逝於1863年，譚瑩逝於1871年），此時接手主持叢書刊刻之事的人已是伍崇曜的長子伍紹棠〔註90〕，故在光緒元年（1875）前後才付梓的二十幾種書籍，跋語自然是由伍紹棠爲之。此理甚明，《粵雅堂叢書》也不屬於僻見之書籍，要查閱不難。因此，徐信符和倫明兩位先生，作爲近代嶺南兩位著名的藏書家和學者，以他們的學養與見識，爲何會犯下「跋尾二百餘篇，則玉生所爲，而署名伍紹棠也」、「每書後有伍紹棠跋」這類錯誤，實令人不解。難道是由於伍崇曜的商名「伍紹榮」與其子的名字「伍紹棠」在字形上頗爲相似，故造成思維上的混淆或筆誤？

〔註89〕倫明著，雷夢水校補：《辛亥以來藏書紀事詩》，上海：上海古籍出版社，1990年版，第3～4頁。

〔註90〕伍紹棠（1834～1890），字仁基，號子升。

第三節　《楚庭耆舊遺詩》概況及其編纂體例

一、詩集版本概況

《楚庭耆舊遺詩》是由伍崇曜和譚瑩合作編成的一部旨在收錄乾隆、嘉慶、道光年間嶺南籍詩人的詩歌總集。先後刊刻前、後、續三集，凡十三冊，合共收錄詩人七十家，詩作三千五百九十七首。其中《楚庭耆舊遺詩》前、後二集乃於道光二十三年（1843）同時刻印。前集四冊，凡二十一卷，選輯陳昌齊等十九位詩人之詩一千二百一十首；後集同爲四冊，二十一卷，選輯吳蘭修等十九位詩人之詩一千零五十三首。續集則於道光三十年（1850）刻印。分爲五冊，共三十二卷，選輯顏檢等三十二位詩人之詩一千三百三十四首。前、後、續三集所收入的詩人姓名、詩作首數整理如下表：

<table>
<tr><th colspan="6">《楚庭耆舊遺詩・前集》</th></tr>
<tr><td>第一卷</td><td>陳昌齊</td><td>10 首</td><td>第十二卷</td><td>謝蘭生</td><td>100 首</td></tr>
<tr><td>第二卷</td><td>何南鈺</td><td>6 首</td><td>第十三卷</td><td>高士釗</td><td>23 首</td></tr>
<tr><td>第三卷</td><td>潘有爲</td><td>39 首</td><td>第十四卷</td><td>鍾啓韶</td><td>28 首</td></tr>
<tr><td>第四卷</td><td>伍有庸</td><td>12 首</td><td>第十五卷</td><td rowspan="2">李黼平</td><td rowspan="2">258 首</td></tr>
<tr><td>第五卷</td><td>顏時普</td><td>24 首</td><td>第十六卷</td></tr>
<tr><td>第六卷</td><td>吳應逵</td><td>14 首</td><td>第十七卷</td><td>譚敬昭</td><td>85 首</td></tr>
<tr><td>第七卷</td><td rowspan="2">宋　湘</td><td rowspan="2">267 首</td><td>第十八卷</td><td>黃喬松</td><td>65 首</td></tr>
<tr><td>第八卷</td><td>第十九卷</td><td>潘正亨</td><td>59 首</td></tr>
<tr><td>第九卷</td><td>劉彬華</td><td>42 首</td><td>第二十卷</td><td>簡嵩培</td><td>11 首</td></tr>
<tr><td>第十卷</td><td>漆　璘</td><td>18 首</td><td>第二十一卷</td><td>李光昭</td><td>109 首</td></tr>
<tr><td>第十一卷</td><td>趙　均</td><td>40 首</td><td></td><td></td><td></td></tr>
</table>

<table>
<tr><th colspan="6">《楚庭耆舊遺詩・後集》</th></tr>
<tr><td>第一卷</td><td>吳蘭修</td><td>50 首</td><td>第十二卷</td><td>梁　梅</td><td>77 首</td></tr>
<tr><td>第二卷</td><td>顏斯總</td><td>61 首</td><td>第十三卷</td><td>黃子高</td><td>108 首</td></tr>
<tr><td>第三卷</td><td>張思齊</td><td>59 首</td><td>第十四卷</td><td>侯　康</td><td>10 首</td></tr>
</table>

第四卷	劉廣禮	7 首	第十五卷	徐良琛	89 首
第五卷	倪濟遠	251 首	第十六卷		
第六卷			第十七卷	居　鍠	56 首
第七卷	簡鈞培	80 首	第十八卷	徐良瑛	6 首
第八卷	劉廣智	38 首	第十九卷	潘定桂	21 首
第九卷	陳　同	24 首	第二十卷	伍秉鏞	16 首
第十卷	潘正衡	20 首	第二十一卷	伍宗澤	10 首
第十一卷	蔡如蘋	40 首			

《楚庭耆舊遺詩・續集》					
第一卷	顏　檢	31 首	第十七卷	蔡　勳	75 首
第二卷	溫汝適	20 首	第十八卷	吳林光	44 首
第三卷	莫元伯	60 首	第十九卷	黃志超	15 首
第四卷	張青選	43 首	第二十卷	謝念功	17 首
第五卷	顏惇恪	26 首	第二十一卷	謝有文	54 首
第六卷	陳鴻賓	4 首	第二十二卷	衛景昌	30 首
第七卷	顏斯緝	10 首	第二十三卷	吳琛光	39 首
第八卷	吳榮光	101 首	第二十四卷	蔡錦泉	41 首
第九卷	陳大經	23 首	第二十五卷	陳　滉	20 首
第十卷	張岳崧	20 首	第二十六卷	鄧　泰	24 首
第十一卷	梁序鏞	116 首	第二十七卷	鄭　棻	98 首
第十二卷	馮賡颺	5 首	第二十八卷	梁國珍	36 首
第十三卷	黃言蘭	19 首	第二十九卷	黃玉階	23 首
第十四卷	蔡廷榕	72 首	第三十卷	伍元華	15 首
第十五卷	劉步蟾	121 首	第三十一卷	伍元菘	14 首
第十六卷	黃德峻	73 首	第三十二卷	伍肇基	15 首

今人駱偉主編的《廣東文獻綜錄》一書詳細記載了該集善本的版本以及收藏情況：清道光二十三年至三十年（1843～1850）南海伍氏刊本。書凡七

十四卷，其中前集二十一卷、後集二十一卷、續集三十二卷。藏於廣東省立中山圖書館、中山大學圖書館、華南師範大學圖書館、華南農業大學圖書館（筆者按：經訪查，館藏單位應再加上暨南大學圖書館，且上述五處所藏版本皆相同）。現將此版本的基本情況簡單說明如下：

1. 裝幀形式：線裝本；
2. 「牌記」（前後集）：「道光二十三年六月南海伍氏開雕」；
　　（續集）：「道光三十年春二月南海伍氏開雕」
3. 「目錄」：列出詩人名、字、官職及卷數。如第一卷收錄的詩人：陳昌齊，字觀樓，曾官任浙江溫處道。目錄中條目則記爲：「陳觀樓觀察昌齊　一」；目錄末鐫：「粵東省西湖街聚珍堂承刻印」；
4. 版式行款：①大黑口版心，中刻有：上下雙花魚尾、「楚庭耆舊遺詩前（後、續）集卷數」、「頁數」；②每半頁 11 行，每行 22 字；③直行，烏絲欄，書版上下單欄，左右雙欄；④無書耳；⑤書版框高 18.2cm，寬 10.9cm；
5. 正文字體：仿宋體；
6. 每卷之首行題「楚庭耆舊遺詩　前（後、續）集卷數」，次行題「南海伍崇曜紫垣輯」；每卷之末行，上題「楚庭耆舊遺詩　前（後、續）集卷數」，下題「譚瑩玉生校」；
7. 前集、續集的「牌記」之後、目錄之前各有一篇序言〔註 91〕。

二、《楚庭耆舊遺詩》的編纂體例

（一）選詩、評詩和作者小傳相結合

在習慣上，一部詩歌總集在開篇的序言之後，都會附上凡例，簡要地對該集的編纂緣由、成書過程、編纂體例、選錄標準和文獻來源等內容加以交代說明。凡例本源於史書，它對於規範全書內容以及保持結構的整齊均起著重要的作用。早在唐代，史學家劉知幾便清楚地認識到了這一點，他在《史通・序例》中強調：「夫史之有例，猶國之有法。無法，則上下靡定；史無例，則是非莫準。」其實，史書固然需要凡例的規範，但其它類型的著作亦然。正如今人呂思勉所言：「凡有統系條理之書，必有例，正不獨作史爲然，

〔註 91〕兩篇序言均以伍崇曜的敘述角度及語氣寫就，署的也是伍崇曜之名，但其實爲譚瑩「捉刀」，對於此種情況，前文已作說明，不再贅述。

而作史其尤要者也。與其炫文采作無謂之序，毋寧述條理、明統系，而作切實之例。」因此，凡例在清代編選的詩歌總集中出現的頻率是非常高的，然而，《楚庭耆舊遺詩》中並未設凡例，這就令讀者無法簡單地從凡例處來獲知詩集的編纂體例。但是，通過研讀譚瑩代筆寫的詩集序言，以及從詩集本身的編次、部類、敘錄和注釋等各處，我們都可以對詩集的編纂體例有一個大致的感知和把握。

譚瑩在前集的序言中曾說,「得前後集若干卷，署曰《楚庭耆舊遺詩》,……亦元遺山《中州集》、小長蘆叟《明詩綜》例也」。文字雖簡單，但無疑是對《楚庭耆舊遺詩》編纂體例的一個最好的提示說明。

譚瑩提到的「元遺山《中州集》」，即金代元好問所編纂的一部旨在輯錄金代詩人之詩的詩歌總集，包括詩歌十卷。在乾隆年間永瑢等撰的《四庫全書總目提要》中，便明確將《中州集》的編纂體例視為較為成熟的詩歌總集體例形態，並將其收入總集類正目之中加以介紹:「是集錄金一代之詩，首錄顯宗二首，章宗一首，不入卷數。其餘分為十集，以十干紀之。……其例每人各為小傳，詳具始末，兼評其詩。或一傳而附見數人，如乙集張子羽下附載僧可道、鮮于可、高聰、王景徽、吳演之類；或附載他文，如丙集黨懷英下附載《誅永蹈詔書》之類；或兼及他事，如乙集祝簡下附載所論《王洙不注杜詩》之類。大致主於借詩以存史，故旁見側出，不主一格」〔註 92〕。可以說,《四庫全書總目提要》的這一段評述清晰地指出了《中州集》對詩集編纂體例的一個最大貢獻，即將選詩和作者小傳相結合。這種編纂體例對後世也產生了巨大的影響。比如元人顧瑛編的《草堂雅集》，便開始「仿元好問《中州集》例，各為小傳。」；到了清代，將選詩和作者小傳相結合的編纂體例同樣被詩歌編纂者們所普遍借鑒。康熙年間吳之振編的《宋詩鈔》坦誠道:「每集之首，繫以小傳，略如元好問《中州集》例。」；順治年間的陳焯編的《宋元詩會》也說「凡九百餘家，每家名氏之後，仿元好問《中州集》例，詳其里居出處。」

《楚庭耆舊遺詩》三集共收錄了七十位嶺南籍詩人，在每人的卷目之下均繫有小傳，詳具始末，這就很好地體現了其在編纂體例上對《中州集》的借鑒與繼承。然而，就小傳內容的設置而言，《楚庭耆舊遺詩》比《中州集》

〔註 92〕【清】永瑢等撰：《四庫全書總目提要》（第 38 冊）卷一百八十八・集部四十一・總集類三，上海：商務印書館，1931 年版，第 26 頁。

更爲完備。其中最明顯的當屬：在《楚庭耆舊遺詩》中，在每位詩人的小傳之後，都會附有編者或時人對其詩歌的評論。《中州集》中對於這一點則只是間或有之，而並非貫穿全集的一種常態。

當然，這種將選詩、評詩和作者小傳相結合的編纂體例也並非《楚庭耆舊遺詩》的首創，正如譚瑩所言，來源於「小長蘆叟《明詩綜》」。《明詩綜》作爲清初朱彝尊旨在「成一代之書」的明代詩歌總集。不但在每卷的選詩之前都撰有作家小傳，而且還會附上友人汪森，朱端等人的分卷輯評，以及朱彝尊自著的《靜志居詩話》。《四庫全書總目提要》中對此評價很高：「彝尊……乃編纂此書，……每人皆略敘始末，……里貫之下，各備載諸家評論，而以所作《靜志居詩話》分附於後。……彝尊此編，獨爲詩家所傳誦」〔註 93〕。可以說，朱彝尊在詩人小傳後直接附錄自己撰作的《靜志居詩話》，持論公正地表達其詩學思想，是《明詩綜》的一大亮點。然而，「《明詩綜》小傳下採輯評語，冠以某人云，當時風尚如是。康熙以後此例漸稀。」〔註 94〕《楚庭耆舊遺詩》可謂繼其餘緒，在詩人小傳之下不僅採錄劉彬華、張維屏等十七位詩論家的評論文字，並以「某某云」冠之，還將編者譚瑩與伍崇曜創作的詩話著作置於詩集每一卷的作家小傳與作品選錄之間，使之成爲詩集中一個不可或缺的組成部份。事實上，通過他們本色當行的鑒賞點評，不但能使讀者更準確地把握住詩人的宗尚、創作風格及其在當時詩壇所處的眞實地位，同時，也有助於編者自身的詩學觀念藉此而獲得更有效的傳達。而且，最值得關注的是，譚瑩的詩話（筆者按：譚瑩在《楚庭耆舊遺詩》中對每位入選的詩人所作的評論，雖未曾集結成一部完整的詩話著作付梓，但若把這些評論文字提取出來彙編在一起，其實已明顯具備詩話的形態）以及伍崇曜的《茶村詩話》都是僅賴《楚庭耆舊遺詩》以傳，而均未見有另外的單行本，因此更是彌足珍貴。

（二）詩人的收錄情況

1. 收錄標準

《楚庭耆舊遺詩》前、後、續三集共收錄詩人七十家。由於《楚庭耆舊遺詩》沒有凡例，故很難對該集詩人的收錄標準作出一個相對精確的界定。

〔註 93〕【清】永瑢等撰：《四庫全書總目提要》（第 38 冊）卷一百九十・集部四十三・總集類五，上海：商務印書館，1931 年版，第 85 頁。

〔註 94〕【清】徐世昌輯：《晚晴簃詩彙・凡例》，退耕堂刊本，1929 年。

但從《楚庭耆舊遺詩》前集序言中的具體表述以及詩集對詩人的實際收錄情況來看，伍崇曜與譚瑩在心中對此是有明確考慮的。

《楚庭耆舊遺詩》前集序言中曾這樣寫道：「昔王阮亭尚書《感舊集》，曾賓谷直指朋舊遺詩，來特感乎今雨，樂非操乎土風，又直指《江西詩徵》，阮儀徵相國《淮海英靈集》則遍徵文獻於鄉邦，不復分人物於今古，至畢秋帆尚書《吳會英才集》又僅論所見，半屬生前」。話中明確提到了王士禎（王阮亭尚書）《感舊集》、曾燠（曾賓谷）《江西詩徵》、阮元（阮儀徵相國）《淮海英靈集》、畢沅（畢秋帆尚書）《吳會英才集》等四部清代的地域詩歌總集。看似只是對前人詩歌總集的一種帶過式的介紹與評述。但細究之後，我們發現，譚瑩選出的這四部詩集，正代表著清代以來地域詩歌總集的幾種編纂形態。當中很好地透露出了譚瑩對於清代以來詩歌總集編纂工作，尤其是詩人的收錄標準方面的熟悉與深刻瞭解。

上文序言中所提到的曾燠的《江西詩徵》成書於嘉慶九年（1804）。該詩集以編年爲體，輯錄了兩千四百多名歷代江西籍詩人的詩作。集中對所選錄的詩人及詩歌均有中肯的評論，因此，可算是研究歷代江西詩人的重要文獻和參考資料。曾燠在《江西詩徵》的例言中曾說：「唐宋人但有一詩者概行錄入，元明以來有詩不甚佳，而其人足傳者俱登一二首，人以詩存，詩亦以人重也。……是編於國朝詩採錄較嚴，志乘所刻名勝景物諸作，擇其佳者略登一二，不敢濫收充數。」由此可知，曾燠在編選《江西詩徵》時，更多的是將目光焦點放在了清代以前的詩人身上，唐宋元明之人只要寫有詩歌傳世，而無論其詩歌水平之高低，都將其奉爲詩人而將其詩歌概行錄入。至於清代的詩人，採錄的標準就嚴得多，不但要擇其人、詩俱佳者，甚至更以「無違礙，並經入四庫書目者」爲重要標尺。故詩集中收錄的「國朝」詩人僅占卷六十五至卷八十四，區區二十卷，詩人數量雖不能算是很少，但與清代江西詩歌的實際發展水平是不相符合的。《江西詩徵》在全面收錄江西歷代詩人的基礎上的對古人寬鬆，對近人嚴苛的選錄標準，可以說是其局限所在。不過，事實上，這種厚古薄今的詩歌總集編纂理念在清代是頗爲流行的，也爲多數編纂者所共同接受並傳承。因此，當譚瑩提出編纂《楚庭耆舊遺詩》時應儘量做到就詩論詩，以詩存人，而「不復分人物於今古」之時，我們能清晰地看到譚瑩在詩歌總集的編纂理念上是有著超乎時人之處的，表現出一種難得的前瞻性。而這一切，正說明譚瑩相比於當時大多數的詩歌總集編者而言，對清代詩歌的成就以及它在中國詩歌史上的地位有著更爲準確的定位。這就不得不提到譚瑩在序言中所論及的阮元的《淮海英靈集》。是集雖然不像同時代的淩揚藻的《國朝嶺海詩鈔》、張沆的《國朝蜀詩略》、吳顥的《國朝杭郡詩輯》那樣，在書名處便標以「國朝」二字，但亦是只採錄清代揚州籍詩人的詩歌總集，很好地體現了厚古而並不薄今，注重甄選當朝人之詩歌，尤其是收錄鄉邦詩人詩歌的編纂理念。譚瑩作爲阮元的得意門生，在此理念上與阮元可謂是一脈相承，這從《楚庭耆舊遺詩》中對詩人的收錄便可見一斑。同時，也實現了對清初以來一度興起的當朝人選當朝詩之風的傳承。

而同是當朝人選當朝詩的詩歌總集，在收錄標準上其實也可分爲兩類。第一類是比較常見的，即詩集中只收錄已故之鄉邦詩人，生者即使詩名再隆，一概不收，這樣安排，最大的好處在於可避免文人相輕之陋或是阿諛之嫌。譚瑩在序言中所推重的王士禎的《感舊集》便屬於這一類。譚瑩在序言中還專門提到了畢沅於乾隆五十年（1785）編輯刊行，以其幕賓詩歌爲主要編選對象的《吳會英才集》。它正是屬於當朝人選當朝詩的詩人收錄中較爲不常見的第二類。它的特別之處在於：編者在收錄詩人之時，在生者與已逝者兼而收之。比如說，《吳會英才集》二十卷本中所收錄的方正澍、洪亮吉、黃景仁、王復、徐書受、楊芳燦、陳燮、孫星衍、楊倫、高文照、顧敏恒、王采薇等十二位詩人，便大部份屬於當時尚在生者。其中洪亮吉卒於嘉慶十四年（1809），王復卒於嘉慶二年（1797），徐書受卒於嘉慶十年（1805），楊芳燦卒於嘉慶二十年（1815），孫星衍卒於嘉慶二十三年（1818），楊倫卒於嘉慶八年（1803），顧敏恒卒年雖不詳，但其乾隆五十二年（1787）進士的身份已足以證明在畢沅《吳會英才集》編輯刊行之時，他仍在生無疑。對於這樣的詩人收錄方式，譚瑩是非常不認同的，誠如他在序言中所批評的：「僅論所見，半屬生前」，言下之意，直指其詩人收錄標準之不規範，以及在集中有意褒揚朋輩的偏向。因此，《楚庭耆舊遺詩》在編纂過程中就基本避免了這一個會引人詬病之處，所選錄的七十位詩人皆爲已仙逝之士。而且，雖然編者伍崇曜的伯父、從兄弟、從侄等人也赫然在列，但他們作爲南海當地小有名氣，詩歌也頗有影響的文化人，均僅被置於《楚庭耆舊遺詩》後續二集的卷末，所選的詩歌數量也通常被控制在十五首上下，如此的整齊劃一，其刻意安排之痕迹是十分明顯的，其實也正符合了他在序言中所透露出的對於編輯詩歌總集的選人以及選詩的標準，即注重以詩存人，而不是簡單的以人存詩。

綜上所述，可知《楚庭耆舊遺詩》前後續三集所採用的詩人收錄標準，正是譚瑩和伍崇曜在通讀歷代詩歌總集，深刻把握其選人理念，並結合其中的優勢與不足後所作出的選擇。而《楚庭耆舊遺詩》的編纂本身，其實也正體現了他們對清代以來詩歌總集編纂中詩人收錄標準的揚棄。

2. 所收錄詩人的時限範圍及其卷次排序

如前所述，《楚庭耆舊遺詩》是一部重要的當朝人選當朝詩的詩歌總集。至於具體的收錄上下時限，由於沒有凡例的嚴格界定與說明，所以唯有對所收詩人的生卒年作逐一的細緻考察，方能總結出其上下時限的規律。按照譚瑩與伍崇曜編選詩歌總集的理念，尚在生的詩人是不能入選的，故確定詩集中詩人的卒年就顯得格外重要，因爲所收詩人中最早的卒年自然亦即全本詩集收錄詩人的時間上限，而最遲的卒年也就是全本詩集收錄詩人的時間下限。由於《楚庭耆舊遺詩》前後集同刊刻於道光二十三年（1843），而續集則刊刻於道光三十年（1850），故兩者的收錄時間上下限應加以區別分析。

（1）《楚庭耆舊遺詩》前後集

前集開篇第一卷所選詩人爲海康陳昌齊，字賓臣，號觀樓，又署「甌荔居士」。生於乾隆八年（1743），卒於嘉慶二十五年（1820）。那麼，第一卷詩人卒年所昭示的嘉慶二十五年（1820）是否就是《楚庭耆舊遺詩》前集所收詩人的時間上限呢？經過筆者的比對翻查，確實如此。而且前集所選的二十一位詩人的卷目排序基本都嚴格以其卒年先後進行編次。如：第三卷「潘有爲」：字毅堂，生於乾隆九年（1744），卒於道光元年（1821）；第七、八卷「宋湘」：字煥襄，號芷灣，生於乾隆二十二年（1757），卒於道光六年（1826）；第九卷「劉彬華」：字樸石，生於乾隆三十六年（1771），卒於道光九年（1829）；第十二卷「謝蘭生」：字佩士，號澧浦，生於乾隆二十五年（1760），卒於道光十一年（1831）；第十五、十六卷「李黼平」：字繡子，又字貞甫，生於乾隆三十五年（1770），卒於道光十二年（1832）；第十九卷「潘正亨」：字伯臨，一字何衢，生於乾隆四十四年（1779），卒於道光十七年（1837）等等。而唯一的排序上的例外出現在第十七卷「譚敬昭」，譚生於乾隆三十九年（1774），卒於道光十年（1830），其卒年比第十二卷的謝蘭生還早一年，但卻排在了謝蘭生、高士釗、鍾啓韶、李黼平四人之後。這或許是編者的疏失所致，但總體而言，前集以陳昌齊的卒年，即嘉慶二十五年

（1820）爲收錄時間上限，並統一以詩人卒年先後之序編目，次第清晰，循然可按。

相對於前集依照卒年先後的整齊有序，後集中的排序乍看之下則顯得不夠嚴整。首先是第十卷「潘正衡」：字仲平，一字鈞石，生於乾隆五十二年（1787），卒於道光十年（1830），與前集之譚敬昭同年，而譚被編入前集，潘則被置入後集。再者，潘正衡從兄潘正亨也被編入前集第十九卷，而潘正亨卒於潘正衡後七年。而且，嘉應詩人吳蘭修，卒於道光十九年（1839），比潘正衡遲逝九年之久，但同樣置於潘正衡卷目之前，更領後集首卷。又如後集第十四卷的「侯康」：字君模，生於嘉慶三年（1798），卒於道光十七年（1837）。同樣置於第十三卷「黃子高」（筆者按：卒於道光十九年，1839）之後。

從《楚庭耆舊遺詩》後集這一系列的安排，可見其已不像前集那樣，排序上嚴格按照詩人的卒年。經筆者比對，基本可判定後集的詩人往往乃是以其科第品秩高低編次，先收進士、次之到舉人，然後到諸生，最後收錄布衣。科第品秩相近者，則再輔以卒年先後的標準來進行考慮。如第一卷到第九卷所收錄的詩人吳蘭修、顏斯總、張思齊、劉廣禮、倪濟遠、簡鈞培、劉廣智、陳同都是進士或舉人，而第十卷到第二十一卷所收錄的詩人潘正衡、蔡如蘋、梁梅、黃子高、徐良琛、居鍠、徐良瑛、潘定桂、伍秉鏞、伍宗澤皆爲諸生、貢生、監生或無科名者。

至於後集中詩人卒年之先後，第一卷所收的詩人吳蘭修以及第十三卷所收的詩人黃子高當爲卒年最遲者，他們都卒於道光十九年（1839）。則道光十九年（1839）這個時間點就爲《楚庭耆舊遺詩》後集收錄詩人的時間下限。它距離《楚庭耆舊遺詩》後集於道光二十三年（1843）的最終刊刻付梓還剩有四年的籌備和選輯的時間，倒也屬於一個合理的區間。

綜上所述，鑒於《楚庭耆舊遺詩》前後兩集乃同時刊刻，故在分析其收錄詩人的時間上下限時，筆者傾向將它們合併起來共同考慮。如此則可以結合上文的分析，推導出：於道光二十三年（1843）刊刻出版的《楚庭耆舊遺詩》前後集收錄詩人的時間上限是嘉慶二十五年（1820），而時間下限則是道光十九年（1839）。至於前後集的排序，前集採取的是以詩人卒年先後之序編目，先卒者居前。後集採取的是以科第品秩高低編目，科第品秩高者居前，並適當輔以卒年先後時間來進行考慮。

（2）《楚庭耆舊遺詩》續集

瞻懷嶺海諸賢，不乏碎金，迭嗟埋玉。雖驚波動竹，知靈爽之如何，而秋菊春蘭，慨英華之靡絕。此僕與玉生廣文所以有續《楚庭耆舊遺詩》之輯也。昔同撰集原待補亡，選文敢紹乎維摩立傳，略追夫陸允歎老，成之代謝，猶有典刑，知遺佚之孔多，忍教淪沒。……自癸卯以迄，於今復得若干集而付梓焉。〔註95〕

由譚瑩代筆撰寫的這段序言很好地交代了他與伍崇曜編纂《楚庭耆舊遺詩》續集的深遠用意：「瞻懷嶺海諸賢，不乏碎金，迭嗟埋玉。雖驚波動竹，知靈爽之如何，而秋菊春蘭，慨英華之靡絕」。既有對師友逝去的傷感懷緬，同時也體現了編者強烈的憂患意識，不忍嶺海諸賢的心血之作就此歸於淪沒，並希望通過詩集選輯的方式以詩存人，「此僕與玉生廣文所以有續《楚庭耆舊遺詩》之輯也」。而且，從「自癸卯以迄，於今復得若干集而付梓焉」這一句話，我們能體味出在《楚庭耆舊遺詩》前後集付梓後的七年裏，伍崇曜與譚瑩為保留、搜求鄉邦前賢遺作所作出的不懈努力以及終能「復得若干集而付梓」時的欣慰。

統觀續集中所選的三十二位詩人，雖然譚瑩提到續集的編纂乃是「自癸卯以迄」，即道光二十三年（1843）《楚庭耆舊遺詩》前後集刊刻出版後才開始，但事實上，續集中所選並非只限於道光二十三年後才亡故的詩人。如第一卷所選的連平籍詩人顏檢，卒於道光十二年（1832）；第二卷所選的順德籍詩人溫汝適，卒於嘉慶二十五年（1820）；第十卷所選的定安籍詩人張岳崧，卒於道光二十二年（1842）；第二十卷所選的南海籍詩人謝念功，卒於道光十四年（1834）；第三十卷所選的南海籍詩人伍元華，卒於道光十三年（1833）；第三十二卷所選的南海籍詩人伍肇基，卒於道光八年（1828）。更有甚者，第五卷所選的南海籍詩人顏惇恪，乃卒於嘉慶十二年（1807），比上文所討論的前後集收錄詩人的時間上限「嘉慶二十五年」還要早十三年。可見續集在收錄詩人的時間標準方面，並沒有拘囿於前後集的成例，而是盡可能多地對乾隆、嘉慶、道光年間嶺南本地較有影響力的詩人進行查漏補缺，以免存埋玉之嗟。至於續集中收錄詩人的時間下限，則應定為第二十四卷所收之「蔡錦泉」，順德人，卒於道光二十九年（1849），也即《楚庭耆舊遺詩》續集付諸刊刻的前一年。

〔註95〕【清】譚瑩：《楚庭耆舊遺詩・續集》序。

續集中卷目的排序，也並沒有再貫徹前集或後集的成例。在卒年先後的排列上，顯得較爲無序。如卒年最早的顏惇恪安排在第七卷，而卒年最遲的蔡錦泉僅置於第二十四卷便可見一斑。除此之外，後集中所依據的科第品秩高低顯然也並非續集卷目排序的標準。如科第名次最高的探花郎張岳崧被置於第十卷。而第十五卷的劉步蟾、第二十一卷的謝有文、第二十二卷的衛景昌、第二十六卷的鄧泰、第二十七卷的鄭棻等沒有官職的諸生也躋身於及進士第的詩人卷目之間。

就續集中的詩人排序而言，唯一有規律可尋的便是其主要活動的年代，如從第一卷到第七卷的顏檢、溫汝適、莫元伯、張青選、顏惇恪、陳鴻賓、顏斯組的主要活動年代在乾隆年間；從第八卷到第十五卷的吳榮光、陳大經、張岳崧、梁序鏞、馮賡颺、黃言蘭、蔡廷榕、劉步蟾的主要活動年代在嘉慶年間；從第九卷到第三十二卷的黃德峻、蔡勳、吳林光、黃志超、謝念功、謝有文、衛景昌、吳琛光、蔡錦泉、陳湜、鄧泰、鄭棻、梁國珍、黃玉階、伍元華、伍元菘、伍肇基的主要活動年代則在道光年間。其實，《楚庭耆舊遺詩》續集這種只以詩人主要活動年代爲排列次序的編錄方法，在當時的詩文總集編選中還是較爲常見的，又因往往不用去細緻考訂詩人的具體生卒年和登第之年，故不失爲在瞭解詩人基本情況基礎上的一種較爲省力且穩妥的做法。但與前後集秩然可按的排序相比，則顯得編次模糊且不嚴密。

3. 所收錄詩人的地域分佈

談及《楚庭耆舊遺詩》中所收詩人的地域分佈，首先便要釐清《楚庭耆舊遺詩》的釋名問題，尤其是當中的「楚庭」一詞。「楚庭」，又稱「楚亭」，主要可見諸於四種典籍，而按其對「楚庭」由來的分析，又可以分作兩大類：

（1）五羊神話說

晉裴淵《廣州記》:「昔高固爲楚相，五羊銜穀於楚庭，故圖其像爲瑞。六國時，廣州屬楚」。書中將「楚庭」與一個美麗的傳說相連：有五位僊人，身穿五彩衣，騎著五色羊，拿著一莖六穗的優良稻穀種子，降臨「楚庭」，將稻穗贈給當地人民，並祝福這裏永無饑荒。說完後，五位僊人便騰空而去，五隻羊則變成了石頭。當地人民爲紀念傳播優良穀種的五位僊人，修建了一座五仙觀，五仙觀即爲「楚庭」所在，在今廣州市越秀公園內越秀山百步梯東側，中山紀念碑下面有一個始建於清朝順治元年（1644）的石牌坊，它的背面即刻有「古之楚庭」四個大字。

（2）築庭朝楚說

明郭棐《廣東通志》，書中卷三稱「粵服楚，有楚庭，即今郡城」；清顧祖禹《讀史方輿紀要》，書中「廣州城」條引唐馬總《通歷》云：「周夷王八年，楚子熊渠伐揚越，自是南海事楚，有楚亭」；清屈大均《廣東新語》，其卷十七《宮語》有記：「越宮室始於楚庭。初，周惠王賜楚子熊惲胙。命之曰：『鎮爾南方夷越之亂。』於是南海臣服於楚，作楚庭焉。越本揚越，至是又爲荊越；本蠻揚，至是又爲蠻荊矣。地爲楚有，故築庭以朝楚」。

晉裴淵將「楚庭」視爲廣州的古稱，但其《廣州記》中所記的五羊降「楚庭」之說固然令人充滿浪漫的遐想，但終歸只能流於「相傳」，可以將其目之爲嶺南民眾心中美好的神話，而絕不能當做信史。因此，明郭棐《廣東通志》、清顧祖禹《讀史方輿紀要》、清屈大均《廣東新語》中所記或許可以視爲較接近史實的文獻記載。但即便是他們都認同「築庭朝楚說」，筆者留意到，顧祖禹口中的「楚庭」出現於西周夷王八年，而屈大均所指之「楚庭」則出現在距西周夷王統治兩百餘年後的東周惠王時期，差異是很明顯的。而且，關於「楚庭」的具體地域，也難以確指。顧祖禹與屈大均都認爲「楚庭」所在地即爲「南海」。然而，從歷史記載來看，將「南海」眞正作爲一個獨立的郡名出現，最早是在公元前 214 年。當時秦國正式設南海郡，郡下轄四縣（番禺、四會、博羅、龍川）；另一說爲六縣（番禺、四會、博羅、龍川、洌江、揭陽），郡治在番禺（即今廣州），主體範圍在今廣東、海南和廣西東南部；至於西周乃至春秋戰國時期的典籍中出現的「南海」，更多是對中原地區之外的大陸南端地區的一種泛稱。如《左傳・襄公十三年》：「赫赫楚國，而君臨之，撫有蠻夷，奄征南海，以屬諸夏」。

既然無法得到精確的地域所指，筆者認爲，不妨就將「楚庭」視爲以廣州爲中心的嶺南地區的籠統稱謂。從《楚庭耆舊遺詩》中收錄的七十位詩人的行政區域歸屬來看，伍崇曜與譚瑩對「楚庭」採取的也正是這樣一種寬泛的理解。具體如下表：

《楚庭耆舊遺詩・前集》					
第一卷	陳昌齊	海康	第十二卷	謝蘭生	南海
第二卷	何南鈺	博羅	第十三卷	高士釗	順德
第三卷	潘有爲	番禺	第十四卷	鍾啓韶	新會

第四卷	伍有庸	新會	第十五卷	李黼平	嘉應
第五卷	顏時普	南海	第十六卷		
第六卷	吳應逵	鶴山	第十七卷	譚敬昭	陽春
第七卷	宋　湘	嘉應	第十八卷	黃喬松	番禺
第八卷			第十九卷	潘正亨	番禺
第九卷	劉彬華	番禺	第二十卷	簡嵩培	順德
第十卷	漆　璘	番禺	第二十一卷	李光昭	嘉應
第十一卷	趙　均	順德			

《楚庭耆舊遺詩・後集》					
第一卷	吳蘭修	嘉應	第十二卷	梁　梅	順德
第二卷	顏斯總	南海	第十三卷	黃子高	番禺
第三卷	張思齊	順德	第十四卷	侯　康	番禺
第四卷	劉廣禮	番禺	第十五卷	徐良琛	南海
第五卷	倪濟遠	南海	第十六卷		
第六卷			第十七卷	居　鍠	番禺
第七卷	簡鈞培	順德	第十八卷	徐良瑛	南海
第八卷	劉廣智	番禺	第十九卷	潘定桂	番禺
第九卷	陳　同	順德	第二十卷	伍秉鏞	南海
第十卷	潘正衡	番禺	第二十一卷	伍宗澤	南海
第十一卷	蔡如蘋	順德			

《楚庭耆舊遺詩・續集》					
第一卷	顏　檢	連平	第十七卷	蔡　勳	東莞
第二卷	溫汝適	順德	第十八卷	吳林光	南海
第三卷	莫元伯	高要	第十九卷	黃志超	南海
第四卷	張青選	順德	第二十卷	謝念功	南海
第五卷	顏惇恪	南海	第二十一卷	謝有文	番禺

第六卷	陳鴻賓	南海	第二十二卷	衛景昌	番禺
第七卷	顏斯緝	南海	第二十三卷	吳琛光	南海
第八卷	吳榮光	南海	第二十四卷	蔡錦泉	順德
第九卷	陳大經	番禺	第二十五卷	陳　滉	順德
第十卷	張岳崧	定安	第二十六卷	鄧　泰	順德
第十一卷	梁序鏞	南海	第二十七卷	鄭　棻	番禺
第十二卷	馮賡颺	南海	第二十八卷	梁國珍	番禺
第十三卷	黃言蘭	番禺	第二十九卷	黃玉階	番禺
第十四卷	蔡廷榕	南海	第三十卷	伍元華	南海
第十五卷	劉步蟾	三水	第三十一卷	伍元菘	南海
第十六卷	黃德峻	高要	第三十二卷	伍肇基	南海

從表格中可以很清晰地看到《楚庭耆舊遺詩》前、後、續三集中的詩人地域分佈。當中全部是原籍嶺南或祖輩遷徙落籍嶺南的詩人，而無任何一位生非嶺南籍，僅因仕宦等原因而寄寓嶺南的詩人入選，即使有部份此類詩人甚至在嶺南詩歌發展史上發揮著重要的作用，或產生著重要的影響，編者也並未因此而放鬆標準，以力保其嶺南人詩歌總集的純粹性。

入選的七十位嶺南籍詩人，結合近代嶺南行政區域劃分來看：

籍隸廣州府〔註 96〕的詩人 58 家，占總數的 83%。其中南海籍詩人 22 家，番禺籍詩人 19 家，順德籍詩人 13 家，新會籍詩人 2 家，東莞籍詩人 1 家，三水籍詩人 1 家。

籍隸肇慶府〔註 97〕的詩人 4 家，占總數的 5.7%。

籍隸惠州府〔註 98〕的詩人 2 家。

籍隸雷州府〔註 99〕的詩人 1 家，占總數的 1.4%。

〔註 96〕清代廣州府下轄南海、番禺、順德、東莞、從化、龍門、增城、香山、新會、三水、新寧、清遠、新安、花縣等十四縣以及佛岡直隸廳、赤溪直隸廳。

〔註 97〕清代肇慶府下轄高要、四會、新興、陽春、高明、恩平、廣寧、開平、鶴山、德慶州、封川、開建等十二縣和陽江直隸廳。

〔註 98〕清代惠州府下轄歸善、博羅、長寧、永安、海豐、陸豐、龍川、香山、連平、河源、和平等十一縣。

〔註 99〕清代雷州府下轄海康、遂溪、徐聞等三縣。

籍隸瓊州府〔註 100〕的詩人 1 家，占總數的 1.4%。

籍隸嘉應直隸州〔註 101〕的詩人 4 家，占總數的 5.7%。

尤其值得注意的是，同歸屬嶺南地區的韶州府、潮州府、高州府、廉州府、羅定直隸州、連州直隸州、南雄直隸州、欽州直隸州等八個州府竟然無任何一位詩人入選。如此的地域分佈，體現出了一種極其明顯的不均衡性。籍貫爲廣州府以及其毗鄰的肇慶府、惠州府，也即慣常所講的珠江三角洲地區的詩人完全佔據了入選詩人的主體。事實上，這種不均衡性正是清代嶺南地區詩人地域分佈的一個眞實縮影。

嶺南地區詩人地域分佈上的不均衡，或稱之爲各地域詩人詩藝水平的差異，其實古已有之。早在唐代之時，由於大庾嶺古道的開通，以及開創了嶺南詩風的雅正的「張曲江體」對當時以及後世所帶來的深遠影響，粵北地區當仁不讓地成爲了唐代嶺南詩壇的中心。而到了兩宋之後，根據譚正璧編纂的《中國文學家大辭典》中的條目所作的統計，其中廣州籍和惠州籍的詩人佔了 21 人，而唐代時一度佔據主導地位的粵北地區，即連州、南雄州和韶州等地的詩人僅占 4 人。可見，從那時起，珠江三角洲地區已經異軍突起，逐漸取代了粵北地區，成爲了嶺南詩壇的新的中心。到了明代，珠江三角洲地區詩人在嶺南詩壇上的這種優勢地位更是變得越發明顯與絕對。仍是以譚正璧《中國文學家大辭典》中所收錄的明代詩人爲例，其中出自廣州府、惠州府和肇慶府的便有三百餘人，占嶺南籍詩人總數的百分之八十以上。尤其是廣州府轄下的南海、番禺和順德三個縣，更是人才輩出。在嶺南詩歌史上佔有重要地位的多位詩人，如元末明初的「南園五子」（南海籍詩人孫蕢、王佐，番禺籍詩人趙介、李德、黃哲），以及「清初嶺南三大家」（南海籍詩人梁佩蘭、番禺籍詩人屈大均、順德籍詩人陳恭尹）就都分別來自於這三地。

清代的嶺南詩人地域分佈，從總體而言，仍然保持著宋明以來的格局。據今人曾大興的考證，從清朝開國至道光末年這二百三十年左右的時間裏，有籍貫可考的嶺南籍詩人共 839 人，其中韶州府、南雄州、連州和惠州府的長寧縣合共 8 人，占詩人總數的 1%；羅定州、高州府和雷州府合共 53 人，占詩人總數的 6.3%；潮州府、嘉應州和惠州府的和平、連平兩縣合共 90

〔註 100〕清代瓊州府下轄瓊山、澄邁、定安、文昌、會同、樂會、臨高、儋州、昌化、萬州、陵水、崖州、感恩等十三縣。

〔註 101〕清代嘉慶直隸州下轄興寧、長樂、平遠、鎮平等四縣。

人，占詩人總數的 10.7%；而占籍廣州府、惠州府和肇慶府轄下的鶴山、恩平兩縣的詩人人數竟高達 688 人，占詩人總數的 82%，其主導地位毋庸置疑。固然，此處根據清代嶺南詩人歷史總人數統計出來的「82%」，與《楚庭耆舊遺詩》前、後、續三集中廣州府、惠州府、肇慶府三地詩人「91.5%」的比重並不具備直接的可比性，但卻爲我們昭示了某種內在的可能性關聯。

4. 所收錄詩人的身份

《楚庭耆舊遺詩》前、後、續三集共收錄生活在清代乾隆至道光朝的嶺南籍詩人七十家。這七十位詩人，並不局限來自於嶺南某一兩個地區，也不僅止於某些詩名遠揚的大家名家，出於編者「文章公器宜窮達而靡遺，嶺海人才慶遭逢而輩出。理原合轍，藝擅顓門，玲瓏其聲，波瀾莫二，並當甄錄，俾益流聞者也。爰與學博（筆者按：指譚瑩）露鈔雪纂，好寫留眞」〔註 102〕的意圖，所收詩人既涵蓋了嶺南詩壇中以詩傳世的著名詩人、一生枕經葄史而又兼擅詩藝的著名學者、在當地享有盛譽、以風雅自命的名流耆宿，同時也大膽地收入了不少因地處僻壤，又科場失意，故詩名不算大，但所創作的詩歌卻頗具個性特色，對嶺南詩壇造成一定影響的詩人。這就使得《楚庭耆舊遺詩》能夠很好地兼顧到乾嘉道之間嶺南詩壇的整體發展及其特色。

第四節　《楚庭耆舊遺詩》的文獻價值

伍崇曜與譚瑩一生均對搜求、整理歷代嶺南文獻寄予深情，而在嶺南詩歌文獻的保存與傳承方面，他們尤其青睞於乾隆、嘉慶、道光三朝的嶺南詩壇。他們根據翔實的文獻史實，積極地編纂成《楚庭耆舊遺詩》三集。詩集中雖只錄入了區區七十位嶺南詩人，並不足以反映乾隆、嘉慶、道光三朝嶺南詩壇之全貌，但他們在集中通過序言、小傳、詩歌評論等形式向讀者提供了豐富的與嶺南詩歌相關的文獻資料，當中更不乏其它許多文史書籍中所未加載，甚至未曾注意到的材料。同時，伍崇曜與譚瑩對此詩集所付諸的心血，也絕不僅止於對前賢詩歌進行搜求與簡單的編選。他們在集中所透露出來的對鄉邦詩歌文獻的珍視，以及期望能以詩存人、以詩存史的編纂理念，都明確地向後世讀者傳達出他們通過彙輯鄉邦前賢文獻，弘揚嶺南文化的學術意識，也令《楚庭耆舊遺詩》三集因此而具有了堪值後世研究者充分重視

〔註 102〕【清】譚瑩：《楚庭耆舊遺詩》序。

的文獻價值。

一、對鄉邦詩歌文獻的彙輯

伍崇曜與譚瑩對鄉邦前賢的敬重之情，以及他們保存、彙輯鄉邦文獻的強烈意願，在《楚庭耆舊遺詩》前集與續集的兩篇序言中都有著集中而清楚的表達。前集序言中謂：「竊與玉生譚學博言及，未嘗不悵懷逝者，慨念斯文也。然而古往今來，天壤之生才不少，山長水遠，江湖之歎逝，可知誼切維桑，悲深宿草耳。亦有通儒碩學，手筆典裁，早付琬鐫。吟研歎服，朝成暮遍，爲後進之所宗。剩馥殘膏，笑他人之未足。廬山宮裏苦學賈閬仙之詩，吐谷床頭業有溫鵬舉之集。嗟嗟，文章公器宜窮達而靡遺，嶺海人才慶遭逢而輩出。理原合轍，藝擅顓門，玲瓏其聲，波瀾莫二，並當甄錄，俾益流聞者也。爰與學博露鈔雪纂，好寫留眞，或稱昆弟之交，或屬丈人之行，或執業所曾事，或聞聲輒相思，或望重紀群，或姻聯秦晉，稗殘補缺，刈楚芟蕪，或與古維新，或當今無輩，或精思能至，或偏嗜所存，得前後集若干卷，署曰《楚庭耆舊遺詩》」。續集序言中則云：「人非金石，如橘叟而幸存，世盡滄桑，定麻姑而始見。獨許文章千古，睠懷嶺海諸賢，不乏碎金，迭嗟埋玉。雖驚波動竹，知靈爽之如何，而秋菊春蘭，慨英華之靡絕。此僕與玉生廣文所以有續《楚庭耆舊遺詩》之輯也。」這兩篇序言雖然在創作時間上相隔有七年之久，但都傳遞出了同樣的意願。一方面，伍崇曜與譚瑩期望通過爲故去之詩學前賢編輯詩歌總集這種方式，寄託自己對他們的敬意與悵逝之情；另一方面，也表現出了他們欲系統地錄載鄉邦詩歌文獻以傳承嶺南詩歌文化的良苦用心。

事實上，縱觀伍崇曜與譚瑩兩人一生爲傳承嶺南文化所作的努力，便可以大致領略到他們彙輯嶺南文獻的意圖之宏大。而且，譚瑩在之後撰寫的《粵雅堂叢書序》中便明確提到：「粵雅堂者，舊輯《嶺南遺書》、《粵十三家集》、《楚庭耆舊遺詩》之地而因以署焉者也。言念桑梓之邦，恭敬敢後，從事棗梨之役，推廣宜先。歲月不居，行能無算，酌叢編之前式，俾故帙之永傳。仍與玉生廣文同發舊藏，各從轉借，參懷撰定，殫極邱墳，校練有無，損併存佚。愧顏少監之討析必暢本源，同諸葛相之交遊獨觀大略。不拘時代，間考生平奧義名言，隨鈔瑣錄昔賢之剩稿，佚女所戲編，……苦奢願之難償，憐壯心之未已。藏山誰敢，壽世可期。更殷勤以訪求，仍次第以刊佈。」

〔註 103〕由此可知，《楚庭耆舊遺詩》的編纂不過僅是彙輯嶺南文獻，傳承嶺南文化這一意圖在嶺南詩歌領域的其中一種實現形式。而此中的「言念桑梓之邦，恭敬敢後，從事棗梨之役，推廣宜先」一語正是對他們畢生以搜求、保存、整理鄉邦文獻爲己任的誠摯用心的最眞實的表達。

同時，也正是伍崇曜、譚瑩兩人不俗的詩學素養、對近代嶺南詩壇的親近熟悉、以及在搜集整理嶺南詩歌文獻方面的深厚功底，才終於令《楚庭耆舊遺詩》的編纂宏願轉化爲現實。伍崇曜早年即綜覽群籍，「讀等身之書，勤焠掌之業」〔註 104〕，並築有遠愛樓以藏書，有《遠愛樓書目》。而且他對詩文的興趣尤深，這種好尚與家學的薰陶不無關係，伍崇曜的先世祖輩，便皆篤於吟詠。故他雖然商務繁忙，但仍於閒暇之時勤著詞賦、詩歌。其作詩的宗尚趣向，總體而言趨近唐人，而不喜古奧奇崛，頗得其妙，爲「常熟翁文端師相尤擊賞焉。」〔註 105〕著有《粵雅堂吟草》及《茶村詩話》，尤其是《茶村詩話》，書中保存了大量嘉慶、道光年間嶺南詩人的生平事迹資料與相關的文學批評的原始文獻，於編纂《楚庭耆舊遺詩》時的「辨章學術，考鏡源流」可謂大有裨益。譚瑩同樣是近代嶺南著名的藏書家，有《樂志堂藏書目》傳世，家中藏書頗豐，據其子譚宗浚《希古堂書目》自序云：「余家希古堂書，凡先教授之所遺，近三萬餘卷……雖無宋元佳本，然搜採畧備」〔註 106〕。同時，譚瑩「幼耽吟詠，夙嗜謳歌」〔註 107〕，一生創作了 1700 多首詩歌，其中還包含了 176 首《論詞絕句》。這組大型的論詞詩，即便到了今天，也得到致力於研究詞學批評的專家們的一致肯定。如鍾賢培先生就指出：「《論詞絕句又三十首》（專論嶺南人），論及嶺南詞人 30 餘人，保留了不少嶺南詞壇的史料，對研究嶺南詞的變化，很有學術價值。」〔註 108〕謝永芳先生同樣稱許

〔註 103〕【清】譚瑩：《粵雅堂叢書序》，《樂志堂文續集》卷一，六十二。

〔註 104〕【清】譚瑩：《覃恩誥授通奉大夫一品封典、晉授榮祿大夫布政使銜候選道紫垣伍公神道碑文》，《樂志堂文續集》卷二「神道碑」，五十九。

〔註 105〕【清】譚瑩：《覃恩誥授通奉大夫一品封典、晉授榮祿大夫布政使銜候選道紫垣伍公神道碑文》，《樂志堂文續集》卷二「神道碑」，五十九。

〔註 106〕轉引自徐信符：《廣東藏書紀事詩》「譚瑩樂志堂　譚宗濬希古堂」，沈雲龍主編：《近代中國史料叢刊續編第二十輯》，臺北：文海出版社有限公司，1975 年版，第 163 頁。

〔註 107〕【清】譚瑩：《樂志堂詩集・詩序》。

〔註 108〕鍾賢培、汪松濤：《廣東近代文學史》，廣州：廣東人民出版社，1996 年版，第 150 頁。

道：「譚瑩的《論詞絕句》代表了整個清代論詞絕句的學術水平，具有很高的學術價值，當然不僅僅是因爲它數量龐大。其首要的價值在於，通過採取總論、分論、專論和附論等多種論述形式相結合的方式，成功地將顯明的歷史意識和初步的系統性灌注其中，使這種詞學批評形式具各了一定的理論品格。」〔註 109〕應該說，這組《論詞絕句》充分體現了譚瑩對嶺南詞人群體的熟悉與自覺的關注，移至嶺南詩壇及嶺南詩人群體，則更是如此。

譚瑩與伍崇曜一直與嶺南詩人過從甚密。當時很多詩壇耆宿，如謝蘭生、黃喬松、梁梅、蔡錦泉、鍾啓韶等，便都曾多次應邀造訪伍氏位於珠江南岸的「萬松園」以及位於珠江西岸的「馥蔭園」。其中「萬松園」的園額也正是由謝蘭生所書。道光年間，以詩人黃玉階爲首的「花天詩社」也時常以伍氏「馥蔭園」作爲其舉辦遊園詩會之地。譚瑩對廣聯詩人，結集詩社一事則一直很是熱衷，他在《楚庭耆舊遺詩》續集序言的結尾處便感慨道：「此後詞章宿老年齡猶雲澗飛仙，我曹鉛槧生涯酬唱仿月泉吟社」。關於「月泉吟社」，早在明代李東陽的《懷麓堂詩話》中就曾有記：「元季國初，東南士人重詩社，每一有力者爲主，聘詩人爲考官。隔歲封題於諸郡之能詩者，期以明春集卷私試，開榜次名，仍刻其優者，略如科舉之法，今世所傳惟浦江吳氏『月泉吟社』」。而《四庫全書總目提要》中更是對「月泉吟社」同人所編的《月泉吟社》及後王士禎的評價都有著較爲詳細的記載：「宋吳渭編。渭字清翁，號潛齋，浦江人。嘗官義烏令，入元後退居吳溪，立月泉吟社，至元丙戌、丁亥間，徵《賦春日田園雜興》詩，限五、七言律體，以歲前十月分題，次歲上元收卷，凡收二千七百三十五卷，延致方鳳、謝翺、吳思齊評其甲乙。凡選二百八十人，以三月三日揭榜。此本僅載前六十人，共詩七十四首。又附錄句圖三十二聯，而第十八聯佚其名，蓋後人節錄之本，非完書也。其人皆用寓名，而別注本名於其下。如第一名連文鳳，改稱『羅公福』之類，未詳其意，豈鳳等校閱之時，欲示公論，以此代糊名耶？首載社約、題意、誓文、詩評；次列六十人之詩，各爲評點；次爲摘句；次爲賞格及送賞啓；次爲諸人覆啓，亦皆節文。其人大抵宋之遺老，故多寓遯世之意。及《聽杜鵑》「餐薇蕨」語，王士禎《池北偶談》稱其清新尖刻，別自一家，而怪所品高下未當。爲移第六名子進爲第一，第十三名魏子大爲第二，

〔註 109〕謝永芳：《譚瑩的〈論詞絕句〉及其學術價值》，《圖書館論壇》，2009 年第 2 期，第 173 頁。

第九名全泉翁爲第三，第五名山南隱逸爲第四，第十五名躡雲爲第五，第四名仙村人爲第六，第十一名方賞爲第七，第三名高宇爲第八，第四十二名俞自得爲第九，第二十五名槐空居士爲第十，第四十三名東湖散人爲十一，第三十七名徐端甫爲十二，第四十四名仇近村爲十三，第三十一名陳希邵爲十四，第五十三名子直爲十五，第二名司馬澄翁爲十六，第四十五名陳韡孫爲十七，第五十一名聞人仲伯爲十八，第五十九名君瑞爲十九，第十七名田起東爲二十，第一名羅公福爲二十一。然諸詩風格相近，無大優劣，士禎所移，與鳳等所定，均各隨一時之興，未見此之必是，彼之必非也。」〔註 110〕而譚瑩在此處特意提及「月泉吟社」，欲表達的更多是對「月泉吟社」中人那種聯友結社、詩酒風流的生活的羨慕之情。其實，自唐代以來，詩人們便好結成「吟社」，詩酒酬唱。元、明以後，詩人雅集結社的風氣更盛。在這種風尚的影響下，嶺南詩人群體，尤其是生活在以廣州爲中心的廣府珠江三角洲地區的詩人們，同樣熱衷於以詩會友。「維粵人夙喜稱詩，迄明代群思結社。孫典籍則南園啓秀，陳宗伯則東皐繼聲。訶子林中巾瓶，並參淨契；芝蘭湖畔簪裾，彌豔香名。以迄沈奇玉之越嶠吐華，汪白岸則汾江擒藻，殆難更僕，時有替人。」〔註 111〕先有元末結社於廣州南園抗風軒，以「南園五子」孫蕡、王佐、黃哲、李德、趙介爲翹楚的「南園詩社」，其餘韻流風，影響最爲深遠，直到近代依然未絕。明萬曆年間，王學曾與陳大猷等十六人，建立「浮丘詩社」，以續南園。康熙二十九年，「清初嶺南三家」屈大均、陳恭尹、梁佩蘭更對「浮丘詩社」進行了修復。屈大均後有《修復浮丘詩社有作》詩以紀其事。對於清代嶺南詩人這種濃厚的結社之風，清人檀萃在其所著的《楚庭稗珠錄》中曾這樣寫道，詩人、士大夫皆「好爲詩社，寫之於花宮、佛院牆壁間皆滿。其命題多新巧，爲體多七律。每會計費數百金，以謝教於作詩者，第輕重之。流離之英俱得與，不具姓名，以別號爲稱」〔註 112〕。最後，檀萃更稱其深具「月泉吟社之遺風」。以「月泉吟社」作爲詩人結社之理想化代表，與譚瑩可謂不謀而合。而譚瑩從來不是一個臨淵羨魚之人，爲了能更好地傳承嶺南明清以來的詩人結社傳統，也爲了詩友間進行

〔註 110〕【清】永瑢等撰：《四庫全書總目提要》（第 38 冊）卷一百八十七．集部四十．總集類二，上海：商務印書館，1931 年版，第 20 頁。

〔註 111〕【清】譚瑩：《樂志堂文集》，卷十五。

〔註 112〕【清】檀萃著，楊偉群校點：《楚庭稗珠錄》，卷四《粵琲》上，廣州：廣東人民出版社，1982 年版。

更廣泛而深入的詩藝交流與切磋，他經常致力於詩人間的組織結社活動，並曾撰寫《約同人重結浮邱社啓》一文。在文中，譚瑩再次重申：「某等仿佛無心，逃禪有願。或半生未到，或卅載重經，話煨芋之因緣，問種桃之閱歷。揭來城市，宛到山林，寄託文章，合呈仙佛。竊擬傳箋遞約，載酒頻過，緬遺迹之依稀，歎餘風之泯滅。冀神交之可託，期詩教之再興。」〔註 113〕而這種借組織詩社以中興詩教的強烈願望，終於促使他在這篇《楚庭耆舊遺詩》續集序言撰寫後不久，在道光初年，即偕同鄉詩人熊景星、徐良琛、徐榮、順德詩人梁梅、鄧泰、番禺詩人鄭棻等成立了「西園吟社」。詩社成立後，他們便開始積極舉辦各種雅集活動，有史料可查的便有六次。每次詩社集會都會定有詩歌創作的主題，在每次集會之後，他們都會從中挑選佳作結集出版。在這六次詩社雅集活動中，譚瑩都詩興頗高，其中在第一期賦詩 36 首，第二期 15 首，第三期 4 首，第四期 8 首，第五期 4 首，第六期 8 首，合共有 75 首之多。而隨著譚瑩倡導的詩社雅集活動的不斷展開，不但使詩社中人能得到許多相互交流切磋的機會，也令南海本地及周邊之番禺、順德等縣邑詩人的創作熱情和創作水平都得到了不小的促進與提高，使譚瑩對「月泉吟社」般的結社詩酒生活的理想變成了現實，而且如此的風雅盛況，比起月泉吟社，恐怕也是有過之而無不及了。從《楚庭耆舊遺詩》的編纂結果來看，伍崇曜與譚瑩與近代嶺南詩人群體的親近與熟悉，正有利於他們獲取到更多的詩稿及相關的文獻，從而爲《楚庭耆舊遺詩》編纂的順利完成打下了堅實的基礎。

《楚庭耆舊遺詩》中特意收錄了黃子高和劉彬華這兩位近代嶺南著名的學者型詩人。從伍崇曜與譚瑩爲其所撰的小傳來看，在內容上也正是側重來表彰兩人在整理與彙輯嶺南文獻方面所作出的貢獻。黃子高的小傳中有記：「性嗜書，尤重鄉邦文獻，多手錄之本。余（引者按：即譚瑩，下者同）偕伍紫垣孝廉撰《嶺南遺書》三集、《粵十三家集》等書，多與借鈔而君不吝也。」突出了他藏書之嗜好，以及對鄉邦文獻之重視。而且，爲了能更好地促成鄉邦文獻的整理與傳播，他竟然願意將自己重金購得的善本與鄉邦同人分享。這種無私尤其令人敬佩。故譚瑩在小傳的後面專門提及在黃子高逝世後，「余爲表其墓，頗極推崇，並爲山堂諸君子撰檻貼挽之云：『技了十人吾輩中尤豔說身名俱泰，心懸千古後死者各驚嗟文獻無徵』，說者謂：『唯君不

〔註 113〕【清】譚瑩：《樂志堂文集》，卷十五。

愧此言耳』。」藉此以表達對黃子高的景仰與感激之情。劉彬華的小傳中則記道：「樸石先生嘗輯《嶺南群雅》初二集，近人著作多藉以傳」。言語雖簡短，但意在言外。譚瑩弱冠即受知於劉彬華，作爲劉的得意弟子，不但在《楚庭耆舊遺詩·前集》第九卷中選入其師 42 首詩歌以寄託懷緬之情，更重要的是，他還很好地繼承了老師的遺志，同樣耗其畢生的心力來編纂《楚庭耆舊遺詩》，以推動近代嶺南詩歌的保存與傳播。這種薪火相傳，相信會是對劉彬華的一種最好的稱許與報答。

二、對部分稀見詩人的載錄

總集的編纂始於摯虞，其功能有二，而最重要的第一點便是「網羅眾作」。所謂「網羅眾作」，難點在於其「網羅眾作」的廣度。清代以降，編纂詩歌總集的文人漸多，也對總集的編纂有了更高的要求，即不但在編纂時要有選擇的客觀與公正的標準，還要有必要的求全的意識，「網羅放佚，使零章殘什，並有所歸」。

總集選錄作家，總體上距離編者時代越近，入選範圍越寬。清代與前代相比是如此，清代本朝內部同樣也是如此。《楚庭耆舊遺詩》旨在編選乾隆、嘉慶、道光三朝的嶺南詩人，合共選入七十家。其中又尤以廣州府的詩人選入爲多。

其中廣州府詩人選入五十八家，分別是：南海（二十二人）：顏時普、謝蘭生、顏斯總、顏斯緝、顏惇恪（顏斯紱）、倪濟遠、徐良琛、徐良瑛、伍秉鏞、伍宗澤、陳鴻賓、吳榮光、梁序鏞、馮賡颺、蔡廷榕、吳林光、黃志超、謝念功、吳琛光、伍元華、伍元菘、伍肇基；番禺（十九人）：潘有爲、劉彬華、漆璘、黃喬松、潘正亨、潘正衡、劉廣禮、劉廣智、黃子高、侯康、居鍠、潘定桂、陳大經、黃言蘭、謝有文、衛景昌、鄭棻、梁國珍、黃玉階；順德（十三人）：趙均、高士釗、簡嵩培、張思齊、簡鈞培、陳同、蔡如蘋、梁梅、溫汝適、張青選、蔡錦泉、陳滉、鄧泰；東莞（一人）：蔡勳；新會（二人）：伍有庸、鍾啓韶；三水（一人）：劉步蟾；

惠州府詩人選入二家，分別是：博羅何南鈺、連平州顏檢；

肇慶府詩人選入四家，分別是：高要莫元伯、黃德峻，陽春譚敬昭、鶴山吳應逵；

雷州府詩人選入一家：海康陳昌齊；

嘉應州詩人選入四家，分別是：宋湘、李黼平、李光昭、吳蘭修；
瓊州府詩人選入一家：定安張岳崧。

事實上，若只論選輯詩人的數量，《楚庭耆舊遺詩》比起同類型的清代斷代詩歌總集，並不存在優勢。《楚庭耆舊遺詩》眞正做得出色的，在於「以人存詩」。集中收入了不少布衣、寒士詩人，尤其是一些不但沒有別集流傳，甚至連地方志以及同時代的著作中也沒有存錄他們的相關情況的邊緣詩人，使他們不致湮沒於歷史的煙海。

爲了對一個作家及其詩歌創作進行更好的考察，對其相關背景資料的瞭解與掌握是必不可少的。所謂背景數據，可以用我國傳統文學批評術語概括爲「知人」與「論世」兩大要點。前者包括作者生平的方方面面，後者則是其所在時代的歷史文化背景。二者共同組成了我們閱讀、研究詩人詩作的基石。入清之後，由於清代文獻及與清代相關之文獻的數量極其龐大，相應地，保存有清人生平資料的文獻類型也是格外繁多。其中，地方志是研究者最常用的文獻載體。本節就謹立足於此，茲將《楚庭耆舊遺詩》所收錄的七十位詩人在同時代地方志中的載錄情況作一整理：

《楚庭耆舊遺詩・前集》					
卷　次	詩人	載錄地方志	卷　次	詩人	載錄地方志
第一卷	陳昌齊	民國《海康縣續志》	第十二卷	謝蘭生	道光《南海縣志》
第二卷	何南鈺	光緒《惠州府志》	第十三卷	高士釗	咸豐《順德縣志》
第三卷	潘有爲	同治《番禺縣志》	第十四卷	鍾啓韶	道光《新會縣志》
第四卷	伍有庸	道光《新會縣志》	第十五卷	李黼平	咸豐《嘉應州志》
第五卷	顏時普	道光《南海縣志》	第十六卷		
第六卷	吳應逵	道光《肇慶府志》	第十七卷	譚敬昭	道光《肇慶府志》
第七卷	宋　湘	咸豐《嘉應州志》	第十八卷	黃喬松	同治《番禺縣志》
第八卷			第十九卷	潘正亨	同治《番禺縣志》
第九卷	劉彬華	同治《番禺縣志》	第二十卷	簡嵩培	咸豐《順德縣志》
第十卷	漆　璘	同治《番禺縣志》	第二十一卷	李光昭	咸豐《嘉應州志》
第十一卷	趙　均	咸豐《順德縣志》			

<table>
<tr><th colspan="6">《楚庭耆舊遺詩・後集》</th></tr>
<tr><th>卷　次</th><th>詩人</th><th>載錄地方志</th><th>卷　次</th><th>詩人</th><th>載錄地方志</th></tr>
<tr><td>第一卷</td><td>吳蘭修</td><td>咸豐《嘉應州志》</td><td>第十二卷</td><td>梁　梅</td><td>咸豐《順德縣志》</td></tr>
<tr><td>第二卷</td><td>顏斯總</td><td>道光《南海縣志》</td><td>第十三卷</td><td>黃子高</td><td>同治《番禺縣志》</td></tr>
<tr><td>第三卷</td><td>張思齊</td><td>咸豐《順德縣志》</td><td>第十四卷</td><td>侯　康</td><td>同治《番禺縣志》</td></tr>
<tr><td>第四卷</td><td>劉廣禮</td><td>同治《番禺縣志》</td><td>第十五卷</td><td rowspan="2">徐良琛</td><td rowspan="2">道光《南海縣志》</td></tr>
<tr><td>第五卷</td><td rowspan="2">倪濟遠</td><td rowspan="2">道光《南海縣志》</td><td>第十六卷</td></tr>
<tr><td>第六卷</td><td>第十七卷</td><td>居　鍠</td><td>同治《番禺縣志》</td></tr>
<tr><td>第七卷</td><td>簡鈞培</td><td>咸豐《順德縣志》</td><td>第十八卷</td><td>徐良瑛</td><td>無</td></tr>
<tr><td>第八卷</td><td>劉廣智</td><td>同治《番禺縣志》</td><td>第十九卷</td><td>潘定桂</td><td>同治《番禺縣志》</td></tr>
<tr><td>第九卷</td><td>陳　同</td><td>咸豐《順德縣志》</td><td>第二十卷</td><td>伍秉鏞</td><td>無</td></tr>
<tr><td>第十卷</td><td>潘正衡</td><td>同治《番禺縣志》</td><td>第二十一卷</td><td>伍宗澤</td><td>無</td></tr>
<tr><td>第十一卷</td><td>蔡如蘋</td><td>咸豐《順德縣志》</td><td></td><td></td><td></td></tr>
</table>

《楚庭耆舊遺詩・續集》					
卷　次	詩人	載錄地方志	卷　次	詩人	載錄地方志
第一卷	顏　檢	光緒《惠州府志》	第十七卷	蔡　勳	民國《東莞縣志》
第二卷	溫汝適	咸豐《順德縣志》	第十八卷	吳林光	道光《南海縣志》
第三卷	莫元伯	道光《肇慶府志》	第十九卷	黃志超	道光《南海縣志》
第四卷	張青選	咸豐《順德縣志》	第二十卷	謝念功	道光《南海縣志》
第五卷	顏惇恪	道光《南海縣志》	第二十一卷	謝有文	無
第六卷	陳鴻賓	道光《南海縣志》	第二十二卷	衛景昌	無
第七卷	顏斯緝	道光《南海縣志》	第二十三卷	吳琛光	道光《南海縣志》
第八卷	吳榮光	道光《南海縣志》	第二十四卷	蔡錦泉	咸豐《順德縣志》
第九卷	陳大經	同治《番禺縣志》	第二十五卷	陳　滉	無
第十卷	張岳崧	光緒《瓊州府志》	第二十六卷	鄧　泰	無
第十一卷	梁序鏞	道光《南海縣志》	第二十七卷	鄭　棻	同治《番禺縣志》

第十二卷	馮賡颺	道光《南海縣志》	第二十八卷	梁國珍	民國《番禺縣志》
第十三卷	黃言蘭	無	第二十九卷	黃玉階	同治《番禺縣志》
第十四卷	蔡廷榕	道光《南海縣志》	第三十卷	伍元華	無
第十五卷	劉步蟾	民國《三水縣志》	第三十一卷	伍元菘	道光《南海縣志》
第十六卷	黃德峻	道光《肇慶府志》	第三十二卷	伍肇基	無

通過將《楚庭耆舊遺詩》中所收詩人與當時及稍後刊行的《嘉應州志》、《惠州府志》、《肇慶府志》、《瓊州府志》、《南海縣志》、《番禺縣志》、《三水縣志》、《順德縣志》、《新會縣志》等書中的選舉志及人物列傳進行比對，我們可以發現，《楚庭耆舊遺詩》對所收詩人，尤其是部份稀見的詩人所作的記載，爲後出的總集或方志提供了極好的參考。

《楚庭耆舊遺詩》三集刊行於道光年間，由於集子所選輯的詩人皆爲生活在同時代，仙逝未久者。故很多詩人即便享有盛名，但地方志往往收錄未及。從上表的統計，不難看出這一點。《楚庭耆舊遺詩》三集所收錄的七十位詩人中，便有二十二位詩人的生平行迹僅收錄在《楚庭耆舊遺詩》面世之後方才出版的地方志當中。而且，筆者翻閱後發現，有些地方志中的傳記文字，從遣詞造句，到邏輯順序，往往與《楚庭耆舊遺詩》中之所撰有極大的相似之處，後者對前者是否存在明顯的參考與借鑒，相信是不言自明的。

至於後集中的徐良瑛、伍秉鏞、伍宗澤，續集中的黃言蘭、謝有文、衛景昌、陳滉、鄧泰、伍元華、伍肇基等共十人，其生平行迹在地方志中則是沒有任何記載的。說明這十位詩人在道光年間，即《楚庭耆舊遺詩》剛剛成書，而他們也離世未久之時，就幾乎湮沒不聞了。事實上，不僅是地方志沒有將他們的情況收錄，即使是當時的一些隨筆雜記類的著作，也少見有相關資料附錄於他們名下。

由於伍崇曜與譚瑩在編選《楚庭耆舊遺詩》之初，更多是出於「取交遊之所贈，性情之所嗜，偶有會心，輒操竹而錄之，以爲懷人思舊之助」的編選要旨，故對於所選之詩人，即使其爲落魄儒生，也皆注意對其表幽闡微，以求知人論世。如南海士子徐良瑛，十九歲早夭。由於生活時間短，又僅爲一介布衣，故名不見經傳，傳記更是難覓。然即便如此，伍崇曜與譚瑩二人仍遍訪資料，務盡發其幽光，使其存名於後世。不但明確記錄了他的字號、爵里，還在其小傳中附錄相當多的他與時人交往的資料，從而爲讀者提供更詳細的相關信息：

徐良瑛，字小陵，一字石洲，南海人。著有《石洲詩草》。譚玉生云：「石洲夙負才名，工制藝，尤喜爲詩。年十九遽夭。其兄夢秋檢其遺篋，得畫蝶一幀，背作墨梅數枝。初不以能畫聞也，裝潢成冊，遍征諸名士題詠。家康侯農部文最工，云：『君家天上石麒麟，又向人間度劫塵。晝短夜長俱夢夢，尚餘花草見精神。』又云：『紙背離離墨未乾，斑衣零落忍重看。臨風如見梅花骨，夢裏分明透影寒。』又云：『滿地黃花蝶也愁，哀蟬聲斷月當樓。池塘春草驚前夢，苦憶西園落葉秋。』幼聘余十三姊，未娶而歿。後兩載，姊聞之，奔往守節，事姑以孝聞。同人議援例請旌，而姊不願也。余年十七時曾序其《畫蝶圖》，有云：『阿兄憶弟，披圖深棣萼之情。將侄作兒，讀畫祝萱花之壽。』又序其遺詩有云：『清而不佻，麗而不靡。』見者或疑爲阿好之言，然今循覽再三，如『談多稼穡知君意，語及蒼生愧我閒。』殆不類少年人語。」

今人鄒雲湖曾云：「在中國古典文學史上，作者因爲某個選者及其選本的選多選少，排名前後以及由此反映出的褒貶抑揚而得以留名，甚至地位陡增、聲名顯赫的例子不在少數，選者某種程度上可以說是掌握著作者在文學史上生殺予奪大權的人。」〔註 114〕認爲詩歌總集的編者能對詩歌的流傳，甚至對詩人及其作品的普及和定位都起到生殺予奪的關鍵作用。這種判斷帶有很強的主觀好尙，未必十分準確。但詩歌總集中對作家及其作品的取捨、排列和評價，確實會在客觀上令部份非知名詩人「勢必出於選而後可傳」。《楚庭耆舊遺詩》正是很好地實踐了這一點。對詩人的選輯上及宋湘、李黼平、陳昌齊等學者名士，下及久困場屋，難申其志，餘事做詩人的眾多布衣，「意在廣收」，令他們也能藉此集以傳之後世。就同時期的嶺南詩歌總集而言，《楚庭耆舊遺詩》對布衣詩人和詩歌作品的取捨的寬廣度是首屈一指的，它最大限度地眞實再現了乾嘉道三朝嶺南詩壇的原貌。同時，也再次明確體現了伍崇曜與譚瑩立足於「存人」、「知人」的詩歌總集編纂理念，對後世修《藝文志》者也是很有裨益的。

〔註 114〕鄒雲湖：《中國選本批評》，北京：生活・讀書・新知三聯書店，2002 年版，第 284 頁。

三、對詩人生平事迹的補充

《楚庭耆舊遺詩》三集共收錄了七十位嶺南籍詩人，編者在每位詩人的卷目之下均撰有小傳，不但介紹其生平事迹的始末，兼於之後甄評其人、其詩。這種編纂體例，始於金代元好問《中州集》，後經清代朱彝尊《明詩綜》、錢謙益《列朝詩集》等詩歌總集一再沿用並加以完善，到了乾嘉道年間，到了《楚庭耆舊遺詩》處，已發展得十分成熟。

《楚庭耆舊遺詩》小傳的內容，根據編者對所錄詩人的熟悉程度，以及手頭掌握的相關材料的多寡，敘述上會有明顯的詳略之分。對於事迹不甚詳細者，編者通常只在小傳中簡單記其字號、籍貫、科名、官位及其詩文集名。例如續集第十九卷之黃志超，小傳記曰：「字啓圖，一字毅甫，又字踐庵，南海人。嘉慶己卯舉人，著有《存夜氣庵詩草》。」即屬此例。這一部份詩人的小傳內容雖有信息量偏少之嫌，但於文獻的史料價值而言，其重要程度卻是不容忽視的。由於小傳中準確地記錄了詩人的字號、籍貫、科名與官位名，那麼，後世研究者就有望可以順著這些重要的線索，進一步搜尋到詩人的家譜、族譜，其籍貫地或爲官地的地方志，從而獲知他更爲詳細的生平資料或仕宦歷程；小傳中對於詩人詩集名稱的記載，則有助於後人能對其著作的全部數量有清晰的把握，從而能對其進行更完整的搜求與清理，起到很好的保存文獻的作用。尤其是對於詩集中所錄的學者詩人的學術著作，伍崇曜和譚瑩還會專門對其相關情況加以梳理敘錄，使小傳具有一定的學術史價值。如前集第一卷的陳昌齊，小傳中不但詳細列明了陳昌齊已刻與未刻的多部著作的題名及卷目：「所著書已刻者有《呂氏春秋正誤》二卷、《淮南子考證》六卷、《楚詞韻辨》一卷、《測天約術》一卷、《臨池瑣談》一卷、《賜書堂集》六卷。未刻者有《大戴禮記正誤》、《老子正誤》、《荀子正誤》、《天學脞說》一卷、《營兆約旨》一卷、《囊玉秘旨別傳》一卷」，還特別附錄了他的幾部已遭毀壞而失傳的著作的情況：「嘗取《漢書》、《史記》、《十三經注疏》，凡陸德明《經典釋文》所未備者，錄之爲《經典釋文附錄》，又著《歷代音韻流變考》。鄰舍不戒於火，並所藏書俱燼，後欲重輯之而未就也」。令後人對陳昌齊這位著名嶺南學者一生的著述情況因此而有了更爲系統的瞭解。

至於詩集中收錄的那些生平事迹較易獲取，或編者本身便對其相關情況甚爲熟悉的詩人，伍崇曜和譚瑩爲他們所撰的小傳內容則非常豐富，記錄文字多的有上千字，少的也有一二百字。在當中或細緻記錄其爲宦的歷程、功動，或類列其鮮爲人知的趣聞軼事，或交代其師承之淵源及其與親友的關係。總之，這一系列的記載，無論是敘述或是議論，對於詩人生平事迹的考訂都是一種極其有益的補充。同時，也能令讀者對詩人有更全面、更立體化的瞭解，從而做到更好的「知人論世」。而且，由於小傳中的記錄往往也會涉及到乾嘉道上百年間的社會風尚、職官制度、詩壇盛衰等情況，因此，對於那些有志於研究乾嘉道三朝的嶺南社會、嶺南文化以及嶺南詩壇的學者而言，這些小傳有時候甚至會比詩集中所選輯的詩歌顯得還要重要，因爲它擁有著不可比擬的文獻保存與史事輔證的價值。現根據詩集小傳的相關記載，選擇其有價值者分類輯錄如下：

1. 補充記錄詩人為民傳誦的仕宦經歷

從對明清以來眾多嶺南士子編纂的詩歌總集的選人標準的考察，我們不由發現一個頗有趣的規律，那就是，這些詩歌總集雖大多意在求全，講究存詩記人，但往往僅限於嶺南籍的詩人，至於外來的官員，乃至對於本地之建設貢獻甚大的寓賢，都一般不在關注之列。與此相對應的文化現象則是，從宋末至明代，廣東讀書人關注和祭祀的前代先賢，都集中於廣東籍的官員、學人、文人。他們按照自己的一套正統觀念，將祭祀的先賢上溯到唐代張九齡、北宋余靖、南宋崔與之和宋末李昴英等等。將他們的詩文與功業並舉，且尤其注重對他們的「尚直」精神進行褒揚。

《楚庭耆舊遺詩》中也是如此，在爲詩人撰寫小傳之時，對詩人那些踐行儒家政治理念，剛直不阿，不畏權貴，且注重教化人心、革風易俗以造福社會、民眾的仕宦經歷皆加以詳細補充記錄。這種對其形象的有意塑造，自然有使讀者見賢思齊的功效，也體現出編者對儒家思想價值觀的強烈認同感。如：

前集第一卷之陳昌齊，小傳記曰：「先生任浙江溫處道，飭各營兵弁協同畫工出海繪浙閩海洋全圖，纖悉備具。每汎口弁兵稟報殺賊情形及道里遠近，稍有虛妄，必加申飭。……凡接見武員，必加禮曰：『海氛未靖，正武夫效命之日也』。巴圖魯一等侯德楞泰奉命閱閩浙營伍，議於各海岸添設兵弁，晝夜巡邏，不許一人下海，令水米器具無所接濟，不數月可盡斃。侯風采嚴厲，屬吏莫敢置對。先生進曰：『侯未身履其地也。閩浙兩省皆環海居民，耕田而食者十之五，捕魚爲業者亦十之五，若禁其下海，則數萬漁戶無以爲生，激變之咎，誰當任之？』侯默然久之，曰：『公言是也』。」

前集第七、八卷之宋湘，小傳記曰：「張南山雲君署雲南永昌府時，灣甸者所屬土州也。土知州某死，未有嗣親支。景祥護印，有景在東者，遠族也。乘景祥懦，奪印，兇橫盤踞土境，賊殺自恣不附己者死。如是五六年，當事者怯，不敢發。賊謀襲土職，復招長髮野匪數百人，又脅從數百人，號二千人謀攻保山縣。君慮其爲前明二莽續，誓除之。商之營，不濟。請諸帥，又不濟。賊偵知益猖獗，民夷皆赴愬。君曰：『爾等能爲我殺賊乎？』眾曰：『能！』君曰：『果爾，芻糧我任之，患難我同之。團練丁壯殺賊者重賞！』君慷慨激昂，民夷亦踴躍以赴，又以計散其黨羽。賊懼，宵遁。君懸重賞募敢死士大索山箐七日，殲其渠邊隅以靖。郡人德之，塑生像祠焉。」

後集第十九卷之潘正亨，小傳記曰：「負用世才，遇事能見其大。粵東米恒取給粵西，往者歲荒，洋米至，人賴以濟。君言於程月川先生，令洋船隨時載米，免其船稅。先生韙之，白於大府。於是洋米絡繹至而粵東乃無荒患。」

續集第一卷之顏檢，小傳記曰：「公除雲南鹽法道權臬事時，安南邊境剽掠守者以反。聞城晝閉，民多驚竄。大吏議徵兵，公從容曰：『某請詰之，果叛，必殲焉。否，幸無輕發啓釁勞民，烏可以莫須有事上煩宵旰？』言之剴摯，大吏許之。公馳赴開化，廉無反狀，暮薄城壕笑語守埤曰：『若等先歸，城外蘭若中桂樹著花，余姑往遊，幸無鍵關也詰。』旦按轡入城，竄者相繼歸，眾大定。威遠猓黑笴杜悍甚，時以兵怯誘之降。公曰：『笴杜狡獪，數反覆，苟示之弱，患未已也，未幾叛。』公與督軍巡道往剿之，月數捷，笴杜就擒，不戮一人。其料敵決策，鎮靜之識，制勝之方，均中機要。……公撫閩時，歲貢建蘭荔枝，久爲民累，疏請罷。有旨嘉獎，永即停止。」

續集第二卷之溫汝適，小傳記曰：「督學陝甘時，以甘肅窵遠藏書少，乃捐俸購善本置書院中。」

2. 搜求輯錄詩人鮮為人知的趣聞軼事

伍崇曜和譚瑩在《楚庭耆舊遺詩》的詩人小傳中除了會展現其師友輩個性謹慎與沈穩的一面，其中還往往會有不少顯示其狂狷傲物、風神瀟灑的風貌的文字，十分傳神寫意。一個人清狂輕華，不受外物所累，固然是其天性使然，但是，能在眾生一面的現實社會生活中長期保持這些品性，這與他身邊是否有許多氣類相契的友朋與之互相激發，就肯定會有很深的關聯。故編者通過搜求，盡力輯錄詩人鮮爲人知的趣聞軼事，一方面，將更有利於後世讀者瞭解這些詩人所處的歷史條件和具體環境，以充分進入他們的精神世界和情感世界，從而眞正理解其舉措之「怪異」，理解其詩歌中所寄，所指。另一方面，這批詩人以承繼魏晉名士餘風之形象活躍在嶺南詩壇，對他們行迹的記載，其實也大大豐富了乾嘉道三朝嶺南詩壇的整體風貌，使之更加多姿多彩。如：

後集第九卷之陳同，小傳記曰：「嘗假章服赴友人家壽筵，有拉同醉珠江伎船者，即衣而往，酒痕狼藉殆遍，旁若無人。……又性遲緩，其從弟子慶明經讀書萬壽寺，得劇病，囑往友人家易參苓。入門劇談，後竟忘之也。翌日始攜藥以返，而明經久作古人矣。朋輩相傳以爲笑柄。……風神瀟灑，性不耐雜。歲丙戌，計偕之京，未攜筆研。三月八日詣貢院前始及之，乞得友人破研以往，竟成進士以知縣用南歸。」

後集第十七卷之居鍠，小傳記曰：「黃石溪雲君貌黧而臞終日不發一語，與之言或不應，類常有病然者；見絲竹每效爲之；妻死不哭，亦不歸；有子年可冠矣，不爲之娶也；寓友人家，數月不去，僮僕苦厭之；交不擇人，人亦憚與交；爲人捉刀，往往得多金，盡付伎，家金不盡不止。」

3. 展現與詩人相關的詩學交往

文學創作是一種綜合性的精神文化活動，它不僅包括作者自身基於才情學識所進行的個體性創作行爲，還包括作者之間基於觀點相似、性情相類、地緣相近、血緣相親等因素而展開的群體性詩學交往。而這類交往，是應該引起文學史研究足夠重視的。因爲它不但是作家們思想碰撞、靈感互激的主要途徑，而且是各種文學群體、流派形成與衍變的基本推動力量。甚至對其文學創作思想的形成、創作技藝的提高，都會產生不可估量的影響。伍崇曜與譚瑩對此深有體會，故他們在選輯詩人，撰寫詩人小傳之時，都很注意結合自己的親身經歷，盡可能多的插入與諸親朋及師友的交遊與文藝切磋，如：

前集第四卷之伍有庸，小傳記曰：「時偕先君暨觀察東坪先伯、比部南洲先叔掎裳連襼，擫管調絲。」

前集第六卷之吳應逵，小傳記曰：「吳雁山孝廉著《嶺南荔枝譜》，余（引者按：譚瑩）曾爲序之。」

前集第十一卷之趙均，小傳記曰：「平垣二丈與家君歡聯縞紵，又嘗與先伯東坪觀察、先叔南洲比部同詣都門，故集中多倡酬之作。」

前集第十二卷之謝蘭生，小傳記曰：「先伯東坪觀察歸田後留心著撰，兼工繪事，故與謝里甫太史、退谷上舍、張墨池孝廉三先生交誼特深。退谷、墨池兩先生寓余家萬松園數年，里甫先生亦時相過從，弦詩讀畫間潑墨作大小幅，輒題詩其上。」

前集第十七卷之譚敬昭，小傳記曰：「劉樸石云曩余於黎二樵寓齋壁上見康侯詩，相與歎爲異才。迨乙丑九日，馮魚山先生招同越秀山登高，名流咸集，乃識康侯。魚山亟稱其樂府獨出冠時。」

前集第十八卷之黃喬松，小傳記曰：「蒼厓提舉家無擔石而座客常滿，李秋田、徐又白、陳苧村、鄧心蓮、鄭棉洲諸子恒主於其家，與國初詩人顧俠君同有薺菜孟嘗君之目。」

後集第十四卷之侯康，小傳記曰：「阮儀徵師相督粵，開學海堂校士。得（侯康）所擬庾子山《謝滕王集序啓》二首，擊賞之，命與周秩卿孝廉、鄭萱坪明經、胡稻香茂才同輯《四書文話》。」

後集第十五十六卷之徐良琛，小傳記曰：「癸未冬，西園詩社第二集題『水仙花』，限蒸韻。……第一集題『紅梅驛探梅』，限元韻。……第三集題『玉山樓春望』，限豪韻。」

後集第二十卷之伍秉鏞，小傳記曰：「東坪先伯宦情本淡，歸田後喜以詩畫自娛，猶獲交馮魚山、黎簡民諸子，故所作具有根柢，此外若芷灣觀察、澧浦庶常、雨亭常博、鳳石、墨池兩孝廉等時相揚扢，嘯竹吟花。」

續集第六卷之陳鴻賓，小傳記曰：「其從子心湖孝廉歲甲辰與余（引者按：譚瑩）同舉於鄉。出尙友堂集（按：陳鴻賓的詩集），問序於余。」

續集第三十卷之伍元華，小傳記曰：「築聽濤樓於萬松山楊子宅畔，多書籍、圖畫、金石、鼎彝，與蘿村、琴山、槐卿、秋浦、子春、夢秋諸君子嘯詠其中」。

四、對嶺南相關文獻的轉引

今人陶敏在《隋唐五代文學史料學》一書中，將文學史料分爲別集、總集、筆記小說、詩文評及其它文獻等幾大類。移用至詩歌總集的編纂領域，雖然未必能在一部集子中囊括如此多種類的原始文獻，但要編纂一部足堪流傳後世的詩歌總集，無論如何是要以大量的文學文獻作基礎的。

由於全書選輯詩人眾多，詩歌數量與內容也非常龐雜，故《楚庭耆舊遺詩》對文學文獻的整體的徵引規模是相當大的。當中所徵用的文獻不僅和輯詩直接相關，還涉及結合史乘對詩人事迹作出的考索，對詩篇本事的箋注講解，以及時人名家對作家、作品的評論等各個方面。因此，如果不能全面瞭解《楚庭耆舊遺詩》所涉獵的文獻範圍，就不可能對此書的實績和價值做出眞正確切的衡量。以下主要列出該書所徵引的作家別集、詩文評及引錄較多的方志，略考其引錄情況：

1. 作家別集

作家別集是以詩人一家爲主、獨立編撰、整理刊刻而成的詩文集。它集一個作家的眾多作品於一編，便於查閱和保存，是研究詩人及詩作的最基礎的文獻，故歷來對別集的整理是詩歌文獻整理與研究工作中的重中之重。《楚庭耆舊遺詩》三集共錄詩人七十家，遍及其時嶺南十七個府縣。伍崇曜與譚瑩又是歷來致力於徵文考獻之人，常引錄詩人別集以作補充，據統計，全書共引錄各類別集達八十二種：

陳昌齊：《賜書堂集》

何南鈺：《燕滇雪迹集》

潘有爲：《南雪巢詩》

伍有庸：《聞香館學吟》、《續吟》

顏時普：《觀心》、《貞元》二集

吳應逵：《雁山詩文集》

宋　湘：《豐湖漫草》、《續草》、《不易居齋集》、《紅杏山房詩鈔》

劉彬華：《玉壺山房詩鈔》

漆　璘：《思古堂詩鈔》

趙　均：《自鳴軒吟草》

謝蘭生：《常惺惺齋詩集》

高士釗：《北遊草》

鍾啓韶：《讀書樓詩鈔》

李黼平：《著花庵集》、《吳門集》、《南歸集》

譚敬昭：《聽雲樓詩草》

黃喬松：《鯨碧樓岳雲堂詩鈔》

潘正亨：《萬松山房詩鈔》

簡嵩培：《得到梅花館詩鈔》

李光昭：《鐵樹堂詩集》
吳蘭修：《荔村吟草》
顏斯總：《聽秋草堂詩鈔》
張思齊：《吟秋館詩鈔》
劉廣禮：《息機軒古近體詩》
倪濟遠：《味辛堂詩存》
簡鈞培：《覺不覺軒詩鈔》
劉廣智：《簾青書屋詩鈔》
陳　同：《陳小鄭詩》
潘正衡：《黎齋詩草》
蔡如蘋：《鹿野詩鈔》
梁　梅：《寒木齋集》
黃子高：《知稼軒詩鈔》
侯　康：《惜燭山房詩草》
徐良琛：《搴芙蓉館集》
居　鍠：《梅溪》、《獅林》、《西園》、《杉湖》
徐良瑛：《石洲詩草》
潘定桂：《三十六村草堂詩鈔》
伍秉鏞：《淵雲墨妙山房詩鈔》
伍宗澤：《隨筆錄》
顏　檢：《衍慶堂集》
溫汝適：《攜雪齋詩文鈔》
莫元伯：《柏香書屋詩鈔》
張青選：《清芬閣詩集》
顏惇恪：《常惺惺齋詩集》
陳鴻賓：《尚友堂詩集》
顏斯絹：《菊湖詩鈔》
吳榮光：《石雲山人集》
陳大經：《白（上卄下眢）草堂詩》
張岳崧：《筠心堂集》
梁序鏞：《研農遺稿》

馮賡揚：《拙園詩草》
黃言蘭：《味鐙樓遺稿》
蔡廷榕：《古琴室詩鈔》
劉步蟾：《天地一沙鷗吟舫詩鈔》
黃德峻：《樵香閣詩鈔》
蔡　勳：《養雲書屋詩鈔》
吳林光：《飲蘭露館詩鈔》
黃志超：《存夜氣庵詩草》
謝念功：《夢草草堂詩集》、《北遊詩》
謝有文：《娛暉閣詩草》、《燕遊草》
衛景昌：《衛卿雲稿》
吳琛光：《墨香小室遺稿》
蔡錦泉：《蔡春帆詩鈔》
陳　滉：《味香簃詩鈔》
鄧　泰：《心蓮詩鈔》
鄭　棻：《海天樓詩鈔》
梁國珍：《守鶴廬詩稿》
黃玉階：《韻陀山房集》
伍元華：《延暉樓吟稿》
伍元菘：《池西草堂詩稿》
伍肇基：《紅棉山館吟草》

《楚庭耆舊遺詩》所引錄的這八十二種詩人別集，雖然在同時代的一些詩文評著作或總集中也曾有引錄或提及，如張維屏的《國朝詩人徵略》與《楚庭耆舊遺詩》所收錄的詩集重疊者便有二十五種之多。但相對而言，《楚庭耆舊遺詩》比同時期，甚至後出的其它詩歌總集都具有更高的文獻校勘價值。首先，《楚庭耆舊遺詩》成書的時間是很早的，往往在所選輯詩人去世不久，便已將其詩集摘錄成編。由於年代如此之近，故當時這些詩人的詩集都還沒有多少亡佚，使得所選錄的詩歌多保持原本面目。從某種意義上而言，《楚庭耆舊遺詩》相當於是乾嘉道年間第一部嶺南詩歌總集；其次，《楚庭耆舊遺詩》中入選之詩人，多數爲與伍崇曜、譚瑩交往甚密的親戚、師友，是故無論是《楚庭耆舊遺詩》中直接所錄的詩作，還是其它相關著作，均爲編者親見的第一手數據，不存在引錄中以訛傳訛之弊。因此，《楚庭耆舊遺詩》中引錄之詩人詩歌，完全可供後世研究者放心地用來訂正訛誤、校勘別集。而這，也是《楚庭耆舊遺詩》最值得稱道之處。

2. 詩歌評論

編纂詩歌總集，若僅靠引錄作家的詩文別集，是遠遠不夠的。因此，《楚庭耆舊遺詩》在收錄詩人詩歌之餘，還彙集了大量有關詩人及詩歌評論方面的資料。對於一部面世於清中葉的詩歌總集來說，這種處理手法已不能算有開創之功，但由於首尾完具，且收錄了大量當時詩學名家的評論，保存了相當多詩文評著作的片斷，因此具有很高的文獻價值。

經統計，《楚庭耆舊遺詩》全書共輯錄其時十七位詩壇名家對入選詩人所作的詩歌評論約三萬四千字。具體分述之如下：

引錄劉彬華（劉樸石）的評論 12 條，約 1400 字，見前集卷三「潘有爲」、前集卷五「顏時普」、前集卷七、八「宋湘」、前集卷十「漆璘」、前集卷十二「謝蘭生」、前集卷十四「鍾啓韶」、前集卷十七「譚敬昭」、前集卷十八「黃喬松」、前集卷十九「潘正亨」、前集卷二十一「李光昭」、續集卷三「莫元伯」、續集卷十四「蔡廷榕」；

引錄張維屏（張南山）的評論 7 條，約 850 字，見前集卷六「吳應逵」、前集卷七、八「宋湘」、前集卷九「劉彬華」、前集卷十四「鍾啓韶」、後集卷十「潘正衡」、續集卷一「顏檢」、續集卷三「莫元伯」；

引錄淩揚藻（淩藥洲）的評論 3 條，約 150 字，見前集卷九「劉彬華」、前集卷十二「謝蘭生」、前集卷十三「高士釗」；

引錄顧蒓（顧南雅）的評論 1 條，約 40 字，見前集卷七、八「宋湘」；

引錄曾燠（曾賓谷）的評論 1 條，約 20 字，見前集卷十二「謝蘭生」；

引錄盛大士（盛子履）的評論 1 條，約 40 字，見前集卷十七「譚敬昭」；

引錄黃喬松（黃蒼厓）的評論 2 條，約 150 字，見前集卷十七「譚敬昭」、前集卷二十一「李光昭」；

引錄謝蘭生（謝里甫）的評論 2 條，約 120 字，見前集卷十八「黃喬松」、前集卷二十一「李光昭」；

引錄陳曇（陳仲卿）的評論 3 條，約 200 字，見後集卷二「顏斯總」、後集卷十「潘正衡」、後集卷十九「潘定桂」；

引錄熊景星（熊笛江）的評論 2 條，約 40 字，見後集卷五、六「倪濟遠」、後集卷十五、十六「徐良琛」；

引錄徐榮（徐鐵孫）的評論 2 條，約 60 字，見後集卷十五、十六「徐良琛」、續集卷二十六「鄧泰」；

引錄曾釗（曾勉士）的評論 1 條，約 60 字，見後集卷十五、十六「徐良琛」；

引錄黃子高（黃石溪）的評論 1 條，約 180 字，見後集卷十七「居鍠」；

引錄張青選（張雲巢）的評論 1 條，約 60 字，見後集卷二十一「伍宗澤」；

引錄譚敬昭（譚康侯）的評論 1 條，約 50 字，見續集卷三「莫元伯」。

這些詩歌評論雖然分散至各卷，但均是依據評論人的詩文評或相關著作收錄的，如張維屏的《國朝詩人徵略》、淩揚藻的《嶺南群雅》等等均是如此。但毋庸諱言的是，書中的引錄之處，頗不乏個別文字和通行本有些微的差異。這樣一來，倒令兩者可以充當互相參照、補充之校本，反而更顯珍貴。

而在《楚庭耆舊遺詩》引錄的詩文評著作及評論片段中，數量最可觀的當屬編者伍崇曜的《茶村詩話》以及譚瑩的詩評文字。其中伍崇曜對除了前集卷五「顏時普」、前集卷十「漆璘」、前集卷十三「高士釗」、後集卷十四「侯康」、後集卷十七「居鍠」、後集卷十八「徐良瑛」、續集卷三「莫元伯」、續集卷六「陳鴻賓」、續集卷二十四「蔡錦泉」、續集卷二十五「陳滉」、續集卷二十六「鄧泰」等十一人以外的五十九位入選詩人都作了評論，約 13000 字。譚瑩則對所有的入選詩人都作了或詳或略的評論，約 18000 字。正是伍、譚二人合計三萬字的評論性文字，令《楚庭耆舊遺詩》所體現出來的文獻功底與詩學眼光，遠遠高於一般的詩歌總集編纂者。因爲，詩歌總集雖重在選與編，但其於詩歌史和詩學史上的眞正價値，絕不是簡單的選與編這類搜集整理工作就能夠體現出來的。說到底，衡量一部詩歌總集是否具有大家風範，是否能在選集如林的詩歌總集系列著作中傲然自立，終歸要取決於編者對自己所要選輯的詩人或詩歌，能否做到全面的觀照，同時，也取決於編者在評議詩人的創作風格、詩歌的藝術手法時，能否提出自己獨立、客觀而切當的見解。統而觀之，伍崇曜與譚瑩在《楚庭耆舊遺詩》的編纂過程中所表現出的敏銳的審美眼光和廣闊的評價視野，足以確立該書在嶺南詩歌總集編纂史，以及嶺南詩歌文獻上的標誌性地位。

第二章　《潮州詩萃》與「韓江文化」的定型

江河一般被認爲是人類文化的發源地。在我國，黃河流域、長江流域就被視爲中華民族文化的搖籃。除了這些大江河流域外，還有眾多的中小河流流域，如嶺南的珠江流域、韓江流域等，同樣在地域經濟、文化的交流與傳播過程中扮演著重要的角色。同時，它往往還能在地域文化的劃分中，作爲一個必要的參考因素，防止研究者將本身差異不大的同質性文化分割開去，所以民歌也有「隔山不隔水」之說。因此，溫廷敬在編纂《潮州詩萃》時，便著力以「韓江文化」的族群文化史觀貫穿全書。從中體現出的正是溫氏對粵東地區，尤其是韓江流域的政治歷史沿革的全面認知，以及他對韓江文化同源的深層次的地域認同。事實上，溫廷敬之所以對「韓江文化」如此執著，與他的家世背景和學術師承是分不開的。

第一節　溫廷敬生平思想及其著述

一、溫廷敬生平與思想

溫廷敬，字丹銘，號止齋，早年筆名訥庵，晚年自號堅白老人。同治八年（1869）生於廣東大埔縣百侯鎮，1954 年春病逝於汕頭〔註 1〕，享年 84 歲。

〔註 1〕關於溫廷敬的具體卒年及卒地，在常見的文史資料中，中國人民政治協商會議廣東省大埔縣委員會文史資料委員會主編的《大埔文史》第六輯中所收甲二《溫廷敬與地方史志》一文將其卒年記爲 1953 年，卒地記爲廣州；《大埔是近現代粵東以至嶺南地區卓越的詩人、學者及文獻學家。通觀其一生之志業行迹，大致可分爲以下幾個方面：

（一）求學應舉，好事多磨

溫廷敬自幼聰穎好學，五歲便能成誦《千字文》、《千家詩》等長篇詩文，年僅九歲就能將「五經」等典籍背誦如流。他從小所讀之《古文選本》、《唐詩三百首》及《左傳》等書更是由其祖父親自教授講解。除此之外，作詩、寫對子、制藝等也均在其少年時代便略有小成，因此他從小在當地便頗有名氣，更被鄉人目爲神童。然而，儘管溫廷敬在少時即如此了了，他的科舉之路卻屢遭坎坷。光緒十五年（1889），雖少年得志，順利考取「郡庠」第二。但此後數年卻因丁外艱，無法參加鄉試。直至光緒二十年（1894）方能再次赴省城應舉，但又因「文體簡古」而竟遭考官所嫌，從而名落孫山。之後雖又數次赴考，都因種種意外而未能中舉。迨宣統二年（1910），朝廷下發詔書，「鄉會歲科既先後停止，廩生不論年份深淺一律准貢就銓」，業已四十一歲的溫廷敬方才詮注得教諭，並加授修職郎。

（二）銳意新學、開啟民智

中國甲午戰敗令溫廷敬深感震驚和失望，但他並沒有因此而陷於頹唐，相反，憂及朝廷的昏瞶、家國的危亡，他通過撰作《甲午書感》組詩，努力排遣著心中的惆悵之情。也是從此時起，他開始對科舉入宦一途心如止水，他與當時大多數懷抱救國之心，放眼西方的進步青年一樣，發出了「老眼何堪書卷字，折腰長怕作門生」的感慨，不願意以此有用之身，卻只獨善書齋，而是希望通過積極投身實務，以啓民救世。因此，他一度激進地宣稱以後自己「非西學西政新書不購，非西學、西政新書不讀不閱。」〔註2〕希望從中尋求到強國富民之道。就在溫廷敬迷惘求索之時，他在其師溫仲和的家中結識了內渡回粵，熱血塡胸地倡導抗日自主的愛國義士丘逢甲。二人志趣相

文史》第十八輯中所收張益祥、楊達祥《史志學家溫丹銘》一文將其卒年記爲 1953 年；梅州市地方志辦公室編撰的《梅州人物傳》中的「溫廷敬」條目則將其卒年記爲 1953 年，卒地記爲廣州。而據溫廷敬之子溫原的回憶性文章《溫丹銘先生生平》以及他爲《潮汕百科全書》和《客家名人錄》所編訂的「溫廷敬」詞條，均記溫廷敬乃在 1954 年春逝於汕頭，與《大埔文史》、《梅州人物傳》兩書中的記載均有較大出入。本書茲以溫原之記載爲準。

〔註 2〕溫原：《溫丹銘先生生平》，轉引自中國人民政治協商會議廣東省汕頭市委員會文史資料研究委員會編：《汕頭文史》第三輯，1986 年，第 104 頁。

投，一見如故，而且也都清醒地認識到欲救國則應先從開民智、育人才始，故開辦民學、啓迪民智實爲當務之急。光緒二十八年（1902），二人會同溫仲和、何士果等師友在汕頭共同出資創辦了「嶺東同文學堂」。該學堂以中學爲體，西學輔之，開設了許多舊式書院所沒有的新課程，不但有化學、生理衛生、算學等西方自然科學課程，還特設「兵式體操」課，以期增強學生體質，眞正培育出於國於民有用之人，開創了粵東地區新學教育的先河。這也令「嶺東同文學堂」很快便蜚聲嶺南，「十餘年來，嶺東民氣蓬勃發展，國民軍起，凡光復郡縣，莫不有嶺東人參與其間，皆此校倡導之力」〔註3〕。其影響之大以及啓蒙民智之功，可見一斑。

溫廷敬被委以掌管教務，兼授史地課程。任教期間，溫廷敬因義憤塡膺，帶頭發起反對美國迫害華工和抵制美貨的政治運動，並多次在集會中發表「煽動性」的演說而受到了清政府的追查。在這種情勢之下，爲了不致牽累「嶺東同文學堂」，他唯有被迫辭去教席。

辛亥革命後，溫廷敬出任惠潮嘉師範學校首任校長。甫一上任，除了趕緊製定各種相關規章制度，健全學校秩序外，他還四處奔走籌集經費以修葺校舍，並不辭辛勞，購置大量教學設備及圖書，使學校迅速走上發展軌道。後因地方守舊勢力的阻撓，使其無法按自己的意願自主實現其教育理念，遂憤而離職。溫廷敬這一次辦學的挫敗經歷，其實也正反映出了在民國初年新學與舊學、西學與中學之間的尖銳矛盾與激烈對抗。但他能提出並踐行這樣一種進步的教育理念，已是難能可貴之舉。後來溫廷敬還赴汕頭先後擔任金山、回瀾中學和國立廣東高等師範教師等職。民國十五年（1926），他又受聘成爲汕頭市私立震東中學國文教員。該校也是他任教生涯的最後一站。

從光緒二十八年（1902）與師友合作創辦「嶺東同文學堂」開始，溫廷敬從事教育工作二十餘年，成效卓著，桃李滿天下，如饒鍔、饒景華、饒宗頤、詹安泰等多位後來的知名學者，都是先生的高足，也深受其學術觀念與研究方法的影響。

（三）主持報政，義守公言

光緒二十八年（1902）春，在積極籌辦「嶺東同文學堂」的同時，溫廷敬與楊沅、何士果、陳雲秋等志同道合之士，在汕頭創辦了當時粵東地區的

〔註3〕丘復：《倉海先生墓誌銘》，《嶺雲海日樓詩鈔》，上海：上海古籍出版社，1982年版，第430頁。

第一份報紙——《嶺東日報》，筆政由溫廷敬主持。在短短的時間裏，他便發表了不少宣揚進步思想，提倡啓蒙意義的文章。如其中最爲出名的《報品》一文，溫廷敬明確指出報紙乃是「主持公論，開通風氣」之工具，因此，辦報一定要做到「裨國家之大局」，即「黨於公，不黨於私」，力爭反映輿論，代表民意，以明是非於天下。而絕不能做「有損報品」之事。此外，他還堅持認爲「論列時事乃報紙之天職」，〔註 4〕故對瀕臨傾頹的清政府進行大肆的揭露與批判就成爲了他貫徹辦報始終之重要命題，且高呼去君王而倡民主，嚴正指出「由君主而改民主者，其勢順，由民主而復返君主者，其勢逆」，彰顯出了濃厚的西方民主意識，對潮汕地區廣大報刊讀者的啓蒙之功是不可小覷的。只可惜後來因溫廷敬將主要精力均傾注於「嶺東同文學堂」之上，對報社之事實在無暇顧及，只能無奈辭去。

民國十二年（1923），大埔人丘星五接辦汕頭《公言日報》。丘星五力邀溫廷敬前來主持。溫欣然應允，並在續辦第一期的發刊詞上即明確申明：「公言者，非一人一黨之公言，而是國家天下之公言也。」其中「公言」二字奠定了《公言日報》言論立場的基調，也是溫廷敬辦報理念的最佳提煉和概括。他繼而提出報社之言論務必要做到「毋徇於意見，毋動於客氣，毋瞀於瞽論，毋惑於虛譽，毋誘於利祿，毋脅於威武。」這也絕非空言，他以報紙爲公眾喉舌，帶頭在報上發表了一系列反對國民黨「內戰殘民」的詩文。僅憑這份正直敢言的勇氣，已足令「毋誘於利祿，毋脅於威武」兩語變得擲地有聲。而在他身上也充分體現出了中國知識分子所世代傳沿的不畏強權、明道救世的儒學傳統。其時正值粵桂軍閥混戰，「斃警察廿餘人，入市大掠」，人民怨聲載道，「商民籲請其將領維持，乃議手持白幟自行巡街」，然新上任的潮梅鎮守使劉志陸竟任由「兵士縱掠自如，巡街者經其門外，亦瞠而無睹也」〔註 5〕。對此種種惡行，報社的掌權者屈於權勢，不但在新聞中頌其「軍律嚴明，秋毫無犯」，又云「進見者述及被掠情形，劉使聲淚俱下」，歪曲事

〔註 4〕溫廷敬：《報品》，轉引自溫原：《溫丹銘先生生平》，中國人民政治協商會議廣東省汕頭市委員會文史資料研究委員會編：《汕頭文史》第三輯，1986 年，第 106 頁。

〔註 5〕此段多處述及粵桂軍閥混戰殘民史實之引文，均出自溫廷敬：《客東汕島南北軍訌，余寓廬適當戰衝，追憶其事，補紀其詩》（其八、九）詩歌自注，兩首原詩茲錄如下「城門失火累池魚，邏卒橫屍遍道隅。白幟巡街諸將領，眼看兵士劫民居。」（其八）；「秋毫無犯語何來，箱篋如山積幾堆。流盡鎮軍河海淚，不償民命與民財。」（其九）。

實，美化諂媚如此，令溫廷敬氣結，隨即毅然辭去了該報的所有職務，用自己的實際行動再次兌現了他對「仗義公言」這一信念的踐行與堅守。

（四）聯友結社，憂時感事

光緒二十九年（1903），在溫廷敬的倡導下，他與楊沅、何士果、陳雲秋、陳子雲、陳子文、杜傑峰等眾詩友成立了「蓮社」，溫廷敬任社長，主持社務。他們關心國事，即使在閒暇之餘的雅集唱和，也多爲憂國感時之作，而絕少文人式浪漫的吟花弄月。而在詩社頻繁活動的幾年裏，溫廷敬也迎來了其詩歌創作的高峰期，創作了《塞下》、《從軍樂》、《潮州雜事詩》、《讀陸放翁集》、《讀史記》等近二百三十首古近體詩，成果豐碩。他還先後在報上公開發表了多篇旨在抨擊清政府有名無實、誆騙民眾的所謂「君主立憲」，以及讚頌被清政府殺害的秋瑾等革命烈士的詩歌作品，尤其是《秋雨詞三絕》、《再同季公弔秋女士步女士感時韻》、《巡撫胸》、《刺客心》等篇目，慷慨激憤，又婉痛感傷，令人側目。後來，因詩社中的各位詩友都因事而先後離開汕頭，詩社也只能隨之黯然解散了，不由令人惋惜。

（五）情傾史志，考古明今

地方志，被譽爲「一方之全史」。後人若以一地之方志記載爲考察中心，進而查對相關的文書檔案、家乘族譜、史書地志、軼聞雜記、金石碑刻、詩詞文集等，便可對當地的史事、建置、地理、物產、人物、風俗等基本情況產生清晰的瞭解。對於學術研究者而言，地方志更是一份值得珍視的翔實的地方文獻原始資料。故溫廷敬一生對地方志都情有獨鍾，一方面，他廣爲搜集各地的方志，對於那些珍稀難得一見的鄉邦地方志，更是不惜親手逐字謄抄；另一方面，溫廷敬對續修舊志的工作同樣也傾注了相當高的熱情，民國十七年（1928），他獲聘爲大埔縣修志館總纂，並親自撰寫該縣志中的「人物志」數卷；民國十九年（1930），應廣東省民政廳長許崇清之聘，赴廣州任廣東通志館總纂。但由於該館之負責官員官僚氣習嚴重，不諳修志事宜且多方掣肘，不久乃辭。當時的中山大學校長鄒魯聞悉此事，即向省有關部門請領《廣東通志》歸中大繼辦，並再聘溫廷敬爲廣東通志館總纂兼館主任，且特表彰加聘其爲中大名譽教授、文史研究所導師、碩士委員會委員。此後數年，溫廷敬即盡心於《廣東通志》的籌備與修纂工作，並廣爲延聘修志人才，如親自邀請南海籍著名文獻學家冼玉清教授主持編修「藝文志」部分等，他自己則承擔編寫其中的「人物傳」部分。經過五年的努力，《廣東通志》「人物傳」自周至唐部分四卷完稿並刊印出版，宋、元、明部分基本定稿，清代部分則也已完成部分初稿。但隨著日本侵華戰爭的爆發，廣東通志館被迫停辦，所有的數據與書稿後竟被日寇全部炸毀，令溫廷敬多年修志之心血皆付之東流。抗戰勝利後，民國三十五年（1946），溫廷敬的學生饒宗頤等人商議纂修潮州新志，在汕頭設立潮州修志館，特意尊溫爲顧問，並邀請其兼撰人物傳。但後來因經費不繼以致無法成編，約僅完成一半，甚爲可惜。在溫廷敬編修史志的生涯中，他始終強調修志必須起「承先啓後」的作用，做到「考古即以明今」。尤其是他所提出的「脫舊嬗新」之說，比起那些爲了片面強調新志的價值，而不惜對舊志多有訾議的修志者而言，可謂去之遠矣。

二、溫廷敬著述簡況

若以《春秋公羊傳》中所標舉的「三世說」作爲評判的標準，溫廷敬一生大部分的時間便是生活在一個「據亂世」之中。此時之中國，內則軍閥佔地爲王，混戰不休；外則邊釁頻起，先有西方之英美列強對我瓜分豆剖，後有東鄰之日本島夷侵吞我半壁河山。民眾流離失所，學校也紛紛西遷，許多高級知識分子也陷於顛沛流離中苦苦掙扎。此情此景，正如當時最流行的一句宣傳口號所言「華北之大，已經安放不下一張平靜的書桌」。但溫廷敬在此衰世中卻仍然筆耕不輟，著述宏富。據其子溫原撰寫的《溫丹銘著作及編校輯佚書目簡介》、《〈溫丹銘著作及編校輯佚書目簡介〉補遺》及《溫丹銘先生生平》等書中所記，溫廷敬生平之著述，包括已刊與未刊，多達八十八種。筆者爲方便敘述，大致將其分爲以下兩大類：

（一）文學創作

溫廷敬每每喜以文筆抒寫心中的憂憤之情，故文學作品創作數量甚豐，共有詩歌一千餘首、詞作一百三十餘首、傳奇一種、各體文章一百六十餘篇傳世。時人對其詩作評價尤高，「同光體」詩人、著名詩論家陳衍就曾贈詩贊云：「直是當時溫八叉，長謠短詠騁才華」。歷史學家簡又文則對溫氏所作的古風最爲讚賞，認爲其「鍊句之工，用韻之穩，的是斲輪老手的佳作。」〔註 6〕但由於溫廷敬爲人素來低調，不喜張揚，所以除了極少數詩作曾刊載

〔註 6〕黃偉經主編：《客家名人錄》，廣州：花城出版社，1992 年版，第 410 頁。

於《中山大學日報》等刊物外，其餘均僅以手抄稿本的形式保存於家，有部分遺稿還在戰火中散失，故更難爲世人所知。所幸其子孫在其 1954 年謝世之後，雖身歷國家十年風雨如晦的艱難日子，仍對溫廷敬的多本詩文詞集未曾捨棄，妥爲繕存，爲後世有志於研究溫氏生平及思想的研究者提供了較爲翔實的第一手數據，亦所謂不幸中之大幸矣。茲將其文學作品簡要論列如下：

《補讀書樓詩集》（未刊稿本，共二冊六卷）：此集收錄了溫廷敬自清光緒二十五年（1899）至民國四年（1915）間所作的詩歌，共計五百三十八首。此時正值清政府甲午兵敗，列強環伺的危亡之秋。作者滿懷匡時救國之抱負卻無從施展，唯有藉詩歌以抒發憂時傷國之感，情調幽婉動人。

《三十須臾吟館詩集》（未刊稿本，共四冊六卷、續集一卷）：此集收入溫廷敬民國五年（1916）至民國二十五年（1936）間所作的各體詩歌，約七百餘首。集中多爲憂國憂民之作，多乃作者目睹軍閥混戰，國家凋殘，民生憔悴之慘狀，激發所爲之詩。

《亂離集》（未刊稿本，共一冊一卷）：該集所收諸詩是溫廷敬於抗日戰爭期間避難滬濱時所作，合計一百餘首，流離之慘痛，黍離之恨怨均躍然紙上。

《止齋七言古詩抄》（未刊稿本，共一冊兩卷）：此集爲作者的詩歌自選集，所收乃歷年所作的七言古詩，共七十九首，從中略可窺見其所遭之時世也。

《羊城集》（未刊稿本，共二冊兩卷）：此集乃是溫廷敬專爲廣州的遊感而作，記錄了他自民國六年（1917）至民國二十五年（1936）間七度的羊城之行，記事之餘兼及記史，很是珍貴。

《滄海一塵詩草》（未刊稿本，共一冊一卷）：此集爲溫廷敬在抗日勝利前後所作之詩篇，共一百一十四首，用詩歌如實記錄了他晚年雙目失明後身心之困頓。

《止齋老人七絕詩抄》（未刊稿本）：該集所收的詩歌乃是溫廷敬從《補讀書樓詩集》、《三十須臾吟館詩集》、《羊城集》三部詩集中所單獨輯出之七言絕句，合計五百餘首。集中不乏組詩的創作形式，取材也較爲廣泛，既有憂國傷時之作，也有描繪潮州風土民情之詩，還有題畫詠物等內容的創作。在抒情述懷、寫景敘事中，獨具面目。後人也可從這些詩歌中粗略窺見溫廷敬的生平志事及歷史時代的痕迹。

《居易樓詞》（未刊稿本，共一冊兩卷）：該集中的詞作爲溫廷敬抗日戰爭期間避難滬濱時所填，合共九十餘首，情調與同期的詩歌相仿。

《亂離詞》（未刊稿本，共一冊）：此集乃溫廷敬晚年所作，因其時他已目盲不能自行書寫，因此該詞稿中所收均爲他人根據其口吟而代記之作，故詞作數量非常有限，僅存詞三十餘首。

《滄海一塵詞草》（未刊稿本，共一冊）：此集收入抗日勝利前後所填詞十餘首。與其《滄海一塵詩草》正可作參照之讀。

《雌雄兔傳奇》（未刊稿本）是現今可見的唯一的一部溫廷敬創作的戲曲作品，其又名《木蘭香》，共八出，創作於清末西方民主思想東漸之際，乃溫廷敬根據樂府《木蘭詩》改編而成。題目中的「雌雄兔」即化用《木蘭詩》篇末「雄兔腳撲朔，雌兔眼迷離。雙兔傍地走，安能辨我是雄雌」之意。他在戲中將原詩裏家喻戶曉的花木蘭這一勤勞善良、勇敢堅毅，而又不慕高官厚祿的巾幗英雄形象塑造得格外栩栩如生，也大大配合了當時意在喚醒女子之獨立人格與意識，倡導男女平等的社會新思潮，與其時秋瑾著名的詩篇《勉女權歌》「吾輩愛自由，勉勵自由一杯酒。男女平權天賦就」之語可謂遙相呼應，起到了一定的宣傳鼓動作用。

《補讀書樓文集》（未刊稿本，六冊十六卷）：此集乃溫廷敬自選的從清光緒末至民國初年所作之部分文章，共一百三十篇。其中既有論及時事、抨擊弊政之政論文，又有考索史地文獻與辨正嶺南族群源流的學術論文，還有與友人評詩論詞的文學理論之作，內容涉及甚廣，而後人從中亦頗可窺知其思想取向與學術興趣所在。

《補讀書樓駢文》（未刊稿本，一冊）：此集爲溫廷敬自己編定的駢體文結集，共八篇。當中收錄的《潮州名媛集序》、《潮州詩文萃徵鄉先哲遺集啓》這兩篇文章都突出闡述了整理編輯鄉邦文獻的重要性，又歷數了潮州地區自中唐韓愈以來的文獻保存或散佚的相關情況。所以雖爲序、啓，卻具備了學術論文般的研究參考價值。

《訥庵時論抄存》（未刊稿本，一冊）：此集收錄了溫廷敬（「訥庵」）在任《嶺東日報》和《公言日報》主筆時所發表的五十餘篇政論文。其中既有對清政府的抨擊，也有對民國初年軍閥殘暴統治的揭露，同時，還有對西方政治體制和民主思想的積極推介，令當時粵東之有志青年眼界大開。

（二）學術著作

溫廷敬有著廣博的文史知識和紮實的古典文學創作功底，其詩文詞作品數量之豐令他堪稱嶺南一家。但同時，溫氏作爲清末民初嶺南最爲傑出、也最有名望的史志學家兼文獻學家之一，他在修志、文獻整理、編校輯佚方面的成就也相當突出，很應該得到後人的尊重。

溫廷敬一生有三次修志的經歷，前文已有簡單介紹，均成就卓著。其中屬於「人物志」的有：《廣東通志列傳（自周至唐部分）》（民國二十四年國立中山大學線裝排印本，四冊四卷，）、《明季潮州忠逸傳》（民國二十二年「補讀書廬」鉛印本，二冊六卷）、《廣東宋元人物傳》（未刊稿本，二冊五卷）、《廣東明人物傳》（未刊稿本，二冊）、《廣東清人物傳》（未完稿本，四冊）、《潮州人物傳》（未刊稿本，十六卷）；屬於「專志」和「通志」的有《民國新修大埔縣志》（民國三十二年大埔縣修志局鉛印本，十五冊三十九卷）、《潮州藝文志》（未刊稿本，五冊八卷）、《大埔金石志》（未刊稿本，一冊）、《潮州金石志》（未刊稿本，六卷）。

在地方文獻的搜集、編選、輯存方面，溫廷敬也是成果甚多，如：《潮州詩萃》（未刊稿本，二十五冊五十卷）、《潮州文萃》（選鈔存散稿，但尙未整理成書）、《潮州唐宋元詩文吉光集》（未刊稿本，二冊四卷）、《潮州名媛集》（未刊稿本，一冊）、《廣東版刻書目》（未刊稿本，一冊）。

此外，還有經史金文研究論著九種：《洛誥新解》（民國二十二年汕頭「補讀書廬」石印本，一冊）、《殷卜辭婚嫁考》（發表於民國二十二年《中山大學文史研究所月刊》第 1 卷第 5 期）、《尙書豐刑補逸》（發表於民國二十五年國立中山大學研究院文科研究所中國語言文學部《語言文學專刊》）、《經史金文證補》（發表於民國二十六年中山圖書館《廣州學報》第 1 卷第 1 期）、《廣東通志金石略補正》（未刊稿本）、《金文正郭訂釋》（未刊稿本，二冊）、《重訂金文疑年表》（未刊稿本，一冊）、《續編金文疑年表》（未刊稿本，一冊）、《石鼓文證史訂釋》（未刊稿本，一冊）。

詩詞箋注評論類著作六種：《補讀書樓筆記》（已佚）、《溫飛卿詩發微》（稿本已佚，發表於國立中山大學研究院文科研究所中國語言文學部《語言文學專刊》）、《廣漢宋齋詩說》（未刊稿本，一冊）、《劉隨如詞箋注》（未完稿本）、《楊炎正詞箋注》（未完稿本）、《抱殘樓藏書跋尾》（未刊稿本，一冊）。

溫廷敬還親自撰寫了多部講義，如：《廣西優級師範選科學堂中國史講義

（上古部分）》（清光緒三十四年印本，三冊）、《太古中國社會變遷考》、《中國古代刑律變遷考》、《太古中國宗教變遷考》、《春秋戰國拓地殖民考》、《中國種源假定說》、《中國民族史序》、《外國通史序略》、《歐洲教禍始末序》、《五行始於皇帝說》（以上均未刊）等，皆是篳路藍縷之作。

第二節　溫廷敬的學術歷程與貢獻

作爲晚清民國年間粵東著名的學者、嶺南文獻、史志學專家，溫廷敬宏富的著述中對嶺南歷代史地文獻的細緻考訂，對鄉邦先賢行迹掌故的翔實記載，以及對嶺南民系族群之溯源、流變的考察辨正，均宏論迭出，多有創見，在近百年來之嶺南學者中能出其右者寥寥無幾。尤其是他終其一生所持有的那份對搜求、保存、整理鄉邦文獻的深情，更是令人既感且佩。因此，對溫廷敬的人生軌迹進行有效的稽考，進而釐清他的學術成就及其對後世學人的深遠澤被，這對近現代嶺南學術史的梳理和構建都將具有堪値重視的文化意義。

溫廷敬出生於廣東大埔縣百侯鎮。從明朝起，大埔縣就一直是嶺南重要的人文中心。著名嶺南族群研究學者羅香林在其著作《客家研究導論》中就曾提到，在朱明一代「以惠汀各屬，及贛南各客家住地，以及潮州的大埔爲人文的中心……降及清代……漸由汀韶惠各州，而移於嘉應及大埔二地」〔註 7〕。而溫廷敬家居之百侯鎮舊稱「白堠」，民國以後始改爲「百侯」，乃取「多出人才」之意，從明末起便逐漸發展成爲當地科舉文化最發達之地。清代初年更以「一腹三翰院、一同懷四魁」的鼎盛而名震粵東，引起國人的矚目。據乾隆九年《大埔縣志・選舉志》所載，百侯鎮在順治年間，中舉者 2 人，進士 1 人；康熙年間，中舉者 7 人，進士 3 人；雍正年間，中舉者更達 11 人，無愧「文化之鄉」之譽。

在如此濃厚的文化氛圍濡染下，溫廷敬家族所屬之大埔溫氏一脈，雖世代以行醫濟世爲業，但也同樣擁有著極好的文史學識，加之祖輩對後代的教育甚爲關心，看重家族良好學風的營造與傳承。故他自幼便在祖父的親自啓蒙下，遍習五經，並以神童之名享譽鄉里。溫廷敬後赴金山書院求學，得以有幸拜入時任書院山長的溫仲和門下。溫仲和是嶺南大儒陳澧的得意門生，

〔註 7〕 羅香林：《客家研究導論》，上海：上海文藝出版社，1992 年版，第 20 頁。

也是近代嶺南學界由晚清舊學向現代學術轉變的關鍵人物，對鄉土文化建設事業作出了可貴的貢獻。兩位大師在學術上提倡漢宋匯通，即義理與考據並重的治學家數對立志以文史研究為畢生事業的溫廷敬產生了重要的影響。從此，認真整理國故，在傳統樸學的傳承中求創變之新，便成為了他終生踐履的學術目標。丘逢甲在《溫柳介先生墓誌銘》中曾對溫仲和的學術師承以及薪火之傳有過清晰的梳理：「番禺陳京卿澧，治漢學者尊為東南大儒。君（引者按：指溫仲和）其入室弟子，治群經，尤精《三禮》」〔註 8〕，又謂：「庚子以前，士習患蔽於舊，其後則患囂於新。君於蔽者開之，囂者正之，前誹後謗無所動，弟子多成材者」〔註 9〕。「在學術上受溫仲和濡染的潮汕學者，溫廷敬精於考據……為時人所重」〔註 10〕。而作為溫廷敬再傳弟子的蔡起賢更是在《「潮州學派」的形成及其影響》一文中，把近代潮州以溫仲和及其弟子為首的「治樸學如乾、嘉時代的考據學一樣」的學術群體，概括稱為「潮州學派」。指出這個學派是「繼承陳澧的治學門徑而加以發展的」，他們治學的共同特點是「從地方的文獻、掌故、地理、歷史及人物的研究作起步」〔註 11〕。這一師生群體是否能自成一個學術派別，尚待在學理上進行審慎的斟酌，然由此可知，溫廷敬一生於鄉邦文獻的考證辨訂方面，成就尤為顯著，實是淵源有自。

溫廷敬讀書與初涉學術的年代，其時之學子，在清末民初這一新舊嬗變之際的浩蕩時代潮流的感召下，普遍對新學以及實務趨之如鶩，而將考據訓詁這些所謂「舊學」視為無用之物，棄如敝履。溫廷敬雖也曾宣稱「非西學西政新書不購，非西學、西政新書不讀不閱」，但那不過是一個熱血青年在獲知清政府北洋水師在對日甲午海戰中完敗之後，身處極度失落迷茫中所發出的憤激之言。究其骨子裏一生所鍾，則仍是中國傳統之學。誠然，欲新一國教育，若只求精通泰西之學，而於本國傳統之學問不求甚解，則本民族之文

〔註 8〕 廣東丘逢甲研究會編：《丘逢甲集》，長沙：嶽麓書社，2001 年版，第 840～841 頁。

〔註 9〕 廣東丘逢甲研究會編：《丘逢甲集》，長沙：嶽麓書社，2001 年版，第 840～841 頁。

〔註 10〕 黃挺、杜經國：《饒宗頤教授的潮州地方史研究——〈饒宗頤潮汕地方史論集〉編後》，載於潮汕歷史文化研究中心、汕頭大學潮汕文化研究中心編：《潮學研究》第五輯，汕頭：汕頭大學出版社，1996 年版，第 15 頁。

〔註 11〕 蔡起賢：《「潮州學派」的形成及其影響》，見蔡起賢著：《缶庵論潮文集》，廣州：廣東人民出版社，1995 年版，第 50 頁。

化精神何以依存？故他在任教其師溫仲和創辦的「嶺東同文學堂」期間，一方面，順應學校之辦學宗旨，積極推廣西學，另一方面，則不斷強調學子應該注重研習與繼承我國古代優秀的文史地典籍和文化傳統。爲此，他特意爲學堂編寫了《太古中國社會變遷考》、《中國古代刑律變遷考》、《太古中國宗教變遷考》、《春秋戰國拓地殖民考》、《中國種源假定說》、《中國民族史序》、《五行始於皇帝說》等多部頗具史地考辨類學術價值的講義教材，令學子多有受益，同時也令潮州地區的崇古重學之風蔚然不衰。之後，溫廷敬更先後受聘擔任惠潮嘉師範學校校長、汕頭金山中學、回瀾中學、國立廣東高等師範學校、汕頭私立震東中學等校教員。在民國初年那個新學與舊學、西學與中學之間尖銳對抗，矛盾迭出，而中國傳統學問漸見式微的時代，他始終堅持踐行「融貫中西、強調傳統」的教育理念。尤其是他任惠潮嘉師範學校校長期間，因地方勢力的阻撓，使他無法按自己的意願自主實現其教育理念，遂憤而離職。以自己的實際行動，很好地傳達出一個傳道授業者重視文獻研究以弘揚中國傳統文化的深遠用意。

明清以降，嶺南學術風氣大盛。從明代黃文裕「泰泉之學」傾力編纂的《廣州人物傳》、《廣東通志》、《羅浮山志》、《廣西通志》、《香山縣志》；延至張邦翼《嶺南文獻》對嶺南前哲詩文的關注；再逮有清一代屈大均的《廣東新語》、《廣東文選》、《廣東文集》，羅學鵬的《廣東文獻》，吳蘭修的《嶺南叢書》，劉彬華的《嶺南群雅》，黃子高的《粵詩蒐逸》，溫汝能的《粵東文海》、《粵東詩海》，伍崇曜、譚瑩的《嶺南遺書》、《楚庭耆舊遺詩》等，莫不志在遍求嶺南先哲遺詩文，對鄉邦文獻進行集腋成裘式的研究。終身浸濡於文獻考索研究之中的溫廷敬，可謂深得這一嶺南學術的精髓。

溫廷敬一生著力最多之處，乃是對嶺南地方史志的修纂以及對鄉邦文獻的整理編輯。劉師培曾言：「不以學術爲適時之具，斯能自成一家之言。捨祿言學，其學斯精，以學殉時，於道乃絀」；梁啓超也謂：「凡眞學者之態度，皆當爲學問而治學問」，這兩段話皆爲精闢之論，也正是溫廷敬一生治學的眞實寫照。因爲，若以功利的眼光來看，他數十年如一日沉潛埋頭所作之研究，實難達名利之圖，遠非「適時之具」。而正是如此，我們才清晰地從他身上讀出了對鄉邦先賢之敬意。更重要的——是一種建立於桑梓文化世代傳承之上的學術自覺與承擔。著名嶺南文獻專家冼玉清教授曾經說過：「欲人民之愛國，必須使其知本國歷史地理之可愛，而對於本鄉本土尤甚。所以文史學者，對於鄉邦文獻，特爲重視也。」冼教授將文史學者對鄉邦文獻的研究與人民之愛國愛鄉聯繫在一起，看似平常，但寓意深焉。就這一點而言，溫廷敬與冼玉清教授的認識與追求是共通的。他終其一生，均致力於廣爲搜集各地的方志，對於那些珍稀難得一見的鄉邦地方志，更是不惜親手逐字謄抄。與此同時，溫廷敬對續修舊志的工作同樣也傾注了相當高的熱情，民國十七年（1928），他獲聘爲大埔縣修志館總纂，並親自撰寫該縣志中的「人物志」數卷；民國十九年（1930），應廣東省民政廳長許崇清之聘，赴廣州任廣東通志館總纂。但由於該館之負責官員官僚氣習嚴重，不諳修志事宜且多方掣肘，不久乃辭。當時的中山大學校長鄒魯聞悉此事，即向省有關部門請領《廣東通志》歸中大繼辦，並再聘溫廷敬爲廣東通志館總纂兼館主任，且特表彰加聘其爲中大名譽教授、文史研究所導師、碩士委員會委員。此後數年，溫廷敬即盡心於《廣東通志》的籌備與修纂工作，並廣爲延聘修志人才，如親自邀請冼玉清教授主持編修「藝文志」部分等。正是由於有了這些名士學者的參與，使《廣東通志》很能代表當時嶺南史志修纂的最高水平。只可惜隨著日本侵華戰爭的爆發，廣東通志館被迫停辦，所有的數據與書稿後竟被日寇全部炸毀，令他多年修志之心血皆付之東流。抗戰勝利後，民國三十五年（1946），溫廷敬的弟子饒宗頤在汕頭主持纂修潮州新志，力邀溫廷敬出山爲新志撰寫人物傳，並尊其爲顧問，期間多有請益。在溫廷敬考訂文獻、編修史志的生涯中，他最重視的便是材料的翔實與準確，故他始終堅持史書必親檢，史迹必親睹。同時，他還強調修志必須起「承先啓後」的作用，做到「考古即以明今」，使嶺南的歷史文化源流與傳承得以在那變亂的年代藉助文獻之整理考訂重新煥發出其應有的光彩。

溫廷敬一生著述相隨。即使是在戰火紛飛的流離歲月，即使是在晚年雙目失明的日子裏，他仍然抱著病疾之軀，繼續學術研究。後來甚至憑著自己口述，他人代記的方式產出了多部著作。治學如此之勤勉，實在令人肅然起敬。同時，爲了研究工作，他還不惜節衣縮食，將僅有的一點微薄薪金用於購書。根據其子溫原的回憶，溫廷敬藏書最多時達到近兩萬冊，朋友和學生們都稱譽他的藏書是當時粵東第一。由於溫廷敬對史地文獻情有獨鍾，故他尤嗜對此類文獻進行收集。在其藏書中，僅《二十四史》就收有多種不同的版本，其它如野史、雜史和與嶺南相關的史料及地方志等也往往遍加收錄。「他甚至把讀書和藏書的地方，取了一個名稱叫做『補讀書樓（廬）』，以表示他決心在今後補讀未讀過的書」〔註 12〕。正因為有了充足的文獻儲備，溫廷敬順利地編成了《廣東通志列傳（自周至唐部分）》、《明季潮州忠逸傳》、《廣東宋元人物傳》、《廣東明人物傳》、《廣東清人物傳》、《潮州人物傳》、《大埔縣志》（民國三十二年大埔縣修志局鉛印本，十五冊三十九卷）、《潮州藝文志》、《大埔金石志》、《潮州金石志》、《潮州詩萃》、《潮州文萃》、《潮州唐宋元詩文吉光集》、《潮州名媛集》、《廣東版刻書目》。

在這一系列學術著作中，「廣東」、「潮州」成為了兩個頻率最高的關鍵詞。而與潮州文學、歷史、地理等文獻相關的整理、彙集與考辨則佔有最大的比重，皆為篳路藍縷之作。僅從上文所列舉的著述書目來看，我們就已經能夠深切地體會到，溫廷敬是需要下怎樣一番慧眼識珠、披沙揀金的苦功夫、硬功夫才會有如此豐碩的成果。他對潮州文獻的搜集和整理著力之多，即便放諸潮州研究之歷史文化長河中來考察，都是不讓前人的。若非對桑梓懷有無限深情，若非對鄉邦文化的重要性有著深層次的認識，若非對整理和研究鄉邦文獻有著一種超乎常人的學術承擔，他又如何能幾十年如一日汲汲於此而從不言棄？直到今天，溫廷敬在上個世紀所修纂的地方史志與編校的地方文獻，都是後世學者研究潮州文化，乃至嶺南文化時所無法繞開的珍貴原始資料。

終其一生，溫廷敬皆未曾離開粵東，而他最重要的研究著作和學術貢獻也都與收集、整理潮州地方文獻密切相關。但是，若用近代以來學術界習見的「廣東分為『客家』、『福老』和『廣府』三大民系」這樣一種學術分類來進行考慮，則溫廷敬其實算不得嚴格意義上操福老（潮州）方言的潮州人。他的家鄉大埔在秦漢時期屬揭陽縣地；東晉義熙九年（413）立義招縣，屬義安郡（潮州前身）；隋大業三年（607）改為萬川縣；唐武德四年（621）廢萬川併入海陽縣，屬潮州；宋、元及明前期仍屬潮州府海陽縣；明嘉靖五年（1526）改名大埔縣，自此直至民國年間均一直歸屬於潮州管轄。雖然如此，大埔一直為客家人聚居地，且通用語言亦為客家話，與潮州其它縣截然不同。這一點，早在乾隆十年蕭麟趾修纂的《普寧縣志》「方言」一節中便有揭示：「普寧於潮郡諸邑，大約與三陽、澄海同，與惠來、饒平大同而小異，至大埔、

〔註 12〕溫原：《吃書記——父親溫丹銘的藏書及其散佚》，轉自中國人民政治協商會議廣東省汕頭市委員會文史資料研究委員會編：《汕頭文史》第十九輯，2007 年，第 96 頁。

豐順，則懸遠不相通矣。」〔註13〕而且，潮汕鄉諺中所謂：「澄海無客，大埔無福」〔註14〕，也正準確地反映了這一歷史遺留下來的潮州地區福老與客家雜居分佈的特徵。

然而，溫廷敬並未因方言的差異以及族群的移民特殊性而對潮州文化產生隔閡，或身份上的不認同。相反，他在文化心理層面上對潮州有著一種鮮明的歸屬感，不但對外稱呼自己爲潮州人，而且他還把這種對潮州文化的認同感與歸屬感延續到了他的學術研究當中。

二十世紀初的中國史學界，正在梁啓超旨在呼喚中國民族意識的覺醒的倡導下，試圖建構起一個與傳統史學完全不同的「新史學」，即「國族主義」的研究模式，將「新史學」的具體研究對象明確界定爲種族、國族之發展史。梁啓超在光緒二十八年（1902）寫就的文章《新史學》中便大力強調「敘述數千年來各種族盛衰興亡之迹者，是歷史之性質也……是歷史之精神也」〔註15〕。以致一時之間，「國民」、「民族」、「種族」等術語變得炙手可熱。在這種「新史學」思潮的大背景下，對嶺南的幾大族群進行源流以及文化特質層面的探討，也就成爲了學界關注的熱點。

然而，縱觀二十世紀前期的嶺南族群研究，幾乎千篇一律集中在對客家、福老的族裔源流的考索上，甚至往往僅將目光停留在這兩個族群語言與血緣的差異上，而忽略了他們之間本有的文化同源性。這，不能不說是一種缺失。因此，溫廷敬自光緒二十九年起便著力去構建「韓江文化」同一性體系，他指出：

> 潮、嘉爲人爲之區劃，實具天然之流域。今雖分爲二州，向實合爲一府。程鄉、鎮平、平遠，本爲潮州之隸屬；興寧、長樂，雖割自惠州，然以地勢論之，固與潮州屬同一流域。……我粵省爲西江流域，而東有東江，北有北江以會之。自惠州以西，韶州以南，皆脈絡貫通，聯爲一氣。獨我潮、嘉，山脈異向，河水異流，坐是

〔註13〕【清】蕭麟趾纂：（乾隆）《普寧縣志》卷八「方言」，臺北：成文出版社，1974年版，第361頁。

〔註14〕廣東的潮汕人和客家人經過長期的交錯轉徙，原來的潮汕地區九縣（包括豐順、大埔），只有澄海縣沒有講客家話的客家人，大埔縣則沒有講福老話的潮州人，其它各縣，則是潮、客兼具。這就是這句諺語的由來。

〔註15〕梁啓超：《新史學》，見《飲冰室合集》文集第一冊之九，北京：中華書局，1989年版，第12頁。

之故，民情風俗，自成一派，與省會絕不相同。〔註 16〕

其實，不僅是地緣相近的因素，福老與客家兩大族群的祖先本就同來自中原，加上後來屢次的「客家遷移運動」，尤其是清康熙初年實行的「遷海」與「復界」等政策都令粵東的福老與客家族群呈現出了難以截然區分的雜居狀態。如在康熙元年的「遷界」運動中，韓江下游的民眾都被安插到中上遊山區定居，澄海縣更在康熙三年（1664）被裁撤，縣民全都被安插到程鄉縣。這種種具不可抗力的遷徙，導致韓江流域的族群分佈產生了新的變化，也使得福老、客家兩個族群的習俗文化在雜居過程中達成了一定程度的融合，變得相近，而與珠江流域的廣府文化則顯得差異明顯。溫廷敬能在二十世紀初嶺南民系族群研究初興，所有研究者只片面強調族群文化之異之時，便清醒地認識到寓客家、福老文化於一江的重要性，著眼於韓江流域文化相比起珠江流域文化的自成一派，實具有高遠的歷史目光以及開闊的學術前瞻性。溫廷敬提出「韓江文化」這一概念，體現出的是他對粵東地區，尤其是韓江流域的政治歷史沿革的全面認知，突顯了他對兩個族群文化同源的深層次認同。他試圖構建起的是一種重文化源流的，而不是簡單地以方言，以及血緣的差異爲區分的新型族群文化歷史觀。溫廷敬民國初年著力編纂的《潮州藝文志》、《潮州詩萃》、《潮州文萃》、《潮州唐宋元詩文吉光集》、《潮州名媛集》等詩文總集便都是潮嘉兩地，福老、客家兩族群的文學作品兼收，很好地體現了他所倡導的韓江流域文化一體化的觀念。

以清末赴金山書院師從溫仲和先生爲起點，到上世紀三四十年代因視力急劇減退不能再進行日常讀寫爲終點，溫廷敬的學術生涯，持續了六十餘年。青年時代，溫廷敬在社會局勢危機四伏之際，仍潛心於「亂世修志」，「所冀寖省各同志睹此有以自壯而爭騁其逸足，以達於康衢，庶文獻足徵，有以彌鄉邦之缺陷而一洗文化落後之恥。斯則潮人士此舉，殆有裨全省，而非止嶺東一隅之幸也已。」及至後來，溫廷敬從廣博細密的史志編修考訂工作轉移到運用「新史學」觀念所進行的嶺南族群研究，一方面，顯現了他學術方法因對象制宜的自我調適，另一方面，也很好地折射出了二十世紀初期中國史學界的關注熱點與發展趨勢。溫廷敬一生都將古之潮州三陽與古之程鄉視爲同源，將其置於韓江流域文化一體的背景下進行觀照。融彙其多年心血編成

〔註 16〕溫廷敬：《潮嘉地理大勢論》，載於《嶺東日報》光緒二十九年十一月初八日，第一版。

的《潮州藝文志》、《潮州詩萃》、《潮州文萃》、《潮州唐宋元詩文吉光集》、《潮州名媛集》等便皆是在這種史學觀念指導下完成的重要成果。這些詩文總集最大限度地復原了潮州，或說韓江地區詩文創作的眞實面貌，爲後人搭建起了潮州詩文史的研究框架。饒宗頤教授便盛讚它們「爲集大成之總集，條流昭析，閎博精詳，考作者生平，兼揚榷其風格，古今作品，咸萃於斯，誠海涵地負之巨觀，足爲來學矜式，厥功偉矣」。而且當中所深刻體現出來的那種既出於史料，而又能入於詩文的考索訂正，誠乎深得嶺南傳統學術文化之精髓。溫廷敬一生著述宏富，對嶺南全境，尤其是韓江流域潮嘉兩屬的人文歷史及風土民俗，均燦然賅備。當中滲透著的義取求眞，事皆徵實的嚴謹的治學態度，歷史意識與人文情懷兼具的學術氣度，以及研治和構建嶺南文獻學術大廈之雄心，皆令溫廷敬無愧爲晚清民國嶺南學人之出類拔萃者。

更重要的是，溫廷敬遠承乾嘉以及「東塾」樸學傳統而融之以通貫古今的治學方法，至少足足影響了兩三代潮州學人，被澤深遠。在國內外享有盛譽的學人饒鍔、饒宗頤父子便是溫廷敬的弟子和再傳弟子。在溫廷敬的感染與有意引導下，兩人也都是從治鄉邦文獻目錄之學起步，尤長史料考據之學，以考鏡一方學術源流。正如黃挺在《饒宗頤潮汕地方史論集·編後》中所說：「（饒宗頤）教授自己也師從溫（丹銘）先生，故溫廷敬稱他爲『門下士』。溫廷敬治學，以地方史地、民族、文獻、人物的研究成果最多，在甲骨學方面也頗有成績。教授早年的學術，受溫廷敬影響很大。《論集》中所收輯的《與溫丹銘先生書（三首）》是一個證明。而自研究內容言，饒教授對民族民系、歷史人物諸門類的研究，也往往得益於溫廷敬。《潮州歷代移民史》、《福老》、《潮州佘民之歷史及其傳說》等文，確實得到溫廷敬著述的啓發。」〔註 17〕世所公認，饒宗頤教授的《潮州志》、《潮州藝文志》、《韓江流域史前遺址及其文化》、《潮州歷代移民史》、《福老》、《潮州佘民之歷史及其傳說》等至今仍是潮學研究的重要基石。而這些著述正是對溫廷敬一生所專注的嶺南史志文獻與族群研究這兩大領域的進一步深化與拓展，承繼的正是其師學術研究之遺緒。

晚清以降，及至民國，嶺南學界正是有賴於溫廷敬及其弟子饒鍔、饒宗

〔註 17〕黃挺、杜經國：《饒宗頤教授的潮州地方史研究——〈饒宗頤潮汕地方史論集〉編後》，載於潮汕歷史文化研究中心、汕頭大學潮汕文化研究中心編：《潮學研究》第五輯，汕頭：汕頭大學出版社，1996 年版，第 16 頁。

頤、詹安泰等學者為代表的這一批批以師承淵源所結成的學術群體，以他們深厚的鄉邦之情和超卓的學養，獻身於嶺南歷史文獻的搜集、整理與考釋，大大推進了嶺南文史地研究的發展，也產生了一批堪稱超邁前賢的學術成果。在溫廷敬及其弟子身上，濃縮了明清幾百年以來嶺南學者重文獻、重考據的治學風範，以薪火相傳之勢延續了嶺南傳統學術文化的命脈，並從而影響了二十世紀嶺南學術研究的氛圍與走向。就此意義而言，溫廷敬其功巨焉。

然而，溫廷敬身後卻是寂寞的，如此一位為嶺南學術貢獻了畢生心血的著名學者，自 1954 年春在汕頭去世後，卻彷彿逐漸被人所遺忘，對他的關注和相關研究都嚴重滯後。最令人痛惜的是，其等身之著作竟還有十之七八一直未能付梓。據筆者所知，這批極具學術價值的著述手稿現今大部分藏於汕頭市圖書館。隨著紙張無法逆轉的日漸酸化、脆化，積以年月，以當地圖書館一館之力，恐終會遭遇到難以長久完好地保存的尷尬。因此，對溫廷敬的遺稿盡快地開展全面系統的搶救和刊佈工作當是刻不容緩。否則，如果繼續任由它們束之高閣，遭受蠹蟲之禍，且難為世人所知，不但使溫廷敬個人的真知創見無從出之，學術貢獻就此埋沒，同時，也將是嶺南文獻的巨大損失，以及嶺南學術界無法彌補的遺憾。

第三節　《潮州詩萃》概況及其編纂體例

一、詩集概況

（一）版本

《潮州詩萃》是溫廷敬憑一己之力，耗數十年心血編成的，旨在收錄潮州歷代詩歌作品的詩萃巨編。全書凡五十卷，合共收錄了自唐、宋、元、明至清末民初的潮州籍詩人四百三十九家，詩作六千五百三十餘首。《潮州詩萃》雖然在民國初年便已編訖，但由於時局動蕩，編者經濟拮据等諸多因素，一直未能付梓。溫廷敬 1954 年春在汕頭去世後，《潮州詩萃》的手抄稿本便交由汕頭市圖書館負責收藏。該手抄稿本為海內孤本，裝幀形式為對折線裝，整份書稿都採用雙欄各九豎行毛邊紙，正楷抄寫，每兩卷合為一冊，共二十五冊，凡一百餘萬字。由於《潮州詩萃》的成書之日已在民初，故也完全可以將其視為中國古代潮州詩歌總集編纂史上的一部集大成之作。同時，《潮州詩萃》作為潮州歷代詩歌總集中保存資料最為齊全的一部，也堪稱為今人進一步整理和續編二十世紀以來的潮州詩歌做足了內容上的準備。只可惜，因爲《潮州詩萃》在上個世紀一直都未能付梓，故流傳不廣，知者甚少，而即便如此，亦無掩其本身所具有的不容忽視的文獻學與詩歌學價值。

在經過了長達近一個世紀的沉寂之後，《潮州詩萃》終於在 2001 年 1 月由汕頭大學出版社出版印行，印數 2000 冊。而這部多年來在汕頭市圖書館東之高閣的《潮州詩萃》手抄稿本之所以能重新回到學術界的視野，煥發出其應有的光彩，實在是有賴於饒宗頤教授的大力推動。作爲溫廷敬先生的弟子，饒教授其實一直非常關心溫氏遺著的相關情況。特別是他在 1990 年應邀出席汕頭大學召開的中國文獻學會年會暨潮汕文獻學術討論會期間，往參觀汕頭市圖書館藏書時，驚喜地發現溫先生的《潮州詩萃》手稿竟尚保存完好。饒教授高度肯定了《潮州詩萃》重大的文獻價值，並當即建議汕頭大學潮汕文化中心盡快將其整理出版。自此起，整理出版溫廷敬的《潮州詩萃》便成爲了潮汕文化中心一個重要的古籍整理項目。據吳二持先生所作的《潮州詩萃》「後記」可知，他從 1992 年下半年開始，便領命開始對《潮州詩萃》進行全面的整理與校點。因其卷帙浩繁，校點的難度是可想而知的，「首先面臨的是數據問題，當時幾乎跑遍了現在大潮汕範圍的各圖書館、博物館，基本上把現在能找到的古籍（包括省、府、縣志，個人詩集、詩選集及各種有關著作）都找來校勘。遇到有些規定不讓借閱也不讓複印的館藏數據，便只好蹲在館裏校勘，有時一蹲就是十天本月。校勘之後，才動手標點，同時整理了原書的錯簡、缺衍、異體、誤抄等等問題，並列詳細的異文校記和少量考辨性校記。大約歷時三年多，1995 年底完成了初稿的校點工作。」但因經費問題，該書稿一直未能議及付梓。2000 年，饒教授聞悉此事，力促中心盡快出版此書，並專門爲之作序。序言中除了向讀者扼要地介紹《潮州詩萃》版本的相關情況，還交代了自己與《潮州詩萃》及其編者溫丹銘的因緣，以及對晚輩後學的殷殷期望。「大埔溫丹銘太夫子，居汕市日久，留心潮事，網羅放佚，數十年鍥而不捨，成此《潮州詩萃》五十卷，計甲編十二卷，乙編三十六卷，閏編二卷，共二十五冊，精抄工整，凡輯錄唐宋元明迄於清末，共四百三十六人〔註 18〕，六千五百三十餘首，爲集大成之總集，條流昭晰，

〔註 18〕筆者推測，饒宗頤教授在《潮州詩萃・序》中將該集收錄的詩人數目錯記爲 436 人，應是受到汕頭大學出版社，2001 年版《潮州詩萃》點校本統計數據的影響。

閎博精詳。考作者生平，兼揚榷其風格，古今作品，咸萃於斯，誠海涵地負之巨觀，足爲來學矜式，厥功偉矣。此書原稿保存完好，仍歲以來，余力促先爲整理，以廣其傳。……泛覽史志，廣事搜求，原始要終，覃及域外，纂爲別集外編，以配溫先生之書，正是後學之責，庶以竟其全功，跂予望之。」可見，饒教授之所以始終對《潮州詩萃》的出版心存牽掛，並屢次敦促，並不單純因爲他與溫先生之間深厚的師生情誼，更不僅僅因爲他良好的學術敏感度，而是出於他對鄉邦先賢、鄉邦文獻的珍視與熱愛之情。而這種重視文獻，重視傳承的人文情懷又何嘗不是正得自其師溫廷敬先生的眞傳？2001 年 1 月，在溫先生逝世近半個世紀之後，經過饒宗頤教授的敦促玉成以及吳二持、蔡起賢兩位先生的辛勤而嚴謹的校點、審訂，《潮州詩萃》終於得以順利出版。逝者雖已矣，但後世讀者通過此詩萃巨編，不但得以窺見溫廷敬先生的治學門徑，還可以領略潮州歷代前賢詩人及詩作的風采。誠如饒宗頤教授所言「古今作品，咸萃於斯，誠海涵地負之巨觀，足爲來學矜式，厥功偉矣。」

（二）文獻基礎與編竣年份

1. 文獻基礎及準備

《潮州詩萃》所收錄的詩人，時間跨度從唐代直至清末民初，達近千年之久，故所收的詩作數量也極其巨大，這從其書之目錄中已可概見。而要將這些浩繁的文字材料進行全面的搜集和細緻的閱讀，無疑是一件曠日費時的工程。照常理而言，欲將這樣一部鴻篇巨著編訂成冊，更是非依靠群體力量不可，絕難僅以一人之力便能奏功。然而，溫廷敬正是憑藉他「網羅放佚，數十年鍥而不捨」的意志，成功編竣近百萬言的《潮州詩萃》。從中我們體味到的是清末民初一代傳統文人在整理、考訂鄉邦文獻時的那份堅毅與執著。確是高山仰止，令人肅然起敬。

溫廷敬乃金山書院山長、近代嶺南大儒溫仲和先生的得意弟子。在溫仲和先生注重義理考據，且高度重視鄉土文化的治學取向的影響下，溫廷敬從少年時代起，便開始能以文史兼通的眼光，正確地認識到對潮州地方文獻進行輯佚與校勘所具有的不朽價值。

清中葉以降，全國各地文人、學者大量編選前代詩文總集的風氣漸趨興盛。而嶺南學人對嶺南地域詩文總集的編纂，至清末民初也出現了前所未有的繁榮景象。如吳蘭修的《嶺南叢書》，劉彬華的《嶺南群雅》，黃子高的

《粵詩蒐逸》，溫汝能的《粵東文海》、《粵東詩海》，伍崇曜、譚瑩的《嶺南遺書》、《楚庭耆舊遺詩》等等不勝枚舉。其編者往往通過編選詩歌總集，來表達個人的詩學主張和文化理想，同時爲晚生後進垂示準則。在這種文化背景和編纂風潮的感召之下，溫廷敬在清末，即其 30 歲左右便開始有志於將潮州歷代的文學文獻萃輯成書。因此，就《潮州詩萃》編纂的籌備而言，溫廷敬對於潮州鄉邦詩人、詩作以及相關文獻資料的搜集與整理的工作其實開始得很早。

要編纂像《潮州詩萃》規模如此巨大的潮州歷代詩歌總集，是必須要有豐厚的文獻儲備作爲基礎的。溫廷敬爲此專門作了長期的準備工作。他一生以教書爲業，薪俸其實甚爲微薄，但仍節衣縮食以來購書，他的藏書之地「補讀書樓（廬）」最盛之時藏書近兩萬冊，被譽爲粵東第一。他還和活躍於粵東地區的文人雅士交遊頗多，其中如溫仲和、何士果（進士，第一任駐日公使何如璋之子）、饒鍔等先生也多是享譽一時的藏書家、學者。這一批學識淵博的師友，不但與溫廷敬有著廣泛的學術交流與切磋，同時，也爲溫廷敬提供了一覽豐富的地方藏書數據的機會，這不僅很好地遂了他以「補讀書樓（廬）」爲其藏書樓命名之心願〔註 19〕，更使得《潮州詩萃》的編纂工作得以順利進行。

光緒二十八年（1902），溫廷敬應溫仲和與丘逢甲之邀，赴汕頭擔任「嶺東同文學堂」教習。區區一介教習，顯然未能充分施展溫氏的才華，但爲此而移居汕頭卻爲他廣泛而深入地進行文獻搜集與整理的工作創造了更好的條件。因爲，逮至清末，汕頭已經逐漸發展成爲整個韓江流域重要的經濟、文化和教育中心，不少潮州和嘉應州籍，具有傑出的學術和文學造詣的文人和學者在此定居，並以此爲基地積極開展各類型的文化活動。同年，溫廷敬與楊源（字季岳，進士，《光緒嘉應州志》總採訪）、何士果和陳雲秋等人在汕頭創辦了粵東地區第一家報紙《嶺東日報》，每周出版六期，逢周六停刊。每期 8 開 4 頁，頁中可對折成 16 開 8 版的小冊子，售價爲制錢 12 文。該報除了論說、諭旨、專件、時事要聞、本省新聞、京都新聞、外國新聞等欄目外，還專門設有「潮嘉新聞」專欄，無論是潮州，或是嘉應州的新聞，皆一視同仁，很好地體現了溫廷敬將「韓江文化」視同一體的鮮明意圖與研究思路。

〔註 19〕上文已提及，溫廷敬把藏書之地取名曰「補讀書廬」，以表示他決心在今後補讀未讀過之書。

尤其是他在1907年爲了駁斥黃節《廣東鄉土歷史教科書》中提出的「廣東種族有曰客家福老二族，非粵種，亦非漢種」一說，用了頗多的精力，整理查閱了大量潮嘉地方性歷史、文學文獻以進行細密的考證，勾勒出了韓江流域潮州、嘉應兩地民眾文化融合的軌迹。在此過程中，溫廷敬所經眼的材料，對於他後來編輯《潮州詩萃》也有很大的幫助。

除此之外，光緒二十九年（1903），在溫廷敬的倡導下成立了「蓮社」，雖然因時勢之原因，存在的時間並不長，但他和詩友們的聯吟酬唱、論列時事，除了在一定程度上使當時沉寂的潮汕詩壇變得活躍起來；更重要的是，也使溫廷敬獲得了更多的與潮州當地文人進行詩藝切磋以及思想交流的機會，從而留下了不少精闢的詩論見解，尤其是他們對潮州歷代詩人的系列評述等，更是非常値得後世研究者的重視。而且，溫廷敬還驚喜地從一些相互唱和的詩壇耆宿處看到了不少他們所收藏的前代鄉人塵封之佳作，也從客觀上爲其日後編輯《潮州詩萃》這一鴻篇巨著打下了極好的理論基礎和文獻基礎。

而且，特別値得一提的是，除了溫廷敬本人對編纂《潮州詩萃》所付諸的殫精竭慮，其成書或許也經歷了一個約稿、集稿的過程。雖然溫廷敬經過多年的搜求整理，手頭已有相當宏富的原始文本材料，但爲了能更大限度地將歷代潮州詩人及其詩作收羅齊備，而不致有大的缺失，他還專門對外刊佈了《潮州詩文萃徵鄉先哲遺集啓》〔註20〕一文，向潮州地區之書香世族、學者同仁虛心徵求鄉邦前賢的詩文稿，「所望孝子慈孫，故家世族。惠之秘冊，假以遺書」。文中眞切地表達了對潮州歷代詩歌文獻如今竟遭散佚零落的痛惜，「揭陽鉅集，惟存棲鳳微吟；天水奇編，僅見序韓一作。考高陽之舊著，記剩蘇樓；訪大寶之遺文，贊惟韓木（大寶尙有大雲洞一贊，見《阮志・金石略》，惟不甚著）。寥寥短什，歌傳江上之山；落落名章，人弔鄴中之冢。遂使問天無術，難資呵護於鬼神；出土有靈，冀丐搜羅於金石。彌足貴也，不其悕乎？」同時也袒露了自己「是用不辭譾陋，願竭駑駘。……俾得眾卉紛羅，飽掇春林之秀；群流共集，蔚爲滄海之觀」的宏大的編纂設

〔註20〕關於此文的刊佈時間，現已無法確考，但從溫廷敬宣統二年（1910）編竣的《茶陽三家文鈔》自序中言及的「有《潮州文萃》之役，而一時未易告竣。乃先從事於近者、易者」，可簡單判定，《潮州文萃》的編輯整理工作應該開始得比《茶陽三家文鈔》還要早。故《潮州詩文萃徵鄉先哲遺集啓》的刊佈時間當在1910年之前。

想。雖然溫廷敬在後來《潮州詩萃》的手稿中沒再交代此篇徵稿啓事刊佈之後，到底徵得了多少可資收錄的前人詩作，但有一點可以肯定的是，經過溫廷敬長時間不辭勞苦的多方面的搜集，基本保證了《潮州詩萃》詩人、詩作收錄的窮盡與徹底，故其能夠在很大程度上向世人呈現出潮州歷代詩歌創作的全貌。

而且，在正式編纂《潮州詩萃》之前，他還先行編選了《茶陽三家文鈔》、《潮州唐宋元人吉光集》這兩部重要的潮州地方性詩文總集。

《茶陽三家文鈔》，民國十四年刊本（筆者按：該書卷末牌記記曰：「中華民國十四年乙丑（1925）季秋補讀書廬校畢付聚珍仿宋印書局印」，但根據溫廷敬的自序，可知此書其實在宣統庚戌（1910）冬月便已編竣），全集二冊六卷，收錄清末大埔文人何如璋、林達泉、邱晉昕的各體文章合共六十三篇。

《潮州唐宋元人吉光集》，未刊稿本，二冊四卷，共收錄唐宋元三代潮州籍文人的詩作五十一首，文章六十篇，遺句四則。對於這部詩集的成書過程，溫廷敬在《潮州唐宋元人吉光集》的自序中有這樣的自述：「潮州唐宋元人之詩文集，無一存者。即志乘所採，亦寥寥可數。余竊病之，暇日所見輯得十首。雖一鱗片甲，然多吾潮人向所未睹者。名曰吉光，以示物少見珍之意。後有所得，當更續補之。」可見，溫廷敬《潮州唐宋元人吉光集》的編纂從一開始便有志於在潮州詩文選集編撰相對寂寞，歷代詩文多有散佚的現狀下，通過自己吉光片羽式的搜集、輯佚、考訂以及整理，對其進行逐步的補充與完善。

在編纂《潮州詩萃》之前，溫廷敬之所以先著手於《茶陽三家文鈔》與《潮州唐宋元人吉光集》的編訂。一方面，此舉固然是他畢生所欲積極推動的潮州文學文獻整理工程中的一個重要組成部份。另一方面，其實這也可視爲溫氏爲《潮州詩萃》編纂的全面展開所進行的最後一項準備工作。其中既包含了對鄉邦歷代詩歌原始文本材料一如既往的深情關注與辛勤搜求，也融入了對編輯通代詩歌總集所需經驗的一種自覺探索與積纍。這一系列意圖，在其《茶陽三家文鈔》序言中都有所袒露：「然求其著作足與中原抗敵者，亦復寥寥。而於古文辭尤乏。固由士第溺於科舉，古文一道非殫心畢力以爲之者不能，亦由集之者無其人爲之而不傳，傳焉而不遠也。余心焉愍之。有《潮州文萃》之役而一時未易告竣，乃先從事於近者、易者。」言下之意，《潮州文萃》無疑就是那個與《茶陽三家文鈔》的「近」與「易」相對的「遠者」與「難者」。令人惋惜的是，所謂的「一時未易告竣」竟然一語成讖。《潮州文萃》的編輯整理工作雖在 1910 年前後就已展開，但溫廷敬終其一生都未能將其最終完成。目前在其遺稿中僅餘屬於《潮州文萃》的散稿，其中共輯得各體文章共七百五十餘篇。計有論辯七篇、序跋一百五十一篇、奏議九十七篇、贈序八十二篇、傳狀四十六篇、碑誌七十六篇、雜記二十四篇、碑記一百零八篇、書啓八十八篇、哀祭四十六篇。該集雖未完稿，但其收錄的七百五十餘篇文章，較之前代潮人文集的寥寥可數和堙沒無傳，在數量和內容上都已均屬相當豐富了。

溫廷敬對於《潮州唐宋元人吉光集》和《潮州詩萃》之孰難孰易並未再作比較，但從其編輯思路與歷代詩作之浩繁來考慮，《潮州詩萃》應當與《潮州文萃》一樣，同爲「遠者」與「難者」。故溫氏編纂《潮州唐宋元人吉光集》，亦可視爲編撰《潮州詩萃》而進行的前期準備工作。而在此過程中的一些新的發現與成果自然也成爲了《潮州詩萃》最重要且猶堪珍貴的文獻取源，並使得《潮州詩萃》在收集唐宋元三代的潮人詩歌方面，多有超邁前人之舉。以唐代爲例，其所載的揭陽詩人陳元光（字廷炬）及其三首詩作：《漳州新城秋宴》（五古）、《曉發佛潭橋》（五古）、《示子珦》（五古）便從未曾爲前人編纂的潮州詩歌總集所收錄，極其珍貴。

2. 編竣年份

關於《潮州詩萃》具體的編竣時間，由於《潮州詩萃》一書既沒有序跋，也沒有例言，更沒有其它的直接材料可供佐證，故一直無法眞正落實。即便是與溫廷敬有頗多交往的饒宗頤先生以及《潮州詩萃》2001 年校點本的作者吳二持先生在提及該集的成書年份時也僅是採用了「民國初年」這一籠統的時間概念。十年來，凡是以《潮州詩萃》作爲研究對象的學者也都無一例外地沿用了這一「結論」。

筆者通過清理《潮州詩萃》及溫廷敬其它著述中的一些相關線索，發現我們其實完全可以將「民國初年」這一區間再作進一步的縮小，並進而推導出一個具體的年份。故不吝所知，貿然書出如下：

（1）《潮州名媛集》的成書時間

《潮州名媛集》是溫廷敬編纂的一部旨在收錄潮州地區女性詩人的詩歌總集。該書卷首有溫廷敬親自撰寫的「自序」及「例言」。「自序」文末落款處明確有記：「民國二年孟秋中元後一日大埔溫廷敬序」。至於「例言」，則曰：

> 是集成於癸丑秋，尋陸續得黃氏、辜蘭鳳、李瓊貞等九人詩二十六首，錄為補遺。復於乙卯冬改行編入為一集，以便省覽。
>
> 前人選詩，多不錄生者，以避標榜。余《潮州詩萃》亦遵其例。惟是集以潮州閨秀詩傳者甚少，故破格錄盧、游二女詩。近日女學成立，風氣日開，寄來諸女士詩，多有佳者。惟概未闌入。即所見遊女士二年來之作，亦更不補錄，以俟續集。

從「自序」和「例言」中所記，均可知，《潮州名媛集》乃編定於民國二年癸丑（1913）秋。同時，溫廷敬在「例言」中還告訴讀者，在乙卯（1915）冬，即兩年後，在經過他進一步的尋訪之後，又增入了黃氏、辜蘭凰、李瓊貞等九位女子的二十六首詩歌作為補遺。需要特別注意的是，這九位女子的詩歌已赫然出現在了《潮州詩萃》閨編卷二「閨閣」的正文之中。由此可以推知，《潮州詩萃》的編竣時間必在《潮州名媛集》「民國二年癸丑（1913）秋」初次編定之後。而且，在「例言」的第二段文字中，溫廷敬順帶提到了「余《潮州詩萃》亦遵其例」，從此語，則又可推知在《潮州名媛集》完成增補，即「民國四年（1915）冬」之時，《潮州詩萃》應該已經編訂完畢。那麼，我們至少可以確定，《潮州詩萃》的編竣時間就在「民國二年癸丑（1913）秋」至「民國四年（1915）冬」之間。

（2）所收錄詩人的最遲卒年

《潮州名媛集》「例言」提到「前人選詩，多不錄生者，以避標榜。余《潮州詩萃》亦遵其例。」可見《潮州詩萃》中所收錄的詩人均為已逝者無疑。經筆者從方志、族譜等材料的多方查證，《潮州詩萃》全集 439 位詩人，當中之生平可考者，其卒年最遲的應是「乙編・卷三十六」所收錄的詩人「邱光漢」。「邱光漢」的生平事迹在溫廷敬擔任總纂的《大埔縣志》中有記：

> 邱光漢，字少白，號拙葊，平沙人，郡庠生。……民三（筆者按：指民國三年，1914）充省立農林專門學校兼試驗場文案，九月，應農商總長張謇之召，復辭。赴京，寓佛照樓。是歲天氣倍寒，住室加設煤爐，致遭煤毒。迨姚雨平、彭壽生二人往視，則光漢尚坐椅上伏案執筆作詩，捫之，氣絕矣。年五十有一。弟光憲，字超九，……

民四正月，光漢在京病故，挈侄公幹赴京運柩南歸。」〔註21〕

從溫廷敬撰寫的這篇傳記，我們可以確認邱光漢乃於民國四年（1915）正月因煤毒而死。依從《潮州詩萃》所遵循的「不錄生者」之例，則它的編竣時間必然是在邱光漢逝世之後。結合上文已經推論出來的「民國二年癸丑（1913）秋」至「民國四年（1915）冬」這一時間範圍，再加上現在也未見任何關於《潮州詩萃》曾作增補的證明材料，因此，我們完全可以大膽斷定：《潮州詩萃》的編竣時間就是在民國四年（1915）。

二、《潮州詩萃》的編纂體例

從上文所作的《潮州詩萃》的編竣時間小考，我們已可基本確定《潮州詩萃》與《潮州名媛集》的增補本一樣，都是在民國四年（1915）最後編定。但是，相對於《潮州名媛集》的序言、凡例齊備，《潮州詩萃》原稿中竟然既沒有序跋，也沒有例言，這與溫廷敬編輯總集之慣例以及他嚴謹的治學作風均是不相符的，或許是因為動蕩流亂而造成的脫頁散佚，或許是因為他想待《潮州文萃》編成之日再一併作序及例言？但隨著斯人已逝，都已無法確考。但是通過仔細研讀該集的文本以及其它同類著作的體例安排，我們仍可對其編纂體例略窺一二，並體味出溫廷敬在編纂體例上對前代詩文總集的繼承與發展。

溫廷敬著手編纂《潮州詩萃》之時，中國雖已結束衰頹清王朝的帝制統治，開中華民國之新國體，但「四夷成交侵之勢，文武有道盡之憂。」〔註22〕其時之學子，「未習新弦，遽委舊軫。漢廷儒士，徒知利祿之途；鄭國子衿，但傳佻達之狀」。但知摭拾益於實務的新學，對國學則冷淡漠視，任由諸多珍貴的典籍束之高閣，飽諸蠹蟲。反而是歐、美、日這些敵國「博考東方之古學，研究中土之文明」。在這種國粹日微，外國勢力文化掠奪又日緊的危急局勢之下，身為土生土長的潮州學人，溫廷敬自覺地承擔起搜集整理潮州歷代詩歌文獻，保存鄉邦文化精華的重任：「聚環瀛之簡冊，具有侈心；顧鄉土之闕殘，能無泚顙。是用不辭譾陋，願竭駑駘。一代巨編，敢追姚鉉。方隅總匯，庶配吳都。所望孝子慈孫，故家世族。惠之秘冊，假以遺書。俾得眾卉紛羅，飽掇春林之秀；群流共集，蔚為滄海之觀。」〔註23〕

〔註21〕溫廷敬等纂：《大埔縣志》，卷二十二「人物志」，民國三十三年（1944）刊本。
〔註22〕溫廷敬：《潮州詩文萃徵鄉先哲遺集啓》。
〔註23〕溫廷敬：《潮州詩文萃徵鄉先哲遺集啓》。

客觀而言，《潮州詩萃》五十卷較好地實現了溫氏的意圖，合共收錄了潮州籍詩人四百三十九家，詩作六千五百三十餘首。其中唐代詩人一家，宋代詩人六家，元代詩人七家，明代詩人一百二十家，清代詩人二百七十八家，方外，閨秀詩人共二十七家。

（一）選輯詩人的時間範圍、輯錄標準與卷次排序

1. 時間範圍

鑒於陳玨「吾潮之昔以詩鳴者，唐以上無稽」的認識，第一部潮州詩歌總集《古瀛詩苑》中將宋代定爲選輯詩人的年代上限，並將宋哲宗元祐辛未狀元，揭陽人陳希伋〔註 24〕定爲當時能見其詩的最早的一位潮州籍詩人。楊天培編《潮雅拾存》時沿用了陳玨的這一觀點，所收的詩人同樣始於北宋的陳希伋。

溫廷敬由於對潮州及周邊地區的方志史乘多有搜集，且披覽甚勤，故在詩人詩作的搜集方面比陳玨更趨完備，自唐代始，至民國四年編纂之時止，共收錄潮州籍詩人四百三十九家，且輯佚了一批前人所未見的詩歌。他先是拈出生活年代比陳希伋要早近八十年的宋眞宗大中祥符年間的潮陽人許申〔註 25〕。許申的《高陽集》本已散佚，但溫廷敬從南宋王象之《與地紀勝》輯得《張相公祠》一首：「□□□□□□□，□□□□□□□〔註26〕。鐵胎重整英儀峻，燕廈新成暑氣涼。韶石遍圖輝壁落，荔枝分植映房廊。開元舊事豐碑在，家笥猶傳故笏囊。」「《紀勝》稱公天禧初到韶州任，其年天慶觀有甘露降。移曲江公九齡廟，自水西入城中。又栽官道松榕數萬株，至今行者感德。」〔註 27〕不僅如此，溫廷敬更將《潮州詩萃》選輯詩人的時間上限推前到了唐代，指出生活在唐高宗武后朝的陳元光才是尙有詩歌傳世的最早的一位潮州籍詩人，更從《漳州府志》中查得其詩歌三首。溫氏連潮州周邊州府的志書都廣泛搜覽以爲己用，其學術視野之寬可見一斑。

至於《潮州詩萃》中所收錄的詩人的時間下限，乃是止於民國四年（1915）溫廷敬正式開始編纂《潮州詩萃》之時，也就是當年正月邱光漢逝

〔註24〕陳希伋，字思仲，揭陽人。宋元祐辛未舉進士第一。知梅州。有《揭陽集》，已佚。

〔註25〕許申，字維之，朝陽人。宋大中祥符庚戌舉賢良方正，應詔正奏進士第一。歷官至廣西轉運使，終刑部郎中。有《高陽集》，已佚。

〔註26〕該詩首兩句原缺。

〔註27〕溫廷敬輯：《潮州詩萃》，甲編卷一・唐宋元明，「許申」。

世之後。對此，筆者在本書「所收錄詩人的最遲卒年」一小節中已作詳細考述。

2. 輯錄標準

《潮州詩萃》中所輯錄的四百三十九家詩人，皆爲已逝世的詩人。正如溫廷敬在《潮州名媛集》例言中所明確提到的，「前人選詩，多不錄生者，以避標榜。余《潮州詩萃》亦遵其例。」

這種不收生者的輯錄標準，最早可見於我國最早的詩文選集，南朝梁蕭統編選的《文選》。該書收錄了從先秦到南朝梁代八、九百年間的一百三十位作者。同時代南朝梁何遜的詩文本皆卓著，其詩與陰鏗齊名，世號陰何；其文則與劉孝綽齊名，世稱何劉。然由於在《文選》編定之日何遜尚在世，故《文選》也唯有忍痛而未加收錄。嗣後，各代編竣的眾多詩文總集，著名者如唐代殷璠編輯的《河嶽英靈集》、金代元好問編的《中州集》等均是沿用此例。乾隆年間，紀昀等四庫館臣更是有意將「不收生者」這一輯錄標準立爲正宗，認爲「文章論定，自有公評，要當待之天下後世」〔註 28〕。因此，凡與此標準相違背者必遭到他們的劣評。如唐代芮挺章在天寶三年編成的《國秀集》，由於選錄了當時尚未離世的詩人樓穎的五首詩作，便被斥爲「後來互相標榜之風，已萌於此」〔註 29〕。他們甚至還特意申明四庫全書之所以錄存該書，就是爲了「著其陋，以爲文士戒焉」〔註 30〕。由於這些四庫館臣們多是當時各領域的權威學者，因此他們對這些詩文總集所作的批評，其實也是富代表性地反映出了清代前中期的學者對總集輯錄標準的普遍共識，甚至是積極的推廣。

《潮州詩萃》在詩人輯錄標準問題的設計上，雖然很好地體現了溫廷敬對清中期以來詩歌總集編纂風氣的認可。但溫氏本人在編纂《潮州詩萃》之前，其實也曾經就此有過一番自我修正。如他編竣於民國二年（1913）的《潮州名媛集》便錄入了當時尚在世的盧蘊秀、游郁英二女子的詩作共三十九首。盧蘊秀，海陽人。清歲貢生楊少山洪簡室。著有《吟香閣詩鈔》。「其詩

〔註 28〕【清】永瑢、紀昀主編：《四庫全書總目提要》卷一百八十六，集部三十九「總集類一」。

〔註 29〕【清】永瑢、紀昀主編：《四庫全書總目提要》卷一百八十六，集部三十九「總集類一」。

〔註 30〕【清】永瑢、紀昀主編：《四庫全書總目提要》卷一百八十六，集部三十九「總集類一」。

雖局於篇幅，然婉約清新，湘桃一枝，水仙半萼，庶足擬之」〔註 31〕；游郁英，海陽人。同邑翁雲巢繼室。「其詩不經師授，而天機清妙，含蓄蘊藉，常得弦外餘音」〔註 32〕。尤其是她長年隨翁雲巢遠賈越南，身經海外。因此，她往往亦能以在越南之所見，時事之所感入詩。正因爲盧、游二人高水平的詩歌創作「迥非昔日閨閣之比」，爲「近日鳳城閨秀所罕觀」。令本著「音塵若接，咸欽郡邑之女宗；謦欬如新，儼讀瀛潮之閨史」，即以建構一部潮州閨秀詩歌史爲編纂意圖的溫廷敬實在無法將二人割捨，從而破格錄入。但是待《潮州名媛集》在民國四年（1915）完成增補之時，溫廷敬卻在該書的「例言」中這樣寫道：「近來女學成立，風氣日開，寄來諸女士詩，多有佳者。惟概未闌入。即所見遊女士二年來之作，亦不補錄」〔註 33〕，悔其前作的意味已頗爲明顯。故溫氏在嗣後編輯的《潮州詩萃》「閨閣」卷中，雖將《潮州名媛集》中之所載作爲直接的選源，但卻堅決地把盧蘊秀、游郁英二人排除在外，以使《潮州詩萃》能符合「不收生者」這一詩文總集的輯錄標準。而且，在此標準下，即便是被梁啓超譽爲「及其晚歲，直湊淵微，妙契自然，意與境會，所得往往入陶柳聖處。生平於詩無苟作，作必極錘鍊」，在近代詩壇與梁鼎芬、羅癭公、黃晦聞合稱爲「近代嶺南四家」的著名潮陽詩人曾習經，同樣未能入選。如此操作，雖然難免會有遺珠之憾，但卻顯示出了《潮州詩萃》中詩人輯錄標準的一致性。

同時，溫廷敬在是否擇選編者個人的詩作的問題上，其理念與前代的陳珏也有很大的不同。陳珏在《古瀛詩苑》《今集》卷末收入了他的詩作十四首，以及編校者陳王猷的詩作十六首。此種編輯總集時以編校者自己的作品入選者，固然是有其先例。它始見於東漢王逸的《楚辭章句》，再見於南朝梁徐陵的《玉臺新詠》以及唐代芮挺章的《國秀集》。然而，即便如陳珏與陳王猷此類公認的潮州詩人中的翹楚，將自己的詩作選入也難免會有露才揚己，先自表彰之嫌。因此，爲了避免可能由此引起的種種異議與紛爭，溫廷敬雖然將但凡留有詩歌作品的潮州籍人士不論身份、名氣如何，一概予以錄入，但於自己的詩作一首都不曾收入。而且他於眾多能詩的溫氏族人中，也僅收錄其早夭之亡兄溫廷玉的遺詩八首，並特意將其置於卷末，以表遵從朱彝尊《明

〔註 31〕溫廷敬輯：《潮州名媛集》，「盧蘊秀」。
〔註 32〕溫廷敬輯：《潮州名媛集》，「游郁英」。
〔註 33〕溫廷敬輯：《潮州名媛集》，「例言二」。

詩綜》之例而並非出於標榜之意，充分顯示了他編纂過程中的不偏不倚。

3. 卷次排序

陳玨在《古瀛詩苑》「凡例」中曾道，其書中之詩人卷次排序乃「人無論顯晦，時不分遠近，一以得詩之先後爲次，以便後至者續入。」這固然是在編輯過程中最爲取巧且方便操作的一種編次策略，但這種處理方式難免會有排序過於雜亂之弊。況作爲一部規模宏大、志在收錄歷代潮人詩歌的通代詩歌總集，著錄詩人及詩作時的無序也使後人難以從「辨章學術，考鏡源流」的角度來直觀地考察和研究潮州詩歌在歷代的流播與發展。

《潮州詩萃》吸取了前人的經驗教訓，自唐高宗武后朝始，民國四年終，其所收錄的四百三十九位詩人歸入甲、乙、閏三編，第三編之所謂「閏」，與「正」相對，即副、附、偏之意，輯方外、閨閣詩人二十七家。《潮州詩萃》以潮州男性正統詩人詩作爲甲、乙「正編」，以方外、閨閣詩人詩作爲「附編」置於其後。如此安排也是歷代文獻編輯的成例，乃仿自明代高棅的《唐詩品彙》。《唐詩品彙》將其所收之詩分正始（正風之始，指初唐詩）、正宗（標準的盛唐著名詩人之詩）、大家（盛唐時代這一體裁最偉大的詩人之詩）、名家（盛唐二流詩人之詩）、羽翼（盛唐三流以下詩人之詩）、接武（繼承盛唐的中唐詩人之詩）、正變（正風之變格、晚唐較傑出的詩人之詩）、餘響（晚唐二流詩人之詩）、傍流（世次不可考者及方外異人閨秀等詩人之詩）等品目。所謂「傍流」便是有如《潮州詩萃》的「閏編」之意。之後，眾多的詩歌總集，尤其是方興未艾的一大批地域性詩歌總集也都不約而同地借鑒了高棅《唐詩品彙》的這一編輯體例。例如明代徐𤊹編輯的起自洪武迄於萬曆的福州一府之詩的《晉安風雅》，明代梅鼎祚編的載錄宣城一地自唐至明之詩的《宛雅》，清代黃宗羲旨在收錄自南齊迄明余姚一邑之詩的《姚江逸詩》，清代馬長淑輯錄安邱縣自明至清之詩的《渠風集略》等等，莫不將方外、閨秀詩人總匯於末卷，作爲附錄以存在，而不將其與男性詩人同列。即使是清康熙年間編訂的，最具權威性的《御定全唐詩》也是「冠以帝王、后妃，次以樂章、樂府，殿以聯句、逸句、名媛、僧道、外國、仙神、鬼怪、諧謔及諸雜體」，體例與《唐詩品彙》略同，這也是中國古代社會以男性正統文人爲中心的文化價值觀的必然選擇。

在具體的卷次排序上，溫廷敬雖對此無明確之例言提示，但總體原則上基本如上述提到的多部地域性詩歌總集一樣，以詩人立目，以朝代先後爲序，以求再現潮州一千二百餘年詩史之發展歷程。其中「甲編」含「唐宋元明」一卷，輯詩人三十九家。「明」十一卷，輯詩人九十五家；「乙編」凡三十六卷，所輯皆爲清代詩人，共二百七十八家；「閏編」輯「方外」、「閨閣」各一卷，錄詩人共二十七家。由於收錄詩人眾多，且時間跨度大，故僅憑溫廷敬一人之力，實在難以對每位詩人的生卒年都進行精確的考索，何況在所收的四百三十九位詩人之中，不太知名的作者本就占多數，更是序錄不易。故《潮州詩萃》在具體到每位詩人的排序之時採取的是：在總體的時代先後次序排列下，同一時段內的詩人往往以仕歷爲準繩。科第可考者，以登科年份爲序；登科年份不可確知者，附後；最後收錄布衣及無考者。筆者僅摘取《潮州詩萃》中所輯錄的唐、宋、元三朝共十四位詩人的卷次排序及其科第年份製成圖表如下：

朝代	詩人	科第、仕宦
唐	陳元光	唐嶺南行軍總管，進中郎將，右鷹揚衛率府懷化大將軍，漳州刺史。
宋	許　申	宋大中祥符庚戌（筆者按：公元 1010 年）舉賢良方正，應詔正奏進士第一。歷官至廣西轉運使，終刑部郎中。
	陳希伋	宋元祐辛未（筆者按：公元 1091 年）舉進士第一，知梅州。
	劉　允	宋紹聖丁丑（筆者按：公元 1097 年）進士。歷知新循梅三州，權化州。
	劉　昉	宋宣和甲辰（筆者按：公元 1124 年）進士。歷官龍圖閣學士，湖南安撫使。
	王大寶	宋建炎戊申（筆者按：公元 1128 年）進士第二名。歷官禮部尚書。
	陳昌言	宋淳祐庚戌（筆者按：公元 1250 年）進士。歷官制僉。
元	楊宗瑞	元泰定（筆者按：公元 1324 至 1328 年）進士。歷官翰林學士。
	陳牧隱	元隱士
	陳野仙	元隱士
	陳與言	元隱士
	陳文瑤	元末
	鄭大玉	元末
	戴　昌	元至正間隱士（筆者按：至正（1341～1370）是元朝的最後一個年號，故將戴昌視爲有據可查的最後一位代潮州詩人，置於卷末）

相信讀者自能通過此表窺一斑以見全豹，從而對《潮州詩萃》所採用的卷次排序規範產生直觀的瞭解，本已毋庸筆者再作贅述，然而筆者在對《古瀛詩苑》與《潮州詩萃》的詩人卷次安排進行對比考察之後，發現了一個堪值注意的現象：生活在明末清初的普寧籍詩人林雋胄，《古瀛詩苑》中將他歸爲清代詩人，而溫廷敬在《潮州詩萃》中卻毅然將其編入明代詩人卷。本來，在已有《古瀛詩苑》珠玉在前，林雋胄其人又確實生跨兩朝的情況下，沿用陳玨之說，應是最穩當的一種排序策略。但是，溫廷敬卻堅持對此作出調整，可見，如此安排是別有深意的。林雋胄，字介文，一字時山。明崇禎年間曾官職方主事。清初朝廷欲以原官起用，但林雋胄誓死不改臣節，終生拒絕與滿清統治者合作，並作《蜚遁篇》自擬以明志：

> 白日皖晚不見人，島龜安藏龍戢鱗。有客湔衣江海垠，還來取適黃義身。遂使岩薄萬古塵，此輿不隨滄桑泯。大文既舒爛以陳，中有奇光可結儕。白石之粲水粼粼，宛其無數流花湮。漁父（掉）【棹】卷悅知津，悵望江秋生江春。猶令人者傳避漢，莫往莫來誰爲眞？日月至此攬青磷，道心文心兩逡巡。噫嘻，道心文心兩逡巡！

雖然順治、康熙年間滿清統治者接連羅織「奏銷案」、「哭廟案」、「通海案」、「丁酉科場案」和「明史案」，兇殘誅殺世家有力者和懷念前朝的漢族文人士大夫，但林雋胄仍然不憚於大力張揚自己的明遺民身份，在詩文作品中頻繁地表露其不仕新朝的故國情懷，「其詩清雋遒峭，猶可想見其品格之高焉」。因此，對於林雋胄這樣一位對前明漢家正統抱有耿耿孤忠，而拒不承認滿清異族政權的明遺民，如果僅僅以他一生主要生活在清代，就簡單界定其爲「清人」，恐怕是對終生以「明人」自許的林雋胄最大的不敬。所以，溫廷敬在《潮州詩萃》中堅持將林雋胄歸爲明代詩人，正是對孟子「知人論世」與「以意逆志」說的最好闡釋。

（二）選輯詩人的地域範圍

《潮州詩萃》意在將古今所有潮州籍的詩人及其詩作咸萃於一集，成爲既以人存詩，亦以詩存人的一代巨編。因此，集中所收皆爲土生土長的潮州籍人士，而不包括曾在潮州生活過的謫宦和寓賢這類外地作家。這也是在參考了此前潮州詩歌總集編纂體例基礎之上所作出的調整。《古瀛詩苑》中專闢第四、第五卷曰「別集」，用來收錄歷代宦遊僑寓之士的詩作。自韓愈至鄺成瑛，凡一百三十家，並附「方外」釋今釋、釋大汕二家，合計輯錄詩歌二百一十六首。相較其全集所總收錄的詩人二百六十九家，詩歌六百零九首，所佔的比重非常大，可見陳玨對這部份宦遊或僑寓潮州的詩人是甚爲重視的。溫廷敬其實也深知歷代宦遊僑寓之士的詩作對潮州詩壇發展所起到的重要作用，他素將潮州稱爲「昌黎起化之邦」，因爲正是中唐以降，隨著韓昌黎與眾多文人騷客、士族官宦的相繼被貶入潮，方給潮州詩壇帶來了效法中原詩壇的新興發展之機，才造就了宋元以後潮州詩壇的繁榮。他在《潮州詩文萃徵鄉先哲遺集啓》中也以「僑寓彌多，采風不少」之語提到了自己對宦遊、僑寓詩人創作之豐富的密切關注。但是，爲了更純粹、更眞實地反映出自唐代至民國初年潮州籍詩人及詩作的歷史概貌，《潮州詩萃》還是斷然捨去了歷代宦遊僑寓之士的詩作，這也體現了溫廷敬對鄉賢楊天培編輯的《潮雅拾存》所用體例的一種認可。

關於潮州詩人，其實可作兩種理解：廣義上，即指歷史上潮州府所曾管轄過的十二個縣邑的詩人，包括海陽、潮陽、揭陽、饒平、惠來、澄海、普寧、大埔、豐順、平遠、程鄉和鎮平；狹義上，則僅指以潮州方言爲母語的詩人。而溫廷敬《潮州詩萃》中所確定的詩人地域選輯範圍，總體上遵循的正是廣義「潮州詩人」的範疇。

現依照《潮州詩萃》中的詩人小傳，將其詩人的籍貫總結列表如下：

甲編			
卷目	朝代	詩人	籍貫
卷一	唐代	陳元光	揭陽
	宋代	許申	潮陽
		陳希伋	揭陽
		劉允	海陽
		劉昉	海陽
		王大寶	海陽
		陳昌言	海陽
	元代	楊宗瑞	揭陽
		陳牧隱	潮陽

		陳野仙	潮　陽
		陳與言	潮　陽
		陳文瑤	潮　陽
		鄭大玉	潮　陽
		戴　昌	海　陽
	明代	吳景熙	潮　陽
		林克剛	潮　陽
		彭西川	海　陽
		林　祖	潮　陽
		林仕猷	揭　陽
		戴次冑	潮　陽
		趙光國	潮　陽
		蘇　福	潮　陽
		周　碏	潮　陽
		林　遜	潮　陽
		歐陽初	潮　陽
		鄭　義	潮　陽
		劉　玘	潮　陽
		李　齡	潮　陽
		鍾仕傑	潮　陽
		葉　進	揭　陽
		蔡　顒	揭　陽
		莊呈龜	潮　陽
		林　煦	潮　陽
		蕭　龍	潮　陽
		曹　宗	海　陽
		饒　金	大　埔
		李　塏	潮　陽

		謝　紀	海　陽
		陸大策	海　陽
卷二	明代	吳　向	潮　陽
		陳　理	饒　平
		鄭一初	揭　陽
		周　用	饒　平
		劉瑞葵	潮　陽
		陳　洸	潮　陽
		陳　江	潮　陽
		楊　驥	饒　平
		楊　鸞	饒　平
		蕭與成	潮　陽
		陳大器	潮　陽
		薛　侃	揭　陽
		周孚先	潮　陽
		黃一道	揭　陽
		陳廷對	饒　平
		蕭　游	潮　陽
		薛　亹	原籍福建詔安，後遷居饒平
		薛　僑	揭　陽
		薛宗鎧	揭　陽
		翁萬達	揭　陽
		陳思謙	揭　陽
		吳繼喬	揭　陽
		鄭紹烋	潮　陽
卷三	明代	薛　雍	饒　平
		林大欽	海　陽
		鄭一統	揭　陽

		陳天資	饒　平
		饒　相	大　埔
		王　弼	海　陽
卷四	明代	賀一宏	大　埔
		蕭端蒙	潮　陽
		郭廷序	潮　陽
		蕭敬德	潮　陽
		陳宗魯	揭　陽
		陳一松	海　陽
		葉廷模	澄　海
		林大春	潮　陽
		趙時舉	饒　平
卷五	明代	王天性	澄　海
		佘國璽	揭　陽
		陳元謙	惠　來
		楊一廉	大　埔
		郭鳳舉	海陽人，揭陽籍
		周　政	饒　平
		蕭與潔	潮　陽
		吳繼澄	饒　平
		劉志遁	潮　陽
		趙一誨	潮　陽
		周篤棐	潮　陽
		楊　瀧	大　埔
		周光鎬	潮　陽
		劉惠喬	潮　陽
		宋仕明	普　寧
		唐伯元	澄　海

卷六	明代	林熙春	海　陽
卷七	明代	饒與齡	大　埔
		章日愼	海　陽
		袁大敬	揭　陽
		薛虞畿	饒　平
		吳從周	潮　陽
		楊時芬	大　埔
		吳仕訓	潮　陽
		曾　邁	揭　陽
		邱道光	大　埔
		黃　琮	饒　平
		薛　采	饒平人，海陽籍
		陸　寬	饒　平
		楊時英	大　埔
		何仕冢	海　陽
		吳殿邦	海　陽
		黃　錦	饒　平
		鄭廷櫆	澄　海
		李　質	普　寧
		方起龍	惠　來
		楊　闓	大　埔
		黃奇遇	揭　陽
卷八、九	明代	郭之奇	揭　陽
卷十	明代	宋兆禴	揭　陽
		林銘球	普寧人，原籍漳浦
		許國佐	揭　陽
		鄒　鎏	海　陽
卷十一	明代	羅萬傑	揭　陽

		馬光龍	潮　陽
		陸　卿	饒　平
卷十二	明代	謝宗鍹	澄　海
		郭輔畿	大　埔
		謝元汴	澄　海
		陳國英	惠　來
		林雋冑	普　寧
		陳廷策	海　陽
		姚喜臣	潮　陽
		梁之鼎	饒　平
		葉　芝	澄　海
		黃　淵	大　埔
		陳守鑌	澄　海

乙編（清代）		
卷　目	詩　人	**籍　貫**
卷一、二	姚士裘	澄　海
	陳衍虞	海　陽
卷三	鄭茂惠	饒　平
	林兆賢	惠　來
	吳啓晉	豐順人，原隸海陽
	蕭翱材	大　埔
卷四	翁如麟	澄　海
	曾日省	饒　平
	楊鍾嶽	澄　海
	陳衍隆	海　陽
	陳　璋	海　陽
	陳士規	海　陽

	蔡成（瓚）	海 陽
	陳 賁	海 陽
	林紹琠	海 陽
	黃進陛	澄 海
	陳士孚	海 陽
	陳藝蘅	海 陽
	張亮采	海 陽
卷五	羅國珍	揭 陽
	史 晟	饒 平
	鄭其崇	海 陽
	梁猶龍	饒 平
	侯殿禎	海 陽
	曾華蓋	海 陽
	張 經	不 詳
	謝簡捷	海 陽
	佘志貞	澄 海
	陳王獻	海 陽
	馬兆奇	潮 陽
	陳國是	海 陽
	黃應蘭	饒 平
	黃道禧	海 陽
	陳士鳳	海 陽
	陳蔭驥	海 陽
	王啓侯	澄 海
	郭天禎	揭 陽
	郭天禔	揭 陽
	蔡燧興	海 陽
	丁大發	海 陽

	丁黃榜	海　陽
	陳兆龍	海　陽
	葉拂雲	澄　海
	程以發	澄　海
	黃　華	饒　平
	黃有源	海　陽
	陳王器	海　陽
	陳其達	海　陽
	甕與璉	海　陽
	翁茂悅	海　陽
	陳士鼎	海　陽
	陳周禮	海　陽
	龔以時	海　陽
	楊天眉	澄　海
卷六	陳　玨	海　陽
	陳　璵	海　陽
	佘士俊	澄　海
	黃廷鵠	海　陽
	陳海春	豐　順
	詹夢魁	惠　來
	蔡肇胤	澄　海
	郭殿捷	普　寧
	陳　鴻	海　陽
	江鍾琰	揭　陽
	陳王軾	海　陽
	梁日暾	海　陽
	陳龍光	惠　來
	李明璉	海　陽

	陳兆熊	海 陽
	鄭淑芳	揭 陽
	陸爾軾	饒 平
	佘元暉	澄 海
	陳 圻	海 陽
	陳茂權	海 陽
卷七、八	陳王猷	海 陽
卷九	羅萬善	揭陽人，今隸豐順
	劉起鳳	饒 平
	王綸召	海 陽
	梁夢劍	饒 平
	黃天祐	澄 海
	楊之徐	大 埔
	劉時穎	海 陽
	趙家璋	海 陽
	錢士峰	饒 平
	吳日炎	揭 陽
	陳文蔚	澄 海
	方聲亮	普 寧
	翁廷資	澄 海
	林景拔	揭 陽
	范元凱	大 埔
	郭之宰	揭 陽
	孫克家	惠 來
	楊文寵	海 陽
	鄭開蓮	海 陽
	陳天生	惠 來
	柯之隆	海 陽

	陳王梓	海　陽
	陳之元	海　陽
	郭之鑌	海　陽
	張　蚪	惠　來
	蕭俊章	大　埔
	賀南鳳	大　埔
	唐　寬	惠　來
	藍應裕	大　埔
卷十	陳學典	海　陽
	楊纘緒	大　埔
	陳元德	普寧人，原籍程鄉
	詹廣譽	饒　平
	李國棟	澄海人，原籍程鄉
	方喜發	普　寧
	羅松枟	豐　順
	黃國寶	澄　海
卷十一	楊天培	大　埔
卷十二	方士賢	普　寧
	羅基恒	豐　順
	饒色霽	大　埔
	蔡同高	海　陽
	方憲韶	普　寧
	羅紹哲	豐　順
	黃淡如	海　陽
	卓伯先	揭　陽
	李仕學	揭　陽
	楊　暹	普　寧
	方蒼璧	普　寧

	方廷標	普　寧
	楊啓遴	普　寧
	方登嘉	普　寧
	范觀光	大　埔
	方正則	普　寧
	李肇光	揭　陽
	方文粹	普　寧
	方式敷	普　寧
	許元龍	普　寧
	劉　璜	饒　平
	陳應聯	大　埔
	陳子承	揭　陽
	楊　森	大　埔
	邢九雒	海　陽
	楊爲龍	大　埔
	王應銓	潮　陽
	范　彪	大　埔
	鄭高華	潮　陽
	劉祖謨	海　陽
	蔡士傑	澄　海
	鄭安道	潮　陽
	饒崇魁	大　埔
	楊　雍	大　埔
	饒慶捷	大　埔
	陳名儀	澄　海
卷十三	張對墀	大　埔
	楊廷科	澄　海
	范紹蕃	大　埔

	張如衡	大　埔
	楊中龍	大　埔
卷十四	陳鳴鶴	海　陽
	鄭鴻謨	潮　陽
	吳如璋	潮　陽
	饒重慶	大　埔
	饒　峻	大　埔
	林　龍	潮　陽
	楊既濟	大　埔
	姚天健	澄　海
	楊文焱	大　埔
	蕭搏上	大　埔
	陳聚英	潮　陽
	楊天梁	大　埔
	楊獻臣	大　埔
	張對潮	大　埔
	楊　植	大　埔
卷十五	羅躋瀛	大　埔
	楊　捷	海　陽
	范引頤	大　埔
	張樹勳	大　埔
	翁　雅	饒　平
	黃兆榮	海　陽
	陳希之	大　埔
	姚逢熙	潮　陽
	張　翱	大　埔
	林崢嶸	饒　平
卷十六、十七	饒　芝	大　埔

	鄭重暉	海 陽
	蕭掄英	大 埔
	張玉樹	大 埔
	倪明進	海 陽
卷十八	呂玉璜	海 陽
卷十九	范秉元	大 埔
	蕭 錞	大 埔
	林茂華	海 陽
	翁文川	海 陽
	高鳳清	潮 陽
	吳世驥	豐 順
	余用賓	潮 陽
	林恒亨	海 陽
	陳敏捷	潮 陽
	鄭廷楫	潮 陽
	楊德祥	大 埔
	楊夢珠	大 埔
	何松年	大 埔
	廖日昌	海 陽
	陳作舟	潮 陽
	鄭文津	潮 陽
	姚弼賢	潮 陽
	楊 質	不 詳
卷二十	邱對顏	大 埔
卷二十一	楊世勳	澄 海
	呂祥麟	海 陽
	張振南	大 埔
卷二十二	何探源	大 埔

	林達泉	大　埔
卷二十三、二十四	丁日昌	豐　順
	郭　銓	大　埔
卷二十五	鍾聲和	海　陽
	陳青瀛	潮　陽
	陳　晃	潮　陽
	張野夫	澄　海
	李質君	海　陽
	林介昭	饒　平
	姚鼎科	潮　陽
	趙圭錫	潮　陽
	張國棟	潮　陽
	黃秀峰	潮　陽
	林大川	海　陽
	餘步瑤	饒　平
	戴漉巾	海　陽
	廖顯祖	海　陽
	戴開文	海　陽
	陳崇文	潮　陽
	陳　哲	潮　陽
	楊興耀	潮　陽
	張玉珊	大　埔
	蔡漱六	海　陽
	郭　炎	大　埔
	陳鏡蓉	海　陽
	盧恒均	澄　海
	許虞音	澄　海
	陳倬雲	澄　海

	陳　鑒	澄　海
	林新穀	海　陽
	郭樹南	潮　陽
	王鎭山	海　陽
	林芸閣	海　陽
	林鶴書	海　陽
卷二十六	倪元藻	海　陽
	陳方平	海　陽
卷二十七	張　薇	大　埔
	王大勳	潮　陽
卷二十八	楊　淞	海　陽
卷二十九	何如璋	大　埔
卷三十	饒咸中	大　埔
	徐賡華	大　埔
	呂瑞麟	海　陽
	呂一麟	海　陽
	曾廷蘭	海　陽
	戴有容	大　埔
	鄒清華	豐　順
	徐濬華	大　埔
卷三十一	饒雲驤	大　埔
卷三十二	邱晉昕	大　埔
	陳寶瑜	海　陽
卷三十三	謝錫勳	海　陽
卷三十四	饒從龍	大　埔
	鄧爾瑱	大　埔
	范　沄	大　埔
	范松齡	大　埔

	鄭安淮	潮　陽
卷三十五	饒宗韶	大　埔
	蘇作哲	海　陽
	吳道揚	海　陽
卷三十六	丁惠康	豐　順
	張書雲	大　埔
	楊洪簡	海　陽
	陳錦漢	海　陽
	許希逸	揭　陽
	鄭昌國	潮　陽
	黃庭經	潮　陽
	邱光漢	大　埔
	饒　熙	大　埔
	溫廷玉	大　埔

閨　　編		
卷　目	**詩　人**	**籍　貫**
卷一（方外）	釋道忞	大　埔
	釋印元	海　陽
	釋超雪	海　陽
	釋德薪	海　陽
	釋源昆	海　陽
	釋海會	海　陽
	釋眞樸	不　詳
	釋性曉	不　詳（豐順寶林寺僧）
卷二（閨閣）	黃　氏	潮　州
	陳璧娘	饒　平
	郭眞順	海　陽

	謝五娘	不　詳
	辜蘭凰	海　陽
	丘　恭	海　陽
	趙　璣	海　陽
	李瓊貞	大　埔
	蔡　似	饒　平
	謝玉娘	揭　陽
	韓古眞	海　陽
	許　蕉	海　陽
	洪　寶	揭　陽
	饒　愼	大　埔
	李　氏	不　詳
	范畱淑	大　埔
	沈生香	海　陽
	陳雲棲	澄　海
	濮九娘	嘉　應

從上表可以清晰獲知，《潮州詩萃》中所收錄的四百三十九位潮州籍詩人中，除了清代詩人張經、楊質，方外詩僧釋眞樸、釋性曉，明代閨閣詩人謝五娘、清代閨閣詩人李氏的籍貫不詳待考之外，其餘四百三十三位詩人均有明確的籍貫歸屬，分屬揭陽、潮陽、海陽、澄海、惠來、普寧、饒平、大埔、豐順等九縣。其中揭陽籍詩人四十家，潮陽籍詩人七十六家，海陽籍詩人一百二十二家，澄海籍詩人三十五家，惠來籍詩人十家，普寧籍詩人十九家，饒平籍詩人三十六家，大埔籍詩人八十三家，豐順籍詩人九家。而程鄉、平遠和鎭平三縣卻無一人入選。事實上，這三地的學子喜文擅詩，蔚然成風。如開鎭平一邑文風的宋元祐進士藍奎、明崇禎年間被命爲東宮侍講的李士淳皆負盛名。尤其是清代以降，出於此三邑的宋湘、李黼平、黃香鐵、黃遵憲等詩人更是爲世人所熟知。因此，以溫廷敬對鄉邦文化的熟諳程度，程鄉、平遠和鎭平三縣詩人的集體落選，絕無可能是一個出於個人失察的偶然事件，而應該是他在兼顧了潮州行政區劃的歷史沿革後的一種有意

之舉。

潮州有著悠久的歷史，其最早的建制始於東晉咸和六年（331）在南海郡東部析置東官郡，東晉義熙九年（413）分東官置義安郡。這義安便是潮州的前身。義安郡這個名稱一共使用了二百六十年；隋文帝開皇十年（590），全國撤郡設州，義安郡屬循州之義安縣，是年，升立州，因地臨南海取「潮水往復之意」，首命名「潮州」，義安縣爲州治；唐天寶元年（742）曾改稱潮陽郡，唐乾元元年（758）再復潮州；宋宣和三年（1121），析海陽縣永寧、延德、崇義三鄉置揭陽縣；元朝時，潮州稱爲潮州路；明洪武二年（1369）改路始置府制，稱潮州府。明成化十三年（1477）置饒平縣，明嘉靖五年（1526）置大埔縣、明嘉靖四十二年（1563）置澄海縣；清朝沿用潮州府的建制，並於乾隆三年（1738）置豐順縣；雍正十一年（1733），廣東總督鄂彌達向朝廷奏報，將惠州府興寧、長樂二縣，潮州府程鄉、平遠、鎮平三縣，建置嘉應州。自此，近代潮州的行政區劃基本定型，即轄領海陽、潮陽、揭陽、惠來、普寧、澄海、饒平、豐順、大埔等九縣。此九縣的區劃正與《潮州詩萃》中所選錄詩人的籍貫分佈相吻合。由此可知，溫廷敬選輯《潮州詩萃》之「潮州」，並非是疆域涵蓋各歷史時期潮州屬下各縣的廣義上的「潮州」，而是特指清雍正十一年建置以來的「潮州府」。這「潮州府」的「潮州九邑」也就是《潮州詩萃》中所確立的選輯詩人的地域範圍。

全書在「選輯詩人地域範圍」上唯一的一個例外，便是將有《鸚鵡螺室詩存》傳世的嘉應籍女詩人濮九娘（字香畹，號藝蘭）也收錄其中。溫廷敬之所以會做這樣的處理，乃是因爲她是海陽縣人士謝安臣的側室，正所謂婦隨夫籍，故將其視爲潮州籍詩人，也是遵從了我們傳統認識上的慣例。況濮九娘其人詩才富健，善於用典，「此亦吾潮香閨韻史也。故並錄之」〔註 34〕。

第四節　《潮州詩萃》的文獻價值

一、全面保存潮州詩人詩作

據文獻記載，最早有系統地對潮州籍詩人的詩作進行整理的著作當屬南宋常禕主持編成的《古瀛集》。該集在南宋文獻學家王象之於宋寧宗嘉定十三年（1220）編竣的《輿地紀勝》卷一百「潮州」之「碑記」篇中即有記：「《古

〔註 34〕溫廷敬：《潮州詩萃》，閏編卷二「閨閣」，「濮九娘」。

瀛集》，帙三，凡著述之關於州，常侯褘命編爲集。」常褘，河南鞏州人，於宋孝宗淳熙元年出任潮州太守。此集即在其任內由官府出面主持修纂，對潮州籍作家作品的整理起到了一定的推動作用，也產生了一定的影響。如《永樂大典》中「潮」字所錄的「題詠」就從《古瀛集》中選錄了不少作品。但由於《古瀛集》收錄之對象爲所有與潮州相關的著述，詩選只是其中的一小部份，故算不得嚴格意義上的潮州詩歌總集。

今人饒宗頤先生曾對潮州詩歌總集的編纂歷程作過較具體的論述：

> 潮州詩詠結集之業，肇於南宋知州常褘。……明時潮志簡略，於詩未有專輯。入清，潮志遂有「古今文章」之類別，吳穎、林杭學皆詩家，故選錄益備，尤以康熙志，操纂政者爲陳衍虞，其子珏、孫王猷、曾孫學典皆工吟事，陳氏一門，以詩世其家，焜耀一時。……珏編《古瀛詩苑》五卷，有世馨堂刻本，流傳閭里，風行至今。我家舊有《潮州詩徵》稿本十數冊，密行批註，傳出謝錫勳之手，未遑董理，惜乎經亂亡佚，無從蹤迹。大埔溫丹銘太夫子，居汕市日久，留心潮事，網羅放佚，數十年鍥而不捨，成此《潮州詩萃》五十卷。

事實上，饒先生的這番論述並不完整，遺漏了幾部重要的潮人詩歌總集，如清代海陽蔡氏續編的《增補古瀛詩苑》前後集（補入詩歌三百九十八首），清乾隆年間大埔楊天培編成的《潮雅拾存》（收錄潮州籍詩人一百三十一人），民國年間大埔饒鼎華編輯的《彙山遺雅》（收錄大埔一地歷代的詩歌），也包括溫廷敬所編的《潮州名媛集》。但是，饒先生還是給後世研究者提供了一個很重要的信息，即在《潮州詩萃》編纂之時，尚有謝錫勳纂輯的《潮州詩徵》稿本十數冊傳世，只可惜現已無法得見。

就潮州地區的詩歌總集編纂歷程來看，潮州海陽人陳珏與其從子陳王猷於清康熙五十四年（1715）合作編成的《古瀛詩苑》應是啓開創之功的第一部。故陳珏在《古瀛詩苑》序言中有述及此時也頗爲自得：「竊念自宋迄今，幾閱時代矣，而爲是邦之詩操選政者，從前未有。然是選也，非有學有識不能，即有學有識，而非有所樂亦不爲。即樂爲也，而復無殺青之力，亦終於已耳。」《古瀛詩苑》初刊之後傳刻數版，到了道光二十七年（1847）還刊行了一個由陳珏來孫陳廣澤主持，「鳳城鐵巷世馨堂」開雕的補刊本，流佈更廣。《古瀛詩苑》凡三集五卷，卷一曰《前集》，收錄宋元明潮州籍詩人自陳希伋至梁之鼎共三十九家詩作；卷二、三曰《今集》，收錄清代順治、康熙年間潮州籍詩人自陳衍虞至陳王猷共八十八家詩作，附「方外」、「閨秀」詩人各五家；卷四、五曰《別集》，收錄非潮州籍的謫宦寓賢之作，自韓愈至鄺成瑛，並附「方外」二家，共一百三十二家詩作。全書收錄詩家凡二百六十九家，詩歌六百零九首〔註 35〕。正因爲《古瀛詩苑》爲潮州詩歌總集之始，故後來海陽蔡氏編輯的《增補古瀛詩苑》前後集、大埔楊天培編輯的《潮雅拾存》等往往都對《古瀛詩苑》的編纂體例進行了借鑒。

作爲二十世紀潮州舊體詩歌總集編纂史上的殿軍之作，由於面世最遲，《潮州詩萃》便在一定程度上具備了集大成之可能。事實上，溫廷敬經過對歷代潮人詩作、詩集及相關史實進行的全面系統的清理，也確使《潮州詩萃》踵越前人，成爲了保留詩人詩作最多，最全面的潮州詩歌總集。而它其實也從《古瀛詩苑》中得益不少。然相較於陳玨《古瀛詩苑》康熙五十四年（1715）刊本收錄的宋代詩人四家，元代詩人三家，明代詩人三十二家，清代詩人八十八家，方外、閨秀詩人十家，《潮州詩萃》足足多出了詩人三百零二家；至於馮奉初於道光二十九年（1849）編成的《潮州耆舊集》，作爲一部明代斷代詩文總集，雖然從詩人總數上無甚可比性，但僅就其明代僅收錄潮人二十家而言，《潮州詩萃》所收之作者也比它多出了整整一百家。因此，《潮州詩萃》實在無愧於饒宗頤「誠海涵地負之巨觀，足爲來學矜式，厥功偉矣」之讚譽。

這也令溫廷敬有足夠底氣對前賢編訂的詩歌總集提出了自己的批評意見：「曩者方崖都督，曾觀詩苑之成；……取材太狹，致貽窺管之譏。」此處之「詩苑」即上文已多次提及的首部潮州詩歌總集《古瀛詩苑》，據陳玨自序中所言「余於是取諸家之詩彙爲一編，或摘之全集，或採之志乘，以至殘編散見，及曩所記憶，他人所口授者，苟□□□〔註 36〕，皆亟登之。歲月積纍之久，遂得古今人詩至二千□□，而以宦謫遊寓者附於後，□爲前集、今集、

〔註 35〕饒鍔、饒宗頤《潮州藝文志》中的《別卷・集部・總集類》收錄了詞條「《古瀛詩苑》五卷」，當中將該集的存詩數目記爲「存五百餘首」，近世不少學者也一直沿用《潮州藝文志》中的說法。其實並不確切，《古瀛詩苑》中所錄詩歌的總數目應爲六百零九首。

〔註 36〕本書所引《古瀛詩苑》的文本材料皆據汕頭市圖書館藏道光二十七年丁未夏月鳳城鐵巷世馨堂補刊本，原書間有蛀痕缺損，爲存其本來面目，筆者未敢妄加添補，故所缺字均由「□」替代。

別集，顏之曰《古瀛詩苑》。……方崖都督故以書生從戎，干城海國垂二十年，……其詩之鏤版行世者已有數種，海內□名久矣。雖曰師貞武臣，實則文壇飛將也。軍公之暇，輒延余及猶子硯村（筆者按：陳王猷，號硯村）於幕府商榷風雅。余因出是集相質。公謂詩非工不傳，選不精亦不能行遠。於是就中遴其佳者，外復有增入，寧嚴毋寬，寧約毋濫。」由此可知，《古瀛詩苑》初成之時實採有潮人詩歌二千餘首，後經洪斌〔註 37〕刪汰，方才選定六百零九首付梓刊行，但已去其原詩之三分之二。由於洪斌本人對詩歌藝術甚有見解，又對《古瀛詩苑》抱著能芳澤後世的極高的期許，故他在最後審訂該集時實行「詩非工不傳，選不精亦不能行遠」的選詩準則本也無可厚非。但在潮州歷代大部份的詩歌作品已佚亡的大前提下，從爲後人留存潮州詩歌文獻，以詩傳人記史的層面而言，陳珏所採集到的潮人之詩即使不工、不精，其所具有的文獻價值都是不言自明的。而洪氏竟將其中一千四百餘首詩的存在價值一筆抹殺，令其失傳於後世，實在令人感到無奈與惋惜。

二、廣泛引錄潮州相關文獻

溫廷敬在《潮州詩萃》的編纂過程中非常注重選材之宏富，故《潮州詩萃》中往往相當充分地運用了正史方志、諸家別集、叢書詩話和書畫報章等眾多文獻材料，大大豐富了以往詩歌總集記載的缺漏與不足。而這一過程也在客觀上促使溫廷敬對歷代潮州相關文獻進行了一番更爲細緻的整理。下文則擬對溫氏在《潮州詩萃》中所引錄的潮州相關文獻作擇要的概述：

1. 正史方志

溫廷敬雖對鄉邦文獻的整理編輯充滿熱情，但作爲近代粵東最著名的學者之一，其實他學術上最爲人所稱道之處仍是在於他爲嶺南地方史志的輯佚和重修所作出的不懈努力。

溫廷敬的一生基本都奉獻給了鄉邦方志的整理工作。對於那些珍稀難得一見的鄉邦地方志，他均是親手逐字謄抄。而爲了能辨明一些在歷史上存有歧見的史實，他對潮州以外的其它地區的方志也十分關注，以方便隨時進行必要的考證與辨析。正因爲這份對方志史實的熟悉程度，使得溫廷敬在編纂

〔註 37〕洪斌，字簡民，號方崖，又號海客，福建漳浦人，具文武才。康熙二十二年（1683）從施琅平臺灣，敘勳加都督銜。康熙二十八年任潮鎮右營游擊，駐紮揭陽，護理潮鎮篆務。康熙四十八年調南澳右營游擊，署鎮事。

《潮州詩萃》之時也大量運用潮州本地或其它地區的方志材料以補詩人或詩作記載之不足：

（1）《漳州府志》——中唐揭陽詩人陳元光

陳元光，字廷炬。唐嶺南行軍總管，進中郎將，右鷹揚衛率府懷化大將軍，漳州刺史。他雖被民間尊爲「開漳聖王」，但由於其事迹在新舊唐書中竟都沒有記載，這也遭致了後世對其具體事迹莫衷一是，甚至連其籍貫都難作確考。因此，爲這位被視爲潮州詩歌興起標誌的詩人立一篇翔實而可信的傳記就變得非常必要。溫廷敬憑著他對漳州地方志的熟稔，「採輯各志乘，補爲之傳」〔註38〕。至於其詩歌，同樣是從《漳州府志》中搜得，「從漳志得詩三首，亟爲錄入」〔註39〕。志中所記的三首詩分別爲：

漳州新城秋宴

地險行臺壯，天清景幕新。鴻飛青嶂杳，鷺點碧波眞。風肅天如水，霜高月散銀。嬋娟爭潑眼，廉潔正成鄰。東湧滄溟玉，西呈翠巘珍。畫船拖素練，朱榭映紅雲。琥珀杯方酌，鮫綃席未塵。秦簫吹引鳳，鄒律奏生春。縹緲纖歌遏，婆娑妙舞神。會知冥漠處，百怪惱精魂。

曉發佛潭橋

朝暾催上道，兔魄欲西沉。去雁長空沒，飛花曲徑深。車沿橋樹往，詩落海鷗吟。馬鬣嘶風聳，龍旗閃電臨。峰攢仙掌巧，露重將袍陰。農喚耕春早，僧迎展拜欽。看看葵日麗，照破豔陽心。

示子珦

恩銜丹陛渥，策向桂淵鴻。載筆沿儒習，持弓纘祖風。祛災剿猛虎，溥德翊飛龍。日閱書開士，星言駕勸農。勤勞思命重，戲謔逐時空。百粵霧氛滿，諸戎澤溥通。願言加壯努，勿坐鬢霜蓬。

（2）《輿地紀勝》——宋代潮陽詩人許申

許申，字維之〔註40〕。宋大中祥符庚戌舉賢良方正，應詔正奏進士第一。歷官至廣西轉運使，終刑部郎中。本撰有《高陽集》，但可惜久已散佚。

〔註38〕溫廷敬：《潮州詩萃》，甲編卷一。

〔註39〕溫廷敬：《潮州詩萃》，甲編卷一。

〔註40〕光緒《海陽縣志》中記：許申，字雍之。

《輿地紀勝》是南宋王象之編纂的一部地理總志，成書於南宋嘉定、寶慶年間。全書以南宋統治區爲限，起行在所臨安府，迄劍門軍，共計府、州、軍、監一百六十六，有些府、州分爲上下兩卷，合計二百卷。王象之自序謂此書「以郡之因革，見於篇首，而諸邑次之，郡之風俗又次之，其它如山川之英華，人物之奇傑，吏治之循良，方言之異聞，故老之傳說，與夫詩章文翰之關於風土者，皆附見焉。」潮州的相關方志、圖經中的山川、景物、碑刻、詩詠等也被一概收錄，置於「卷一百」。

溫廷敬通過翻檢此書，幸而得許申《張相公祠》詩一首：

張相公祠

□□□□□□□，□□□□□□□。
鐵胎重整英儀峻，燕廈新成暑氣涼。
韶石遍圖輝壁落，荔支分植映房廊。
開元舊事豐碑在，家笥猶傳故笏囊。

除了上述詩句，《潮州詩萃》還從《輿地紀勝》中詳細轉引了許申創作《張相公祠》詩的緣由及相關史實「公天禧初到韶州任，其年天慶觀有甘露降。移曲江公九齡廟，自水西入城中。又栽官道松榕數萬株，至今行者感德」〔註 41〕。通過這有限的材料，也使人對許申其人其事有了更多的瞭解。但是只可惜《輿地紀勝》原文中對此詩之所記已是缺失了詩首兩句，令後人再也無法得見《張相公祠》詩的原貌。

（3）《海陽縣志》——宋代海陽詩人劉昉、王大寶

劉昉，字方明，宋宣和甲辰進士。歷官龍圖閣學士，湖南安撫使。

王大寶，字符龜，宋建炎戊申進士第二名，歷官禮部尚書。

雖然劉昉與王大寶在宋建炎、宣和年間都地位顯赫，但詩文集卻都沒有能保存下來。反而是溫廷敬在《海陽縣志》中發現了志中對他們與其時之梅州刺史邱君與〔註 42〕的一段逸事的記錄，從而輯出了二人的三首詩歌：

宋紹興間，莆陽邱公君與官梅州刺史，……邑人王公大寶、劉公昉適家居。刺史由梅州乞養歸隱，諸公各贈以詩。王云：「北山有移文，抽簪不如君。庭蘭潔晨膳，岩桂流夕芬。道義齊嵩嶽，功名

〔註 41〕溫廷敬：《潮州詩萃》，甲編卷一。

〔註 42〕邱君與，原居福建莆陽，紹興二年（1132）舉家遷於海陽之雙溪。後官梅州刺史，但因不滿朝政，到任不久便以歸梓養親爲由辭官歸隱海陽。

薄浮雲。林間多鸞鶴，忘機可以羣。」（筆者按：詩題《莆陽邱君與刺史由梅州乞養歸隱潮州賦贈》）

劉云：「君家舊莆陽，到處即仙鄉。梅鎮旌旗返，琴峰花草香。菽水味何旨，椿萱壽益長。掛冠不妨早，名德重韓江。」（筆者按：詩題《莆陽邱君與刺史由梅州乞養歸隱潮州賦贈》）

刺史訪莆陽舊宅，諸公又各贈以詩。……王云：「此去莆陽道，春風三月時。故廬花拂户，先墓蘚留碑。親戚樂情話，江山生古思。潮中倚閭望，返旆莫教遲。」（筆者按：詩題《刺史訪莆陽舊宅重贈》）〔註 43〕

（4）《東里志》——明代饒平詩人陳天資

陳天資，字石岡。嘉靖乙未進士，官湖廣布政使。他卸職回鄉後，便邀同鄉吳少松、周時庵一起搜集資料，於萬曆二年（1574）修成《東里志》。所謂「東里」，是以饒平縣爲中心，周圍一百餘里的一個地域範圍的統稱。而《東里志》的實際記述範圍，其實卻遠遠超過這一區域，內至本府各縣，外及閩粵毗鄰之沿海及海島諸地。全書分爲沿革紀、疆域志、境事志、風俗志、學校志、人物志、物產志、藝文志，共七卷，約三十萬字。因爲該志成書後一直未曾刊印，後原本遂佚，僅存抄本傳世。而歷代文人在傳抄之時，對原本作出了部份增補，故後出的《東里志》版本中就已經參雜有陳天資的傳記及少量的詩文材料。

溫廷敬手上便藏有《東里志》的後出抄本，他通過對《東里志》進行新校，選其《河西務錢郎中見訪因邀飲作歌以贈》一詩錄入《潮州詩萃》甲編卷三。

河西務錢郎中邀飲歌以贈〔註 44〕

大夫爲人崇謙抑，舟中枉顧始相識。同年張願是同鄉，邀我登堂候顏色。虎邱禹穴聚奇偉，龍漢延津在胸臆。斯文相識即相親，談論無方亦無極。平生尚友願平原，臨是平原眞墨刻。高吟朗誦好文章，鬬采投瓊今行亟。君舉空杯我舉滿，主人怯飲客不管。風霜

〔註 43〕【清】盧蔚猷修、吳道鎔纂：《海陽縣志》，清光緒二十六年刊本，卷四十六「雜錄」。

〔註 44〕該詩在《東里志》中原題爲《河西務錢郎中見訪因邀飲作歌以贈》，溫廷敬將其收入《潮州詩萃》時將詩題作了改動。

何事苦生寒，談笑忘懷各自暖。臺人來報更既深，相辭上馬月如浣。
歸到舟中睡不成，但有台斗相陪伴。

（5）《大埔縣志》——明代大埔詩人楊闉

楊闉，字今鶴，庠生。湘陰令開之兄。他壯歲即棄諸生服，與吳殿邦徜徉山水，唱酬無虛日。後偕太史郭之奇、黃奇遇遊吳越江楚，道齊梁入都門，詩學益進，著有詩集傳世。揭陽縣令，古文詩賦名重一時的復社重要成員張明弼曾爲其作序，只可惜該詩集今天已佚不傳。溫廷敬通過翻檢，從歷代《大埔縣志》中錄得三首，編入《潮州詩萃》甲編卷七：

浮春深花舟

海上花客搖花舵，載得盆葩三百朵。幾根寸竹何蕭疏，數寸矮松多磥砢。羅漢頭多金剪修，楊妃足把香泥裹。主客平分五六株，急誅花神呼白墮。有人蟠鬢號高陽，范園談劇如劉跛。斟茶細嚼黃龍芽，嘗新屢削崑崙剽。所嗟花事正闌珊，青帝長門今欲鎖。栽雲種露總明年，四月岩春遲似我。花客收花笑別予，揀餘亦勝閒瓜果。松長猶能結振陰，竹高堪作約書笴。不知上苑留不留？明朝準發長安舸。

遊崇光岩

策杖尋幽壑，緣蘿過斷崖。蝸文新羽塵，鶴迹破芒鞋。
護壁雲容懶，流花澗韻埋。蓬庵談老衲，因賦水松牌。

遊牛首山

鹿苑遙侵夢，雞聲早喚遊。出門星掛柳，入路雨橫邱。
農鼓回溪剩，村炊遠樹留。喜於層曲裏，一杖度青州。

（6）《揭陽縣志》——明代揭陽詩人黃奇遇

黃奇遇，字亨臣，號平齋。少年以文章知名，明崇禎戊辰（1628）進士，後授固安縣令。任政期間，曾捐資修築城牆、修撰縣志、平冤獄等。崇禎九年擢升爲翰林院編修，參加編撰《熹宗實錄》，歷任春坊中允兼起居注。崇禎十七年，崇禎皇帝自縊於北京煤山，朱明王朝後裔在兩廣一帶建立南明王朝。他隨南明隆武帝抗清，授爲少詹事。不久，隆武帝被清兵殺害。清順治五年（1648）出任南明永曆朝詹事府詹事，復升禮部左侍郎，後又升爲禮部和兵部尚書。時南明朝中大臣，分爲吳、楚兩黨，勾心鬥角。黃奇遇見國事每況日下，遂藉其母喪爲名，回歸老家閉門不出，自稱「綠園居士」。黃奇遇雖不以詩歌創作見長，但他作爲「潮州後七賢」之一，影響甚大。故溫廷敬特地從《揭陽縣志》中尋得其詩二首，錄入《潮州詩萃》甲編卷七，亦以人重也。

過舊園亭

夙昔煙花地，於茲杖履遊。揭山猶歷歷，榕水自悠悠。
爽氣侵江月，清風入古樓。欃槍今掃淨，景物可賡酬。

贈五子石無用禪師

石林高幾許，金刹隱中峰。白日空山梵，清飈靜夜鐘。
小窗扶嫩壁，危磴倚長松。坐聽無師語，何時錫杖從。

（7）《潮州府志》、《豐順縣志》、《大埔縣志》——明代揭陽（今隸豐順）詩人羅萬傑

羅萬傑，字貞卿，號庸庵。崇禎甲戌（1634）進士，授行人司行人，兩奉旨赴江西、湖北策封吉、荊二藩王。數年後崇禎帝召對，問修、練、儲、備四事，侃侃陳述，深中時弊，帝甚賞識，擢爲吏部清吏司主事，升員外郎。崇禎十七年（1644），李自成破北京，清兵入關，明亡。其後，南明弘光、隆武、永曆三個政權先後建立，此時羅萬傑在家鄉盡出資財，約諸同志募兵勤王，與南明政權遙相呼應。永曆三年（1649），郭之奇上疏永曆帝擬收復福建，並建議由羅萬傑統軍，但正準備起兵時，形勢急轉直下，清軍急劇推進，潮州等處再次被攻陷。他知事已不可爲，乃遣散將士，痛哭入山，先後隱居藍田都隆煙寨之逸老庵，大埔縣坎廈之語石庵等處，布衣蔬食，與逸老相唱和，從此削迹不入城市。羅萬傑之詩早年學六朝、初唐，芊綿清麗。中更浸淫劉白。晚歲忠憤之餘，一歸於平淡，著有《瞻六堂詩》。他一生雖存稿不多，但詩藝甚獲沈德潛等詩學名家好評，譽爲「風雅之正宗」。

《瞻六堂詩》初刻本早已佚，乾隆年間其元孫羅希文雖作裒集重刻，實已「十不存二三」。到清末民初，則更連此重刻本亦變殘闕，難見其詩集原貌。溫廷敬在編選《潮州詩萃》之時，爲了能盡可能多地將羅萬傑的詩歌保存下來，使後人「可以知先生之詩」，特從《古瀛詩苑》、《（雍正）潮州府志》、以及《（光緒）豐順縣志》、《（光緒）大埔縣志》中摘出關於羅氏詩歌之所載，葺爲一卷，錄入《潮州詩萃》甲編卷十一。含《齋中即事》、《擬古二首》、《感遇》、《題公眉畫》、《金陵留別許班王》、《下第南歸夜聞杜鵑偶作》、

《春暮》、《種柳歌時余擬以首夏北上》、《秋月篇》、《出塞》、《擣衣曲》、《返棹》、《寓羊城秋懷》、《登鎮海樓懷古》、《暮春旅懷》、《揚州懷古》、《假山》、《癸酉春日偶成四首》、《冒雨登滕王閣》、《客中聞林石友訃遙哭以詩》、《邸中懷同社諸友》、《登友人山閣》、《懷韓讓之》、《途中寄王子龍》、《懷蕭次圭》、《生日誌感》、《微雨》、《冬晚》、《春日郊行四首》、《冬日即事三首》、《同公眉諸子游南岩》、《元日値雨同雪樵上人作》、《黃岐山値宿僧舍》、《題溪雲廬》、《人日遊七娘灘値雨》、《次韻答郭正夫招同諸公入陶社之作》、《庚戌燈夕即事》、《除夕同明度上人逸老庵守歲》、《盤湖秋色同諸禪侶夜坐》、《語石庵即事》、《自坎夏回語石庵即事口占》、《偶題二首》、《壬辰除夜》、《詹六堂即事》、《偶作》、《秋夜坐月偶成四首》（錄三）、《竹枝詞三首》、《幽燕老將歌》、《少年行二首》、《秋興》、《下第出都呈南歸諸友五首》、《風雨篇四首》、《題畫》、《冬日美人蕉與池畔梅花對植偶作二首》、《新嘉驛署舊有會稽女子留題三絕淒婉動人予以戊寅暮春過宿其處則壁間之句已磨滅不可復識矣感慨之餘仍和韻弔之》、《奉使荊回宿萬安僧舍次壁間韻》、《齊昌邸中送朗潤上人還山》、《山中答邑令二首》、《山居雜詩》、《閱五子山圖寄贈無用上人》、《贈黃檗山僧》、《謝客》、《苦熱病中口占》、《桃子坪》、《崎溜下》等詩歌共六十五題一百一十五首〔註45〕。

（8）《潮州府志》、《澄海縣志》——明代澄海詩人謝宗鍹、謝元汴

謝宗鍹，字儒美，崇禎己卯（1639）解元。有《觀古堂集》。陳衍虞曾序《觀古堂詩》云：「胎騷骨雅，攬遠苞眞。每當苦吟，髭斷肝嘔。音琅琅戛球玉。初唐之四傑，大曆之十子，方軌並驅，浸欲觀跨其上駟，及竟陵之書，行頗費揣摭。然幽卉寒香，輔以秀採。雖涉其津涯，而儒美之本色自在。」在明季詩家中，謝宗鍹學唐代諸家，風標高峻，秀骨天成，不愧爲正宗。

但謝宗鍹的《觀古堂集》在清末已不得見，故溫廷敬僅勉力從《古瀛詩苑》、《（雍正）潮州府志》、《（嘉慶）澄海縣志》中錄得《龍潭夜歸》、《別辜端敬給諫》、《登虎邱》、《嚴灘》、《仙霞嶺》、《黯淡灘》、《鏡湖新篁島歌》、《癸酉下第》、《韓山亭子》、《過榕城》、《過祖堂》、《北上經青齊間郡邑殘破觸目

〔註45〕筆者按：《潮州詩萃》中所錄羅萬傑之一百一十五首詩歌，僅從《古瀛詩苑》中採得六首，其餘均原爲《潮州府志》、《豐順縣志》以及《大埔縣志》中所載。

愴心漫成四首》、《由斷橋至孤山》、《冷泉亭》、《別許欽翼》、《避地》、《宿影江閣》、《過唐仁卿先生釣臺》、《山房月出呈黃大》、《憩通衢官梅閣懷李谷平》、《題郭仲常宛在堂》、《和揭陽馮明府感舊詩二首次韻》、《遊陳氏東皐別業同歐嘉可黎美周陳園公》、《遊牛首山》、《天津》、《韓淮陰祠》、《夕次京口言懷》、《王龍光話舊》、《遊冠山》等三十三首詩歌，編入《潮州詩萃》甲編卷十二。

謝元汴，字梁也，又字霜崖，乃謝宗鍹之侄。崇禎癸未（1643）進士。主試者奇其才，擬館選，以母老辭歸。旋聞李自成破北京，北向慟哭。南明隆武元年（1645）赴福州投唐王，授兵科給事，以直忤鄭芝龍，革職。南明永曆二年（1648）至肇慶謁桂王，復授兵科給事。次年，奉命募兵平遠。桂王西奔不返，遂奉母隱居豐順大田泥塘。亂定，還居潮州郡城。母卒，披緇入臺灣，不知所終。著有《燼言》、《放言》、《霜崖集》、《霜山草堂詩集》、《和陶》、《霜吟》諸集。梁佩蘭曾爲其《霜崖集》作序云：「詩原於《離騷》、《天問》等編。而盧仝之怪，長吉之鬼，孟郊之瘦，賈島之寒，元次山之樸，爐錘而出之，故獨成爲先生之詩。」則其詩之佳處可知。

謝元汴雖有詩集傳世，但由於其後人將其藏之家中，秘不示人，故溫廷敬雖作多方努力，卻始終未能得見。在徒歎「惜閟於妄人，不得終傳於世」之餘，他也將這段經歷以及謝元汴所著詩集的版本流傳情況在《潮州詩萃》中作了詳細的交代：「朱太守以鑒〔註46〕，復刻其詩集。朱氏中落，版多殘缺，今更不知其存否矣。余聞太守從孫商岩，言謝安臣孝廉處尚有完本。孝廉卒後，子某，日從事樗蒲鶯粟。余屢託友往借，俱不能得。僅從志乘所載者入選。」溫廷敬在這裏提到的「志乘」即《（雍正）潮州府志》和《（嘉慶）澄海縣志》，並從中搜得謝元汴詩歌五首，錄入《潮州詩萃》甲編卷十二：

和繭雪貧士韻

請謁傷直性，畏爲異物乾。薄田僅數畝，賣盡輸縣官。
許行寧闊迂，治世在饔飧。傳來歸鄉信，凜冽正冬寒。
長跪讀未竟，冰絲落衰顏。緯蕭亦自可，何事賦出關。

〔註46〕朱以鑒，字寶珊，號寶記，清道咸年間廣東澄海人。廩生，誥授昭武將軍（大夫）、從二品通奉大夫。他承繼父志，與其弟以鏈共同重校並刊印謝元汴所著的《霜山草堂集》、《訥齋眞稿》、《放言》、《燼言》、《和陶》、《霜吟》等詩集、詩稿。

雨霽與姨弟蔡懋章客樓小酌

風雨閉門坐，連床寒色深。鄉心紅樹隔，客意綠樽侵。

薄暮牛羊下，微晴鳥雀吟。一如山上聚，亭閣眺蒼林。

謁韓祠

驅鱷文章瀧吏詩，聞風廉立亦吾師。

千年封事爭傳誦，一箚留衣尚費疑。

未必非同文暢意，安能不作區宏思。

陽山宇子潮山姓，五嶺聲名草木知。

陸公墓

崖島忠魂化海濤，潮州荒墓峙東皐。

滄瀛落日龍鼉吼，原野秋風禾黍高。

運世半歸孔壬壞，古今獨見聖賢勞。

於公不敢稱來者，道左無言有笑桃。

吳太守招飲衙齋出青精共飯賦謝

漠漠輕寒肅素襟，主賓相對畫堂深。

青精徐出仙家饌，白墮微商古處心。

歷數存亡生舊憶，間攀今昔引高吟。

宵分款語猶難竟，郭外鐘聲透遠林。

(9)《普寧縣志》——清代普寧詩人方聲亮

方聲亮，字學虞，號博正。康熙己酉（1669）舉人，官江西南昌府武寧縣知縣。著有《澹寧堂詩文集》，惜已不傳。溫廷敬特從《普寧縣志》中錄得僅存的七古二首，編入《潮州詩萃》乙編卷九。詩歌首數雖少，「而嘗鼎一臠，亦足以知其味矣」。

黃邑侯煉丹圖歌

丈夫處世貴殊特，致身將相五鼎食。不爾餌術求仙靜亦得，安能與俗浮沉若酰雞，終朝墨墨坐逼側。黃侯達者意有餘，髫年已讀等身書。鑄士金漳聲鵲起，九重召試專城居。即今綰符出淇陽，溫肅互用沛澤長。會須報最書上考，翔佩奏賦入明光。忽然貌在丘壑裏，拂團蕉忻然喜。長松百尺泉淙淙，拄杖守汞兩童子。我聞英雄晚節多求仙，子房辟穀功成處。侯才方爲國家用，結想雲霄毋乃遽。

余也雅志在沉淪，牽帥塵網秋復春。尚平之志猶未畢，使我睹此惆悵而逡巡。

木棉花歌

古嶼山頭木棉花，花時照耀萬人家。(火霍) 如珊瑚出海底，赩若赤日映朝霞。飛鳥過之不敢視，行人睹此空嗟歎。此樹之生本正直，棱幹扶疏少回斜。十丈百丈森自致，千朵萬朵紛交加。火齊木難由來異，豈容凡卉鬥奇葩。吁嗟乎，南州物色有如此，離明火德應爾爾。安得移植向九天，干雲不數杞與梓。一聲 (是鳥)(夬鳥) 叫春歸，飄落綿緒復誰似？騷人不識種不傳，請君更爲補花史。

（10）《大埔縣志》——清代大埔詩人楊纘緒

楊纘緒，字式光，晚號節庵。康熙辛丑（1721）進士。選庶吉士，改吏部員外郎，遷監察御史。後因焦弘勳案不肯畫題被罷官，名震一時。乾隆元年（1736），楊纘緒又被召還起用，任甘肅慶陽知府，後又出任松江、桂林知府，除弊政，平冤獄，頗多建樹。後升爲浙江金衢嚴道。高宗南巡，又因「奏對稱旨」，擢爲陝西按察使。

溫廷敬感其直節，特摭其事，爲之補傳。楊纘緒著有《佩蘭齋詩文集》，當中的文集部份於今還可見其鈔本，剴切詳明，多幹濟語。而詩集部份則已失傳。溫氏通過翻檢《大埔縣志》，也僅能從中錄得一首，收入《潮州詩萃》乙編卷十：

木棉花歌

四面山環翠，千林花透紅。佛光迎海日，僧定入定風。

洞壑青嵐鎖，齋廚碧澗通。石頑頭點未，消息問主公。

（11）《潮州府志》——明代海陽閨閣詩人辜蘭凰

辜蘭凰是明末副都御史辜朝薦〔註 47〕的女兒，海陽貢生夏含曜的妻子。辜蘭凰從小受家學薰陶，勤學書史，故詩文兼優，在當時頗有才名。後明朝

〔註 47〕 辜朝薦（1598～1668），字端敬，號在公，海陽大寨人（今廣東潮州金石辜厝村）。明崇禎元年（1628）進士，授安徽柚城縣知縣，後任山東道御史、户科給事中、禮部給事中等職。北京被清兵攻陷後，辜朝薦潛回故里。後聞鄭成功在廈門進行反清復明活動，他前往投奔鄭氏。南明永曆十五年（清順治十八年，1661）鄭成功渡臺，命辜朝薦留守廈門。鄭成功逝世後，他渡海到了臺灣，於清康熙七年（1668）在在臺灣彰化病故，終年七十歲。

覆滅，潮州城也於清順治癸巳年（1653）陷落。蘭凰不願受辱，自縊殉國。一個弱女子在家國衰變之際竟能有此大節，何等壯烈，不愧爲辜朝薦忠節之後！可惜府縣志皆不爲其立傳。而她所著的《嘯雪庵集》、《易解集》二集更是亡佚已久，僅於胡恂《（雍正）潮州府志》「藝文志」中存其《春閨》一首。而待周碩勳《（乾隆）潮州府志》頒行，竟又將該節刪去，「遂使二百餘年，幽烈不彰」。幸溫廷敬在編選《潮州詩萃》之時，在《（雍正）潮州府志》中細心錄得此詩，收入《潮州詩萃》閨編卷二，並悉其梗概，以彰辜蘭凰之賢：

春閨

入簾雙燕傍人飛，二月香巢語尚微。
架上落花紅點袂，牆東飛柳綠侵衣。
琴書難了平生願，鉛粉偏於世俗違。
無限凭欄一凝眺，不堪芳草載斜暉。

2. 諸家別集選集

衡量一部詩歌總集是否有價值，其中最重要的一項便是要考察它是否將歷史上通行的各種別集收羅完備。因爲這些集子不但提供了作家作品的第一手的原始數據，而且編者還能通過充分利用這些別集以訂正詩歌流傳或文獻刊刻過程中所出現的文字上的訛脫衍倒等錯誤。

據筆者粗略統計，《潮州詩萃》五十卷共載述中唐以來的潮人詩文別集著作一百八十一種。其中唐代一種，宋代四種，元代一種，明代七十三種，清代一百零二種。但是，事實上，到了清末民初《潮州詩萃》開始編纂的時候，其中的三十七種集子已經亡佚，僅存留下來一百四十四種詩文別集，它們分別是：

（1）已亡佚的集子

唐代：陳元光：《王鈐記》；

宋代：許申：《高陽集》；陳希伋：《揭陽集》；劉允：《劉厚中文集》；王大寶：《王元龜遺文》；

明代：鄭義：《右史集》；饒金：《茶山詩集》；吳向：《魯奄逸稿》；周用：《顧影集》；劉瑞葵：《碧山漫稿》；周孚先：《桃溪吟稿》；薛璽：《清埜集》；薛宗鎧：《光裕集》；薛雍：《南潮詩文集》；郭廷序：《循夫集》；周光鎬：《明農山堂集》；薛虞畿：《聽雨篷稿》；吳從周：《海鏡堂集》；曾邁：《仙遊稿》；

邱道光：《來青堂》、《大雅樓》；吳殿邦：《古制堂集》、《匏谷詩集》、《浮雲吟》；黃錦：《筆耕堂集》；鄭廷櫆：《文灣詩集》；李質：《泉磯閒吟》；宋兆禴：《舊耕堂稿刪存草》；林銘球：《谷雲草》、《浮湘》、《怡雲堂》、《鐵崖》；鄒鋆：《可園詩文稿》；羅萬傑：《瞻六堂詩》前後集；陳國英：《青松居草》、《問禪篇》、《秋聲》；林雋冑：《時山集》、《西溪草堂詩集》；

清代：鄭茂惠：《雪淨齋詩文集》；張經：《稼村篁吟》；謝簡捷：《戒心旅吟》、《南還雜吟》；黃道禧：《茀園詩稿》；翁廷資：《韓山詩箋》、《楝花小墅》；蕭搏上：《慈竹草堂詩》；

閨閣：謝五娘：《讀月居詩》。

（2）存留且為《潮州詩萃》引用的集子

元代：戴昌：《航錄》；

明代：李齡：《李宮詹文集》；蕭龍：《湖山類稿》；謝紀：《養心集》；蕭與成：《蕭鐵峰集》；薛侃：《中離集》；林大欽：《東莆先生集》；饒相：《三溪詩草》；賀一宏：《壁墩詩集》；蕭端蒙：《同野集》；陳一松：《玉簡堂集》；林大春：《井丹集》；王天性：《半憨集》；唐伯元：《醉經樓集》；林熙春：《城南書莊草》、《賜閒草》、《賜還草》、《賜傳草》；饒與齡：《賓印詩草》；楊時芬：《楚遊》、《漚遊》二集；郭之奇：《宛在堂詩文集》（詩今存《馬上》、《舟中》、《遂初》、《所思》、《徂東》、《稽古》等十九集）；許國佐：《蜀弦》、《百花洲》；陸卿：《回風草堂集》、《夏草》、《吳越百吟》、《放言》；謝宗鍹：《觀古堂集》；郭輔畿：《洗硯堂集》；謝元汴：《放言》、《燼言》、《和陶》、《霜吟》；陳廷策：《暘山詩文集》；姚喜臣：《溪雲廬詩集》；黃淵：《遙峰閣集》；陳守鑌：《繭窩集》；

清代：陳衍虞：《蓮山詩集》；蕭翺材：《松存軒詩文集》、《詠史筳音集》；楊鍾嶽：《搴華堂詩文集》；陳士規：《咽珠堂集》；陳賁：《亦園草》；陳藝蘅：《愛園草》；曾華蓋：《喟莪詩文集》；郭天禎：《澹淼居詩集》；葉拂雲：《龍橋詩集》；黃華：《四牧堂詩集》；陳周禮：《自怡草》；龔以時：《柳亭詩集》；楊天眉：《霖湖集》；陳玨：《硯痕堂詩文集》；陳璵：《屏山詩集》；郭殿捷：《慕齋詩文集》；梁日暾：《深柳堂集》；李明璉：《藥欄詩稿》；陳王猷：《蓮亭偶存詩草》；楊之徐：《企南軒詩文集》；方聲亮：《澹寧堂詩文集》；范元凱：《松軒詩文集》；楊文龍：《籙園詩集》；鄭開蓮：《寄園草》、《江浦吟》；陳天生：《東村詩鈔》；陳學典：《小篷亭詩草》；楊纘緒：《佩蘭齋詩文集》；楊天培：

《西岩詩鈔》；卓伯先：《月湄草堂集》；楊森：《此木居集陶集》、《漢魏詩》；邢九雒：《四罏堂集》；饒慶捷：《桐陰詩集》；陳名儀：《愼餘堂詩集》；楊廷科：《桂樓詩草》；陳鳴鶴：《耕心堂剩稿》；鄭鴻謨：《覺來堂集》；林龍：《畔愁集》；楊既濟：《東郭山房詩草》；姚天健：《遠遊詩鈔》；楊文焱：《南溪吟草》；黃兆榮：《警枕存鈔》；陳希之：《客惠州草》；張翺：《金陵遊草》；林崢嶸：《硯田軒詩鈔》；饒芝：《北征》（未梓）；鄭重暉：《豈閒居吟稿》；倪明進：《中州初續集》；呂玉璜：《刻燭吟館詩鈔》；佘用賓：《三益軒詩草》（未梓）；鄭廷楫：《漁村集》；廖日昌：《小叢桂室詩集》；陳作舟：《羅浮篇》、《羊城雜詠》、《同聲集》（未梓）；邱對顏：《松僚摘存集》；楊世勳：《蔗尾吟草》；呂祥麟：《漱綠山房詩稿》（未梓）；何探源：《北遊草》、《續北遊草》、《宦蜀集》；林達泉：《海岩文集》（未梓）；丁日昌：《百蘭山館詩》集；郭銓：《小吟山館詩鈔》（未梓）；鍾聲和：《三餘詩草》；林大川：《釣月山房詩草》；佘步瑤：《覆甕集》；盧恒均：《伴梅居詩集》（未梓）；倪元藻：《澗南遺草》；陳方平：《梅花書屋詩鈔》；張薇：《且庵吟草》；楊淞：《養和山館詩草》；何如璋：《人境廬詩文未編稿》、《使東雜詠》；饒咸中：《豫章遊草》、《羊城遊草》；徐賡華：《近思軒詩鈔》；呂瑞麟：《綠雨窗詩鈔》；呂一麟：《紅杏詩鈔》；曾廷蘭：《吟花別墅詩鈔》；饒雲驤：《潛窩詩文集》、《唾餘草》；邱晉昕：《九十九峰草堂詩鈔》；謝錫勳：《小草堂詩集》；饒宗韶：《風簫草》；丁惠康：《丁叔雅遺集》；

方外：釋道忞：《布水臺集》；

閨閣：辜蘭凰：《嘯雪庵》《易解》二集；范萏淑：《化碧集》；濮九娘：《鸚鵡螺室詩序》。

從潮州歷代詩歌的文獻的總體保存情況而言，明清兩代潮人詩文別集著作傳世最多，保存質量也最好。一方面，這固然是因爲年代較近，故各種文獻尚未至星散；另一方面，詩集的這一保存狀況，也很好地向後人展示了潮州詩歌創作在明清以來日漸興盛的眞實的歷史發展進程。溫廷敬對中唐以來這一百八十一種或存或佚的潮人詩文別集所作的清理源流，校勘文字，以及輯錄佚詩等方面的工作，對潮州詩歌的文獻保存、輯佚、校勘等方面，都有著不可替代的文獻價值和學術史意義。

不僅如此，溫廷敬在考察潮人詩文別集的過程中，還往往會對在歷史上因同名同姓，從而爲後人所混淆的詩人作出明確的辨析。最突出的例子莫過於元代至正年間海陽隱士戴昌與明代洪武年間舉明經，曾官四川簡縣丞的潮陽人戴次胄。二人因都字「希文」，都爲潮州人士（筆者按：對於二人之具體縣籍，並無確切記載），且生活年代也所去不遠，所以在後世造成不少張冠李戴的誤會。針對此特殊情況，又鑒於《航錄》這部詩集的作者僅可確認爲「戴希文」，故溫廷敬在確定其作者的眞實身份時就顯得格外謹愼。他先是詳細翻查海陽、潮陽兩地縣志中之相關記載，繼而查訪梳理歷史上「戴希文」曾主講之韓山書院的相關記錄。這才最終確定：「同時先後有二戴希文，其一則海陽人，名昌。王用文嘗延主韓山書院。著有《航錄》行世。爲陳肅弟子。」溫氏也將此結論在戴次胄的小傳中作了記述。或許，在《潮州詩萃》這部皇皇巨著面前，這一些考據工作顯得有點微不足道，然而，事實上，溫廷敬正是通過這樣一系列的細微而嚴謹的工作，爲《潮州詩萃》的編纂，乃至潮州詩歌史的構建打下了紮實的文獻基礎。

除了多方面地整理和參考歷代潮人詩文別集，溫廷敬對於明清以來的潮州詩歌總集，尤其是《古瀛詩苑》、《潮州耆舊集》、《潮雅拾存》等等這些搜集詩歌文獻材料較廣的詩文總集，更是多所取資。其中又可細分爲兩類情況：

① 對歷代詩歌總集中的作品進行轉引

崇禎甲戌進士，歷官吏部員外郎，桂王時拜副都御史，入清以逸老終的揭陽詩人羅萬傑。他的傳世詩歌數量本就不多，至於他的已刊詩稿《瞻六堂詩》前後集，雖然在乾隆年間，又得其元孫羅希文裒集重刻，但後來因多經變亂，已變得殘闕不堪。溫廷敬在《潮州詩萃》卷十一中載其詩八十九首，其中的《擬讀曲歌》、《次韻答郭正夫招同諸公入陶社之作》、《庚戌燈夕即事》、《少年行》、《瞻六堂即事》等五首詩歌便是直接從《古瀛詩苑》中轉引而來。對於這一點，溫廷敬在羅萬傑的詩人小傳中有記：「重刻本今亦殘闕，余補以《古瀛詩苑》及胡恂《潮州志》、豐順大埔二志所載，葺爲一卷，以存其概」；

明代崇禎己卯解元、澄海人謝宗鍹。其詩學唐代諸家，而又能獨運爐錘，在明季詩家，不愧爲正宗。本撰有《觀古堂集》，但後散佚。溫廷敬「僅從《古瀛詩苑》、海澄各志錄得三十三首」，編入《潮州詩萃》卷十二。其中的《鏡湖新篁島歌》、《癸酉下第》、《憩通衢官梅閣懷李谷平》、《題郭仲常宛在堂》、《遊陳氏東皋別業同歐嘉可黎美周陳園公》等五首詩歌便是溫廷敬據《古瀛詩苑》以選入；

清代乾隆乙未進士、大埔人饒慶捷。著有《桐陰詩集》。「原集吾友饒俊史處有之，前曾函索未寄，故於各選中錄入。然其精華，已可概見也」；

明代嘉靖年間隱士、饒平人薛虞畿。其《聽雨篷稿》早已散佚。溫廷敬在《潮州詩萃》卷七中錄有薛氏的近體詩四首：《獨坐》、《元日立春書事兼懷所知》、《草堂初成郡中諸公枉顧》和《除夕》。而它們，也正是原原本本採錄自《古瀛詩苑》；

清代乾隆戊申大埔舉人張對墀。「才藻馨逸，早見知於李雨村、史卓峰兩學使。嘉應宋觀察湘以詩文雄視海內，獨奉丹崖爲畏友」。如此一位詩人，堪稱粵東大家，惜爲境遇所窘，未盡其才，其詩文集也一直未曾付梓。故雖有不少詩歌傳世，但「爲後人雜鈔，叢雜特甚」。《潮州詩萃》乙編卷十四收錄其詩一百三十二首，則是從劉彬華《嶺南群雅》〔註 48〕、淩揚藻《國朝嶺海詩鈔》〔註 49〕兩部清代嶺南詩歌總集處得益不少。

除此之外，溫廷敬對於嶺南本地詩友唱和所撰結之總集也十分重視，並對其中所涉及的潮人詩歌的相關記載廣泛徵引。如清代嘉慶拔貢生、海陽人倪明進。本有《中州初續集》，但「原集未見，茲從《柳堂詩錄》錄得十九首。詩錄更爲摘句，亦附錄於下。五言如『小橋容馬過，老樹作虯橫』；『河淺冰先凍，沙多路不平』；『人依林幄立，車掛布帆行』；『暗塵縈馬足，殘夢促雞聲』。七言如『春水生潮涵遠岸，朝雲挾雨過高樓』；『秋花有色開黃菊，流水無心瀉碧泉』；『半篙野渡橫秋水，一帶人家近市墟』；『曾聞諸葛眞名士，尤愛維摩是畫師』；『世情且向升沉驗，宦味曾經爛熟思』。贈樵雨司馬云：『蘇軾謫由文字起，卓公褒自政聲來。』贈劉芾林刺史云：『何處逢人能說項，當時名士盡依劉。』『不分陽城眞下考，敢亡劉向是更生』。皆可傳也。」溫氏所提及的《柳堂詩錄》，即是由張維屏的學生、廣東南海人李長榮

〔註 48〕《嶺南群雅》在嘉慶癸酉（1813）編成。其輯選範圍自乾隆初年迄嘉慶中期，凡九十三位詩人，一千五百七十六首詩作。全書凡八卷，其中《初集》三卷（附劉善士《筆耒軒吟稿》），《二集》三卷，《初補》上、下二卷。其時已歿的詩人，自馮敏昌起，凡三十人收入《初集》；尚在世的詩人，自宋湘起，凡四十三人收入《二集》。《初補》二卷則在《初集》、《二集》的基礎上增補了二十位詩人。

〔註 49〕《國朝嶺海詩鈔》編成於嘉慶二十五年庚辰（1820）春。全書凡二十四卷，收錄詩人六百四十八家，詩作一千六百七十餘首。

編輯而成的詩歌總集《柳堂師友詩錄》。「柳堂」，是李長榮的別墅，在廣州太平沙臨江處，四周多種柳樹，柳邊有堂，堂上有閣。清初「嶺南三大家」之一的陳恭尹據說曾在這裏讀書，並題「太平煙滸」於此。後來，有人將此處說成爲「太平煙滸柳堂綠濛濛地」。柳堂又是當時不少文人學士飲酒吟詩的地方，於是，李長榮在清同治二年（1863）專門收集平素與己交好的本地，乃至外國友人的詩作，彙成此集並刊刻出版。是書二十卷，所錄詩作從番禺張維屏始，至日本學者藤順叔八盧止。目錄載有 235 位人名，但有 34 人缺載，實際收入 201 人的作品。對於這樣一部僅著眼於一己之師友，選詩範圍相對狹窄的詩歌總集，溫廷敬尚且如此熟悉，足可見其對嶺南詩歌文獻搜集和整理的良苦和細緻用心。

而且，可貴的是，溫氏在轉引其它詩歌總集中的作品的同時，也往往會在前人編者的評點意見的基礎上，加入自己對該詩人與詩作的見解與批評。如他在引錄李長榮《柳堂師友詩錄》中清代海陽廩生倪元藻的作品時，便特地指出：「李子黼廣文稱其詩如讀宋君大小招，如讀庾信哀江南，如讀李華弔古戰場，如讀老杜哀江頭，字字商聲，言言血淚。而筆之超，骨之騫，味之雋，思之沉，調之響，詞之豔，合集眾妙，出以一心，其傾倒可謂至矣。餘惟《師友錄》所選《澗南夜聞漲聲七古》一首似未入格。惟近體哀感頑豔，纏綿沉摯。然亦間有傷於纖仄之處。子黼之言，似爲稍過。」

② 通過轉述歷代詩歌總集中的記載爲後人提供相關的文獻線索

需要指出的是，由於溫廷敬有著明確的借詩文總集以保存鄉邦文獻的清晰意識，故他在編《潮州詩萃》時也會自覺地對其所瞭解的詩人其它文學著作的相關情況加以交代。如明代宣德己酉舉人、潮陽人李齡，明代正德丁丑進士、潮陽人蕭與成，明代正德丁丑進士、揭陽人薛侃，明代嘉靖丙戌進士、揭陽人翁萬達，明代嘉靖辛卯舉人、饒平人薛雍，明代嘉靖乙未進士、大埔人饒相，明代嘉靖辛丑進士、潮陽人蕭端蒙，明代嘉靖丁未進士、海陽人陳一松，明代嘉靖庚戌進士、潮陽人林大春，明代嘉靖壬子舉人、澄海人王天性，明代隆慶辛未進士、潮陽人周光鎬，明代萬曆癸未進士、海陽人林熙春，明代崇禎戊辰進士、揭陽人郭之奇，明代崇禎甲戌進士、揭陽人羅萬傑，明代崇禎癸未進士、澄海人謝元汴。溫廷敬便在詩人小傳中對他們的文集名稱和版本狀況都一併加以說明。這些與文集相關的引用材料，正如溫氏所承認的那樣，相當大的部份是從馮奉初編纂的《潮州耆舊集》中採錄而來。雖然《潮州耆舊集》中所選皆爲文章，與《潮州詩萃》之所選體裁有別。但是，這一系列看似附錄性質的記載，卻爲後人提供了準確的文獻資料的來源，當中甚至不乏一般研究者一直未曾注意到的珍貴的材料線索，其價值值得重視。

3. 詩話叢編

「詩話」這一文學批評的體式最早由北宋歐陽修所開創。其學術價值是多方面的，誠如《蔡寬夫詩話》所云：「古今沿革不同，事之瑣末者，皆史氏所不記，唯時時於名輩詩話見之。」詩話所表現的不僅是作家們的詩學觀念，而且更多的是其史學意識、文化意識以及審美意識。延展到明清兩代，則多數詩話更爲著重借評騭詩人詩作，以闡述著者的詩學見解。這也導致不少已散佚不存的詩集、詩句能賴詩話以保存一二。嶺南自明清以降，得風氣之先，詩學亦盛，筆者粗略估算，在這一時期的粵人所著詩話當有數十種之多。

正因爲如此，作爲一個欲以建立潮州詩歌史體系爲己任的研究者，溫廷敬對明清以來眾多的詩話，兼及選本、評點、筆記、序跋都進行了全面而系統的披覽與研究，並得以從這些詩話作品中轉錄多首難得一見的詩歌進入《潮州詩萃》，從而成功地完成了一系列彌足珍貴的補遺輯佚的工作。如：

（1）張維屏《國朝詩人徵略》（初編、二編）

《國朝詩人徵略》是張維屏在嘉慶、道光年間所撰著的一部大型詩話叢編。該書分爲《國朝詩人徵略》（初編）和《國朝詩人徵略二編》兩編。《初編》編定於嘉慶二十四年（1819），合六十卷，收入清代詩人九百二十九家。《二編》編定於道光二十二年（1842），合六十四卷，收入清代詩人二百五十八家。

《潮州詩萃》乙編卷十四收錄清代大埔諸生蕭搏上的詩歌十三首。蕭搏上其人負才不遇，客死羊城，著有《慈竹草堂詩》，已佚。故溫廷敬在蕭搏上的小傳中特意提到：「高要黃琴山農部復以其詩草及趙石臣遺稿，屬張南山錄入詩人徵略。」此處提及的「詩人徵略」即指張維屏在嘉慶、道光年間所著的《國朝詩人徵略》。

溫氏這段話不但清楚地交代了詩歌的輯錄來源，更可貴的是，由此帶出了黃德峻與蕭搏上之間生死不渝的篤厚友誼：「黃琴山農部德峻，壬午同年也。博雅工詩詞。道光壬辰由粵入都，舟過南昌，冒雨訪余（筆者按：張維屏，下同）旅寓，出蕭、趙兩君詩草，謂余曰：『兩君皆懷才不遇，中歲摧傷。所作詩文亦多散佚，此其叢殘剩稿，君爲輯入詩人徵略中以存其人，亦我輩爲友朋不容已之事也。』……既輯兩君警句因並識之。」〔註 50〕

（2）黃安濤《詩娛室詩話》、張維屏《聽松廬詩話》

《潮州詩萃》乙編卷十八收錄清代海陽諸生呂玉璜詩歌一百三十七首。呂玉璜「其詩生香活色，導源於二謝及唐之皮陸」，而參以宋朝之陸游，清朝之樊謝。徐牧庵序稱其詩「情之盎然，草碧色而水綠波；光之耿然，春浮花而霞浸月」。又云「刊落浮華，獨標清韻」，蓋爲知言。溫廷敬在詩人小傳處還特別提到：「玉璜受知於黃霽青太守，嘗採其詩入《詩娛室詩話》，張南山《聽松廬詩話》亦三採之。」可見，《潮州詩萃》中所收錄的呂玉璜詩歌亦有相當一部份乃採自黃安濤〔註 51〕的《詩娛室詩話》和張維屏的《聽松廬詩話》。

張維屏的《聽松廬詩話》是較爲容易見到的。早經梓行，且在張氏另一部詩話著作《國朝詩人徵略》中，也在每位詩人的條目下闢有專門章節摘錄《聽松廬詩話》中有關的評述，故至今猶稱道不衰。而黃安濤的《詩娛室詩話》則不然，甚至不見載於其它文獻材料。如《晚晴簃詩彙》卷一二一「黃安濤」條目，只記他撰有《詩娛室詩集》、《息耕草堂詩集》；又如清光緒十八年刊本《嘉善縣志》，只言其著作包含《詩娛室詩集》二十四卷，《息耕草堂詩》十八卷，《眞有益齋詩文集》十卷以及《慰託集》十六卷〔註 52〕；至於《清史列傳》，所持說法也與《嘉善縣志》的記載完全相同〔註 53〕。這樣一來，我們在充分肯定黃安濤的《詩娛室詩話》在保存呂玉璜詩歌方面的貢獻的同時，也不由對《潮州詩萃》有了新的認識。因爲正是由於溫廷敬一生對與潮州詩人相關的各種數據保持著高度的關注，以致如黃安濤的《詩娛室詩話》此類並不太出名，少爲典籍所記載的詩話著作都能因《潮州詩萃》的刊行而得到

〔註 50〕【清】張維屏編撰，陳永正點校，蘇展鴻審定：《國朝詩人徵略》，二編卷五十八，廣州：中山大學出版社，2004 年版，第 1180 頁。

〔註 51〕黃安濤（1777～1847），字凝輿，號霽青，浙江嘉善人。嘉慶十四年（1809）進士，改翰林院庶吉士。散館，授編修。歷官潮州府知府，多惠政。告歸後，主上海講席，以詩酒自娛。間與吳中名士聯詩斗酒，不復出仕。

〔註 52〕【清】江峰青等修、顧福仁等纂：《嘉善縣志》，清光緒十八年刊本，卷三十「書籍」。

〔註 53〕見《清史列傳》卷七十三。

更廣泛的傳播，乃至更長久而完整地保存。

（3）張國棟《井天詩話》

張國棟（1812～1895），字雲生，潮陽人，清末咸豐年間歲貢。自幼聰慧，文思敏捷，出口成章，其句如「風來簫過竹，月上水沉松」；「擬將雨露供濡寫，借得風花作性情」。又「辟穀有方儂不採，好將泌水抵仙丹」等皆是佳句，惜其詩集已不得見。

溫廷敬幾經艱辛，方搜求得到張國棟詩歌一首，編入《潮州詩萃》乙編卷二十五。同時，溫氏還在卷首小傳中對張國棟在保存與傳播潮州詩歌方面作出的努力進行了褒揚：「雲生著《井天詩話》，雖拘於鄉曲之陋。而道咸間潮人詩，亦間賴其一二。」而這部《井天詩話》，也成爲了《潮州詩萃》一個很重要的詩歌選源。《潮州詩萃》乙編卷二十五中所收錄的清代饒平諸生余步瑤的詩歌《別鍾榕林七古》、《妻梅》、《友菊》三首便是採自張國棟的《井天詩話》。遺憾的是，這本極具有文獻價值的詩話已散失，我們現在只能在饒宗頤先生的《潮州志》中尋找到鍾聲和爲該詩話所作的序言。序言的字裏行間對《井天詩話》給予了很高的評價：「見其聚璣珠天筆底，收翡翠於囊中，鮑賦全登，非炫邊詔便腹；庚詞摘錄，竟同匡鼎解頤，累累然、秩秩然……鱗鱗兮江雲起，浩浩乎海波興，窺測津涯，流連原委，眞所謂鳧鐘萬石，鞳祝助其聲；虹采千尋，日星增其色者矣。」足可見其珍貴的文獻價值。

（4）楊洪簡《北閣詩話》

《北閣詩話》是清代海陽歲貢生楊洪簡的心血之作，但由於楊洪簡自身功名不顯，又沒有特別出色的詩作傳世，故泯然於眾人。這也致使楊洪簡其人、以及他的《北閣詩話》在當時及後世都未能產生大的影響。

然而，正是這樣一部鮮爲人知的詩話著作，其原文在《潮州詩萃》中多次被溫廷敬進行了引用。如在「乙編卷三十」清代海陽諸生「曾廷蘭」卷目下專門就提及「《北閣詩話》舉其佳句頗多」。此外，由於楊洪簡心抱「嶺海文明女子先」的先進觀念，在撰寫《北閣詩話》一書時，有志於對歷代的潮州女詩人進行考索。故在《潮州詩萃》的「閨閣卷」中，《北閣詩話》的被引用頻率非常高。在海陽文學沈秉荃室「陳雲棲」卷目下，云：「《北閣詩話》稱其幼喜讀書，尤好吟詠。鏡臺奩側，皆典籍焉。稍長工詩，貌益麗，性復柔婉。適沈鳳石茂才。閨房靜好，有德耀風」；在爲海陽盧蘊秀（楊洪簡妻）立傳時，更是直接移用《北閣詩話》的原話以作評述：「余荊人盧蘊秀，少讀書，頗能詩。歸余後手不釋卷，花前月下，唱和聯吟。余友李曜初，極為讚賞，嘗題詞云：『腸回楊柳夢梨花，秋盡秋歸更足誇。爭怪才郎妒紅曲，情深少婦為盧家。』『騷壇久識楊無敵，女士爭傳盧媚娘。他日房中新曲奏，雙聲一定叶宮商。」妒紅曲即余贈荊人長歌，謝安臣孝廉嘗索稿借觀，題詞云：『詩名被掩少人諳，嫁與才人反不堪。解道蟻拖花瓣句，夫人眞不讓升菴』。『玉鏡臺前玉管抽，子歌吾和各風流。盧家蘭室餘香屑，好助添修五鳳樓。』」；至於海陽人游郁英，溫廷敬雖然對她的詩名早已耳聞，但第一次得以親見其詩卻是源自《北閣詩話》的記載：「今歲見《北閣詩話》採女史各句，因囑室人函索。女史覆函謂稿多散佚，錄得數十首見示」。這一細節也顯現出了溫廷敬對潮州女詩人、詩作的珍視之心，以及其高於常人的學術眼光。

4. 叢書雜記

清代是叢書的鼎盛期，無論在數量上，還是在質量上均遠勝前代。這一局面的出現，乃由社會多方面的原因所決定。清代經濟發展，交通發達，都會、集鎮經濟文化中心出現，促進了書文化的發展，書籍成為文化人的必需品，也成為交換流通的極好「商品」之一。清代的印刷術更為進步，技術更新，銅、木、泥活字排版空前發展，還採用了銅板、石印、鉛印等新技術，致使私家藏書、刻書蔚然成風，尤其崇尚輯刻叢書。如張之洞便坦言：「若自揣德業學問不足過人，而欲求不朽者，莫如刊佈古書一法。但刻書必須不惜重費，延聘通人，甄擇秘籍，詳校精雕，刻書不擇佳惡，書佳而不雕校，猶糜費也。其書終古不廢，則刻書之人終古不泯，如歙之鮑，吳之黃，南海之伍，金山之錢，可決其五百年中必不泯滅。」在這種社會風潮的影響下，清代輯刊叢書數量為歷代最多，質量也最好。《中國叢書綜錄》中便收有歷代叢書 2797 種，其中清人輯刻叢書約 2000 種，而獨撰類叢書即達 500 多種。專門性叢書中經類叢書就有 130 多種，清代叢書數量之多可見一斑。而且，這些叢書志在彙輯叢殘，搜求遺佚，故其中所彙輯之書往往不乏精校本、精注本、足本乃至孤本，保留了不少罕見難得的文獻材料。

《潮州詩萃》中就尤其注重充分發掘各類叢書中與潮州詩歌文獻相關的材料。如嘉慶庚午海陽舉人黃兆榮，其詩思新語穎，時露鋒鋩，早負才名。然中年貧病交加，英年早逝，卒時才四十六歲。他去世後其遺詩由故人呂玉璜代為釐定為四卷，且為刊其集入《呂氏叢書》，這才令他的《警枕存鈔》得以傳世。《潮州詩萃》乙編卷十五所收錄的黃兆榮的詩歌便是據《呂氏叢書》

選入。

除了叢書，溫廷敬也不吝對一些雜記作品多加借鑒。如海陽諸生鄭昌時（筆者按：後改名重暉）的《韓江聞見錄》。書中所記主要是韓江流域的人物、事件以及作者本人的所聞、所見，帶有子部小說家類雜事軼聞和史部地理類雜記的性質。不過該書卷七的後半部份則載有歷代潮汕詩話，並附有詩作和評論，致使不少潮州詩作的原貌據此得以保留。卷九是鄭氏在潮州居住時的雜記，以《城南書院》、《韓山書院》開頭，錄有鄭氏自擬的韓山書院「八景」詩八首，又有《韓山書院落成》、《韓山雙旌石懷古》等七古長歌；還有古近體詩《鷓鴣碑歌》、《驅鱷行》、《潮州八景》、《韓江竹枝詞》、《潮州二十四詠》等數十首，內容以詠景懷人爲主。溫廷敬在乙編卷十六、十七中用接近兩卷的篇幅選入鄭昌時的詩歌二百一十七首，可見其對鄭詩的重視，而這些詩歌便幾乎都是從《韓江聞見錄》中選輯而得。

5. 書畫報章

中國古代的文人，往往在藝術創作時融書法、繪畫與詩歌於一體，以寄託他們的志趣和理想。故溫廷敬也盡其所能地在對多種書畫作品進行收藏與賞鑒的同時，必錄每幅書畫的題詠、跋語、年月、姓名、箋素、尺寸、印記等等，足資考證。如清代饒平諸生黃華。他擅長書法，並工於草書，筆法出米而不蹈其習氣。詩亦清瘦自成一家。溫廷敬不但藏有其自書詩冊，還從中錄得：

舟中看山

千峰資靜討，所賞惟卓犖。疲鈍縱崔嵬，意態未蛻俗。西子斂半蛾，壯夫瞋一目。石峰瘦棱棱，僧老頭乃禿。陁陀郁蔥蔥，嬰兒肌皆肉。神仙風雲姿，羆虎牙爪簇，各具一奇姿，相雄不肯伏。頑玉何足道，餘子徒碌碌。如何造化手，工拙乃殊局。況茲穀食儔，凡聖詎一族。嗟彼蚩蚩民，不如靈草木。

和老杜入宅三首

已耽居有竹，何恨食無鹽。翳木當軒柞，新知近席添。
避人深閉户，看鳥數開簾。敢擬高賢躅，疏狂或許兼。

性拙懷幽僻，年衰倦往還。伴人惟舊硯，知己有青山。
自得酒中趣，不辭鏡裏斑。此生皆是寄，何必定鄉關。

小軒臨遠水，西折望山城。縶足經春夏，妨人識姓名。
閒情偕樹老，默識玩潮平。興至聊揮灑，留題待友生。

過灘

巨灘小瀨勢洶湧，我已無心任一航。
獨酌笑看鷗出沒，欹眠側見峰低昂。
疏林煙起村何處，落日帆孤水一方。
勿向清溪羞白髮，此生端合老滄浪。

上述諸首均收入《潮州詩萃》乙編卷五。

另外，溫廷敬的辦報經歷也使他比一般的傳統文人更注重報紙這一新興的文學傳播媒介，以補詩歌總集、別集等所收之不足。如豐順貢生丁惠康，「詩初學玉溪，繼更浸淫於定庵。憂時感事，芬芳悱惻，有騷人之意。」但所成詩作，皆多隨手散佚。因此坊間文藝叢書所收的《丁叔雅遺集》，其實蓋多不全。溫廷敬作爲丁惠康的舊交，在選輯他的詩歌時，除了參考其遺集外，更搜各報章所登，復得數十首，錄入乙編卷三十六。

應該說，正是溫廷敬搜集原始詩歌材料時這種細緻認眞的態度，以及寬廣的視野，成爲了《潮州詩萃》編纂質量的一個最重要的保障。

第三章　《梅水彙靈集》與客家文學意識的成熟

「客家人」，自上個世紀三十年代起，學術界便習慣將其表述爲客家民系或族群。對於族群的定義，德國政治經濟學家和社會學家馬克斯·韋伯（Max Weber）曾有過一番精彩的論斷：「如果某些人類的群體對他們共同的世系抱有一種主觀的信念，或者是因爲體質類型、文化的相似，或者是因爲對移民的歷史有共同的記憶，而這種信念對於非親屬小區關係的延續是至關重要的，那麼，這種群體就被稱爲族群。」客家先民在遠古從中原向南方遷徙的漫長歷史進程中，通過與途經地、定居地人民進行廣泛的交流，逐步形成了在語言、民情、風俗、精神特質等方面具有顯著特點的客家文化。具體而言，有以藍布唐裝爲代表的傳統衣飾文化，有以土樓、圍龍屋、圍樓爲代表的民居文化，有以唐宋中原口音爲基礎的客家方言的語言文化，有以讀書爲立家之本的教育文化等。這一系列共同的族群文化與心理趨同是不以其聚居地的政治行政劃分而發生改變的。這種獨特的民系個性經過上千年的發展也積澱成了一種爲人所側目的文化生態現象。

但是，長期以來，人們往往只知有嶺南文化而並不知有客家文化。例如，嘉慶年間，嘉應人黄岩著《嶺南逸史》十卷；嘉應人李光昭建「海聲堂」以供奉、祭祀張九齡以來的二十六位著名的粵籍詩人，作《新闢海聲堂祀吾粵詩人曲江下至二樵二十六位》：「粵人殘編倍珍惜，得廿六賢於千百」；道光年間，嘉應吳蘭修編《嶺南叢書四種》十三卷。不難看出，當時的嘉應文人，或稱客家文人在地域觀念上所觀照的對象仍是嶺南的全體，強調的仍然是嶺南文化的整體發展情況，而沒有把嘉應從中析出。清代嘉慶年間的書畫家俞蛟在其《鄉曲枝辭》就載有嘉應顏鳴臯曾稱廣府人番禺朱某爲「同里」的往事，可見一斑。

清末，是廣東客家人發展的一個最重要的時期。據史料的相關記載來推測，當時的廣東客家約有 800 多萬人。清光緒《嘉應州志》卷七《方言》篇有記：

> 仲和案：嘉應州及所屬興寧、長樂、平遠、鎮平四縣，並潮州府屬之大埔、豐順二縣，惠州府屬之永安、龍川、河源、連平、長寧、和平、歸善、博羅一州七縣，其土音大致皆可相通。然各因水土之異，聲音高下亦隨之而變，其間稱謂亦多所異同焉。廣州之人謂以上各州縣人爲客家，謂其話爲客話。由以上各州縣人遷移他州縣者所在多有，大江以南各省皆占籍焉，而兩廣爲最多。土著皆以客稱之，以其皆客話也。

寫此段案語的「仲和」，指的便是《嘉應州志》的編纂者、晚清粵東著名教育家、學者溫仲和。這段記載清晰地列出了清末之時客家人在廣東各地的分佈情況。其中尤以嘉應五屬爲最大、最集中，也最純粹的客家族群聚居地。

胡曦編輯的《梅水彙靈集》正是以嘉應五屬爲選輯範圍，收錄從北宋至清末約一千餘年的客家詩人二百二十七家，詩作二千零六十七首。必須申明的是，在胡曦生活的清末，客家文學的獨特性、獨立性還遠遠不可能達到今天我們所普遍認同的高度。但是，胡曦在這第一部以選輯客家詩人爲旨歸的詩歌總集的字裏行間，已經讓他所想宣揚的客家文學意識高度地彰顯出來，從而推動客家人的客家文學意識最終走向成熟。

第一節　胡曦生平及其著述情況

胡曦，字曉岑〔註 1〕，又字明曜，常自題「湛此心齋主人」，晚年則自號

〔註 1〕筆者按：關於「曉岑」爲胡曦的「字」、「號」還是「名」，各版本存在差異。認爲「曉岑」是胡曦的「字」的文史著作有：興寧縣地方志編修委員會所編之《廣東省地方志叢書·興寧縣志》（廣東人民出版社，1992 年版，第 848 頁卷六「人物」），羅香林《胡曉岑先生年譜》，《興寧文史》第 17 輯之「序言」，梅州市地方志辦公室所編之《梅州人物傳》中的「胡曦」條目；而認爲「曉岑」是胡曦的「號」的文史著作則有：胡毓寰編撰的《先考遺範繫年》中《胡曉岑事迹繫年》一文。認爲「曉岑」是胡曦的「名」的文史著作有：楊宏海

「壺園老人」，清代嘉應州興寧縣人。胡氏一生勤於治學著述，擅詩文。他一生詩作甚豐，撰有《湛此心齋集》十二卷，與黃遵憲、丘逢甲一起並稱爲「晚清嘉應三大詩人」。同時，胡曦的書法在晚清嘉應，乃至嶺南文壇也享有盛名。與宋湘、伊秉綬共享清代客家三大書法家之譽。

一、胡曦家世及生平行迹

胡曦「先世出自歸姓，建國汝南，列爲諸侯，稱曰胡子。後爲楚所滅，子孫以國爲氏。」〔註2〕明代弘治年間，先祖胡應琦自臨川來興寧經商。正德八年，於北門古巷內置宅安家。三世之後，時至中景，則正式入籍定居。胡曦乃其十三世孫。

胡曦雖自小家境貧寒，但「少負大志，慨然以時局爲己任，家貧力學，資性過人」〔註3〕，故其父胡祥泰對他寄予厚望，並竭力造就之。如同當時大多數傳統士子一樣，胡曦自六歲入塾求學起，便埋首卷帙，銳意舉業一途，寄望能通過科舉以實現治國平天下的遠大抱負。他十五歲時得以拜入當時的粵東名儒陳炳章門下，其詩文、學業從此均大有精進。「定遠何侍郎廷謙視學粵東，得先生文，大嗟異之，對先生從兄寶臣中翰言，亟稱其天資。」〔註4〕咸豐十年（1860），年僅十七歲的胡曦，赴州城應歲考，受知於學使殷壽彭，應院試補博士弟子員；同治六年（1867）丁卯科考通屬優行生員，胡曦在所錄的二十六人中，被取第一；同治十二年（1873），胡曦到廣州，與黃遵憲同考拔貢，中嘉應州屬第一等第二名。但是，此後他的鄉試之路便開始連番受挫，久困場屋。光緒十一年（1885），已過不惑的胡曦再次到廣州應考，「出闈後，暢然意滿，自謂必元。及榜揭，卒見遺，先生以是知命之果與才仇也，自是絕意仕進。」〔註5〕從此在家鄉「閉戶潛居，葄枕篇籍，一意吟諷述作」〔註6〕，過起了隱居鄉里、著書授徒的寒士生活。在胡曦四十多年坐館

選編的《客家詩文》（華南理工大學出版社，2006年版，第22頁）。

〔註2〕羅香林：《胡曉岑先生年譜》，轉自興寧縣政協文史委員會編：《興寧文史》第17輯，1993年版，第117頁。

〔註3〕胡錫侯：《族父曉岑先生誄（並代序）》，轉自興寧縣政協文史委員會編：《興寧文史》第17輯，1993年版，第5頁。

〔註4〕胡錫侯：《族父曉岑先生誄（並代序）》，轉自興寧縣政協文史委員會編：《興寧文史》第17輯，1993年版，第6頁。

〔註5〕胡錫侯：《族父曉岑先生誄（並代序）》，轉自興寧縣政協文史委員會編：《興寧文史》第17輯，1993年版，第6頁。

〔註6〕胡毓寰《胡曉岑事迹繫年》，轉自興寧縣政協文史委員會編：《興寧文史》第

從教的生涯中，他曾先後在惠來縣龍江唐氏家塾、黃龍鄉梯雲書舍學館、葵潭張氏學館、長樂縣轉水學館、龍川縣霍山學館等處駐館授徒，深得時人敬重。

二、胡曦著書及刊刻情況

胡錫侯先生曾在《族父曉岑先生誄（並代序）》中提到，胡曦自從絕意仕進之後，即「反故廬，杜門不出，網羅散佚，捃摭舊聞，一以著述爲務。或時有所觸，輒獨步郊野，尋幽賞勝；或對客縱談古今事，披隙導款，辨口如懸河，移時神氣益厲，能令聞者不倦，而先生亦自忘疲，且不覺妻號寒而兒啼饑也。善誘後進，從遊問字者日眾，其掇巍科充上舍，卓然成學者，踵相接於時。」

胡曦一生著述甚富，其於鄉邑志考諸書，尤其著力。如《興寧圖志考》八卷、《興寧圖志》十二卷、《興寧縣山志》二卷、《宋鄉賢羅學士遺事考略》三卷、《明鄉賢王御史遺事考略》三卷、《枌榆碎事》四卷、《甘露事類》三卷、《胡氏考稿》若干卷、《鄉哲良規》二卷、《梅水彙靈集》八卷、《梅水文鈔初二集》若干卷、《一家草》二卷、《鳳南文藪》若干卷、《嶺雲師友錄》四卷、《廣東民族考》等等，都是有關鄉土文獻的重要著作。從中可見其搜集材料之繁富，學識之贍博，用力之精勤。

胡曦十八歲「始有志於述作」〔註7〕，而且很早就開始注意搜輯有關本鄉的歌謠、佚事。他在二十九歲時（同治十一年）撰寫了《枌榆碎事》四卷，「雜記鄉土遺聞舊俗」。在《枌榆碎事序》中，他說：「吾欲倣蕭山毛西河氏爲縣志刊誤補遺……僕是編事不出里巷，言不越近習，牽綴土風，辭殫未已。」又說「《枌榆碎事》四卷，蓋補郡邑志未成，分別雜綴之書也。……亦欲使將來修史乘君子，得原始而要終焉。」明確表達了自己對鄉土一事一言的關切之情，以及著書的目的。

同治十三年（1874），胡曦入京朝考，落第歸來。回鄉後，他並沒有完全鑽在「四書五經」的故紙堆裏，反而把主要精力放在研究與編撰鄉土文獻上。第二年，即同治十四年（1875），他整理編輯了興寧縣鄉賢仇仕良的事迹，輯《甘露事類》三卷，並在《甘露事類稿本敘文》中表明：「彙錄唐宦仇仕良事

17 輯，1993 年版，第 2 頁。

〔註 7〕羅香林：《胡曉岑先生年譜》，轉自興寧縣政協文史委員會編：《興寧文史》第 17 輯，1993 年版，第 122 頁。

迹，凡正史方志，唐人詩文集，及筆記，涉及仇宦者。悉爲甄錄。以仇氏著籍興寧，雖所多行不義者，然足表擽當日政局，故先生特爲輯錄也。」同時，又撰寫了《湛此心齋詩話》二卷，「凡所取材，多本諸耳聞目見，近取於同邑，而遠及之往昔」〔註 8〕。同年二月，他在給黃遵憲的回信中說道：「執事詢吾何所造述，吾今猶未能窺道萬一，向所牙牙學語，蕪雜冗駁，曾何足云。曦私心急欲成就者，方志一書，雖小猶大耳，其體例俱宜與史相準，未始不關才學與識也。」又說：「一隅雖小，吾已生長於斯，亦不宜以弇陋無文，負卻桑梓也。第此事亦頗難，必取備數十種書，即我目之所及，以證彼僅屬耳聞者，折衷一是，庶有以關其口，而不貽後人以疑也。曾見州志，猶吾大夫，老兄將來，亦當留意。」又云：「竊謂讀書不外一慎字，讀書慎，下筆亦慎，堅以持之，篤以守之，直視爲身心性命之故，必無一事敢苟且。」〔註 9〕胡曦在這封信裏，向黃遵憲坦誠地述說他雖家貧缺乏善本，但仍急欲編寫「地方志」的迫切願望，認爲寫方志一書，應採取認眞負責的態度，絕不能苟且，必須具備才、學、識；考據應周密，實事求是，至少要準備數十種參考書，方能「不貽後人以疑也。」並說明他所以要從事「方志」的撰寫，目的是「無負鄉梓」，即要爲家鄉人民作出貢獻。爲此他還對黃遵憲提出期許與策勵：「老兄將來，亦當留意。」黃遵憲遠客英倫之時曾回信表明志向：「記閣下所作《枌榆碎事・序》，有云：吾粵人也，搜輯文獻，敘述風土，不敢以讓人。弟年來亦懷此志。」〔註 10〕

胡曦晚年，仍繼續致力於鄉土文學的整理與編輯工作。據《胡曉岑年譜》中記載：「上海國學保存會順德黃節晦聞，撰《地理教科書》，於客族源流，多作誤解。粵中客屬人士，聞之大嘩，多爲文與辯，並呈大吏，禁止刊行。經廣東提學使，牌示更正。興寧興民學校諸教習，乞先生（筆者按：即胡曦，下同）爲《粵民考》，以示信將來。先生爲文數千言，詳實稱最。未幾即嬰疾不起，蓋絕筆矣。」〔註 11〕可見，直到生命的最後時刻，曉岑仍然在「搜輯

〔註 8〕羅香林：《胡曉岑先生年譜》，轉自興寧縣政協文史委員會編：《興寧文史》第 17 輯，1993 年版，第 136 頁。

〔註 9〕羅香林：《胡曉岑先生年譜》，轉自興寧縣政協文史委員會編：《興寧文史》第 17 輯，1993 年版，第 137 頁。

〔註 10〕羅香林：《胡曉岑先生年譜》，轉自興寧縣政協文史委員會編：《興寧文史》第 17 輯，1993 年版，第 154 頁。

〔註 11〕羅香林：《胡曉岑先生年譜》，轉自興寧縣政協文史委員會編：《興寧文史》第 17 輯，1993 年版，第 163 頁。

文獻、敘述風土」方面下苦功夫。

羅香林先生曾指出：「於時，學者輩出，言數學，則饒寶書簡香，言經學則羅獻修孝博，言音韻與客方言之學，則羅翽雲藹其，言史學則羅師楊幼山。而先生實集嶺學與經史考據詩古文辭之大成，最爲老師，有群峰共仰之概。所著書，大要以推源治本，昌明絕學，憲章名節，宏揚風雅爲依歸。」〔註 12〕觀其生平之著述，種類綦繁，凡四十餘種，百餘卷。茲據羅香林與胡毓寰二先生之記載〔註 13〕，將胡曦著述書目及其刊刻情況整理如下：

1.《讀經札記》二卷

此書凡四百八十八則。胡毓寰輯印《湛此心齋遺詩弓園吟草合刊》，附載曉岑先生著述目錄，曾爲著錄。此書殆未刊行，其稿本今亦遺失。

2.《興寧圖志考》八卷

此書卷一、二已自刊，木版。一部分初稿爲羅香林家所購得。

3.《興寧縣山志》二卷

此書爲胡曦命其六弟胡曔撰述。卷一於光緒十三年丁亥刊成，題署「嶺東興寧胡氏校刊十丈藕花詩舫藏版。」其版片曾藏於羅香林家守先閣。

4.《宋鄉賢羅學士遺事考略》三卷

此書已自刊印，木版，如今已罕見。羅香林與留港邑人袁五松、王蔭平諸先生等，嘗爲發起校印《興寧先賢叢書》，並將此書鈔本，印於第一冊。

5.《明鄉賢王御史遺事考略》三卷

此書於光緒五年（1879），由胡曦付興寧賞奇書局刊印，木版。後復自加校訂，其校訂本，已印於《興寧先賢叢書》第一冊。

6.《枌榆碎事》四卷

此書列《壺園外集》〔註 14〕第四種，卷一、三及卷四，已自刊行，木版。版片因庋藏不善，已甚模糊。內分四卷，卷一爲《耳目隨筆》，已自刊；卷二

〔註 12〕羅香林：《胡曉岑先生年譜》，轉自興寧縣政協文史委員會編：《興寧文史》第 17 輯，1993 年版，第 157 頁。

〔註 13〕以下述及的胡曦著述刊刻及存佚情況，分別引自羅香林《胡曉岑先生年譜》與胡毓寰《胡曉岑事迹繫年》，在此聲明，並向前賢之成果致敬。

〔註 14〕《枌榆碎事》、《茗餘雜説》、《咫聞類纂》、《鶯花海》、《三十六鱗留沈》、《楹聯小紀》、《散花餘沈》、《藝苑叢談》、《柏塗剩語》、《隙駒志餘》凡十種，統稱《壺園外集》十種。

爲《西河龍戶錄》，未刊，後爲梅縣黃氏慚書劍廬所得，經羅香林託黃氏鈔出副本，今已與其它三卷精鈔本，並印於《興寧先賢叢書》第一冊；卷三爲《興寧竹枝雜詠》，已自刊；卷四爲《咸豐己未禦寇紀》及《同治乙丑平寇紀》，《禦寇紀》已自刊，《平寇紀》則未刊。

7.《朝天坊祠祀考》三卷

此書爲未完成之作。羅香林家守先閣，舊藏其手稿少許，今已散佚不全。

8.《新訂龍川霍山志》十卷

此書亦爲未完成之作，羅香林家舊藏其稿本一冊，然已破損，難以整理。

9.《甘露事類》三卷

此書於仇士良事迹，甄錄至富。惜未及刊印，其稿本一部分，今爲羅香林家所藏。

10.《胡氏考稿》若干卷

此書僅存最先之稿本一冊，首頁書擬目，載正編擬分十卷，列賢臣、名臣、能臣、名人（隱逸並歸此類）、理學、經學、史學、忠義、毅勇、文藝、淑媛、烈婦等十二目。另載後編三卷，列散編、餘編、附編三目。

11.《讀史札記》二卷

此書凡八百八十三則。胡毓寰輯印合刊，附載著述目錄，曾爲著錄。

12.《嗚盛先聲錄》一卷，續集一卷

此書正集已於光緒二年（1876）自刊。續集亦稱二編，則未及刊成。

13.《鄉哲良規》二卷

此書已於光緒元年（1875）自刊，木版。題署「興寧賞奇詩局藏版，李聚賢堂元記刊印。」其版片曾藏羅香林家守先閣，今已散佚。

14.《湛此心齋詩集》十二卷

卷一、二已自刊，木版。民國二十四年興寧書店復爲排印行世。其第三卷以下各卷之稿本初藏胡錫侯手，今去向不明。

15.《湛此心齋文集》四卷

卷一已自刊，木版，今已罕見。其餘三卷，未知篇目如何。羅香林家曾藏胡曦壽序、哀誄及雜文等，手稿二冊，舊題壺園文稿，其一部分或曾載錄於文集也。

16.《湛此心齋駢文鈔》二卷

卷一已自刊，木版，今已罕見。

17.《湛此心齋雜著》若干卷

卷一已自刊，羅香林曾見刊本零頁，悉爲短賦，認爲其或與《壺園賦鈔》爲同一書。

18.《湛此心齋詩話》二卷

此書稿本今歸梅縣黃氏慚書劍廬保藏，後收入羅香林等編《興寧先賢叢書》第四冊。

19.《壺園制藝》四卷

此書爲興寧前輩所盛道，內分論古、考證、感事、課徒四卷，每卷含三十藝，合一百二十藝，故又稱《壺園百二十制藝》。卷一已自刊。

20.《梅水彙靈集》八卷

此書所選錄者，乃嘉應州本州島，及所屬興寧、長樂、平遠、鎮平等縣的前賢所作之詩篇。其稿本經胡錫侯等人之校勘，於民國二十二年，由興寧書店排印刊行。

21.《梅水文鈔初二集》若干卷

胡曦於《梅水彙靈集》題記及《與友人鍾子華書》等，屢言有《梅水文鈔》，羅香林未見其書，胡毓寰輯印合刊，附載著述目錄，亦云「卷數未詳」。

22.《一家草》二卷

此書爲胡曦輯錄其本族，自高祖胡樂初，至其祖胡蔭如（榕）等各代詩篇，整理而成者，已自刊印，木版，今已罕見。

23.《鶯花海》四卷

此書列於《壺園外集》第三種，爲依山歌風格而作之新體絕句，凡五百六十四首，惜未及刊印，而原稿已去向不明。羅香林之先外舅朱先生（希祖）《題嘉應三詩人遺墨》（黃遵憲、丘逢甲及先生）有云：「儒生閉戶了，畢世著詩書。可惜鶯花海，能傳一卷無。」

24.《咫聞類纂》若干卷

此書列於《壺園外集》第二種，惜未及刊印，稿本亦未見。

25.《散花餘沈》四卷

此書列於《壺園外集》第七種，內分「螢尾篇」、「雞肋篇」、「齏臼篇」、「樵笑篇」各一卷，均未刊印。「齏臼篇」爲先生自撰謎語，凡九百二十四條，手稿昔藏羅香林家守先閣，今已散佚。「樵笑篇」所載皆謠諺。

26.《茗餘雜說》四卷

此書列於《壺園外集》第一種，似未刊印。

27.《隙駒志餘》四卷

此書列於《壺園外集》第十種，亦似未刊印。羅香林家守先閣曾藏初稿一部分，今已散佚。

28.《三十六鱗留沈》一卷

此書列於《壺園外集》第五種，皆書信，凡一百五十二篇。未及刊印，原稿今亦未見。

29.《藝林叢話》若干卷

此書列於《壺園外集》第八種，亦未刊印。

30.《柏塗剩語》若干卷

此書列於《壺園外集》第九種，共四百五十四條。似亦未及刊印。

31.《楹聯小紀》若干卷

此書列《壺園外集》第六種，共一百八十則。未知是否曾刊印。

32.《雪泥模範》若干卷

胡毓寰輯印合刊，附載著述目錄，曾爲著錄，惟云：「卷數未明」，未刊印，原稿今已散佚。

33.《貫串瑣編》若干卷

胡毓寰輯印合刊，附載著述目錄，曾爲著錄，亦云：「卷數未明。」

34.《十五家賦鈔》若干卷

胡毓寰輯印合刊，附載著述目錄，曾爲著錄，惟云：「卷數未明。」

35.《鳳南文藪》若干卷

此書爲胡曦選錄當地前輩及時賢所作制藝而成者。一部分或曾刊印。

36.《嶺雲師友錄》四卷

《梅水彙靈集》題記：「自謂就吾梅見存諸人與四方投贈之作，撰爲《嶺雲師友錄》四卷」。似未刊印，其原稿亦已散佚。

37.《梅水摘句圖》一卷

此書爲胡曦命其三弟胡昶爲之，已刊印。

38.《停雲摘句圖》一卷

此書亦其命三弟胡昶爲之，羅香林家守先閣曾藏散稿數頁，今亦已散佚。

39.《壺園瑣記》四卷

羅香林家藏先生瑣記手稿四種：一、《丁卯瑣記》，二、《戊辰瑣記》，三、《四客葵陽記》，四、《己卯秋賦記》，合爲四卷。

40.《湛此心齋遺詩弓園吟草合刊》二卷

此書爲胡毓寰就《湛此心齋詩集》卷一、二刊本所遺存者，選錄一部分，合其父胡錫侯所作詩一部分，於民國二十年，及二十三年所合刊而成者。

41.《壺園試律》一卷

42.《壺園試藝》一卷

此書已自刊。

43.《興寧圖志》十二卷

44.《興寧胡氏家譜》四卷

此書分序例、宗圖、齒錄、傳志四卷，計鈔繕四部，宣紙楷書繕，布面厚裝，廣八寸，縱一尺，白地青格，間朱墨二色。

由上文整理之書目可見，關於胡曦之著述，羅香林與胡毓寰二先生之記載存異較多，其中包括篇目、書名、卷數等，爲便於比較，現將其列表如下：

胡曦著述記載目錄		
序號	羅　香　林	胡　毓　寰
1	《讀經札記》二卷	《讀經札記》四卷
2	《興寧圖志考》八卷	同羅（按：即羅香林，下同）
3	《興寧縣山志》二卷	無載〔註 15〕

〔註 15〕此處之「無載」指該書在羅香林《胡曉岑先生年譜》中有記載，而在胡毓寰《胡曉岑事迹繫年》並未見記載，下同。

4	《宋鄉賢羅學士遺事考略》三卷	《羅孟郊遺事考略》一卷
5	《明鄉賢王御史遺事考略》三卷	《王天與遺事考略》三卷
6	《枌榆碎事》四卷	同羅
7	《朝天坊祠祀考》三卷	無載
8	《新訂龍川霍山志》十卷	《霍山志》若干卷
9	《甘露事類》三卷	無載
10	《胡氏考稿》若干卷	無載
11	《讀史札記》二卷	《讀史札記》四卷
12	《鳴盛先聲錄》一卷，續集一卷	同羅
13	《鄉哲良規》二卷	同羅
14	《湛此心齋詩集》十二卷	同羅
15	《湛此心齋文集》四卷	同羅
16	《湛此心齋駢文鈔》二卷	同羅
17	《湛此心齋雜著》若干卷	同羅
18	《湛此心齋詩話》二卷	無載
19	《壺園制藝》四卷	同羅
20	《梅水彙靈集》八卷	同羅
21	《梅水文鈔初二集》若干卷	《梅水文鈔》二卷
22	《一家草》二卷	《一家草》二卷
23	《鶯花海》四卷	同羅
24	《咫聞類纂》若干卷	同羅
25	《散花餘沈》四卷	同羅
26	《茗餘雜說》四卷	同羅
27	《隙駒志餘》四卷	同羅
28	《三十六鱗留沈》一卷	《三十六鱗留沈》四卷
29	《藝林叢話》若干卷	《藝苑叢談》四卷
30	《柏塗剩語》若干卷	《柏塗剩語》四卷
31	《楹聯小紀》若干卷	《楹聯小紀》四卷

32	《雪泥模範》若干卷	《雪泥模範》一卷
33	《貫串瑣編》若干卷	《貫串瑣篇》若干卷
34	《十五家賦鈔》若干卷	《梅水十五家賦鈔》四卷
35	《鳳南文藪》若干卷	無載
36	《嶺雲師友錄》四卷	同羅
37	《梅水摘句圖》一卷	同羅
38	《停雲摘句圖》一卷	無載
39	《壺園瑣記》四卷	無載
40	《湛此心齋遺詩弓園吟草合刊》二卷	無載
41	無載	《壺園試律》一卷
42	無載	《壺園試藝》一卷
43	無載	《興寧圖志》十二卷
44	無載	《興寧胡氏家譜》四卷

胡曦著述存異較多，究其原因，主要有以下兩個方面：

其一，胡曦自刊書之修訂本較多。

胡曦喜歡刻書，而且非常認眞，一筆一畫，稍不正確，即要重刻。「他的刊本，大部分都是廣州高等手民雕刻的木版，字大，行疏，版廣，印刷的紙質，潔白嫩滑，天地空位寬長，封面標簽，必自題寫，全書格式的布置，美觀而大方。他的版稿宋體字的鈔寫，也備用專家執筆。」〔註 16〕他好寫本字，深惡俗體訛舛之字，並儘量摒棄。刊本印好之後，往往還要再次修改，改好復鈔，鈔好後往往又再改，所以各書稿之修訂本較多，一般會有一訂本、二訂本之分，甚至有五訂本、六訂本的。今觀其所傳之作，字句常有出入，多因所據之修訂本不同而造成。

其二，書稿被盜，散佚不全，後人傳鈔校印水平參差不齊。

因爲胡曦的文章名重一時，書法更是一字難求，故在其臨終病重之時，書稿爲夜盜所竊並密售於市。直至胡曦去世，親友整理其遺物時，才發現滿箱書稿，僅存殘篇十餘種，鈔正稿早已不翼而飛。親友也曾廣告徵求，然

〔註 16〕胡毓寰：《記曉岑先生》，轉自興寧縣政協文史委員會編：《興寧文史》第 17 輯，1993 年版，第 16 頁。

得稿者大多秘藏不出，以致胡曦的很多稿本至今仍下落不明……私購者中有一位秀才李威如，曾慷慨獻出《梅水彙靈集》繕正稿之全部。此稿爲胡曦胞弟胡䄇手鈔，經胡曦重加校訂而成。而李威如也僅收回原購書稿所費之白銀十一元，其爲人可堪稱許。後來，當地縣令彭精一曾集資，將《梅水彙靈集》全稿用活鉛字印成四百部。雖然其校印水平必不能與胡曦本人自刊本相比較，但相對於其它散佚書稿舛錯繁多的傳鈔本與翻印本來說，《梅水彙靈集》應該是其中保存較爲完整、刊印較爲精審的一部書稿，其研究價值自不待言。

第二節　胡曦的詩歌通俗化探索和努力

雖然胡曦與摯友黃遵憲同被時人論列爲「晚清嘉應三大詩人」，但若要提及他們在晚清詩壇上的地位，則或許大多數人會認爲二人之詩歌成就並不可同日而語。因爲黃遵憲雖「餘事且詩人」，但他在清末詩壇革弊鼎新的過程中，無論是他對「新派詩」的張揚，或是他「詩之外有事，詩之中有人」的豐富的詩歌創作實踐，都對中國近代詩壇做出了突出的貢獻。

黃遵憲在三十歲到四十七歲（即 1877 年到 1894 年）的將近二十年的時間裏一直過著外交僚屬的生活：三十歲隨何如璋出使日本，爲使館參贊；三十五歲調任美國舊金山總領事；四十三歲隨薛福成出使英國，爲使館參贊；四十四歲調任新加坡總領事；直到四十七歲時，甲午戰爭爆發，張之洞爲兩江總督，因爲籌防需人，這才奏調他回國。〔註 17〕

黃遵憲遊歷英美日等國多年，使他對西方文化和日本書化都有了切身的體會與比較深的理解，這也促使他在詩歌創作中突破了傳統詩歌題材的格局，「草完明治維新史，吟到中華以外天」〔註 18〕，「描繪出了詩人在置身西方文明時傳統思維方式及情感觀念所受到的巨大衝擊」〔註 19〕。而對於其在詩歌創作中對題材的革新，黃遵憲在 1891 年所作的《人境廬詩草自序》中有詳細的論述：

〔註 17〕 錢仲聯：《人境廬詩草箋注》，上海：上海古籍出版社，1981 年版，第 2 頁。

〔註 18〕 【清】黃遵憲：《奉命爲美國三富蘭西士果總領事留別日本諸君子》，見錢仲聯：《人境廬詩草箋注》，上海：上海古籍出版社，1981 年版，第 340 頁。

〔註 19〕 白傑、向天淵：《思想啓蒙下的詩體演進：重審「詩界革命」》，《蘭州學刊》，2005 年第 5 期。

> 今之世異於古，今之人亦何必與古人同。……其述事也，舉今日之官書會典方言俗諺，以及古人未有之物，未辟之境，耳目所歷，皆筆而書之。〔註 20〕

「今之世異於古，今之人亦何必與古人同。」著重強調了要在題材內容上大膽革新，而最主要的就是提倡以新材料、新思想入詩，即「古人未有之物，未辟之境」。黃遵憲在這一詩論主張的指導下創作的《今別離》四首就將西方的近代事物輪船、電報、照相術和東西半球晝夜相反之事，以成熟的古典詩歌的形式吟詠出來。詩人將這些新思想、新事物、新意境入詩，不僅擴大了傳統詩歌的表現範圍，而且也表現了詩人一種新的審美取向。黃遵憲在《酬曾重伯編修並示蘭史》一詩中說：「費君一月官書力，讀我連篇新派詩。」〔註 21〕他將自己的這一時期的詩作稱爲「新派詩」，言語間也頗有自豪之感。而這在當時復古、擬古之風甚盛的晚清詩壇可謂一石激起千重浪，他的《人境廬詩草》稿本 5 至 8 卷就共有 13 人題寫了跋語，其中既有宋詩派的陳三立、俞明霞、范當世等，也有後來提倡「詩界革命」的夏曾佑、梁啓超。錢鍾書曾經說過：「凡新學而稍知存古，與夫舊學而強欲趨新者，皆好公度。」〔註 22〕這段評價可謂是一語道明了黃遵憲詩歌創作以及其詩論的特色所在。

然而，事實上，若僅以新事物、新名詞入詩這一創作手法而言，胡曦與黃遵憲相比，並不遜色。他不但有著與黃遵憲非常接近的詩學理念，而且在詩歌創作實踐方面，甚至還可以說是啓領潮流的先行者。他於同治十三年（1874）便作有中國第一首寫外國輪船的詩歌——《火輪船歌》，這比黃遵憲於光緒十六年（1890）創作的的《今別離》，還要早面世十六年。即使比黃遵憲於光緒三、四年間在日本根據日本民歌所作的《都踴歌》，也早了數年。對此，錢仲聯先生給予了很高的評價，認爲「胡曦是黃氏早年作新派詩的同路人，也是先行者」。足可見胡曦在近代詩壇革新中的地位。

除了大膽地將近代出現的新名詞、新事物驅使於筆端，胡曦還十分注重以詩歌描繪嘉應地區，尤其是其家鄉興寧的山川風物及民俗風情。詩歌語言通俗曉暢，不避方言土語，具有濃鬱的嘉應客家山歌的風格。究其原委，當

〔註 20〕錢仲聯：《人境廬詩草箋注》，上海：上海古籍出版社，1981 年版，第 3 頁。

〔註 21〕【清】黃遵憲：《酬曾重伯編修並示蘭史》，見錢仲聯：《人境廬詩草箋注》，上海：上海古籍出版社，1981 年版，第 762 頁。

〔註 22〕錢鍾書：《談藝錄》（補訂本），北京：中華書局，1984 年版，第 23 頁。

與胡曦從小生長在山歌流行的客家地區有著密切的關聯。胡曦的家鄉興寧，同樣是山歌盛行的地方。從小在這樣的環境裏耳濡目染，接受客家山歌這一獨特的民間詩歌形式的薰陶，自然會受到山歌風格的深刻影響，並直接影響到他日後的詩歌創作實踐。

黃遵憲一直主張要向民間文學學習，並尤其注意從客家山歌中汲取必要的營養，他盛讚山歌歌唱者「何其才之大也」，甚至還有過大規模地搜集、整理山歌的意圖。然而，胡曦對於客家山歌的借鑒與融通，比黃遵憲要更爲充分。他曾「首仿山歌風格」編寫了《鶯花海》詩四卷。據羅香林《客家研究導論》記載：「與公度同時，亦嘗有志新詩創作的，有興寧胡曉岑……《鶯花海》一書，性質與山歌相仿，格創調逸，最爲公度所服。」誠如羅先生所言，黃遵憲在用民歌形式革新詩體方面，對胡曦確實是非常推重的。這一點在他早年所作的《山歌》題記中可爲明證：「僕今創爲此體，他日當約陳雁皐、鍾子華、陳再薌、溫慕柳、梁詩五分司輯錄。我曉岑最工此體，當奉爲總裁。彙錄成編，當遠在粵謳上也。」〔註23〕黃氏力推胡曦爲「最工此體」，並欲「奉爲總裁」，胡曦在仿山歌風格以作新詩方面的革新貢獻可見一斑。

此外，胡曦還借鑒家鄉山歌的風格，以竹枝詞的形式，編寫成《興寧竹枝雜詠》，分爲「古迹」二十首，「山家」二十二首，「閨情」二十七首，「景物」二十九首，另補編二首，共一百首。其中，如：

其四十一

渠儂不做萬户侯，渠儂鄉里倒騎牛。
渠儂住得轉城屋，走馬圍龍四角樓。
（邑鄉居築屋，有轉城圍龍走馬四角樓之目。）〔註24〕

其四十七

偷青十五怕人窺，阿媽當前婢後隨。
最苦鳳頭鞋子窄，四更踏月話歸遲。
（元夜婦女出摘花，曰偷青，亦取生子兆也。）

其六十

新婦如花入洞房，弄人姊妹太癡狂。

〔註23〕羅香林：《胡曉岑先生年譜》，轉自興寧縣政協文史委員會編：《興寧文史》第17輯，1993年版，第155頁。
〔註24〕此處爲作者胡曦自注，下同。

朝來整整團圓席，對面羞教看煞郎。

（俗新婚次日，於洞房設筵，新婦與郎君對飲，曰吃團圓。）

其九十二

吉湖西路甲湖南，九派溫泉占二泉。

落葉仰槐儂不管，筍廚蔬釜早安便。

（通志：嘉屬溫泉九派，興寧二，吉湖，邑西二十里，甲湖，邑南二十里是也。）

從上述所選四首詩，便可感受到濃鬱的客家氣息。胡曦正是以《興寧竹枝雜詠》這一大型組詩的形式，眞實地反映了興寧的風土人情，從一個側面表現了近代客家的社會生活，更是很好地展現了他在詩歌通俗化方面所作出的探索與努力。僅此貢獻，胡曦的詩歌創作成就便足以在嘉應、嶺南乃至全國詩壇佔有重要的一席之地。〔註 25〕

第三節　《梅水彙靈集》概況及其編纂體例

一、詩集概況

（一）版本

從第一節中的介紹，我們可知，胡曦雖少負大志，但由於科場屢次失意，故自光緒十一年（1885）應試報罷，便絕意仕進，在家鄉杜門不出，專心以著述爲務，直至去世。也因爲如此，造就了胡曦一生著述頗豐，其中著者便有《湛此心齋詩集》、《湛此心齋文集》、《湛此心齋駢文鈔》、《壺園外集十種》、《讀經札記》、《讀史札記》、《興寧圖志》、《興寧圖志考》、《枌榆碎事》、《廣東民族考》、《新訂龍川霍山志》、《嶺雲師友錄》、《梅水彙靈集》等，總計達數百卷之多。然其中保存最完整的當屬《梅水彙靈集》。

《梅水彙靈集》的編定時間是在清光緒十二年（1886），其時胡曦四十三歲，正是他絕意仕進，發奮著書的第二年。羅香林在《胡曉岑先生年譜》中就曾詳細述及《梅水彙靈集》的編定年月，云：「光緒十二年丙戌。先生四十三歲。在邑城授學，數年來甄錄嘉應五邑前人所作詩，爲《梅水彙靈集》八

〔註 25〕左師鵬軍先生對胡曦其人、其詩素有精深的研究，筆者本節之撰寫受左師《晚清嶺南客家詩人胡曦詩歌簡論》一文啓發甚多，在此致謝。

卷。再三考訂，至是重校一過，於立秋日撰爲題記。」〔註 26〕

需要指出的是，這段時期也是他著述創作的一個高峰期，他一生中比較重要的幾部著作都是在這個時候完成的。而在這些著作中，《梅水彙靈集》無疑是最爲宏大的一部。在編定《梅水彙靈集》的同年，胡曦還曾致書於鎮平鍾孟鴻子華，徵求先達遺文，略謂：「甲戌在都，從雁賓年丈（按：爲黃遵憲父），手錄得電白君《邯鄲題壁》一絕，及《詩紉》所收斷句，餘固未及見也。貴縣如黃澹溪觀清、雨生工部驤雲，及香翁東麓諸人，尚有古文足傳者否？弟別有《梅水文鈔》，吾梅山水清削，古文傳者有數。豈必待其時與其人歟。敢乞一二告我。」〔註 27〕

《梅水彙靈集》作爲現存最早、規模最大、體系最爲完備的梅州一地歷代詩歌總集。共收錄梅水地區從北宋至清末約一千餘年的二百二十七位詩人的優秀詩作二千零六十七首。全書分爲八卷，其中第一卷爲宋明部分，收錄詩人二十三家，詩作九十三首。第二卷至第七卷所收則均爲清代的梅州詩人及詩作，合共一百八十五人，詩歌一千九百一十五首。最後一卷，即第八卷，編者將其分爲上下兩個部份。上半部份所收乃十位閨秀詩人及其詩作四十四首，下半部份所收則是方外詩人及其詩作，凡詩人九家，詩歌十五首。卷末並附有宋明兩代無名氏創作的繇辭雜諺四首。全書按人繫詩，力求全備，爲後世研究梅州地區詩歌發展狀況提供了可靠的文獻參考資料。筆者對書中所收入的詩人姓名、詩作首數簡單整理如下表：

《梅水彙靈集》詩人與詩歌統計表

卷　目	朝　代	詩　　人	詩歌篇數
卷一	宋朝	羅孟郊	1 首
		藍　奎	1 首
		古　革	1 首
		蔡蒙吉	4 首
		楊　圭	1 首

〔註 26〕羅香林：《胡曉岑先生年譜》，轉自廣東省興寧縣政協文史委員會編《興寧文史》（第 17 輯・胡曦曉岑專輯），1993 年，第 148 頁。

〔註 27〕羅香林：《胡曉岑先生年譜》，轉自廣東省興寧縣政協文史委員會編《興寧文史》（第 17 輯・胡曦曉岑專輯），1993 年，第 149 頁。

		王　璡	2首
	明朝	王天與	1首
		曾　奎	1首
		王希賢	1首
		張天賦	35首
		顏　璡	1首
		王　淧	1首
		李　焞	1首
		鍾士楚	1首
		胡　爨	12首
		徐韶奏	1首
		張　玿	3首
		李　梗	5首
		張　琚	3首
		劉奎昌	1首
		王若水	2首
		林際亨	1首
		廖衷赤	13首
卷二	清朝	石詠竹	1首
		李以貞	10首
		彭邦瓊	1首
		李士淳	1首
		楊明經	1首
		程　煜	5首
		何　昆	3首
		陳龍光	1首
		曾榮科	5首
		熊夢龍	1首

	陳　銓	2首
	石娥嘯	8首
	李　琛	3首
	李象元	5首
	鄒　濤	1首
	陳鶚薦	4首
	李恒熉	6首
	楊　澍	3首
	林良銓	4首
	彭飛九	1首
	楊仲興	2首
	李　鐺	9首
	魏成漢	19首
	羅學旦	3首
	徐卓思	1首
	楊　勳	2首
	古元春	4首
	黃觀清	3首
	何映柳	1首
	葉承立	8首
	何　海	1首
卷三	顏鳴皐	6首
	羅之濯	4首
	李致臨	3首
	李⿰立存臨	22首
	顏鳴漢	8首
	羅清英	1首
	賴鵬翀	22首

		李　壇	20 首
		楊時行	1 首
		傅　槐	3 首
		葉　濂	3 首
		傅翰邦	1 首
		楊揆敘	1 首
		林孟璜	5 首
		鄭光緒	3 首
		李侃昭	6 首
		古光廷	2 首
		陳有懿	17 首
		蕭廷發	1 首
		黃履祥	2 首
		鍾　琅	4 首
		李嵩侖	1 首
		陳　疇	1 首
		葉　鈞	36 首
		葉　煌	1 首
		黎重光	5 首
		黃廷標	1 首
		吉履青	27 首
		楊梧幹	1 首
		溫俊彩	5 首
		吳熒乾	1 首
		李汝謙	1 首
		溫鳴泰	1 首
		呂　誥	4 首
		吳喬翔	3 首

	梁　崇	2 首
	黎秉衡	1 首
	徐光熊	1 首
卷四	宋　湘	384 首
	林　斐	3 首
	王利亨	15 首
	葉蘭成	3 首
卷五	李黼平	200 首
	何其傑	2 首
	吳蘭修	23 首
	張京泰	2 首
	孫恒亨	3 首
	楊清槐	1 首
	楊濟時	5 首
	鍾李期	1 首
	林步程	5 首
	江楫才	13 首
	江李才	6 首
	吳敬綸	17 首
	陳景彬	2 首
	陳一峯	30 首
	吳　龍	2 首
	顏崇圖	6 首
	顏崇衡	12 首
	李光昭	62 首
	徐友白	12 首
	李中培	1 首
	廖　紀	20 首

卷六	黃　釗	322 首
	林　翰	20 首
	黃　鈺	3 首
	徐　瀛	5 首
	黃鳴鳳	5 首
	黃翔鳳	5 首
	徐　嵩	5 首
	胡展元	1 首
	胡蘭枝	3 首
	陳銘恭	2 首
	賴　昭	1 首
	胡秀枝	1 首
	王　嶸	1 首
	張其翰	4 首
	李中楷	1 首
	劉汝棣	1 首
	邱起雲	47 首
	楊兆彝	1 首
	楊懋建	28 首
	劉慶父	1 首
	吳綬綸	1 首
	葉　濱	1 首
	張毓芝	1 首
	蕭彥初	1 首
	李鳳修	3 首
	李　燮	1 首
	李汝孚	2 首
卷七	溫　訓	57 首

黎　昱	2 首
羅清熙	6 首
吳梅修	4 首
侯柱臣	2 首
楊新蘭	1 首
陳大勳	4 首
傅光斑	1 首
楊炳南	1 首
蕭毓芬	1 首
李載熙	1 首
葉其英	2 首
楊鳴韶	3 首
傅光瑢	4 首
劉蓉鑒	2 首
劉汝言	3 首
陳士荃	2 首
李鏗載	1 首
李綸光	10 首
曾士梅	11 首
傅鳴珂	1 首
周　祺	2 首
陳昌謨	1 首
傅光弼	2 首
黃　平	3 首
陳南縉	1 首
陳　嶠	2 首
王奇章	2 首
劉伯芙	5 首

		鍾孟鴻	14 首
		饒　軒	2 首
		鍾仲鵬	5 首
		陳其藻	19 首
		溫綸溥	1 首
		邱　益	2 首
		曾雲章	4 首
		邱用章	1 首
		李紹濂	1 首
		黃祖培	1 首
		鍾覺黎	1 首
		陳炳章	2 首
		陳懷清	1 首
		古汝達	12 首
		溫謙豫	1 首
		林　錦	2 首
		王巨章	1 首
		陳　鋆	5 首
		徐起爨	1 首
		黃瀛海	4 首
		徐子英	1 首
		徐旭暉	1 首
		張廷棟	2 首
		溫章衡	29 首
		謝國珍	2 首
		陳耀章	12 首
		鄭師濂	2 首
		胡　瑤	1 首

		蕭大澍		1首
		黃濬源		2首
		陳展驥		1首
卷八上	閨秀	明朝	李　氏	1首
			何惠廉	1首
			吳　氏	1首
		清朝	許貞婦	1首
			馬阿好	1首　附
			室女蘭姑	1首
			古瑤華	1首
			曾　氏	1首
			范　蓾	18首　附
			葉璧華	18首
卷八下	方外	唐朝	慚　愧	1首
		宋朝	招仙觀羽客	1首
		明朝	碧　岡	1首
			明　曇	1首
			牧　原	3首
			慧　度	1首
		清朝	霽　月	1首
			慧　機	1首
			傅　雪	1首
	宋、明朝	繇辭雜諺		4首　附
合　計		227人		2067首

今人駱偉主編的《廣東文獻綜錄》一書詳細記載了該集善本的版本以及收藏情況：清光緒十二年（1886）鉛印本。書凡八卷，藏於廣東省立中山圖書館。經筆者訪查，華南師範大學圖書館、暨南大學圖書館還藏有《梅水彙

靈集》在民國二十二年（1933）經羅幼山〔註 28〕、羅翽雲〔註 29〕、胡錫侯、張警鏞校勘，由興寧書店刊刻行世的鉛印版本。現將此版本的基本情況簡單介紹如下：

1. 裝幀形式：線裝本；
2. 書題：「《梅水彙靈集》　癸酉春日　唐駝〔註 30〕署」；
3. 「牌記」：無；
4. 卷首題辭：「祝融沐精，司方發英，名山四百，神仙玉京，循水程水，五川彙靈，左師右別，巨刃掣鯨，龍泉石窟，孕劍涵星，載乘天風，言趨大瀛，天海東南，琅然正聲。興寧胡曦。」；
5. 「目錄」：列明卷數、詩人姓名及詩作首數；
6. 版式行款：①白口版心，單黑魚尾、版心上鐫「梅水彙靈集」，下鐫：「湛此心齋訂」；②每半頁 12 行，每行 32 字；③直行，烏絲欄，書版四周單欄；④無書耳；⑤書版框高 16.2cm，寬 11.5cm；
7. 正文字體：仿宋體；
8. 卷首題辭之後、目錄之前有例言六則。

（二）詩集釋名

對於《梅水彙靈集》這一名稱的由來，尤其是何以用「梅水」來指代其時之嘉應州所屬各地，胡氏在該書的例言中加有詳細的說明：

> 《石窟一徵》曰：「鎮平蓼陂鄉有梅溪宮。」案《一統志》載：「《嘉應州舊志》：『梅溪在城南五十步，有三源自子郊（屬長樂地）、水口（屬興寧地）合流入縣界（謂程鄉縣），過百花洲，經縣南，又

〔註 28〕羅幼山（1866～1931），原名曜生，號師揚，晚號希山老人，廣東興寧人。近現代著名教育家，革命先賢，學者。一生致力於倡導新學。1924 年 10 月，還曾出任興寧縣長，後於 1926 年辭去。辭職回鄉後，從事講學，並編纂東門《羅氏族譜》。1931 年 6 月 18 日，因急病在家逝世，終年六十六歲。著有《國史概》、《亞洲史》、《革命先烈稽勳傳》、《東門羅氏族譜》及《洪疇傳奇》，等其遺著已由幼子羅香林編成《希山叢書》。

〔註 29〕羅翽雲（1868～1938），字藹其，廣東興寧人。自幼勤奮好學，年方二十就舉於鄉，隨後入京，授內閣中書。民國四年（1915）返回鄉里，在新坳背靠近祠堂築建了「遯夫山房」，收納徒弟，授學教書，著有《客方言》一書。1927 年應中山大學之聘，赴廣州就教，任文學教授。1938 年病逝，終年 70 歲。

〔註 30〕唐駝（1871～1938），原名成烈，字孜權，號曲人。江蘇武進人。幼時因寫字坐姿不正而成駝背，改名唐駝。他的書法秀美遒勁，含蓄樸茂，時稱唐體，與沈尹默、馬公愚、天台山人並稱題額寫匾四大聖手。

東合周溪，又十餘里合西洋溪，又東合松源浚，又東奔赴於蓬辣，入大埔縣界。』據此則梅溪與鎮平無涉。案梅溪宮之在蓼陂，其溪則所謂柚樹溪也，源出平遠縣大柘村，流入縣界，經蓼陂至金沙，入石窟。若據《舊志》，則此溪與梅溪合流，尚有百十里之遙，固不得謂之梅溪矣。然嘉應宋時名梅州，其水曰梅溪，亦曰梅江，此必有地以梅名者，因而取之。今考《志》止有梅峰，乃在城西二里。明孝子溫禧居其麓，徧植梅花，因名。則梅峰之名，前明始有，又非宋時所謂梅州之義。惟楊誠齋《經藍田》詩有「一路誰栽十里梅」之句，然亦不過村莊所種。疑當日名州之義，亦不在此。而嶺外人臆說，謂漢梅鋗兄弟封邑。夫梅鋗封邑在臺嶺，即今之梅嶺。史稱項羽封鋗爲臺侯，食臺以南諸邑。州境爲嶺東地，不應屬梅鋗封境。即謂其食邑之廣，亦不應此州獨以梅鋗得名。竊謂圖經地志，古人盡爲耳食。《山海經》曰：「贛水出聶都山，東北流，注於江，入彭澤西。」案《章貢圖經》曰：「東江發源於汀州界之新樂山，經雩都而會於章水。西江導源於大庾縣之聶都山，與貢水合，二水合而爲贛。」是《山海經》所記，既漏其一矣。後漢《郡國志》曰：「贛有豫章水。」雷次宗云：「似因此水爲其地名，雖十川均流，而此源最遠，故獨受名焉。」余謂梅溪之名亦類此，蓋章貢二水，支流尚多，今以其入西江者，總謂之章水，東江者，總謂之貢水。故酈道元《水經注》：「於始興大江，悉目爲湞水」，猶此義也。以余臆說斷之，梅嶺以北至贛州之水，皆得名章水；梅嶺以南至韶州境之水，亦皆可名湞水；軍門嶺以東至贛州之水，皆得名貢水；軍門嶺以西至嘉應州境之水，亦皆可名梅水。貢水，入口者也，故謂之貢。江之爲言貢也；梅水，入海者也，故謂之梅。海之爲言晦也，不可以晦名，故名之曰「梅」。然則梅州之義，未必不由於此。而凡嘉應、平遠、鎮平之水，支流雖多，總謂之梅水，亦無不可也。則鎮平之有梅溪宮，固不爲無據矣。又曰：案《寰宇記》：「梅川有惡水，東流至潮州出海。水險惡，多損舟船。江水泛漲時，嘗有鱷魚隨水至州前」，案惡水即惡溪，在潮州東北七里許，亦名梅川。則余說不爲穿鑿矣，又黃氏釗之論梅水者如此。唐李吉甫《元和郡縣志》曰：「興寧江，去縣南一百八十里，即左別溪。」宋樂史《大平寰宇記》曰：「興寧縣有左別溪，在縣西北，從龍川縣界來，與右別溪合，流至梅、潮州入海。」元馬端臨《文獻通考》曰：「興寧晉縣有揭陽山、興寧江、左別（一本作左師）、右別溪。」《明史·地理志》曰：「興寧縣南有興寧江，長樂縣東南有興寧江。」曦昔綜覈諸書，作《興寧圖志考·沿革圖說》。茲復推論之曰：「考廣東之水，曰西江、曰北江、曰東江，併入南海。前人之論綦詳。餘高、廉、雷、瓊四州之水，由西北分流，外東南則嘉應、潮州之水，別爲東條入海。其據上游發源之地，固晉唐興寧縣之興寧江也。」阮氏《通志》曰：「興寧縣以興寧江得名。案今興寧爲舊齊昌縣地，古興寧實治今之長樂地，故統今之興寧及永安琴一琴二圖地、龍川興樂都地、平遠大信地（俱詳《興寧圖志考》）。其江水經流出於今長樂縣西歧嶺，爲今廣惠入嘉潮及閩門户。其名不知起於何時，應取二水分歧之義。」唐曰：循廣二州分水嶺，常袞謫潮經此。後人名曰丞相嶺者，亦此也。其源自今龍川縣丫髻山，歷天羊丫之麓，今俗稱昌黎所經之藍關。跨此出石硿爲羅經水，以水至此洄漩乃流名之。凡二十餘里，出嶺而流稍大，乃通舟楫。東至黃塘，又有龍川界所出之鐵場水注之。或曰酈道元《水經注》所云：其餘水又東至龍川，爲涅水屈北入員水者。涅水即鐵場水，其處產鐵、淘沙。上流水色常濁，正《説文》所謂「涅者，黑土在水中」之義。又羅經水即古員水。宋員鄉縣，以員水得名，並治此云云。《一統志》曰：「長樂縣洋田水，出龍川霍山東南（案此水有二支，一出新田者爲長，一出洋田。上游出丫髻嶂、黃石、白石等處，流至洋田至張坊約，二流始合），流入縣界，至鐵場，合葛洲水，又南至合水，入青溪。」案《寰宇記》曰：「霍山有興寧寺、靈龕寺，或云「霍水併入興寧江」，寺因以名之也。自此流四十里，經長樂縣南，復南流而東，約五十里，又少東，至七都河口，會今永安縣琴江之南北二流爲一支，即古之右別溪。別溪又東三十里至水口，會今興寧水爲一支，即古之左別溪。又由水口流二十里，經小峰，出老鴉嘴，是爲嘉應州境梅溪之上游，此古興寧江之源委也。」案齊氏召南《水道提綱》以琴江爲揭陽水，流經普寧，殊誤。道光間六氏嚴縮摹《内府輿圖》、與董氏祐誠《皇清地理圖》、阮氏《廣東通志》，並同其失。惟酈氏曰：「又東南一千五百里，歷揭陽縣入南海。」或云：「道里無如是之遠，道元未免博採而誤」。案由今龍川新田、丫髻嶂、洋田等水，至今長樂青溪，會合岐嶺之員水，順流下潮州，約一千里矣。近人祇由岐嶺溯源，因謂至潮五百里，此「一千」字，或後人改「五百」字，未及芟除，誤也。若如或云：「道元足迹未經，實無此水」，殊不然矣。今興寧、長樂諸水，永安東南水，並注興寧江，由東北以達梅溪。而平遠石龍山、萬斛泉諸水，流出大柘，入鎮平石窟，會於梅溪。下流至梅口鎮，又回流屈東南出大埔，釃然而至潮州入於海。此又於黃氏釗所論平遠、鎮平諸水外，合之興寧水、長樂水、永安水，並可謂之梅水矣。《說文》曰：「彙，器也」。《釋者》曰：「舊説彙，回也」。彙之爲言圍也。梅水由東北屈東南，然後放於南海，與回而圍之之義將毋同。大沖《蜀都賦》曰：「江漢炳靈，世載其英。」其竊比於梅水名集之義哉。

胡曦僅對「梅水名集之義」一項內容，便不吝配以洋洋灑灑二千餘言，文段中更多番對黃釗《石窟一徵》、王之正《嘉應州志》、《章貢圖經》、《山海經》、後漢《郡國志》、樂史《太平寰宇記》、馬端臨《文獻通考》、《明史・地理志》、酈道元《水經注》、齊召南《水道提綱》、六嚴縮摹《皇朝一統輿地全圖》、董祐誠《皇清地理圖》等多部史乘地志進行了精詳的注引。如此之例言，確實令人歎爲觀止，更不由對胡曦在文史地領域的深厚學養肅然起敬。

二、《梅水彙靈集》的編纂體例

地域詩歌總集的編纂在我國有著悠久的傳統。它起源於唐代，例如唐代殷璠編輯的《丹陽集》，便開啓了盛唐詩歌與地域文學之間融合互動的先河。再如五代劉松編輯的《宜陽集》，宋代孔延之、黃康弼合輯的《會稽掇英總集》，元代汪澤民、張師愚合輯的《宛陵群英集》等等皆是堪可傳世之集。明代以降，地域詩歌總集編纂之風較前代更爲盛行，如舒曰敬編輯的《皇明豫章詩選》、費經虞編輯的《蜀詩》、韓雍等編輯的《皇明西江詩選》、謝鐸編輯的《赤城集》、徐燧編輯的《晉安風雅》、趙彥復編輯的《梁園風雅》、胡纓宗編輯《雍音》等等。這一系列地域性詩歌總集，作爲編選地方藝文之經典模板，它們的不同體例及選旨爲此後的地域性詩歌總集編纂提供了很好的範式。

明清以降，嶺南詩壇日益繁榮，學術風氣也較前代熾盛。這樣一種良好的創作和學術氛圍，也爲嶺南地域性詩文總集的進一步發展提供了直接的文化和物質來源，在客觀上促進了詩文總集編纂的興盛。這一時期，也湧現出相當多優秀的嶺南地域性詩文總集，如清代屈大均的《廣東文選》、《廣東文集》、劉彬華的《嶺南群雅》、溫汝能的《粵東文海》、《粵東詩海》，伍崇曜、譚瑩的《楚庭耆舊遺詩》等，莫不志在遍求嶺南先哲遺詩文，對鄉邦文獻進行集腋成裘式的研究。而除了上述這類視野較爲開闊，放眼於嶺南整個區域的詩文總集之外。此時大放異彩的還有一類立足於郡縣的詩文總集，它們雖然僅旨在收錄一鄉一郡的詩人及詩作，選輯面相對狹窄，但因其編纂體例日趨成熟與完備，故也不乏特色以及深遠的影響力。胡曦的《梅水彙靈集》便是在吸取前人編纂經驗的基礎上編纂而成。

（一）輯錄詩人的數量

胡曦的《枌榆碎事》序言有云：「吾粵人也，搜輯文獻，敘述風土，不敢以讓人。」在這份欲爲梅水地區歷代先賢傳詩文之迹的夙願的驅動下，胡曦在編輯《梅水彙靈集》時，一直非常注重廣爲採集諸多相關的鄉邦詩歌文獻。故全書收錄詩人數量眾多，且涵蓋區域也頗爲廣泛。收錄詩人的年限更是由北宋元祐年間直至清末，凡一千餘年，合共收詩人二百二十七家。

值得稱道的是，《梅水彙靈集》雖作爲一部以選輯梅水地區之詩人爲旨歸的詩歌總集，但它選輯詩人數量之多，便是將其置諸選輯範圍遍及嶺南地區全境的詩歌總集之中，也毫不遜色。例如向被譽爲在眾多的嶺南詩歌選本中最爲詳贍的《粵東詩海》。《粵東詩海》的編者順德龍山人溫汝能是乾嘉年間嶺南地區的著名學者，又以詩才敏捷見稱於時。洪亮吉曾稱他「高出流品」，「凡世俗貴遊之習，聲氣趨競之場，概不能染」。辭官南歸後，有感於前人所輯的嶺南文獻「或搜輯未富，或採取未精」，遂銳意搜輯地方文獻。經過七載寒暑，終於編成《粵東詩海》一書。該書卷帙浩繁，凡一百零六卷，共收錄自唐迄清嘉慶年間已歿作者一千零五十五家，其中唐代十三家，宋代三十家，元代九家，明代四百五十九家，清代四百一十六家，閨媛七十八家，方外三十家，仙佛十八家，託名爲鬼者二家，堪稱嶺南最大型的歷代詩歌總集。其《例言》云，有唐一代，粵詩作者既未多，而又或散佚失傳，故傳作概行收入，恐更失墜也。宋代粵詩多蒼勁有骨，而其失或迂拙乏致，故取瑜棄瑕，稍加選擇。元代粵詩作者較少。至明、清兩朝，粵詩大盛，故搜羅甚富。而且，除了公卿官宦、騷人墨客、學子寒士之外，舉凡僕童野老、名媛閨秀、僧道方外，以及謠諺雜語，都能擇善而錄。《粵東詩海》的「詩海」之名，取匯流成海之意，以嶺海本爲海國，而歷代粵詩亦如海之浩瀚。溫氏此書，實已無愧「詩海」之名，但書中所輯錄的嶺南歷代詩人之數目，尚不如《梅水彙靈集》所收梅水地區一地爲多。《梅水彙靈集》搜羅之富，於此可見一斑。

又比如旨在收錄嘉應五屬先賢的遺詩選集——《梅水詩傳》。該書分爲「初集」、「續集」、「再續集」共七冊十五卷。「初集」、「續集」均由梅縣鬆口旅印度尼西亞僑賢張榕軒、張耀軒昆仲輯刊並出資於清末刊印。「再續集」則由張芝田、黎茂仙選編，當時未出版。《初集》由黃遵憲作序。收入自宋末至清末六百三十五位詩人的詩作共三千多首。此書三集出齊之際，已是民國年間。由於該書比《梅水彙靈集》的面世尚遲半個世紀，故本應後出轉精才是，但很可惜，該書無論從選輯詩人的數量，或是選輯詩人的地域範圍，都未能超越《梅水彙靈集》。（筆者按：因張芝田在《梅水詩傳》凡例最後寫道：「嘉應之詩從未有選刻者，余懷此志久而未遂。家榕軒觀察性耽風雅，情篤梓桑，與余有同心，慨然獨任剞劂費，所以能早付手民，成此美舉者，實觀察之力也。」在這段話中，張芝田在明明有胡曦《梅水彙靈集》在前的情況下，竟仍然宣稱「嘉應之詩從未有選刻者」。個中之緣由，一方面，有可能是張氏故作僞說，以達到極大地誇美張榕軒、張耀軒昆仲出資輯刊先賢遺詩之功的效果；而另一方面，依筆者之見，張芝田作爲當地知名的學者文人，應不至於故意作僞，他之所以這樣來表達，更有可能是他限於識見，而對胡曦的《梅水彙靈集》從無所知之故。這也從客觀上造成《梅水詩傳》雖然後出，但較之《梅水彙靈集》，詩人、詩作均失收不少。

（二）輯錄詩人的範圍

《梅水彙靈集》中所錄之詩人幾乎涵蓋嘉應各個區域，即便如文化發展較滯後的郡縣，對其詩人也有收錄，這在很大程度上彌補了這些地區在嘉應詩歌發展史上的空白。入選《梅水彙靈集》的詩人中，既有具宦績和科名之文人雅士，亦參雜有不少布衣、詩僧及閨閣詩人，並在卷末加附創作客家民間歌辭謠諺的無名氏作家，力求平衡地做到「以人存詩，以詩存人」。

1. 時間範圍及排序標準

《梅水彙靈集》分爲八卷，從宋代的羅孟郊始，至晚清陳展翼止。因詩人數量眾多，且又年代久遠，相關生平材料散佚者十之八九，實在難以對每位詩人的生卒年逐個進行哪怕大致猜測性的考索，故胡曦將所收錄的二百二十七位詩人，以編年爲體，序次先後按列代年紀，不以郡縣分編。相同朝代的作家則有科名者以科名之先後爲次，無科名者，約以主要活動年代和輩行之先後爲次。僅舉卷二中的數位詩人爲例，其在詩集中的排序如下：

李士淳，字二何，舊程鄉人，崇正〔註31〕戊辰（筆者按：1628）進士
楊明經，字六笥，鎮平人，崇正乙亥（筆者按：1635）拔貢
何　焜，字□□〔註32〕，舊程鄉人，順治辛卯（筆者按：1651）歲貢
陳龍光，字爲雨，興寧人，順治丙申（筆者按：1656）歲貢
曾榮科，字玉峰，興寧人，康熙丁未（筆者按：1667）進士
熊夢龍，字願述，興寧人，康熙丙午（筆者按：1666）舉人
陳　銓，字次臣，興寧人，康熙甲寅（筆者按：1674）拔貢
石娥嘯，字鐵霽，興寧人，康熙甲子（筆者按：1684）舉人
李　琛，字少游，舊程鄉人，康熙癸酉（筆者按：1693）舉人
李象元，字伯猷，舊程鄉人。康熙辛未（筆者按：1691）進士
鄒　濤，字慕山，興寧人，康熙戊寅（筆者按：1698）舊程鄉學歲貢
陳鶚薦，字飛仲，舊程鄉人，康熙庚辰（筆者按：1700）進士
李恒熉，字用明，舊程鄉人，康熙戊子（筆者按：1708）舉人
楊　澍，字燮冶，舊程鄉人，康熙戊子（筆者按：1708）歲貢
林良銓，字衡公，平遠人（行履未詳）
彭飛九，字□□〔註33〕，興寧人，雍正癸卯（筆者按：1723）舉人
楊仲興，字直庭，嘉應人，雍正庚戌（筆者按：1730）進士
李　鐳，字允求，舊程鄉人，諸生
魏成漢，字星垣，長樂人，雍正乙卯（筆者按：1735）拔貢
羅學旦，字魯亭，興寧人，雍正乙卯（筆者按：1735）拔貢
徐卓思，字常英，鎮平人，廩生
楊　勳，字雲亭，嘉應人，乾隆己未（筆者按：1739）進士
古元春，字明雪，平遠人，布衣

〔註31〕原書中爲了避雍正皇帝名諱，將「崇禎」記作「崇正」，下引均同。
〔註32〕原文即以方框代替。
〔註33〕原文該處即爲空白。

黃觀清，字澹溪，鎮平人，乾隆壬午（筆者按：1762）進士
何映柳，字麟山，興寧人，乾隆壬戌（筆者按：1742）進士
葉承立，字奕華，嘉應人，乾隆乙丑（筆者按：1745）進士
何　海，字涵萬，鎮平人，乾隆丁卯（筆者按：1747）優貢

由上述列表，可清晰地看出，《梅水彙靈集》卷二中的二十七位詩人，除了卷末的何映柳、葉承立、何海三位詩人的科第年份與前面的詩人稍有先後的出入外，其餘二十四人均嚴格按照詩人科第先後次序來進行排列。

這種按照時代和科第先後來排序的方式優點很明顯，即能令時代線索明顯，源流正變秩然可按。同時，也使人能從縱向的歷史發展進程中一覽嘉應梅水一地詩歌歷史發展演變之迹，反映嘉應詩歌史的進程。但是這種編排方式也有弊端，就是不利於檢索。在這點上就不如依韻編次的編排方式，比如《兩浙輶軒錄》和《國朝杭郡詩輯》這兩個系列，在編排正文時是按照時代先後爲序的，但其將作家姓氏依韻編次成一個目錄，附於正文之首，並且在每一個作家名下附有籍貫和所在正文卷數。這種方式就非常類似今天按姓氏音序來排列順序的先後，如此一來，則我們只要知道作者的姓氏就可以直接通過查序，迅速找到該作者，十分方便。而且，將同一姓氏的詩人編排在一起，對於有志於研究當地之家族文學的研究者，也會爲其帶來檢索上的便利。但是胡曦在此只是簡單承襲了前人之成例，並無甚獨特創新與便利之處可言，故不再做贅述。

2. 地域範圍

近代著名詩論家陳衍在《補訂〈閩詩錄〉凡例》中曾談到：「原錄於土著、流寓、名宦雜屏一處，而宮閒、閨閣、道士、釋子之類亦未分析。今不錄名宦、流寓者，另編於各集之末，而益以仙神、鬼怪、雜歌謠之類。」可見陳衍認爲鄭傑《全閩詩錄》的分類尚未完備，不僅分類不夠明晰，而且存有疏漏。因此，陳衍補訂時增設諸多小類，使分類明細而有序。而胡曦在選輯詩人和將其編類之時，所奉行的理念可謂與陳衍完全一致。從總體上看，《梅水彙靈集》的編例以時間朝代爲經，以科第先後爲緯，細檢各卷所收，實際上又可分爲大致五類，作者由士子、隱士、閨秀、僧侶到田頭鄉間之男女。而且，《梅水彙靈集》與其它郡縣的地域詩歌總集有個最大的區別，那就是胡曦並未在詩集中採錄當地名宦及流寓者的詩歌作品。

從《梅水彙靈集》所收作者的籍貫範圍來看，在二百二十七位詩人中，興寧籍詩人有六十六人，長樂籍詩人有十一人，鎮平籍詩人有三十七人，平遠籍詩人有三人，嘉應籍詩人有七十五人，（舊）程鄉籍詩人則有二十三人。由此可知，《梅水彙靈集》所收錄詩人的地域範圍其實即是清雍正十一年以來的嘉應五屬，即興寧、鎮平、平遠、長樂、嘉應／程鄉。這與胡曦在詩集卷首的《例言》中所簡介的「梅水地區」嘉應州之範圍是完全一致的：

> 《一統志》〔註 34〕曰：嘉應州，《禹貢》〔註 35〕揚州南境，春秋戰國爲百越地；秦爲南海郡地；漢爲南海郡揭陽縣地；東晉後爲義安郡海陽縣地；齊始分置程鄉縣，屬義安郡；至隋因之唐，屬潮州；五代南漢乾和三年於縣置散州；宋開寶四年改曰梅州，屬廣南東路，熙寧六年廢州，元豐五年復置，宣和二年賜名義安郡，紹興六年又廢州，十四年復置；元至元十六年升爲梅州路，二十三年仍降爲散州，屬廣東道；洪武二年廢州爲程鄉縣，屬潮州府。本朝初因之，雍正十一年升爲直隸嘉應州，領縣四：曰興寧、曰長樂、曰平遠、曰鎮平。
>
> 興寧縣，漢南海郡龍川縣地；東晉分置興寧縣，屬東官郡；宋齊以後因之；隋改屬龍川郡；唐屬循州；五代宋元因之；明屬惠州府。
>
> 長樂縣，漢南海郡龍川縣地；東晉以後爲東官郡興寧縣地；五代南漢時移興寧縣來治；宋天禧二年興寧還故縣，以其地爲長樂鎮（自五代云云，至此有誤，詳《興寧圖志考》），熙寧四年改置長樂縣，屬循州；元因之；明屬惠州府。
>
> 平遠縣，漢揭陽縣地；東晉爲海陽縣地；齊以後爲程鄉縣地；明嘉靖四十三年分程鄉及惠州府，興寧縣地置平遠縣，屬潮州府。
>
> 鎮平縣，漢揭陽縣地；東晉爲海陽縣地；齊以後爲程鄉縣地；

〔註 34〕即《大清一統志》，是清朝官修的地理總志，是繼隋《區域圖志》，唐《元和郡縣圖志》，宋《太平寰宇記》、《元豐九域志》，《大元一統志》，《大明一統志》以來的集大成之作。

〔註 35〕《禹貢》是《尚書》中的一篇。是戰國時魏國的人士託名大禹的著作。這篇《禹貢》以地理爲徑，分當時天下爲九州島，這是撰著者理想中的政治區劃。

明嘉靖以後爲平遠縣地，崇正六年始分平遠及程鄉縣，置鎮平縣，屬潮州府。

四縣本朝初因明制，雍正十一年改屬嘉應州。阮氏元《廣東通志》曰：「嘉慶十二年升爲嘉應府，復置程鄉縣，十七年仍爲州，省程鄉縣。」案此爲今嘉應州歷朝沿革大畧也。

由此可知，胡曦在《梅水彙靈集》中對於詩人籍貫的評斷，均以《大清一統志》所分郡縣爲斷，對於古今地名有變化者，悉按照方志舊紀，並詳細加以注明今日之某地即古時之某地。而對於詩家郡邑的記錄，諸本有異者，更參以阮元《廣東通志》、《嘉應州志》以及興寧、鎮平、平遠、長樂和程鄉幾地之縣志爲參考。

（三）詩人輯錄標準

1.「因人存詩」

《梅水彙靈集》八卷共收錄宋代詩人七家（含方外詩人一家），明代詩人二十四家（含閨閣詩人三家，方外詩人四家），清代詩人九百三十三家（含閨閣詩人七家，方外詩人三家）。

「因詩存人」與「因人存詩」相結合，是大多數詩歌總集的編者在選輯詩人時所採用的共同標準。阮元在《兩浙輶軒錄》初集中曾將這一標準闡發得非常透徹：「因詩存人，則詩在所詳；因人存詩，則詩在所略。」〔註 36〕

這種選輯標準尤其在清代以後的詩歌總集編纂中使用得更爲普遍，如《國朝詩別裁集》、《淮海英靈集》等都是如此。但是在具體到人的編排問題時，各選家採取的方式不盡相同。由於《梅水彙靈集》編輯之主旨乃是盡可能多地收錄嘉應梅水地區的詩人和詩作，故胡曦在編選《梅水彙靈集》時更多採用的是「因人存詩」的選輯標準。

所謂的「因人存詩」，可見編者編選之最終主旨除了存詩，更在於存人。而不在這種選輯標準的指導下，也必然會令「詩人」的概念內涵大大擴充，因爲既是著眼於人，那麼，只要是嘉應籍人士，只要他曾寫過詩或有詩作、詩集留傳後世，便可將其視爲廣義上的詩人，從而入選。因此，《梅水彙靈集》於編選詩人一環，體現出的最大價值莫過於胡曦在詩集中收錄了大量沒有科

〔註 36〕【清】阮元：《兩浙輶軒錄・凡例》，《續修四庫全書》編纂委員會編：《續修四庫全書》，第 1683 冊，上海：上海古籍出版社，2002 年版，第 110 頁。

名與官職，名不出閭里的布衣、隱士；詩稿未刻、或刻而未傳，或已散佚殆盡，或流向不明的詩人；以及多位僅見其詩，而對其字、號、生平行履均幾乎一無所知的詩人。例如：

宋代程鄉詩人楊圭，字、號、行履均不詳，《梅水彙靈集》卷一收錄其詩一首；

清代程鄉詩人程煜，字貽先，行履不詳，《梅水彙靈集》卷二收錄其詩五首；

清代程鄉詩人何焜，字、號、行履均不詳，《梅水彙靈集》卷二收錄其詩三首；

清代平遠詩人林良銓，字衡公，行履不詳，《梅水彙靈集》卷二收錄其詩三首；

清代平遠詩人古元春，字明雪，行履不詳，《梅水彙靈集》卷二收錄其詩四首；

清代嘉應詩人葉承立，字奕華，行履不詳，《梅水彙靈集》卷二收錄其詩八首；

清代嘉應詩人李致臨，字纘亭，行履不詳，《梅水彙靈集》卷三收錄其詩三首；

清代嘉應詩人李lovely臨，字淡齋，行履不詳，《梅水彙靈集》卷三收錄其詩二十二首；

清代嘉應詩人葉濂，字霽林，行履不詳，《梅水彙靈集》卷三收錄其詩三首；

清代嘉應詩人林孟璜，字玉田，行履不詳，《梅水彙靈集》卷三收錄其詩五首；

清代嘉應詩人鄭光緒，字繼之，行履不詳，《梅水彙靈集》卷三收錄其詩三首；

清代嘉應詩人李侃昭，字守敬，行履不詳，《梅水彙靈集》卷三收錄其詩六首；

清代嘉應詩人黃履祥，字楓亭，行履不詳，《梅水彙靈集》卷三收錄其詩二首；

清代嘉應詩人葉煌，字星階，行履不詳，《梅水彙靈集》卷三收錄其詩一首；

清代嘉應詩人呂誥，字、號、行履均不詳，《梅水彙靈集》卷三收錄其詩四首；

清代嘉應詩人吳喬翔，字恕夫，行履不詳，《梅水彙靈集》卷三收錄其詩三首；

清代嘉應詩人黎秉衡，字子樹，行履不詳，《梅水彙靈集》卷三收錄其詩一首；

清代鎮平詩人徐光熊，字、號、行履均不詳，《梅水彙靈集》卷三收錄其詩一首；

清代嘉應詩人楊時濟，字星槎，行履不詳，《梅水彙靈集》卷五收錄其詩五首；

清代鎮平詩人黃翔鳳，字琴扆，行履不詳，《梅水彙靈集》卷六收錄其詩五首；

清代嘉應詩人李中楷，字桐巒，行履不詳，《梅水彙靈集》卷六收錄其詩一首；

清代嘉應詩人吳綬綸，字、號、行履均不詳，《梅水彙靈集》卷六收錄其詩一首；

清代嘉應詩人葉濱，字、號、行履均不詳，《梅水彙靈集》卷六收錄其詩一首；

清代嘉應詩人張毓芝，字、號、行履均不詳，《梅水彙靈集》卷六收錄其詩一首；

清代嘉應詩人蕭彥初，字、號、行履均不詳，《梅水彙靈集》卷六收錄其詩一首；

清代嘉應詩人李燮，字、號、行履均不詳，《梅水彙靈集》卷六收錄其詩一首；

清代嘉應詩人李汝孚，字、號、行履均不詳，《梅水彙靈集》卷六收錄其詩二首；

清代嘉應詩人吳梅修，字、號、行履均不詳，《梅水彙靈集》卷七收錄其詩四首；

清代嘉應詩人葉其英，字蓉史，行履不詳，《梅水彙靈集》卷七收錄其詩二首；

清代興寧詩人溫謙豫，字、號、行履均不詳，《梅水彙靈集》卷七收錄其詩一首。

胡曦在選輯詩人之時，並不計詩人本身的社會地位，相反，他選入了大量名位不顯或傳作式微的詩人之作，足可見其以保存歷代嘉應詩歌文獻爲己任之公心。同時，雖然胡曦也無力爲這批事迹難見於其它文獻的詩人考察到更多、更準確的史料說明，但是，即便如此，《梅水彙靈集》在保存嘉應詩歌史料方面已是功不可沒。

2. 對女詩人的重視與收錄

中國古代的女子在傳統的重男輕女思想的籠罩下，一向處於社會的最底層。「女子無才便是德」更是成爲了整個封建社會共同遵循的信條。客家女子素以聰慧、賢良、勤勞著稱於世，黃遵憲在其客家婦女詩中便充分展露了客家婦女勤勞儉樸的性格，如「中原有舊族，遷徙名客人。過江入八閩，輾轉來海濱。儉嗇唐魏風，蓋猶三代民。就中婦女勞，尤見風俗純。雞鳴起汲水，日落猶負薪。盛妝始脂粉，常飾惟綦巾。」〔註 37〕雞鳴汲水、日落負薪、少施粉黛、常飾綦巾，這正是客家婦女生活和形象的最眞實寫照。客家婦女的勤勞樸實，不因身份地位的懸殊和年齡的差異而有所不同，正如黃遵憲所言：「婦女之賢勞，竟爲天下各種類之所未有。大抵曳履，戴叉髻，操作等男子，其下焉者，蓬頭赤足，帕手裙身，挑者負者，提而挈者，闐溢於闤肆之間，田野之中；而窺其室，則男子多貿遷遠出，或飽食逸居無所事。其中人之家則耕而織，農而工，豬柵牛宮，鴨欄雞架，犬牙貫錯，與人雜處。而篝燈砧杵，或針線以易屨，抽繭而貿織，幅布而縫衣，日謀百十錢，以佐時需。男女線布，無精粗劇易，即有無贏絀，率委之其手。至於豪家貴族，固稍暇豫矣，然亦井臼無分親人，針管無不佩也，酒食無不習也。無論爲人女，爲人婦，爲人母，當人太母，操作亦與少幼等。」〔註 38〕清人屈大均在談到長樂（今廣東五華）、興寧、增城等地客家婦女終年辛勞的情況時也說：「其男即力於農乎，然女作乃登於男。厥夫菑，厥婦播而獲之。農之隙，晝則薪蒸，夜則紡績，竭筋力以窮其歲年。」〔註 39〕但由於受教育的程度不高，致使她

〔註 37〕【清】黃遵憲撰，吳振清、徐勇、王家祥編校整理：《黃遵憲集》，天津：天津人民出版社，2003 年版，第 86 頁。

〔註 38〕【清】黃遵憲撰，吳振清、徐勇、王家祥編校整理：《黃遵憲集》，天津：天津人民出版社，2003 年版，第 386 頁。

〔註 39〕【清】屈大均著，李育中等注：《廣東新語注》卷八《女語・長樂、興寧婦女》，廣州：廣東人民出版社，1991 年版，第 242 頁。

們在詩歌創作方面難有建樹。直至明代嘉靖以後，隨著嘉應地區人才輩出，文風日益昌盛，當地女子受教育的程度才得到較大的提高，這也促使當地的女詩人終於得以開始在詩壇嶄露頭角。相應的，有著開明的文學觀念的胡曦對嘉應地區明代以來的女詩人也非常重視，在《梅水彙靈集》卷八中對十位閨閣女詩人加以了收錄：

明代李氏，郭大順妻，舊程鄉人。阮元《廣東通志・列女傳》中記云：「幼讀書，明大義，歸未幾而夫病革，李有娠，大順與訣曰：『倘生男，幸爲我支此門戶，生女則毋自惧耳。』李泣，矢死。既而舉一女，遂日夜號慟，自制《絕命辭》一章。拊夫靈三匝，一躍而死。」《梅水彙靈集》中收錄的正是李氏的這首《絕命辭》。

明代何惠廉，興寧諸生黃綷妻。阮元《廣東通志・列女傳》記曰：「幼從父訓，通《論語》、《孝經》。年二十一，適綷。綷貧，何脫簪珥以市書。居三年，綷死，誓無異志，足不踰閫，年七十七卒。」《梅水彙靈集》中收錄其《述哀》一篇。

明代吳氏，興寧人胡國纘妻。萬曆四十年，國纘之潮州，扼於湯侯氏。吳氏聞訃，哀痛欲絕。孤子大鴻方生，矢志撫之成立，年二十七死。無子，復抱夫兄子大勳之子運禧爲後。生平事育姑子孫，守義靡他，妯娌無間言，年五十二卒。知縣張公鳳翩以「苦節撫孤」旌之。《梅水彙靈集》中收錄其《絕壁詩》一首。

清代馬阿好，羊城大新街馬子存女，本順德縣烏村鄉人，頗通文墨。年十八，嘉慶六年冬，有楊某者客省垣，紿娶以歸。抵嘉應，忽變計，以家原有妻，誘女改適。女願爲妾，不從，恚而投河。遇救得蘇，乃剪髮者三，頭禿。然夫終不悟，旋墜樓，未即死，因寫《永訣詞》一律，繫衣帶乘夜自縊。嘉慶十一年，鎮平醫者鍾鴻慶，偕廖欽觀倡呈州牧表其墓，遍徵挽詩刊之，曰《馬烈婦集》。胡曦家中恰存該集一卷，故特爲錄出其《永訣詞》編入《梅水彙靈集》中。

清代室女蘭姑，嘉應州人。稱之爲「室女」，乃因爲實在已難覓其姓氏之記錄。而且，巧合的是，蘭姑之所以能引起胡曦的注意，正是因爲其詩《弔馬烈婦和原韻》：「誰家薄幸此無良，慘烈紅顏欲斷腸。石化何年歸故土，梅朧殘夜泣空房。仙花嶺上霜啼鶴，錦水灘頭月冷鴦。細嚼遺篇人不見，郭東黃土一抔香。」被上文提及的鍾鴻慶編輯的《馬烈婦集》所收錄。

此外，程鄉人許貞婦、嘉應楊懋建室古瑤華、興寧陳某室曾氏也分別被載錄詩歌一首。

而在《梅水彙靈集》的閨閣卷部份，詩歌數目占比重最大，且最値得一提的莫過於嘉應地區史上最著名的兩位女詩人范荑香與葉璧華。二人的《化碧集》及《古香閣集》堪稱晚清嘉應詩歌的璀璨明珠。

范荑香，原名瑠淑，字茹香，又字荑卿，大埔人。出身於數代書香之家。其高祖父范元凱，康熙五十三年舉人；曾祖父范覲光，乾隆二十五年歲貢生；祖父范彪，乾隆三十二年舉人，曾任嘉應州學正；父范引頤，嘉慶九年舉人，曾任三水縣教諭。范荑香自幼聰穎，並嫻吟詠，十二歲即能賦詩填詞。二十一歲時嫁給本縣秀才鄧耿光。夫妻感情甚篤。婚後四年，丈夫卻撒手人寰。其兄將一子過繼給她爲兒。生活艱苦，夫兄等人要她改嫁，范荑香堅執不從，認眞教兒讀書，曾寫過《課兒》詩三十六韻。范荑香的父親棄官回鄉後，憐女境遇，令她回娘家居住，兼侍奉父母。二十年後，父母均去世。范荑香無所依，於是誓志空門終老，削髮爲尼，長齋念佛，棲嘉應錫類庵。自此，她往往借詩以詠歎其心境的憂傷與抑鬱物，從而使詩歌充滿著冷清寂寞的情調。如《述恨》云：「被害何因實可傷，八旬孤苦痛淒涼。門無關鍵廚無火，爐有寒灰地有霜。病裏飢寒惟自泣，健時勞力爲人忙。如今何處求生計？血淚遺書訴上蒼！」，《寄范氏偶成》云：「事虢且慚才未盡，刖和猶抱璞何爲」，《詠夾竹桃》云：「逐水已知浮世幻，嫁春誰奈歲寒深」，《風蘭》云：「高潔獨盟君子志，飄零誰惜美人芳」，《落花》云：「紅綃有淚情難斷，紫玉成煙志不移」，又曰：「髗骨總成青冢草，芳魂不化楚山雲」，又曰：「同心願結重陽友，一任風霜獨自持」，《擬陳玉蘭悼憶》云：「他生若有蘭因訂，轉願潘郎賦悼亡」，其志皆可哀而催人淚下。范荑香一生足迹踏遍嶺東、廣州、潮州、三水等地，到過不少名山古刹，皆有題詠，詩多達千首。

如此才女，卻生逢不幸，終老空門，曾引起嘉應許多詩人的同情與惋惜。如黃豪五詩云：「韓江梅水多閨秀，麗句清詞各有神。一作宣文一禮佛，千秋絕調兩才人。」張鳳韶詩云：「可憐絕世聰明女，終老寒燈古佛前。」葉璧華《贈范荑香詩》則云：「雅什傳來字字春，知君才調迴超塵。誰教綺閣談詩侶，竟做挑燈踏雪人。」

道光二十三年（1843），嘉應進士黃基及舉人梁光熙將其詩彙編成冊，題名爲《化碧集》，並爲它作序，擬刊行於世，但因范荑香堅辭而止。她逝世後，直至民國五年（1916），梅縣人管又新〔註 40〕將梁光熙初編的《化碧集》、范荑香自己編的《荑香詩集》以及他本人輯佚所得的《自述》一首，共一百三十餘首加以修訂，彙編成冊，仍名爲《化碧集》付梓刊行。胡曦特選其詩十八首錄入《梅水彙靈集》，以表懷念和景仰。

葉璧華，號潤生，別字婉仙。出生在嘉應白渡堡廬陵鄉的一個書香之家。其父葉曦初是嘉應丙子科舉人，曾在廣州府學署掌教。葉璧華天資聰穎，幼承家學，博覽群書，令她少小即能吟詩作對，在鄉間嶄露頭角。清咸豐七年（1857），葉璧華十七歲適翰林李載熙四子李蓉舫。李蓉舫亦風雅之士，婚後夫妻多有唱和，被時人擬作李清照與趙明誠。但好景不長，咸豐九年（1859），葉璧華家翁李載熙被欽點出任廣西提督學政，赴任途中身亡。此後李家家道中落，李蓉舫雖竭力上進，卻久困場屋，變得十分消沉，遂浪迹江湖，到潮州、粵西、廣州等地設帳授課，數年不歸。光緒十二年（1887），李蓉舫病逝於廣州。四十七歲的葉璧華強忍悲痛，含辛茹苦，撫育了四子一女。「懸絳帳於闔屋，招眉黛於近鄰，月入微薄，以補家用」。

葉璧華一生勤於詩賦，寫下了大量的詩歌作品，大都綺麗纏綿，清新可誦。如《首夏》句云：「柳影烘晴雙燕語，泉聲搖夢一鷗涼」;《即事》云：「課子偶書林下葉，呼童親補竹間籬」;《病起》云：「身緣病久醫都懶，詩到窮時骨更清」;《山居》云：「奇書讀罷不求解，小鳥啼來偏好聽」;《詠梅》云：「清?久傲神仙骨，澹泊能舒天地心」，皆是借景寄情之作。她生前曾手編《古香閣詩集》二卷（現僅存卷一、共有詩二百三十九首）。晚清著名詩人黃遵憲親爲之作序，云：「潤生女士，曦初先生之女也。……余年十五六，即聞其能詩，逮余使海外，歸自美利堅，始得一見，盡讀其所爲《古香閣詩集》。其詩清麗婉約，有雅人深致，固女流中所僅見也。」欣賞讚歎之情躍然紙上。正由於葉璧華傑出的詩才，人們將她與《化碧集》的作者范荑香、《胡香樓詩集》作者黎玉貞，並稱爲「近代嶺東三大女詩人」。胡曦同樣對葉璧華評價很高，在《梅水彙靈集》中收錄其詩十八首。

筆者通過考察《梅水彙靈集》中閨閣詩人的入選情況，發現其入選標準有以下兩個顯著的特點：

〔註 40〕廣東省梅州市地方志辦公室編：《梅州人物傳》第 68 頁「范荑香」條作「管幼惺」。

（1）推重賢媛節婦

《梅水彙靈集》所收的閨閣詩人大致可以分爲三類：一是名門閨秀，二是賢妻良母，三是節婦。其中尤以節婦數量最爲龐大，如明代的李氏、何惠廉、吳氏、清代的馬阿好、范黃香與葉璧華都是夫死婦隨或爲其守節的節婦典型。而且即便如室女蘭姑等本人並不是丈夫早逝的女詩人，也往往寫有歌頌節婦的詩歌。

中國古代社會中對女性節烈的要求，由來已久。西漢時劉向即編撰了《列女傳》，至明清時期，夫死婦隨或爲其守節，已經成爲一種普遍的現象，正如清朝張履程所說：「女子大事，不外乎貞孝節烈」。「貞孝節烈」已經成爲清代女性一生中最重要的甚至願用生命換取的大事。嘉應州雖然遠在嶺南邊隅，但中原道德文化所及，當地的女子也自覺地傳承著這種貞、節、烈的觀念，並把其作爲自己一生的行爲規範。同時，這種在嘉應人心目中所普遍崇尚的貞孝節烈觀念，也被眾多的文人墨客在詩歌中加以詠唱。綜觀嘉應詩人歷代以女性爲題材的詩歌，其中的大多數便是歌詠女性貞、孝、節、烈的品格的。正如上文在介紹閨閣詩人馬阿好時所提及的：「嘉慶十一年，鎮平醫者鍾鴻慶，偕廖欽觀倡呈州牧表其墓，遍徵挽詩刊之，曰《馬烈婦集》。」僅挽悼其一人的詩歌就達數十首之多。應該說，在嘉應客家的傳統文化中，女性守節是女子爲人處世的最高境界，文人們甚至會將節婦、烈婦與忠臣進行相提並論，令她們得到格外的敬重。

基於清代重視女子節烈德行之風的盛行，在《梅水彙靈集》之前刊行的詩歌總集在收閨閣詩人時也往往會對賢媛節婦格外推重。如清沈德潛選輯的《清詩別裁集》凡例中就曾言：「閨閣詩，前人諸選中，多取風雲月露之詞。故青樓失行婦女，每津津道之，非所以垂教也。選本所錄，罔非賢媛，有貞靜博洽，可上追班大家、韋逞母之遺風者，宜發言爲詩，均可維名教倫常之大；而風格之高，又其餘事也。以尊詩品，以端壼範，誰曰不宜？」〔註41〕。阮元《兩浙輶軒錄》初集的凡例同樣曰：「閨媛以德言爲先務」〔註42〕。由此可見，《梅水彙靈集》中對閨閣詩人所採用的這種選輯標準，除了與胡曦本人的思想觀念相關，它與清代，甚至與自古以來中國人的道德觀念形態都是有

〔註41〕【清】沈德潛：《國朝詩別裁集．凡例》，北京：中華書局，1975年版，第4頁。

〔註42〕【清】阮元：《兩浙輶軒錄．凡例》，《續修四庫全書》編纂委員會編：《續修四庫全書》，第1683冊，上海：上海古籍出版社，2002年版，第110頁。

著密切關係的。

而且，有趣的是，著名嶺南文史學家冼玉清教授也注意到了「在文學方面取得突出成績的女詩人往往都是寡婦」這個堪值深入思考的現象。她指出：「學藝在乎功力。吾國女子，素尚早婚。十七八齡，即爲人婦。婚前尚爲童稚，學業無成功可言。既婚之後，則心力耗於事奉舅姑周旋戚鄰者半；耗於料理米鹽，操作井臼者又半；耗於相助丈夫，撫育子女者又半。質言之，盡婦道者，鞠躬盡瘁於家事且日不暇給，何暇鑽研學藝哉？故編中遺集流傳者，多青年孀守之人，若……范荑香……等皆孀居數十載者。」對於此論，今人羅可群教授也表示了強烈的贊同：「（筆者按：指冼玉清教授的言論）是爲的論。它說明中國婦女要從事文學創作，比男性要艱難得多。而從事重體力勞動而著稱的客家婦女則就更不容易了。范荑香們成就的背後，有著非常人所能忍受的悲苦，正因爲如此，讀她們那心血凝成的作品，就不能不令人肅然起敬了」。〔註 43〕

（2）對閨閣詩人的選輯標準的放寬

胡曦抱著「以人存詩」的標準，對十位閨閣詩人進行了收錄。細細究其標準，會發現在這過程中，胡曦對她們的所採取的選輯標準其實顯得十分寬容。

首先，體現在胡曦對閨閣詩人採取「生存亦收」。

沈德潛在《清詩別裁集》凡例中曾經提到：「人必論定於身後。蓋其人已爲古人，則品量與學殖俱定。」故所收錄詩人雖生活年代不同，但均爲已故之人，生者不錄。這種所謂的「生者不錄」，乃是深受詩文總集編選者推崇的一種選輯標準。但是，編選者畢竟還是會根據自己的文學批評觀和編纂意圖，從而製定相應的取捨標準，然後參照「生者不錄」這一標準，對具體的作家作品進行選輯。

關於這一點，胡曦在《梅水彙靈集》例言中作了相應的交代：「茲編所錄，皆已往先哲，其所著述，或存或佚，略如阮志之例，並附本傳之下，以待搜訪。外至第八卷，分上下二帙，爲閨秀一編，雖生存亦收」。其實，所謂的「生存亦收」特指的實際只有葉璧華一人。前已述之，《梅水彙靈集》一書的編定時間是在清光緒十二年（1886），而關於葉璧華的卒年，無論是從嘉應當地的

〔註 43〕羅可群著：《廣東客家文學史》，廣州：廣東人民出版社，2000 年版，第 265 頁。

古籍類方志，還是近年來方才成書的《梅州人物傳》、《客家名人錄》等著作，都可輕鬆查出，當爲民國四年（1915），即在《梅水彙靈集》成書的近三十年之後。假如僅就葉璧華的收錄情況與《梅水彙靈集》前七卷的詩人輯錄標準來對比，會覺得胡曦有自亂體例之嫌。但是，鑒於葉璧華在嘉應女性詩歌史的重要地位，爲免有遺珠之憾，也爲了能更好地保存她的詩歌文獻以嘉惠後學，胡曦還是堅持把她收入集中。這一處理方式正與《梅水彙靈集》的編纂意圖相合，從另一個角度而言，這也正是《梅水彙靈集》的文獻價值所在，故我們實在不應對胡曦太過求全責備。

其次，胡曦對閨閣女詩人的籍貫要求也會適當放寬。

閨閣卷中所收的詩人范荑香本籍大埔，由於大埔一直份屬潮州府的下屬縣。因此若按照胡曦例言中所設定的只收嘉應五屬籍貫的詩人的話，范荑香並不符合標準。況且若要眞論范荑香與嘉應州之淵源，則只能更多是來自於她晚年遁入空門後，曾長期在嘉應的錫類庵爲尼修行的經歷。因此，將范荑香收入，這和《梅水彙靈集》原本設定的只收嘉應州籍詩人，不收寓賢的體例是有衝突的。

總而言之，雖然胡曦對閨閣詩人的輯錄標準的放寬，對保存女性詩人及詩歌有很大的意義，但過多的自變體例，實際上也是《梅水彙靈集》總體架構尚不完善的體現，並不值得提倡。

（四）作家評述體系

《梅水彙靈集》總體上可以分爲四個部分：凡例、目錄、正文和附件。凡例在清代的選集中出現的比較普遍，主要交代編纂緣由、編纂原則、編纂宗旨、成書過程、參與者和文獻來源等內容；目錄，主要用以標明作者和詩作數目，方便讀者檢索；正文，主要包括詩歌作品和部份批註；而《梅水彙靈集》的附件，正好構成一個完整的作家評述體系。筆者將其分爲兩個部份，即詩人小傳和編者及當時諸詩論家對詩人詩作所作的評論。

1. 詩人小傳

《梅水彙靈集》詩人小傳的格式基本上是仿照前人已創的體例。而關於詩人小傳這種作家評述形式的出現，我們可以稍作回顧。我國古代最早的由文人編纂的詩歌總集可以追溯到南朝陳代徐陵編的《玉臺新詠》。該集雖每卷卷前均有目錄標明作者和詩作數目。但所選詩歌的詩題下只標明作者，並無小傳對詩人或詩作加以介紹。

到了唐代殷璠的《河嶽英靈集》之後，詩文總集所選輯的作家名下往往會增加文字，對該作家的詩風、趣向等予以簡介，但也還尚未涉及到對詩人生平行迹等的介紹。

前代總集中，最早採用詩人小傳這種體例的當屬金元好問所編的《中州集》。該集中的作家除卷首顯宗和章宗外，其餘作家都各繫小傳。小傳的內容較爲豐富，包括作家的字號、籍貫、科第、官職、詩文著作等。而且，小傳中的內容不但包括對作家生平的詳細記載，有時還會在這些小傳中附載一些他人的事迹和其它史實，以達到以傳記人，以傳存史的目的。

進入清代以後，沿用此例且影響較大的便有錢謙益的《列朝詩集》以及朱彝尊的《明詩綜》等。錢謙益的《列朝詩集》雖是仿照元好問《中州集》的體例，但他有其創新之處，即改變了《中州集》不爲皇帝立小傳的做法。然事實上，皇帝的小傳中僅作皇帝言論的收錄。至於其它詩人的小傳中，則概要地介紹詩人的字號、籍貫及生平等。朱彝尊編選的《明詩綜》在每位詩人名下也都撰有小傳，介紹其字號、籍貫、著述，略述其生平。

在清代的詩歌總集中，後附作家小傳已慢慢成爲通例，小傳一般都是簡單介紹作家字號、生平、籍貫、科名以及著述的情況。這也標誌著詩歌總集在形式上達到了成熟。

《梅水彙靈集》所採用的也是這樣一種小傳的評述體例。同時，它在吸收和繼承前人詩歌總集編選體例的基礎上，也形成了自己新的特點：

（1）旁採徵實以重新考證補訂

《梅水彙靈集》按時間朝代分卷排列，於每一詩家下必考其姓氏里籍，詳其科目仕歷。具體至每一詩人的生平行迹，若有存疑之處，則即使前賢著述或地方志中已有「定論」，胡曦亦必融入自己的思考而重新加以考證與補訂：

宋人藍奎，宋元祐三年（1088）進士，爲嘉應地區首紀科名錄者。文章氣節，朝野欽崇。但對他的籍貫，史籍並無確切的記載。但一直以來，鎮平的學者文人都一致認定藍奎爲鎮平人。《鎮平縣志》載：「藍坊是奎而得名」。黃釗的《石窟一徵》也載：「奎所居藍坊，鄉以姓著，在今鎮平縣」。清代廩生江李才，藍坊鄉人，寫有《詠藍奎》詩贊道：「山水猶留姓氏香，爲開風氣在文章。梅州首紀科名錄，豈獨蕉陽十二鄉。」雖然眾人言之鑿鑿，但胡曦還是清醒地提出了自己的疑問，即若藍奎果眞爲鎮平人，何以不被鎮平尊爲鄉賢，反而是程鄉祀之？爲此，胡曦在《梅水彙靈集》中將藍奎定爲「舊程鄉人」。且不說胡曦推導出的這個結論是否確鑿與合理，僅是他勇於質疑，勇於挑戰權威舊說之舉，就已經很好地展現出了他獨特的學術視野。

宋人楊圭，其人行履未詳。故前出之地方志往往也只能略而不提。而胡曦大膽根據《名宦蒲壽宬傳》曾並建亭題句並友人故牘所錄，爲楊圭補撰傳記時，「足成之。」更讓人歎服的是，由於胡曦自幼博覽群書，對鄉邦文獻著作中的不少掌故相當熟諳，故在補撰楊圭傳記的同時，還旁採徵實，對其他相關的一些人物也作了附帶的詳盡考證，極大豐富了傳記的內容：

> 圭，行履未詳。葛氏《州志選舉表》云：「鄉貢，進士」。阮《通志》云：「程鄉人，見《潮州志》：『咸淳鄉貢，進士』」。《楊氏譜》云：「司户參軍」。茲據各志及《名宦蒲壽宬傳》、《曾井建亭題句》並友人故牘所錄，足成之。

> 案阮氏《通志·宦績錄》引《粵大記》：蒲壽晟，咸淳七年知梅州。性儉約，於民一毫無取，每思曾並遺澤，建石亭於上，日汲井水二瓻置廡右。進士（誤）楊圭題其亭有曰：「曾氏井泉千古冽，蒲侯心地一般清」。考王之正《嘉應州志·名宦列傳》有：壽晟見曾並遺澤在民，遣人還籍，取家貲建石亭井上，州進士（此亦誤）楊圭題云云。據此及葛志、阮志所載，是圭實梅州鄉貢進士。揆諸《粵大記》「題其亭有曰」諸語，則舊牘「千秋名姓」二句合之，實一詩也。（郝氏《通志》附壽晟於《名宦·鄭良臣傳》，謂壽晟性儉約，有廉操，立石亭於曾井上，楊圭謂其清如此水云云。）又案《四庫提要》：「《心泉學詩稾》六卷，宋蒲壽宬撰」。壽宬之名不見於史，其集亦不載於《藝文志》，惟明《文淵閣書目》載有蒲心泉詩一部一冊。檢《永樂大典》各韻內所錄，頗多題名作壽宬。而淩廸知《萬姓統譜》則作壽峸。黃仲昭《八閩通志》又作壽晟，互有同異。今案《永樂大典》卷卷皆作宬字，當非偶誤。其作峸字者，殆傳寫訛也。案《皇史》：宬，宬字日下。《舊聞》考云：宬與盛同義，莊子以匡宬失。《說文》曰：宬，屋所容受也，殿宇命名於斯僅見。據此則今誤書宬仍非。壽宬家本泉州，其官履不概見。惟《萬姓統譜》稱其於咸淳八年知蒲州。案蒲州非南宋地，而集中有《梅陽壬申勸農偶成書呈同官》詩。壬申爲咸淳八年，梅陽即梅州，今爲廣東嘉

應州地，是壽宬實知梅州。《萬姓統譜》又載其在官儉約，於民一毫無所取，建曾井、汲水二瓴置座右。人頌曰：「曾氏井泉千古冽，蒲侯心事一般清」。是壽宬在當日爲循吏。《八閩通志》則稱：宋季益廣二王航海至泉州，守臣蒲壽庚距城不納，皆出其兄壽宬陰謀。壽宬佯著黃冠野服入法石山下，自稱處士，而密令壽庚納款於元。既而壽庚以歸附功授官平章，富貴冠一時，壽宬亦居甲第。一日，二書生踵門獻詩，有「水聲禽語皆時事，莫道山翁總不知」之句，壽宬惶汗失措，追之不復見云云。則壽宬又一狡黠之叛人。稗官小說記載多歧，宋元二史皆無明文。其孰僞孰眞，無從考證。今觀其詩，頗有沖澹閒遠之致，在宋元之際猶屬雅音。裒錄存之，釐爲六卷，亦足以備一家，若其人則疑。以傳疑，姑附諸南宋之末焉，並錄於此俟考。

明人王璡，興寧人，但由於明代的《興寧縣志》已不可考，故其行迹不僅不夠明晰，而且還存有不少明顯的疏漏之處。有見及此，胡曦在著作《興寧圖志考》中，特意兼採各家之說及相關的詩作，將其補全：

興寧志乘明以前已不可考，成化庚子縣令侯爵始事纂刻，王員外爲之序。按劉忠毅公《興寧志》有先生列傳，今志佚去。余撰《興寧圖志考》，特爲補入本傳云：擄北京禮部司務，執正不撓，升南京員外。一載，以疾致仕，結廬村居，接物坦然，鄉人化之。又《張葉岡過王員外墓》詩云：「七尺英雄骨已收，冢前石馬不回頭。蒼茫千古峯頭月，彷彿先生浩氣留。」則先生大畧可知矣。

李以貞，字石塘，程鄉人。至於他具體生活的年代，因典籍所記不多，故難以考實，或如溫汝能《粵東詩海》，將其記作明人；或如王之正《嘉應州志》，將其記作康熙間人。胡曦經翻查典籍，拈出「以貞値寇變，家室一空，獨還劉某寄銀」以及「乙卯大兵駐程鄉，受販豆被浸後獲利，均於陳某」等兩事，以證李以貞在康熙年間確仍在世。這兩段材料雖簡短，但卻能爲後人進一步考證李以貞的生平提供可靠的文獻線索。

因歷代詩人第一手文獻數據來源的參差，以及明清以前，嶺南籍詩人與中原詩人相比，所處的較爲邊緣的地位，造成不少即使能加載史乘者，其生平事迹也往往著錄不充分，甚至存在謬誤的記載。故胡曦在徵引撰寫詩人傳記的過程中，都會審慎地對所用之材料作出充分的篩選和考證，不能確定的條目則存疑。此類考證勘誤文字在《梅水彙靈集》中比比皆是，多數皆附於原徵引材料之後。其中，對明代王天與所作的考證文字最爲精彩。

明代的王天與可算是胡曦在撰寫詩人小傳時用力最著的一位作家。王天與，字性之，興寧人。正德甲戌進士，官寧都知縣，擢浙江道巡按御史。曾率兵助南贛巡撫王守仁平定橫水、左溪、桶岡、浰頭多地數十年賊寇之亂。後在討伐寧王宸濠的戰事中，因寧王亂軍燒民廬，妄殺無辜，王天與冒暑救火，不幸身殞軍中。但如此一位忠勤大節之臣，在《興寧縣志》、《廣東通志》等史傳著作中竟然「記載漏脫彌甚」〔註 44〕，令胡曦嗟歎不已。爲此，他在綜合徵引前人述作的基礎上，廣採相關鄉邦文獻，歷時數年補訂成《明鄉賢王御史遺事考略》三卷。全文針對王天與平寇時是否參與征大庾，王天與的死因以及王天與的卒日等三個前人述之未詳的重要問題，進行了細緻而深入的考證：

> 曦案：公平賊功最多，考《明史・王守仁傳》及《陽明全集》、谷應泰《明史紀事本末》載之頗詳，而縣志反略，亦向日修志者未遑核實增補故爾。至守仁本傳及《紀事》記討大庾賊俱略載公名，而盛繼《顯忠亭記》有「惟公勒兵大庾」之語，意史及紀事皆省文。詎正德十二年十月，公從征橫水、桶岡，而七月征大庾，獨未之從耶？又《顯忠亭記》有「搗其巢曰樟木坑」云云，見於《虔臺志》。此則應合前後征賊事，統敘之耳。今擬補傳中舉征大庾事，稍從附敘，不敢貿然增入公名。惜公所撰《平寇錄》已不可見，俟再得紀載諸家如《贛州志》、《寧都州志》、《東征忠義錄》、《平濠記》、《成仁錄》等書，可以考見公之遺事，仍當核實補入也。又咸豐丙辰《興寧續志》公本傳後附載云：按阮省志、王州志及施志，皆云天與冒暑得疾卒。《王氏家譜》亦云得疾卒，並載王守仁祭天與文中有「胡天不憖，疾罹沉痾」之語，其非身遭回祿，實無疑義。雖施志載《顯忠亭記》有「竟以災卒」一語，或以救火中毒致疾，故云爾。且後曰「亭記必不若當時祭文之確」。乃仲志謂一事不容兩歧，將「得疾」字刪去，改爲「出入火中，竟以災卒」。恐其後人疑其屍經焚灼，今從諸志更正。曦案此論誠爲有見第。今傳又於「沒南昌」之下，竟

〔註 44〕【清】胡曦：《明鄉賢王御史遺事考略序》，轉自廣東省興寧縣政協文史委員會編《興寧文史》（第 17 輯・胡曦曉岑專輯），1993 年，第 186 頁。

以「時正德十四年七月二十日也」一語實之。考《明史》諸書，七月二十日即克南昌之日。公或冒暑，或中火毒，揆諸祭文「沉扃」之句，未必即是日卒也。後考《王氏家譜》，乃知公故卒於七月二十六日。因恍然於修志者能辨之而復輕心筆之，仍不免於矛盾耳。又案李國紀所撰傳略「與宸濠逆戰」一段，考《明史》係正德十四年七月二十三、二十四等日事，是時公已嬰疾。史無明文，未知尚從軍與否。且傳略復敘在克南昌之前，與史兩歧。今於擬傳中不復補入，謹附闕疑之義云。

胡曦在這段約七百字的考證按語中所採用的辨僞、互見等手法都充分顯示出了胡曦審慎的態度和細密的考證功夫。而且，在他補訂詩人傳記的同時，也令被他所徵引的《明史》、《陽明全集》、《明史紀事本末》、《虔臺志》、《興寧續志》、《王氏家譜》等一批文獻因此在《梅水彙靈集》中得到了較好的保存。

（2）兼記詩人家族成員的相關情況

與前人編纂的詩歌總集相比，胡曦的《梅水彙靈集》比較重視在作家小傳中附帶介紹其祖、其父、其叔伯、其兄弟，以及其子女的相關情況，尤其是重點考察其家族中的有詩名者的文學創作，並加以簡介說明。事實上，這種立足於所選輯詩人的家族成員的考察，不但能在一定程度上縱向地理出其家族的家學、家風淵源及其傳承、發展，還有利於增進後人對詩人本身以及其思想、詩風的形成的理解。例如：

卷一中收錄的明代詩人張珆，字臺玉，程鄉人。張珆的祖父張守約爲化州學博，父親張一鴻爲諸生。在良好的家學氛圍之下，張珆兄弟五人皆讀書有聲。除張珆外，其弟張琚亦有很好的詩學根柢。故胡曦在撰寫張珆的生平傳記時，也不忘附上張琚詩歌創作的情況，以作互見：「琚，珆仲弟。七歲詠《鸚鵡》詩三十首，稍長，讀書淹貫。學使魏浣初仲雪稱其文有古大家風。」

卷二中收錄的清代詩人楊勳，字雲亭，嘉應人。楊氏爲嘉應地區明清以來科名稱盛的大家族，族人能詩者眾。故胡曦在介紹楊勳之時，尤其注意縱向梳理出了楊氏這一文學世家，以楊勳爲始，其弟及後人詩歌傳承的基本情況：「雲亭貳卿，掌生先生曾伯祖也。由部郎給事，歷鴻臚光祿少卿，曾典試四川，所著《京華雜詠》、《入蜀紀程詩》，今佚，衹從《嶺南詩鈔》錄二首。

光祿胞弟熊照，同榜鄉舉。光祿子基，由舉人官知縣。熊子坦，諸生。照子師時，由舉人官學正。師震，諸生。父子兄弟叔侄，俱有詩名。」

卷三中收錄的清代詩人李壇，字杏墅，嘉應人。胡曦通過在小傳中轉引張稼孫《勸誡紀實》中對李壇父親受人愛戴的宦績的記載：「杏墅廣文，尊甫某，雍正間爲陝西一典史。地僻而瘠，隻身之官。廉儉自持，胥役咸飭令歸耕，止一人輪值。遇有訟者，還其牒，不遣符，止令人召與來，平其曲直，婉轉勸導，多歡然去。不聽者令訴於縣，曰：『吾不過鄉約長耳，止能爲人調停，聽訟非吾事也。』素精醫，畜一驢，民有以疾告者，輒騎而往，愈不索謝。或饋以薪米、蔬果，皆忻然受之。日久，寖熟如家人父子，民咸愛戴。久之，上游有所聞，欲爲調優缺。辭曰：『才素拙，不任繁劇，貽誤則辜恩，且居此久與民習，不願去也。』後卒，官民哭而舁其匱，送至數百里外。」從一個側面反映出了李壇的家世、家風對其詩歌中的「高勁」之氣的影響。

卷三中收錄的清代詩人顏鳴皋，字丹厓，是嘉應詩歌史上一位很傳奇的詩人。他「年三十以父喪，禫服未終入泮，鄉人攻訐，被斥。乃棄越歲，冠軍登武科」，後更擔任臺灣總兵。顏鳴皋有一弟，名顏鳴漢，與其兄一樣，同爲武進士出身。難得的是，正是這兩個別人眼中棄詩書，習騎射的武人，卻能文善詩。特別是顏鳴漢，作詩尤勝其兄。有鑒於此，胡曦在爲顏鳴皋立傳時特別始終以兄弟二人並舉。傳中曰：「丹厓與弟濟川，皆以武榜起家，而磨盾揮毫，有文士所不及者」；「丹厓總戎，及弟濟川提軍皆能詩。丹厓能爲擘窠書，詩則濟川勝之。如『雨入潼川黯，山連蜀道高』之句，不愧唐賢。」事實上，不僅是顏氏兄弟，胡曦對於嘉應武人中之能詩文者的掌故都是非常熟悉的，而且傾注了相當多的關注。他在著作《湛此心齋詩話》中便有多處專門提及他們的詩歌創作：「鎮平徐星溪總戎慶超，乾隆乙卯武進士……題詠甚多」〔註 45〕；「乾隆間嘉應顏丹厓軍門鳴皋……乃弟鳴漢濟川舉庚辰武進士，官福建提督。兄弟並能詩，各有集。……又興寧王君挹薰風流儒雅，武藝絕人……又道光間興寧武生吳君熒乾著《自園詩文集》」〔註 46〕。正可補志乘記載之不足。

〔註 45〕【清】胡曦：《湛此心齋詩話》卷二，羅香林等輯：《興寧先賢叢書》第四冊，香港《興寧先賢叢書》校印處，1958～1973 年，第 103～108 頁。

〔註 46〕【清】胡曦：《湛此心齋詩話》卷二，羅香林等輯：《興寧先賢叢書》第四冊，香港《興寧先賢叢書》校印處，1958～1973 年，第 108～110 頁。

此外，《梅水彙靈集》中通過傳記，對其家族成員的文學成就或其它相關情況作了簡略交代的還有：

卷一中收錄的明代詩人王希賢，字宗彥，興寧人。傳記云：「宗彥先生與父靜莽明經，存並以清節著。靜莽先生負性穎悟，八齡入泮，肄業大學，乞歸養親，終身不求仕，詳《縣志・孝子傳》。先生筮仕三月，亦即棄官歸養，從不一履公室。」

卷二中收錄的清代詩人李象元，字伯猷，程鄉人。傳記云：「弟嘉元，由孝廉宰南充，清操自勵，卒於官。囊無餘資，同官士民皆佽始克返櫬。先生教育其孤皆有成，析產贍給逾其子，里黨欽之。……嘉應科名以李氏爲最，率多先生後人。」

卷三中收錄的清代詩人鍾琅，字昆圃，鎮平人。傳記云：「昆圃先生爲望子學博之父，遇賓侍御之祖。」

卷五中收錄的清代詩人孫恒亨，字西朏，興寧人。傳記云：「西朏先生富於腹笥，爲文沉博富麗。與弟萊峰孝廉咸亨俱以制藝雄一時。」

卷五中收錄的清代詩人陳景彬，字均齋，興寧人。傳記云：「均齋丈爲雨田廣文胞弟，遠山孝廉季父也，時一門騰達。」

卷五中收錄的清代詩人黃鳴鳳（字笙調）、黃翔鳳（字琴扆），鎮平人。因二人皆爲黃釗之弟，詩歌成就也相仿，故胡曦在撰寫他們的傳記時特意合爲一篇，並徵引黃釗《詩紉》中對二人的評價：「余兩弟笙調、琴扆，皆善爲詩，而各不相似。笙調性情恬雅，故詩多閒適；琴扆吟情刻苦，故詩多錘鍊。」

卷七中收錄的清代詩人楊炳南，字秋衡，嘉應人。傳記云：「秋衡孝廉，與弟時南同鄉舉。」

卷七中收錄的清代詩人陳士荃，字侶衡，鎮平人。傳記云：「陳仙航士蓮，與弟士荃俱能詩，時稱金沙二陳。」

其實，若要談論嘉應地區文學家族的「一門風雅」，胡曦所屬的興寧胡氏家族，因入清以後，參與文學創作的族人愈益眾多，令其本身已經成長爲一個名副其實的文學世家。而胡曦在對其先祖輩文學文獻的整理方面是傾注了不少心血的。他曾在《梅水彙靈集》例言中說到：「至親自高、曾而下，先高祖樂初公有《桑者園稿》，曾祖商竹公有《商竹詩鈔》，從曾祖柏東公有《西江遊槀》，泗懷公有《秋鵑集》。泗懷公者，嘉慶間寓重慶，卒蜀中，友人爲代定集名也。又先祖蔭如公《蔭如存草》、從伯父引�公《偶草》。近檢遺文，大半遺佚。曦並彙爲上下二卷刻存，署名曰：《一家草》，茲編並不以入。」

胡氏家族詩歌合集《一家草》的刊行，充分顯示出其家族詩藝之盛，而胡曦所作的長期收集整理工作，實乃功不可沒。但是，除了《一家草》，胡曦在《梅水彙靈集》中同樣採錄了其明代先八世祖近光公、清代族祖楚香、南屏、善甫諸公以及族兄西池的詩歌共六首。而胡曦更親自爲這五位先人撰寫小傳，茲分錄如下：

> 胡展元，字善甫，興寧人。族叔祖善甫公，制藝典質澹折。嘉慶癸亥，與楚香從叔祖並受知姚秋農殿撰入學。年六十餘，無疾而逝。先君挽詩所謂「論世幾人才學識，懸崖此老佛神仙」是也。
>
> 公從弟敬堂叔祖展熙，八十不娶，有牧犢風。善甫公以子嗣其後，至老猶授徒力食，爲曦少日受讀師。時群從兄弟，楚香、南屏二公與兄弟二人，俱讀書應試，惟敬堂公不與入學，異數也。公居東郭下柵祖屋。咸豐己未，江南流賊至興寧，時公老病，不良於行。賊至或掖以入城，適門閉，賊又大至，復掖之返置諸床，共舍而去。有悍賊入廬摎索，迫公讓其居，公強起曳杖，行顛泥淖中，號之攜挾不應，賊亦去。別賊繼至，見破屋數椽，殘書壓架，知公爲老儒，憐之，掖置諸榻，並詢以「鑄局翼旗」等字。公手書示之，蓋此賊爲僞翼王石達開黨。鑄局者，意賊領僞局鑄太平天國錢職也。公詢是賊蕭姓。時守城兵炮猛逼公屋，蕭賊亦畏之，去。適有族子某餓伏梁間，秫稾逾日，此夕遁入叔祖層樓，撤其梯，多覓炊具菜米，每偵賊蹤稍遠，縋而餉之。凡半月，賊去，得兩全焉。先是乾隆庚癸間，縣中應考童生七八千人。學使者至，必分場兩考。洎復遞減至二三千人。迨嘉慶間仲柘庵明府振興學校，應試者復至四千餘人，故事縣試約七場，有司好文者，復加試一二場，然後定案。末場童生多備卷資，試畢舉酒肴房椽司之，柘莽先生以草具濫惡不足示優異，遂於終場後，牌示三十二人再試，另設盛饌以待。一歲，敬堂公投卷，稍夜，比返廬入浴室，聞縣署礮號揭榜，驚遑視之，已名既與其列，蓋柘莽先生俟公卷即揭也。嘗評公文「清而未腴，宜沉浸醲郁，力加以學」云云。咸豐庚申，余補諸生，公見

試卷語曦曰：「余恨老疾，艱步履於考試，熱腸仍未冷也。」乃縷述前時遇賊事，屬記之。曦爲署其門曰：「四郊多壘，一畝吾廬」。居六月，公卒。曦往視斂祭醊，挽以聯云：「八袠歷考終歌到犢翁柵屋妖氣銷瘴氣，一衿仍冷恨抱來鶴子草堂清夢證梅花。」因搜公詩不得，並記於此。〔註47〕

胡蘭枝，字楚香，興寧人。族叔祖楚香公，家貧力學，經史、詞賦外，凡琴理、書法、素問、青鳥、星卜諸說靡不研究。家居辟小齋，種花度日，無儋石儲，意豁如也。待人無城府，能以德言感人。嘉慶庚午秋賦，卒於省垣，遂葬北郭白雲橫枝岡原。知好皆痛失善類。著有《調杏山房詩鈔》，散佚無存，所錄三截句，蓋從仁亭先伯口授也。〔註48〕

胡秀枝，字南屏，興寧人。南屏從叔祖爲楚香胞弟，出繼海深公爲嗣，平日制藝，好以古文法行之。嘉慶辛未，商城程鶴樵侍御取入學，頗賞其文，試詩爲《書味夜鐙知》，公有句云：「個中心獨領，悟到月應遲。」侍御亦謂其能得知字之神。是時仲柘葊先生宰興寧，稱愛士。公嘗以某占築祖墓塋域控諸先生，先生判諸堂，以子曰：「君子無所爭，一節文賦得，」虞芮質成詩，試之手爲點竄，評公「文小有結構，宜極密詠酣吟之。致閉門加功，益求純詣」云云。訟事以直，公《送別先生》詩有句云：「省耕鶯語桑陰外，讞獄秋懸日色中。」〔註49〕

胡瑤，字西池，興寧人。族兄西池早歲棄舉子業，頗事吟詠。〔註50〕

以上五段傳記簡要地刻畫出了在傳統文人家庭中成長起來的胡展元、胡展熙、胡蘭枝、胡秀枝和胡瑤等五位胡氏族人的生平行迹，揭示出了他們的生活志趣及社會文化生態。這在彰顯其家族「門第」之「書香」的同時，也是對嘉應地區家族文化以及嘉應詩壇研究文獻的一種必要補充，將有助於我們更好地理解胡氏家族作家群的成長和創作環境。這相信也是胡曦辛苦收

〔註47〕【清】胡曦輯：《梅水彙靈集》卷六。
〔註48〕【清】胡曦輯：《梅水彙靈集》卷六。
〔註49〕【清】胡曦輯：《梅水彙靈集》卷六。
〔註50〕【清】胡曦輯：《梅水彙靈集》卷七。

集、整理家族和地域詩歌文獻的重要價值所在。

（3）詩人之間交遊唱和的記載

《梅水彙靈集》還往往在詩人小傳的部份附記該詩人與當時的文人或名士之間的交遊和詩歌唱和。應該說，小傳中通過對這種或爲師生，或爲同年的文人之間的交遊唱和情況的考察與梳理，確實能夠很好地將原本孤立的個體詩人、士人都串聯起來，爲讀者展開一幅脈絡較爲清晰，足以反映歷代嘉應及嶺南詩壇傳承及發展狀況的生動畫卷，同時，這些記載材料也可以爲後人研究嶺南社會及文化的風貌提供一定的依據。例如：

卷一中收錄的明代詩人張天賦，字汝德，興寧人。由於他夙有詩名，與當時之文人名士交遊者眾，故胡曦在撰寫他的小傳時，著重突出的是他與湛甘泉、祝枝山、魏莊渠、呂涇野、倫以訓、李義壯、王希文等人的文學往來：「汝德先生少負才名，從湛甘泉遊，聞性命之學，即毅然自立。甘泉官南祭酒，時訂正古本《大學》刻石，新泉精舍特命先生作跋。興寧令祝枝山謂先生「淵淳虛白似黃叔度，英秀朗察復似楊德祖」，其《垂老懷人》詩有「平生共歲寒十八人」之語，先生其一也。魏莊渠督學粵中，一見奇其才，檄取講學崇正書院。先生力贊毀淫祠，興社學數事，莊渠益重之。凡三修縣志，一與修《廣東通志》及《武宗實錄》。性素孝，肄業南雍，父訃至，哀毀數絕。大司成呂涇野書「永慕雙親」慰之，同監友爲製竹山啼鳥卷寄贈。竹山邑西、葉岡之陽，公所居也。南海倫以訓、番禺李義壯、東莞王希文皆與友善。義壯爲孝廉時，貽詩有「神光先已顯山川」句，相期尤至。」

卷二中收錄的清代詩人魏成漢，字星垣，長樂人。胡曦在爲他撰傳時，就特別提到了他與張公甄之間的深厚情誼：「宰永平時，昆明令張公甄，陶閩中名宿也。與先生最善，嘗語人曰：『張君任揭陽時遭喪，扶柩步行回閩，此仁人孝子也』。後張被劾，先生力爲周全，卒無事。張歎曰：『生我者父母，知我者魏公。知己之恩，當永矢弗諼。』」

卷五中收錄的清代詩人張京泰，字香谷，興寧人。張京泰與長洲顧耕石爲同歲生。顧耕石督學粵中之時，張京泰適在端州爲官。這個時期，兩人交往頗多，且寫下了不少唱和之作，影響雖都不大，但也實屬研究嘉應詩壇的不可多得的文獻資料，故胡曦在詩人小傳中就特意收載了二人的一次唱和：「侍講督學粵中，先生適官端州，相晤道契闊。向例三年歲考，學使必考校教官。侍講以先生同譜，祗約共賦《早知富貴不如閒》一詩，先生有句云：『憐茲匏獨繫，悔不菊爲餐』，又云：『枕既尋春夢，琴仍待月彈』。侍講和詩有云：『舊夢辭猿鶴，新班列鳳鸞』，又云：『插腳驚塵網，回頭憶釣竿。』」

卷六中收錄的清代詩人黃釗，字香鐵，鎭平人。他一生往來南北，結交文人學士甚多。在京師時更與陽春譚敬昭、吳川林辛山、順德吳秋航、黃小舟、番禺張維屛、香山黃香石等人，有「粵東七才子」之稱，其名甚噪。而他與朋友黃小舟生死不渝的骨肉情誼更是傳爲一時佳話，胡曦轉引盛大士的讚語曰：「香鐵，性極亮直，辯論是非，侃侃不阿。至於朋友骨肉，死生契闊之際，心貫金石，歷久不渝。庚辰秋，偕小舟侍御歸粵，小舟沒於信江。舟次信州，太守黃君霽青爲之經紀其喪。香鐵崎嶇遠道，扶柩南歸。行至南安，遭風覆舟，望空呼號，柩始無恙。孑身千里，履險如夷，人謂其積誠所感也。』」

除此之外，胡曦在《梅水彙靈集》的作家傳記中，對所選輯詩人的交遊、師門等情況附以略述的還有：

卷三中收錄的清代詩人李汝謙，字和甫，嘉應人。小傳記曰：「和甫解元與芷灣大史、著花老人每多酬唱」。

卷五中收錄的清代詩人李黼平，字繡子，嘉應人。小傳記曰：「阮芸臺相國督粵，雅重先生文學。延入節署，授諸子經及主學海堂、越華、寶安山長。在寶安十年，造就尤眾。卒之日，白衣冠泣送者數百人。」

卷五中收錄的清代詩人林步程，字圖南，興寧人。小傳記曰：「時縣尹仲柘庵先生方振興書院，學博與陳一峰遠山、孫咸亨萊峰、黃澄秋帆、曾忠春臺、李鎭邦西池最爲賞識。」

卷五中收錄的清代詩人顏崇衡，字藥孫，嘉應人。小傳記曰：「湘帆砥行力學，初年爲詩，溝劃唐宋，壯乃博覽諸大家，格凡數變，而雄直之氣，眞樸之意充溢其中。與李秋田、徐又白齊名，順德溫謙山舍人爲合刻《程鄉三友詩》。」

卷五中收錄的清代詩人李中培，字根五，嘉應人。小傳記曰：「館羊城，與張淳樸庵甚善。」

卷六中收錄的清代詩人賴昭，字雲谷，鎭平人。小傳記曰：「雲谷山人工六法，尤善畫馬，亦解吟詠，與香鐵老人交最契，畫名遍兩粵江閫間。」

卷七中收錄的清代詩人劉蓉鑒，字泰初，鎭平人。小傳記曰：「泰初爲篁初兄，香鐵老人弟子也。」

2. 作家評論

從上文所述，我們可知，作家評述體系中的作家小傳部份，雖然往往文字不甚長，但發揮出來的功用卻是很大的。特別是如《梅水彙靈集》這樣的一本編選著眼點落於經濟文化並不算發達的嘉應地區的詩歌總集，集中所選之詩人眞正能在正史或地方志中佔有一席之地的其實不多，更多的是一些久困場屋，名不見經傳的作家。如此一來，這些詩人小傳就往往成爲了他們賴以保存生平資料，不致湮沒無聞的重要媒介。

不僅如此，爲了使後人能夠通過《梅水彙靈集》掌握到更多有價值的信息，《梅水彙靈集》還認眞考究並借鑒了前人，如朱彝尊的《明詩綜》等出色的詩歌總集的評述體例。在撰錄詩人傳略之餘，或是補充引述未收入詩集的殘篇斷句，或介紹某首詩歌創作時的社會生活背景，或是引用前輩先賢與自己的話來品評詩人和詩作，使詩集的作家評述體系更加豐富與完善。

（1）在詩選基礎上補充詩人的名篇名句

《梅水彙靈集》旨在輯錄的是歷代嘉應地區的詩歌，由於選輯面大，故不免有些詩人詩作很少，且並不甚佳。但是爲了輯錄的全面性，就不得不面臨一個詩作如何選、以及選多選少的問題。在這一點上，胡曦在「人以詩存，詩亦以人重」的編選原則下，並不是一味地貪多、貪全，而是從前人浩如煙海的詩歌作品中擇其精粹，方才錄之。而出於篇幅，或詩歌常見程度等因素的綜合考慮，對於部份佳作、警句，或是少量殘存遺留的斷章詞組，就未必一定都能將其收入正卷之中。在這種情況下，胡曦唯有在集中仿阮元《廣東通志》以及張維屏《國朝詩人徵略》等著作之例，僅擇其中的警句加以采錄，而附於作家小傳之下，詩歌正文之前。筆者謹將《梅水彙靈集》在詩歌正錄之外所收入的嘉應詩人的部份名篇、警句或斷句羅列如下：

卷一張天賦。附錄的詩歌篇目有：《送宗兄南林北行》、《次張掌教春日韻》、《中秋宿白沙堆》、《寓篡修館夜中寫懷》、《容膝所》、《釣臺仙迹》、《次長沙胡一松梅花寫懷》；至於斷句則有：《甲辰重過寶應湖》「鴛鴦自別天南北，相對青山唱白頭」以及《與楊子泰唐論爲學自得之趣》「芭蕉心盡又添新」。

卷二鍾士楚。附錄的詩歌篇目有：《陰那題壁》。

卷三羅之濯。附錄的詩歌篇目有：《秋曉》、《小亭》、《秋村》、《舟行即事》、《古佛心山翁》、《感秋》、《汾江話別》、《清明郊行》、《秋夕送人還山》。

卷三賴鵬翀。附錄的詩歌篇目有：《登奈兗州南樓》、《謝病別樂陵士庶》、

《謁周公廟》。

卷三古光廷。附錄的詩歌篇目有：《次友人留別韻》、《夜坐有感》。

卷三溫俊彩。附錄的詩歌篇目有：《秋末望鄉》、《答吳自園見寄》；無題斷句則有「春光擁人行，雲意隨鳥落」一聯。

卷三吳熒乾。附錄的詩歌篇目有：《懷人》、《懷古》、《百戰》、《大平》；中聯如「萬事指麾鞭斷半，百般磨礪鐙穿雙」、「山川間阻王良駕，歲月消磨祖逖鞭」、「待人信義回三舍，倚我才華可萬言」。無題斷句則有「少小何曾借鞭策，長驅短馭自權奇」，「寄語多情陽處父，解驂莫贈等閒人」等獨立的二聯。

卷四王利亨。附錄的詩歌警句有：《自大同至山陰道中》：「崩厓石角癯揩馬，禿樹籬根涼飯牛」；《秦安道中》：「亂雲白擁千峰出，萬柳青圍一寺來」；《雲中》：「天圍白草牛羊亂，地隱黃沙鼓角雄」；《署齋雜感》：「一城斗大兼如水，負郭山童半不毛。六職兼權人託命，一官雖小德如天」；《冬日雁門》：「風塞雁門推石出，雪填狐口鑿冰開」；《東宋芷灣前輩惠陽》：「塵夢葛藤先快劍，離懷燈火舊詩筒」。

卷五張京泰。附錄的無題詩歌警句有：「憐茲匏獨繫，悔不菊爲餐」，「枕既尋春夢，琴仍待月彈」。

卷五楊清槐。附錄的無題詩歌警句有：「剩茗留澆新樣菊，餘香搜得舊時檀，卷幔波光當戶入，憑欄雲氣渡江來，過嶺人疑天上落，隔灣風到谷中盤，雁聲多處人家少，朝霧深時古渡閒，小艇一燈紅照水，孤帆幾帀白留煙」。

卷五鍾李期。附錄的詩歌篇目有：《夏夜》、《公交車》、《舟中》、《山村》、《自嘲》、《書所見》。

卷五江李才。附錄的詩歌警句有：《夢遊山寺》：「半夜月明如水色，十分人瘦比梅花」。

卷五顏崇圖。附錄的詩歌篇目有：《春興》、《秋山寒林圖》、《別某》、《旅夜》、《旅感》、《送余二至惠陽》、《讀淮陰侯傳》、《題桃源圖》。

卷五李光昭。附錄的詩歌警句有：《題黃式齋情種子曲》：「筆端舌有生花趣，吾黨君爲學佛人。蓮中苦苦徒成药，鏡裏空空不是花。」《老將》：「帝欲修文先偃武，公今垂老莫傷神。」《老樹》：「雨露雷霆皆帝澤，蛇龍神鬼見交情。」《春歸》：「十千沽酒尋常有，百六韶光露電看。」《冬暖園花盡開踏月有懷》：「夜無霜露惟明月，備董春及素秋百。」《花墳》：「百種花開又花落，一場春夢弔春人。」

卷六黃釗。附錄的詩歌警句有：《望羅浮》：「絳蝶馱花姊，青羊簇雨仙。」《野泊》：「夜船人說鬼，昏寨虎求神。」《大野》：「橫陣神鋒雨，奇峰鬼色雲。」《閒居》：「食筍兒尋譜，移花婦主盟。方書翻本草，圓夢爆燈花。」《蘭溪舟中》：「秋人波上影，春女笛中心。」《夜過中宿峽》：「定雲開石面，古月冷猿心。」《惠州》：「夢裏梅花參古月，偈中蓮葉現朝雲。」《蚶市》：「媚人虹氣初行雨，念佛魚聲正上潮。」《除夕》：「漫敲廁鬼求如願，翻詛門神不逐貧。」《歲暮感懷》：「書答未容干宰相，金銀亦足困神仙。」《西園》：「亭心避雨鶴之眷，樹腹藏雲龍所家。」《集西山》：「人因出郭知秋好，官爲朝山讓佛尊。」《至所》：「由來俳體皆卑格，半世詩狂近滑稽。」

卷六徐嵩。附錄的詩歌篇目有：《除夕得句》、《春日書懷》。

卷六王嶸。附錄的詩歌篇目有：《齊送羅後軒師》；而附錄的無題詩歌警句則有：「夜潮雲星微千點，□□印舶隱萬帆。」

卷七楊鳴韶。附錄的詩歌警句主要爲其《試場雜詠十二律》中之句：《如卷箱》：「雙魚巧合連環鎖，萬卷猶同沒字碑。」《號戳》：「右軍尙有殘書集，僕射休將坐位爭。」《浮簽》：「漫把姓名通叩叩，祇留文字妙空空。」《疊印》：「古篆模糊驚兩兩，司農顛倒用匆匆。」《韻紙》：「九千漢學形聲異，四十唐賢位置難。」《序進牌》：「吹竽先後分曹曲，習射東西拾級階。」《照出簽》：「星使當操馳驛節，書生還驗出關繻。」《受卷桌》：「經攤多貝登千佛，璧受連城設九賓。」《點名冊》：「三千殿腳司花籍，五百迦羅選佛場。」《圓圖》：「畫月團團黏粉壁，研珠九九點梅花。」《長案》：「領班誰冠中書考，殿後眞同敗績師。」《題鐙》：「五更光射奎婁宿，一點心傳孔孟鐙。」

卷七黃平。附錄的詩歌斷句有：《江上七夕》：「有客呂憐江水遠，儜人此夜渡銀河。」

卷七劉伯芙。附錄的詩歌警句有：《詠項羽》：「故人輕把頭顱贈，愛妾能教性命同。」

卷七陳其藻。附錄的詩歌篇目有：《故園吟》、《山居》、《水蘿塘山行》、《藍關謁韓祠》、《豊湖登澄觀樓》、《羲隆渡》、《木蘭從軍》、《紅拂》、《綠珠》、《題課兒圖》、《和賡堂師息園生日》、《立春日作》、《和賡堂師早春小飲》、《題李子黼海東酬唱集》、《雞冠》、《春柳》、《柳堂摘句圖鐵山登高》、《清明》、《墨池》、《秋日讀書有感》、《七夕》、《宿水口署》、《豐湖》、《讀書貫道門》、《輪船望海》。

卷七邱益。附錄的詩歌警句有：《楊柳枝詞》：「行人只羨黃鸝好，坐了春風過一生。」《詠松間月》：「十分水氣驚棲鶴」。

卷七黃祖培。附錄的詩歌篇目有：《若況》、《誌感》、《曉起》、《秋晚》、《獨坐》、《即事》、《寒夜不寐》、《感憤》、《晚步》、《雨夜行》、《秋夜》、《漂母懷古》。

卷七陳崟。附錄的詩歌篇目有：《寄懷》、《感懷》、《山行》、《漫興》、《觀物》、《漫興》、《旅夜》、《醉後偶書》、《讀史》。

卷七徐起釁。附錄的無題詩歌警句有：「細雨花添韻，輕雲燕帶飛。依書螢識字，近署鶴知更。」

卷七徐旭暉。附錄的詩歌警句有：《遣興》：「蝴蜨夢中三月雨，鷓鴣聲裏六朝山」。《淩風樓懷古》：「江南白雁愁煙雨，塞北黃冠憶水雲」。

卷七溫章衡。附錄的詩歌篇目有：《月夜訪友》、《田家》、《曉蝶》、《越野月夜郇步》、《遊龍碉》、《春柳》、《讀明史有感》、《始皇》、《富春臺懷古》、《春日感懷》、《即事》、《雨後》；附錄的詩歌斷句則有：《春柳》：「生不空沾天雨露，綠陰隨處覆行人」。

卷七謝國珍。附錄的詩歌篇目有：《舟夜》、《暮春江上》、《夜坐》、《七都河口》、《種竹》、《奉張壽荃觀察韓山課士教》、《西湖山》、《中秋月》、《韓江返棹》、《北閣題壁》、《長樂舟中》、《由汕頭渡海》、《珠江舟夜》、《書烈婦葉莑英家傳後》、《月夜即事》、《舟行積雨》、《偶作》、《遣懷》、《江樓即事》。

卷七蕭大澍。附錄的詩歌警句有：《詠梅花》：「涉世生涯雖冷淡，人丰骨白自嶙峋。」又「天縱嚴寒香不損，貌雖消瘦格尤奇。」

卷七陳展驥。附錄的詩歌警句有：《自述》：「愁生廿載偏多病，惜到三春敢廢書。」

卷八范萫香。附錄的詩歌篇目有：《寄范氏偶成》、《詠夾竹桃》、《風蘭》、《落花》、《擬陳玉蘭悼憶》。

卷八葉璧華。附錄的詩歌篇目有：《首夏》、《即事》、《病起》、《山居》、《詠梅》。

（2）引用先賢著作或史乘方志以評論詩人詩作

《梅水彙靈集》共收錄歷代嘉應地區的詩人二百二十七人，胡曦對當中的每一位詩人，都有所點評。而且各有側重點，有的側重點評詩人的德行，有的側重點評其詩作中的某些詩眼、警句。這些對詩人、詩作的評論文字，並非均由胡曦一人撰成，當中的不少其實都是摘錄自當時重要的詩話或前輩先賢之隨筆雜記，還有些是摘錄自詩人的傳記以及其籍貫所屬地的史乘方志等等。但是，必須強調的一點是，《梅水彙靈集》中所輯錄的評論，不是有評必輯，而是有所取捨，所徵引的觀點，雖不是胡曦個人所發，但卻必定是他心中所認同的，也正是習常所謂的借他人之酒杯，澆胸中之塊壘是也。例如：

卷一選輯之明興寧人張天賦，少負才名，從湛甘泉遊，聞性命之學，即毅然自立，爲時人所重。胡曦引錄與唐寅、文徵明、徐禎卿齊名，號爲「吳中四才子」之一的祝枝山對他的評論，謂張天賦「淵淳虛白似黃叔度，英秀朗察復似楊德祖」。將張天賦比擬爲以德行著稱，被尊爲「賢士、人鏡、徵君」的東漢清流名士黃叔度，以及以學識淵博而著稱的東漢末期名士楊德祖。張天賦一嶺外之人，能得祝枝山的如此盛讚，其德行與學識之高由此可知矣。

卷二選輯之明末清初興寧人石詠竹，生崇禎間，入清後，建馬祖山道場，就瀑布間築溪月草堂。聚書、蓄古琴，嘯詠以終。胡曦引錄莆田彭古愚之語，曰：「余獲交隨園翁（筆者按：石詠竹，號隨園處士），朗朗如玉液冰壺。」所謂「玉液冰壺」，當取自唐王昌齡《芙蓉樓送辛漸》中的「一片冰心在玉壺」之句，以此讚美石詠竹在明亡後所秉持的玉潔冰清的節操，可謂知人之論。

卷二選輯之清興寧人彭邦瓊，曾於順治八年與諸生李開陽等率各圍鄉勇合力殲賊寇三千，並生擒賊首劉世俊。爲表其功績，胡曦特採康熙《興寧縣志》中興寧令王綸部撰的敘論所言，稱彭邦瓊爲「士類中之有品者。」

卷二選輯之清長樂人魏成漢，著有《浮萍詩草》四卷。詩中往往多見道之言。胡曦引錄甄陶爲《浮萍詩草》所作之序言，點評其詩曰：「其近體灑然自得，酷類陳文恭。古體則五嶽隱隱時起方寸，高曠中露精悍蒼勁之色，一如其鄉葉侍郎夢、熊副使春及與何鍾羅三君子。前於後喁，音響互答，而皆各肖其鄉先輩，何其奇也。」又引吳白華的跋曰：「詩本性情，詞患掩意。似此忠厚悱惻，自在流出，始知《武功十詠》不及《春陵行賊退示官吏》也，可謂本末俱全之士」。而集中《詠種樹》句：「老幹盤根得氣遲」，則又自爲寫照矣。

卷三選輯之清鎮平人古光廷，胡曦通過轉引黃釗《詩紉》中所記的一段軼事：「琴江先生，貌豐偉、美鬚髯，善書。兄弟四人，琴歌酒賦，灑然一室。侯官劉心香明府宰吾邑，時造廬訪之。先生適病目，藥煙花氣，氤氳斗室。劉公退語人曰：「琴江可謂不俗，即仙骨多情乃佛心矣」。進而評論其性情與他沖澹自然的詩風之關係。

卷四選輯之清嘉應人王利亨，《嘉應州志》稱其「養粹功深，與宋芷灣、李繡子相伯仲」，路閏生題其詩集亦云：「後人漫把前人讓，從此江山不姓韓」。即便如此，胡曦並沒有囿於前人之見，在通讀王利亨所著《琴籟閣詩鈔》八卷後，他指出，《嘉應州志》與路閏生之題，皆「殊溢美」，「尚非篤論」。相反，其詩集中之詩「淘汰未至，一篇中時亦利鈍互見」，實難與宋湘及李黼平比肩。相較而言，胡曦之說是較爲客觀公允的。

卷五選輯之清嘉應人李黼平，阮元以「文星」待之。他與宋湘、黃香鐵、黃遵憲、丘逢甲，被稱爲嘉應五大詩人。甚至有人言：「繡子先生詩，不特粵中之冠，且有清二百餘年風雅宗主之稱也」。胡曦對李黼平也甚爲看重，選錄其詩 200 首，但胡氏並沒有因此而對他大加吹捧，他更多地是從李黼平的師友的評論中客觀地看待其詩學成就：「南海譚玉生云：『繡子胸有積書，故能自出機杼』。其門人番禺劉熊曰：『先生嘗言生平爲詩以示人，多不喜。惟故友葉石亭解元、方伯吳鼐濤先生知之。蓋先生求古人遺聲於不言之表，而又以獨得其傳，不襲古詩曹王阮陶李杜韓蘇黃之皃，而天地之元音萃是焉』。」

卷五選輯之清程鄉人吳蘭修，官信宜訓導，出任粵秀書院監課、學海堂山長。他生平枕經葄史，構書巢於粵秀書院，藏書三萬餘卷，名曰「守經堂」，是清末著名的藏書家、學者。他還工於詩及古文。胡曦引錄張維屏《國朝詩人徵略》中所記，稱其「南唐北宋出以天然詞筆，天生一時無兩」。並引錄新興陳雪漁《嶺南文鈔》中的評論云：「石華古文有二種，學六朝者，得其韻；學八家者，得其法。」可謂切中事情。

卷五選輯之清嘉應人李光昭，黃蒼厓曾云：「秋田詩鸞儀虎爪，鶴氅雅鬟，意必孤行，體無一狀。有時山海風雷，老僧入定，蠶叢一轉，桑柘平原。」楊雨生則謂：「程鄉詩人李秋田龍頭，徐又白龍腹，顏湘帆龍尾也。」對李光昭有龍頭之譽，可見時人對其評價之高。但是，胡曦對此不憚提出自己的見解，他雖然肯定「秋田初好楊鐵厓，以上規漢魏，出入二李之間，又稍變其體」之詩歌佳處，但同時也指出，李秋田嘗自題其卷曰：「文有奇氣，道自中行，詩雜仙心，我以禪悟。」，實乃自許過當。

卷六選輯之清鎮平人黃釗，與宋湘、李黼平齊名，被譽爲「梅詩三家」。道光十八年（1838）任韓山書院山長。晚年在潮州城購買「雁來紅館」，從事教育。一生著作甚豐。胡曦對此評價甚高，「余近得《讀白華草堂初二集》，讀之覺雕章絺字，亦近自然，錯采鏤金，彌見風骨，其才勝也。集中句美不勝收。」除此之外，胡曦也用大篇筆墨引錄了盛大士對他的述憶評價：「香鐵，性極亮直，辯論是非，侃侃不阿。至於朋友骨肉，死生契闊之際，心貫金石，歷久不渝。庚辰秋，偕小舟侍御歸粵，小舟沒於信江。舟次信州，大守黃君霽青爲之經紀其喪。香鐵崎嶇遠道，扶柩南歸。行至南安，遭風覆舟，望空呼號，柩始無恙。孑身千里，履險如夷，人謂其積誠所感也。」令人對黃釗的詩人、學者身份以外，有了更豐富而立體的瞭解。

卷六選輯之清興寧人楊兆彝，乃胡曦老師陳爍林先生的受業師，即胡曦的太夫子。楊兆彝授徒甚眾，持己嚴謹。曾手錄嘉應州屬各志爲纂要一卷，又著《消炎錄》一卷，記興寧山川、宦績、人物、地產七律三百餘首。其間之詩注亦頗有史地價值，然而，胡曦經精讀之後，發現「其詩注亦間有能辨正者，如《明列女陳大姑二姑傳》已云：『兩姑早失怙恃，撫弱弟善成立，矢不嫁，後善登鄉舉。』，而《懿行陳善傳》又曰：『由舉人官鎮江通判，丁艱歸』，果丁誰艱耶？意此陳善必別一人，傳聞未確，仲氏《振履志》未深考也，余曾親詢諸陳族人，據云舊譜所載亦如此，未知何以致誤因云。兩姑或異母弟果爾，則善有生母撫之，又何須兩姑之教育，而誓不嫁耶？故其詩有曰：『一代貞姑無怙恃，二難有弟曷孤艱。』」胡曦在此對太夫子楊兆彝的詩注內容作出質疑和辨正，雖從狹隘的師生觀念而言，頗有不敬之嫌，但胡曦此舉所體現出來的對眞理的追求，則應另當別論，而且，這與今人所推崇的西賢的所謂「吾愛吾師，吾更愛眞理」也是正相契合的。

卷七選輯之清長樂人溫訓，喜治古文，所著《正誼》十二篇，自命甚高。然在時人評價中爭議甚大，胡曦便引錄了來自正反兩個方面的多條評論，如陳觀樓「嘗以一字稱之曰「達」，陳恭甫評爲「議論醇正，賈晁復生」，而張南山則譏其「縱肆浮聲，非出實學」。胡曦認爲他們的評論皆一偏之論，應拋開成見，扣緊文本再做公允的評價。

除此之外，胡曦對陳其藻、溫章衡等人也指出了其詩集往往淘汰未至等弊端。

總體而言，胡曦對每個詩人的評論，無論是發自己見，或是引錄前人和時賢的觀點，胡曦都往往喜歡把詩人的人品與詩品結合起來評論，關注詩人是否有良好的德行，是否「德才兼備」。雖然在《梅水彙靈集》中有的詩人的評論文字洋洋灑灑，長達數千言，有的詩人只有寥寥數句甚至是一句話。但不論是詳是略，它們在文獻和文學史方面的作用都是不容忽視的。摘錄詩人的其它詩歌作品，有利於一些不易見的珍貴文獻的保存。引用前輩先賢的著作或史乘方志中的記載來評論詩人或詩作則有助於後人更好地瞭解詩人的生平、詩學淵源及詩歌作品，在文學史方面有著很大的價值。

第四節　《梅水彙靈集》的文獻價值

一、保存嘉應地方文獻

胡曦在《梅水彙靈集》例言中曾云：

> 溫氏《粵東詩海》採本朝乾隆以前詩，頗稱賅備。考其時與編校者，有嘉應李氏光昭、顏氏崇圖諸人。……阮氏《通志·藝文略》曰：「案明以來，粵中藝文頗盛，而今多散失。是編於各志傳有名而未見之書，其著述多者，僅於第一部第一集下載明所著書名，以備考證。此後惟卷數見於史志及諸家目錄，或序說見他集者，仍別著之，餘皆從畧」云云。茲編所錄，皆已往先哲，其所著述，或存或佚，略如阮志之例，並附本傳之下，以待搜訪。外至第八卷，分上下二帙，爲閨秀一編，雖生存亦收；爲方外一編，坿以「繇辭雜語」，如《蜀雅》、《粵東詩海》之例。

這段話回顧了嶺南前賢編纂詩歌總集的歷程和值得借鑒的優處，其論大體中肯。事實上，編纂詩歌總集本就會帶有很大的繼承性，後成的總集往往是在參考吸取前人研究成果的基礎上累積而成的。但是，必須指出的是，雖然明清之後，時人刊刻詩文總集之風很盛，但是在《梅水彙靈集》刊行之前，尚未有任何一部只選輯嘉應一地詩人詩作的總集作品。即使在其它一些立足嶺南全境而編選的詩歌總集中有選入嘉應地區的詩人，也多將關注點限於宋湘、李黼平等幾個人身上，編選範圍非常狹窄。故胡曦能很好地對嘉應地區宋代以來的詩歌別集和總集加以梳理、編列，以編成這部宏大的《梅水彙靈集》，實有其開創之功。

《梅水彙靈集》收錄了嘉應地區從北宋至清末約一千餘年的二百二十七位詩人的優秀詩作二千零六十七首，集中地提供了研究作家作品的第一手原始材料。合計引錄或提及嘉應作家詩集七十六種，雖然其中的二十四種已經散佚，或經胡曦遍訪而未得一見，殊爲可惜。但《梅水彙靈集》能將這些數量龐大且難以獲見的詩集自刊刻以來的流佈與存佚情況，作出現在這樣清晰的梳理，已屬不易，足爲後世的研究者提供了一系列可靠的文獻線索。謹錄詩文集及著作者如下：

張天賦《葉岡詩集》
張　玿《蒼蒼亭集》（已佚）、《寓閩錄》（已佚）
李　梗《函秘齋集》（已佚）
張　琚《旋溪集》（已佚）
廖衷赤《五園》（已佚）
李以貞《石塘集》（已佚）
李士淳《三柏軒集》
曾榮科《玉峰刪稿》
陳　銓《南溪詩文集》
李　琛《一草廬集》（已佚）
李象元《賜硯堂集》（已佚）
鄒　濤《如蘭集》（已佚）、《知古集》（已佚）
陳鶚薦《一經堂稿》
林良銓《睡廬詩草》（已佚）
魏成漢《浮萍詩草》
楊　勳《京華雜詠》（已佚）、《入蜀紀程詩》（已佚）
黃觀清《澹溪詩稿》（已佚）
李致臨《自怡集》（已佚）
李蔣臨《自在居集》（已佚）
羅清英《松亭刪稿》
李　壇《退學軒詩文稿》
陳有懿《自怡集》
黃廷標《聽松廬詩稿》（已佚）

吉履青《嫏嬛書屋詩草》
溫鳴泰《一齋詩集》（已佚）
吳喬翔《三聲堂草》（已佚）
梁　崇《灞陵小草》（已佚）
宋　湘《紅杏山房詩》、《不易居齋集》、《豐湖漫草》、《續草》、《南行草》、《滇蹄集》、《楚艘吟》
葉蘭成《聽泉小草》（已佚）
李黼平《著花庵集》、《吳門集》、《南歸集》、《續集》
何其傑《梨雲閣詩文集》
吳蘭修《荔村吟》
江楫才《前後北遊草》、《小吟齋艸》（已佚）
吳敬綸《怡雲堂詩選》
陳一峰《閬苑稿》
顏崇衡《綠萍山館》、《虹橋》、《草廬》
徐友白《聿修堂稿》
李光昭《南漢小樂府》、《鐵樹堂詩鈔》
劉汝棣《叢桂山房詩》
邱起雲《篴聲樓集》
溫　訓《梧溪石屋詩鈔》
羅清熙《思藻樓集》
侯桂臣《博習親師齋詩稾》（已佚）
陳大勳《若穡有秋堂稿》（已佚）
楊炳南《海錄》
李鏗載《綠雲山館詩鈔》
李綸光《笠山詩草》
饒　軒《難易居齊詩文集》
鍾仲鵬《鎮雅堂稿》
陳其藻《毋自欺齊集》、《外集》、《羊城古迹詩草帖》
邱　益《補思遺草》
黃祖培《讀我軒集》
古汝達《存齋詩鈔》

陳　岦《啓蟄齋集》
蕭大澍《鷸風齋集》
葉璧華《古香閣集》
范荑香《化碧集》

除此之外，由於編者胡曦也非常注意對嘉應一地的詩文評、詩歌總集、方志等地方文獻進行全面系統地搜集和整理，並總計引錄詩文評著作四種，詩歌總集五種，地方志十七種。令《梅水彙靈集》在地方史料保存、文獻考訂和提供文學作品模板等方面都具有了不可忽視的價值。試列表簡述之如下：

《梅水彙靈集》徵引文獻一覽表

卷目	朝代	詩　人	徵　引　文　獻
卷一	宋朝	羅孟郊	《廣東通志》、《粵東詩海》
		藍　奎	《廣東通志》、《石窟一徵》、《嘉應州志》
		古　革	《廣東通志》、《宋志》、《嘉應州志》
		蔡蒙吉	《廣東通志》、《嘉應州志》
		楊　圭	《廣東通志》、《潮州志》、《楊氏譜》、《嘉應州志》、《粵大記》、《八閩通志》、《萬姓統譜》
		王　璡	《興寧縣志》
	明朝	王天與	《廣東通志》、《興寧縣志》、《天下名山諸勝一覽記》
		曾　奎	《興寧縣志》
		王希賢	《興寧縣志》
		顏　璉	《舊霍山志》
		王　淤	《廣東通志》、《興寧縣志》
		李　焞	《舊霍山志》
		鍾士楚	《嘉應州志》
		胡　夔	《興寧縣志》
		徐韶奏	《嘉應州志》
		張　珆	《嘉應州志》

		李　梗	《嘉應州志》
		張　琚	《嘉應州志》
		王若水	《興寧縣志》
		林際亨	《詩娛室詩話》、《石窟一徵》
		廖衷赤	《嘉應州志》
卷二	清朝	李以貞	《粵東詩海》、《嘉應州志》、《寧都三魏集》
		彭邦瓊	《興寧縣志》
		楊明經	《鎮平縣志》、《石窟一徵》
		程　煜	《粵東詩海》、《嶺海詩鈔》
		何　昆	《嘉應州志》
		陳龍光	《興寧縣志》
		熊夢龍	《國朝先正事略・清端傳》
		陳　銓	《興寧縣志》
		石娥嘯	《廣州志》、《香山志》
		陳鶚薦	《嘉應州志》
		李恒熲	《嘉應州志》
		彭飛九	《龍川志》
		李　鐺	《廣東通志》
		楊　勳	《嶺海詩鈔》
		古元春	《粵東詩海》、《嶺海詩鈔》
		黃觀清	《詩紉》、《廣東通志》、《石窟一徵》
		葉承立	《粵東詩海》、《嶺海詩鈔》
卷三	清朝	顏鳴漢	《詩紉》
		賴鵬翀	《廣東通志》、《長樂縣志》
		李　壇	《勸誡紀實》、《粵東詩海》
		楊時行	《粵東詩海》
		葉　濂	《粵東詩海》
		楊揆敘	《廣東通志》、《粵東詩海》

		林孟璜	《粵東詩海》
		鄭光緒	《粵東詩海》
		李侃昭	《粵東詩海》
		古光廷	《詩紉》
		陳有懿	《肇慶府志》
		蕭廷發	《嘉應州志》
		黃履祥	《粵東詩海》
		鍾　琅	《馬烈婦詩卷》
		李嵩侖	《廣東通志》
		葉　鈞	《嶺海詩鈔》、《廣東通志》、《粵東詩海》
		葉　煌	《粵東詩海》
		黃廷標	《詩紉》
		楊梧幹	《詩海補遺》
		吳喬翔	《粵東詩海》
		梁　崇	《廣東通志》
		黎秉衡	《粵東詩海》
卷四	清朝	林　斐	《廣東通志》、《粵東詩海》
卷五	清朝	何其傑	《學海堂集》
		吳蘭修	《藝談錄》、《嶺南文鈔》
		楊清槐	《詩紉》
		楊濟時	《學海堂集》
		鍾李期	《詩紉》
		吳敬綸	《詩紉》
		顏崇圖	《粵東詩海》
		顏崇衡	《詩紉》
		李光昭	《粵東詩海》、《粵東文海》
		廖　紀	《小嚴海山詩屋詩話》
卷六	清朝	黃　鈺	《詩紉》、《石窟一徵》

		黃鳴鳳	《詩紉》
		張其翰	《詠花書屋賦鈔》、《粵東古迹詩鈔》
		葉其英	《學海堂集》
卷七	清朝	劉汝言	《詩紉》
		陳士荃	《詩紉》
		陳其藻	《柳堂師友詩錄》
		古汝達	《粵遊詩草》、《國朝正雅集》
		張廷棟	《海山詩屋詩話》
卷八上	閨秀	李　氏	《廣東通志》
		何惠廉	《廣東通志》
		許貞婦	《粵東詩海》
		馬阿好	《廣東通志》
卷八下	方外	慚　愧	《粵東詩海》
		招仙觀羽客	《輿地紀勝》
		慧　度	《粵東詩海》
		霽　月	《粵東詩海》、《嶺海詩鈔》
		慧　機	《粵東詩海》

二、彰顯嘉應地域特色

（一）充分發掘嘉應史地文獻的價值

胡曦除了是一位出色的詩人，他更是一位著名的史地考據學家。故《梅水彙靈集》全書在立足於對嘉應地區鄉邦詩歌進行保存和整理之餘，也非常注重對地方史地文獻進行查閱和辨正。借《梅水彙靈集》一書的告竣以充分發掘嘉應地方文獻的價值。

胡曦在《梅水彙靈集》卷首例言中便對嘉應五屬的歷史沿革，梅水的變遷、改道、得名等情況進行了非常詳盡的介紹：

> 《一統志》曰：嘉應州，《禹貢》揚州南境，春秋戰國爲百越地；秦爲南海郡地；漢爲南海郡揭陽縣地；東晉後爲義安郡海陽縣地；齊始分置程鄉縣，屬義安郡；至隋因之唐，屬潮州；五代南漢

乾和三年於縣置敬州；宋開寶四年改曰梅州，屬廣南東路，熙寧六年廢州，元豐五年復置，宣和二年賜名義安郡，紹興六年又廢州，十四年復置；元至元十六年升爲梅州路，二十三年仍降爲散州，屬廣東道；洪武二年廢州爲程鄉縣，屬潮州府。本朝初因之，雍正十一年升爲直隸嘉應州，領縣四：曰興寧、曰長樂、曰平遠、曰鎮平。興寧縣，漢南海郡龍川縣地；東晉分置興寧縣，屬東官郡；宋齊以後因之；隋改屬龍川郡；唐屬循州；五代宋元因之；明屬惠州府。長樂縣，漢南海郡龍川縣地；東晉以後爲東官郡興寧縣地；五代南漢時移興寧縣來治；宋天禧二年興寧還故縣，以其地爲長樂鎮（自五代云云，至此有誤，詳《興寧圖志考》），熙寧四年改置長樂縣，屬循州；元因之；明屬惠州府。平遠縣，漢揭陽縣地；東晉爲海陽縣地；齊以後爲程鄉縣地；明嘉靖四十三年分程鄉及惠州府，興寧縣地置平遠縣，屬潮州府。鎮平縣，漢揭陽縣地；東晉爲海陽縣地；齊以後爲程鄉縣地；明嘉靖以後爲平遠縣地，崇正六年始分平遠及程鄉縣，置鎮平縣，屬潮州府。四縣本朝初因明制，雍正十一年改屬嘉應州。阮氏元《廣東通志》曰：「嘉慶十二年升爲嘉應府，復置程鄉縣，十七年仍爲州，省程鄉縣。」案此爲今嘉應州歷朝沿革大畧也。

《石窟一徵》曰：「鎮平蓼陂鄉有梅溪宮。」案《一統志》載：「《嘉應州舊志》：『梅溪在城南五十步，有三源自子郊（屬長樂地）、水口（屬興寧地）合流入縣界（謂程鄉縣），過百花洲，經縣南，又東合周溪，又十餘里合西洋溪，又東合松源淺，又東奔赴於蓬辣，入大埔縣界。』據此則梅溪與鎮平無涉。案梅溪宮之在蓼陂，其溪則所謂柚樹溪也，源出平遠縣大柘村，流入縣界，經蓼陂至金沙，入石窟。若據《舊志》，則此溪與梅溪合流，尚有百十里之遙，固不得謂之梅溪矣。然嘉應宋時名梅州，其水曰梅溪，亦曰梅江，此必有地以梅名者，因而取之。今考《志》止有梅峰，乃在城西二里。明孝子溫禧居其麓，徧植梅花，因名。則梅峰之名，前明始有，又非宋時所謂梅州之義。惟楊誠齋《經藍田》詩有「一路誰栽十里梅」之句，然亦不過村莊所種。疑當日名州之義，亦不在此。而嶺外人臆說，謂漢梅鋗兄弟封邑。夫梅鋗封邑在臺嶺，即今之梅嶺。史稱項羽封鋗爲臺侯，食臺以南諸邑。州境爲嶺東地，不應屬梅鋗封境。即謂其食邑之廣，亦不應此州獨以梅鋗得名。竊謂圖經地志，古人盡爲耳食。《山海經》曰：「贛水出聶都山，東北流，注於江，入彭澤西。」案《章貢圖經》曰：「東江發源於汀州界之新樂山，經雩都而會於章水。西江導源於大庾縣之聶都山，與貢水合，二水合而爲贛。」是《山海經》所記，既漏其一矣。後漢《郡國志》曰：「贛有豫章水。」雷次宗云：「似因此水爲其地名，雖十川均流，而此源最遠，故獨受名焉。」余謂梅溪之名亦類此，蓋章貢二水，支流尚多，今以其入西江者，總謂之章水，東江者，總謂之貢水。故酈道元《水經注》：「於始興大江，悉目爲湞水」，猶此義也。以余臆說斷之，梅嶺以北至贛州之水，皆得名章水；梅嶺以南至韶州境之水，亦皆可名湞水；軍門嶺以東至贛州之水，皆得名貢水；軍門嶺以西至嘉應州境之水，亦皆可名梅水。貢水，入口者也，故謂之貢。江之爲言貢也；梅水，入海者也，故謂之梅。海之爲言晦也，不可以晦名，故名之曰「梅」。然則梅州之義，未必不由於此。而凡嘉應、平遠、鎮平之水，支流雖多，總謂之梅水，亦無不可也。則鎮平之有梅溪宮，固不爲無據矣。又曰：案《寰宇記》：「梅川有惡水，東流至潮州出海。水險惡，多損舟船。江水泛漲時，嘗有鱷魚隨水至州前」，案惡水即惡溪，在潮州東北七里許，亦名梅川。則余說不爲穿鑿矣，又黃氏釗之論梅水者如此。唐李吉甫《元和郡縣志》曰：「興寧江，去縣南一百八十里，即左別溪。」宋樂史《大平寰宇記》曰：「興寧縣有左別溪，在縣西北，從龍川縣界來，與右別溪合，流至梅、潮州入海。」元馬端臨《文獻通考》曰：「興寧晉縣有揭陽山、興寧江、左別（一本作左師）、右別溪。」《明史・地理志》曰：「興寧縣南有興寧江，長樂縣東南有興寧江。」曦昔綜聚諸書，作《興寧圖志考・沿革圖說》。茲復推論之曰：「考廣東之水，曰西江、曰北江、曰東江，併入南海。前人之論綦詳。餘高、廉、雷、瓊四州之水，由西北分流，外東南則嘉應、潮州之水，別爲東條入海。其據上游發源之地，固晉唐興寧縣之興寧江也。」阮氏《通志》曰：「興寧縣以興寧江得名。案今興寧爲舊齊昌縣地，古興寧實治今之長樂地，故統今之興寧及永安琴一琴二圖地、龍川興樂都地、平遠大信地（俱詳《興寧圖志考》）。其江水經流出於今長樂縣西岐嶺，爲今廣惠入嘉潮及閩門户。其名不知起於何時，應取二水分歧之義。」唐曰：循廣二州分水嶺，常衮謫潮經此。後人名曰丞相嶺者，亦此也。其源自今龍川縣丫髻山，歷天羊丫之麓，今俗稱昌黎所經之藍關。跨此出石硿爲羅經水，以水至此洄漩乃流名之。凡二十餘里，出嶺而流稍大，乃通舟楫。東至黃塘，又有龍川界所出之鐵場水注之。或曰酈道元《水經注》所云：其餘水又東至龍川，爲涅水屈北入員水者。涅水即鐵場水，其處產鐵、淘沙。上流水色常濁，正《説文》所謂「涅者，黑土在水中」之義。又羅經水即古員水。宋員鄉縣，以員水得名，並治此云云。《一統志》曰：「長樂縣洋田水，出龍川霍山東南（案此水有二支，一出新田者爲長，一出洋田。上游出丫髻嶂、黃石、白石等處，流至洋田至張坊約，二流始合），流入縣界，至鐵場，合葛洲水，又南至合水，入青溪。」案《寰宇記》曰：「霍山有興寧寺、靈龕寺，或云「霍水併入興寧江」，寺因以名之也。自此流四十里，經長樂縣南，復南流而東，約五十里，又少東，至七都河口，會今永安縣琴江之南北二流爲一支，即古之右別溪。別溪又東三十里至水口，會今興寧水爲一支，即古之左別溪。又由水口流二十里，經小峰，出老鴉嘴，是爲嘉應州境梅溪之上游，此古興寧江之源委也。」案齊氏召南《水道提綱》以琴江爲揭陽水，流經普寧，殊誤。道光間六氏嚴縮摹《內府輿圖》、與董氏祐誠《皇清地理圖》、阮氏《廣東通志》，並同其失。惟酈氏曰：「又東南一千五百里，歷揭陽縣入南海。」或云：「道里無如是之遠，道元未免博採而誤」。案由今龍川新田、丫髻嶂、洋田等水，至今長樂青溪，會合岐嶺之員水，順流下潮州，約一千里矣。近人衹由岐嶺溯源，因謂至潮五百里，此「一千」字，或後人改「五百」字，未及芟除，誤也。若如或云：「道元足迹未經，實無此水」，殊不然矣。今興寧、長樂諸水，永安東南水，並注興寧江，由東北以達梅溪。而平遠石龍山、萬斛泉諸水，流出大柘，入鎮平石窟，會於梅溪。下流至梅口鎮，又回流屈東南出大埔，釃然而至潮州入於海。此又於黃氏釗所論平遠、鎮平諸水外，合之興寧水、長樂水、永安水，並可謂之梅水矣。《説文》曰：「橐，器也」。《釋者》曰：「舊說彙，回也」。彙之爲言圍也。梅水由東北屈東南，然後放於南海，與回而圍之之義將毋同。大沖《蜀都賦》曰：「江漢炳靈，世載其英。」其竊比於梅水名集之義哉。

胡曦通過廣泛搜閱東晉以來歷代有代表性的史書和地方志，如《宋書·州郡志》、北魏酈道元的《水經注》、《新唐書·地理志》、清李吉甫的《元和志》、宋王象之的《輿地紀勝》、宋樂史《太平寰宇記》、《宋史·地理志》、宋王存的《元豐九域志》、宋歐陽忞的《輿地廣記》、宋馬端臨的《文獻通考》、《明史·地理志》、清洪吉亮的《東晉疆域志》、清顧祖禹的《讀史方輿紀要》、清吳任臣的《十國春秋》、《大清一統志》等等，指出了阮元《廣東通志》中的一些錯誤，也得出了正確的結論。其描述之細緻，條理之清晰，考證之嚴密，都可爲後人瞭解嘉應地區的歷史變遷提供非常重要的參考價值。

同時，胡曦在之後選輯詩人詩作時，如有涉及到時人可能不清楚的嘉應地區僻遠地名等，都有加注以作說明。

除此之外，在胡曦爲詩人撰寫小傳之時，也往往會順帶對與詩人生平行迹相關的嘉應地區的部份歷史、地理、人文、政治事件加以記載。例如，胡曦在卷七「徐子英」的小傳中，提到了「同治甲子，鎮平之亂」之事；又比如，他在卷七「徐旭暉」的小傳中兼及載入「同治乙丑，流寇再陷鎮平」的歷史，這都能爲後人瞭解鎮平當地的歷史提供重要的佐證。

（二）兼收客家謠諺山歌

嘉應地區是嶺南著名的山歌之鄉，張元濟在《嶺南詩存跋》中曾描述道：「月夜之時，男女隔嶺相唱和，興往情來，爾音婀娜，甲存歌仙之遺風。一家千回百折，哀厲而長，俗稱山歌。惠、潮客籍尤甚。」客家山歌，與嘉應人民，尤其是嘉應籍的客家人的生活是息息相關的。客家人往往通過山歌的形式，或歌唱美好的愛情、親情，或宣泄傾訴生活的種種艱辛。一般來說，客家山歌多爲即興歌唱，風土民情，季節風物，節慶禮俗等等，無不可以入歌，因此，客家山歌的內容豐富多彩，呈現出一幅幅美麗的生活畫卷，讓人神往。

明清時期的文人詩歌創作，能較生動地反映了嘉應客家地區的風土人情，表現出濃鬱的客家文學味道的，當屬這時流行的文人竹枝詞。竹枝詞本爲巴渝一帶的民歌。中唐劉禹錫貶官巴蜀，喜而仿作，時人及後世對之亦推許甚高，後代遂多文人仿傚之。我們將這類文人仿作的民謠稱之爲文人竹枝詞。清人王士禎《詩友詩傳續錄》中云：「《竹枝》詠風土，瑣細、詼諧可人。大抵以風趣爲主，與絕句迥別。」得碩亭在《京都竹枝詞百有八首》前的「敘」中說：「竹枝之作，所以記風土，諷時尚也。」這就道出了竹枝詞在明清時期的基本內容，即詠風土、諷時尚爲主，出現了專門記一處一事的，如記歲時的四季竹枝詞、新年竹枝詞、清明竹枝詞、記習俗的龍船竹枝詞等。直至清代，從嘉慶、道光年間的宋湘開始，後來的多位客家詩人創作的詩歌，如何如璋的《使東雜詠》、黃遵憲的《新嫁娘詩》、《日本雜事詩》、丘逢甲的《臺灣竹枝詞》、廖燕的《曲江竹枝詞》等等，都深受民間山歌等形式的影響，並都獲得了成功。當然，集中的作品雖與山歌格調相仿，但畢竟已經過了文人的正式創作與加工，故與純粹的山歌還是有著較大的差別。而且，文人在創作詩歌時，一般不會刻意用方言作詩，但是每個人生長生活的環境對其影響都是巨大的，故在一些詩歌中還是可以發現客家山歌的痕迹。譬如，有些詩歌以客家人熟知的方言俗語入詩，有些詩歌則還會具有較爲明顯的中原古音痕迹。

胡曦的家鄉興寧也是客家山歌盛行的地區。他從小便受到這種民間文學樣式的薰陶。同時，他也很自覺地去接受這種來自於客家民間的詩歌形式的影響，從中汲取有益的營養，並移用於自己的詩歌創作之中。光緒十七年（1891），當黃遵憲在駐倫敦使館參贊任上將客家山歌整理記載下來十五首並將之寄給胡曦時，這樣寫道：「十五國風，妙絕古今。正以婦人女子，矢口而成，使學士大夫操筆爲之，反不能爾。以人籟易爲，天籟難學也。余離家日久，鄉音漸忘，輯錄此歌，往往搜索枯腸，半日不成一字。因念彼岡頭溪尾，肩挑一擔，竟日往復，歌聲不歇者，何其才之大也。然山歌每以方言設喻，或以作韻。苟不諳土俗，即不知其妙，筆之於書，殊不易耳。僕今創爲此體，他日當約陳雁皐、鍾子華、陳再薌、聞慕柳、梁司五分司輯錄，我曉岑最工此體，當奉爲總裁。」〔註 51〕黃遵憲在山歌創作方面對胡曦的推重清晰可見。誠然，早在黃遵憲開始熱心於山歌創作之前，胡曦就已經模倣山歌風格，撰成了《鶯花海》四卷，並引起了時人與後世研究者的興趣，也得到了較好的評價：「《鶯花海》一書，性質與山歌相仿，格創調逸，最爲公度所

〔註 51〕【清】黃遵憲：《山歌題記》，錢仲聯：《人境廬詩草箋注》卷一，上海：上海古籍出版社，1981 年版，第 54～55 頁。

服。」〔註52〕「《鶯花海》四卷，首仿山歌風格爲之，蓋以語體爲詩者。此書後爲黃遵憲所甚喜悅。」〔註53〕

胡曦所在的興寧縣，邑中文人對此藝也是相當熱衷，爭相創作，甚至以此結社雅集，多次開展文學活動，足可見嘉應客家文人對山歌、竹枝詞等民間詩歌形式的鍾情，以及創作的自覺意識。胡曦曾對當時竹枝詞詩社的盛況及名篇佳句做過精彩的引錄：

> 道光乙巳丙午之交，吾邑喜爲詩社，有竹枝新刻……南城章盧谷明府學源首定甲乙爲一集，陳言卿昌謨云：「暮春三月野花開，麥飯墳邊雜紙灰。一隊紅裙歸步倦，武婆城畔踏青來。」族兄西池瑤云：「崩厓殘碣鎖煙蕪，荒冢清明叫鷓鴣。莫向道南亭畔過，江流鳴咽泣清姑。」傅榆根兆麟云：「重圍古寨暮雲邊，赤蘗花開叫杜鵑。昔日孤臣文相因，駐軍曾在此朝天。」又「粗衣淡食妾心安，勤儉隨郎度日寬。妾紡棉紗郎畫扇，郎愁天熱妾愁寒。」又「三月妝樓花亂飛，長安人正赴春闈。留湖西水年年長，夫婿何年及第歸。」陳子衡鍾章云：「妾家住近鹿山阿，郎爲收茶出外多。好是鷓鴣能解事，不將行事勸哥哥。」……陳汲甫懷清云：「鐵山礦穴火爐烘，物產千年暫不同。續骨不須稱秘訣，黃陂新出自然銅。」傅韻石鳴珂云：「逐末休辭蜀道難，心隨郎檝下青灘。他生莫作商人婦，夜夜驚魂夢急湍。」，鄭石琴師濂云：「古迹當年尚有無，猶聞父老說模糊。北山昔有靈龕寺，云捧牟尼一串珠。佛桑鬼菊鳳仙花，花外還將藥品誇。除卻菖蒲蘇子葉，地黃從古出官衙。」……〔註54〕

除了文人竹枝詞以外，胡曦在《梅水彙靈集》卷八也著意收錄了多首客家謠諺。客家謠諺是流傳於客家地區的簡練通俗而富有意義的語句，這種生動活潑的民間文學形式，創造於火熱的生產生活經驗中，飽含客家人的道德思想、價值觀念、宗教信仰、習俗傳統和審美情趣，有客家地區人文地理特色。這些謠諺結構多樣，內涵豐富，從衣食住行、節氣時令、鄉土物候、醫

〔註52〕羅香林：《客家研究導論》，上海：上海文藝出版社，1992年影印本，第226頁。

〔註53〕羅香林：《胡曉岑先生年譜》，轉自廣東省興寧縣政協文史委員會編《興寧文史》（第17輯·胡曦曉岑專輯），1993年，第133頁。

〔註54〕【清】胡曦：《湛此心齋詩話》卷二，羅香林等輯：《興寧先賢叢書》第四冊，香港：《興寧先賢叢書》校印處，1958～1973年，第71～76頁。

藥衛生、經濟生產、禮儀教育到處世做人，無所不包，而且通俗易懂，甚至鄉間老嫗都耳熟能詳，常常順口而出、念念有詞。這些「薪火之傳」，積澱著千百年客家文化心理，很有保存與研究的價值。例如：

程鄉謠

《阮氏通志》：鄭懋中，晉江人。洪武丙子舉人，三十五年知程鄉縣。寬恕廉慎，治先禮義，不尚法律，自奉淡泊，無所取於民。有豪猾爲民害者，懋中至首按之斃於獄，民大悅，訟者至庭，輒以理委曲開諭，不施鞭扑。詞訟以簡，縣中稱治。民爲之謠曰：

安所得公長者，禁令不煩徭役，寡昔無羊今有馬。

（此本王之正《嘉應州志》，阮《通志》據明黃佐《通志》首二語，作「鄭懋中，眞長者」，第三語接曰「斯民相見何嬉嬉，昔日無羊今有馬」云云，所紀互異。）

南安謠

侯公護度，舊程鄉人。性孝友仁厚，授南安知縣。勤廉自矢，遇歲饑及火，嘗著家人回家捐產，取資養給賑日用蔬菜，一毫不取於民，時爲之謠云云，蒙詔褒體有曰，爾居官清白，不聚一錢，忠也。

問我侯公怎樣賢，衙齋祇用故鄉錢。

程鄉童子歌

牛角子，角彎彎，大姐嫁在牛角山，小弟騎牛等大姐，大姐割禾難得閒，放撇禾鐮拜兩拜，目汁雙雙流落田。

（興寧童歌則云：「菱角子，角彎彎，大姊嫁在菱角山，老妹騎牛等大姊，大姊割禾唔得閒，放落禾鐮拜兩拜，眼汁雙雙落衣帶。」聲韻尤佳，「唔」本俗字，諺語如「不」字意也。）

這幾則謠諺簡要歌詠了程鄉的歷史遺聞、人物風情，且均加以小注以說明。從謠諺的具體內容，我們看到的是當地人民的日常生活圖景，看到了他們對統治者官員的態度。又因爲它們都是以詠風土人情，或贊或諷時政爲主題，因此也使其成爲了後人研究嘉應地區社會、歷史等相關內容的重要的第一手原始資料，從而具有了一定的民俗學與歷史學價值。

總而言之，胡曦通過在收集文人詩歌之餘，還注重對竹枝詞與客家謠諺進行採輯，可謂是雅俗兼收。這實在是對嘉應詩歌史的一個最有益，也最必要的補充。既讓讀者清晰地看到了嘉應詩歌自宋代以來的那種異彩紛呈與蓬勃發展，同時，也讓讀者感受到了來自嘉應民間的文學與詩歌形式給正統詩壇所帶來的雅與俗的碰撞與交融。而這，也成爲了最具有嘉應地域特色的一道燦爛的文學風景線。

第四章　嶺南詩歌總集的詩歌史意義與地域文化內涵

清沈德潛云：「學詩者沿流討源，則必尋究其指歸。何者？人之作詩，將求詩教之本原也。……詩教之衰，未必不自編詩者遺之也。夫編詩者之責，能去鄭存雅，而誤用之者，轉使人去雅而群趨乎鄭，則分別去取之間，顧不重乎？尚安用意見自私、求新好，異於一時，以自誤而誤人也？」〔註1〕沈氏在這段話中所想說明的是，詩歌總集也擁有著指導創作的功能。筆者認爲，從這個意義上講，詩歌總集除了能爲後學指明一定的創作途徑，其實，通過研究卷帙龐大、詩人詩作紛繁複雜的嶺南詩歌總集，也有助於後世研究者們更加全面、深入地觀照與理解嶺南詩人、詩歌乃至整個嶺南詩壇的總體面貌。

本書前面三章，選取《楚庭耆舊遺詩》、《潮州詩萃》、《梅水彙靈集》等三部清末民初嶺南詩歌總集作爲研究對象，考察其版本源流、編纂體例（編排形式、選詩標準、附件）以及詩歌總集中所收錄的詩人與具體作品，進而探討了它們在文獻、文學兩方面的價值與意義。本章將進一步考察它們的詩歌史意義及其地域文化內涵。

第一節　嶺南詩歌總集對嶺南詩歌史的建構

《楚庭耆舊遺詩》、《潮州詩萃》、《梅水彙靈集》，作爲三部在清末民初頗

〔註1〕【清】沈德潛：《唐詩別裁集序》，北京：中華書局，1973年影印清乾隆二十八年（1763）重訂版。

具影響力的嶺南詩歌總集。所謂「總集」，以今天的研究眼光來審視，實際上屬於「選」本的性質。因此，無論是對詩人採取的甄選標準，對詩作體裁、內容的選輯，詩作數目的多寡，還是與詩人、詩作密切相關的傳記、評論、注釋，乃至序跋、凡例等，都絕對會明確帶有編者的審美旨趣與詩學主張。而編者，由於生活在特定歷史文化環境之內，故肯定會在不同程度上接受其身處時代的詩學的薰陶、師友的影響。因此，透過研讀這些總集，我們又可以由小及大，窺測編者所處時代的詩壇潮流之動態走向，與瞭解他編選的詩歌總集所代表的特定區域的詩歌發展歷程。這，其實也往往是編者所想達至的編纂主旨。

就每一部具體的詩歌總集而言，如《楚庭耆舊遺詩》前、後、續三集，凡十三冊，合共收錄乾隆、嘉慶、道光年間嶺南籍詩人七十家，詩作三千五百九十七首；《潮州詩萃》五十卷，合共收錄了潮州籍詩人四百三十九家，詩作六千五百三十餘首。其中唐代詩人一家，宋代詩人六家，元代詩人七家，明代詩人一百二十家，清代詩人二百七十八家，方外、閨秀詩人共二十七家；《梅水彙靈集》則共收錄嘉應地區從北宋至清末約一千餘年的二百二十七位詩人的優秀詩作二千零六十七首。其中宋、明兩朝詩人二十三家，清代詩人一百八十五家，並附閨秀詩人十家及方外詩人九家。從詩歌總集的每位單體的作者來考慮，他們相互之間的聯繫是比較鬆散的，往往是因爲相同的生活地域、相近的生活年代而被聚合到一起。不過，若細加考察，就能在一定程度上發現他們本身所處時代的詩壇動向、詩學思潮、詩作風格特色等方方面面的情況，並成爲我們探索潮州、嘉應，乃至嶺南全境的詩歌創作歷史、詩學現象與規律的珍貴材料與重要依據。事實上，即使於編者對詩歌總集進行選輯的當時，也已經包涵著他本人對鄉邦詩歌史的理解，以及他對於鄉邦詩歌史進行敘述與構建的自覺意識。下面就僅以《潮州詩萃》、《梅水彙靈集》、《楚庭耆舊遺詩》爲例，作一簡單分析。

一、《楚庭耆舊遺詩》對乾嘉道三朝嶺南詩人風采的記錄

《楚庭耆舊遺詩》與《潮州詩萃》、《梅水彙靈集》有所不同，由於它的編纂僅著眼於清乾隆、嘉慶、道光年間的嶺南地區的詩人與詩作，時間跨度小，選輯範圍相對狹窄，再加上編者伍崇曜、譚瑩與每位入選詩人均有著較爲密切的交往，故全書頗具以伍崇曜、譚瑩爲中心人物選輯而成的師友詩歌

總錄的性質。它以編者的視角，向我們展現著一個個享譽當地，且與其熟悉的作家群像，以及與之相關的各類文學活動。而正是這一個個在詩歌總集中細緻記錄著的，看似孤立的獨特的詩人及文學現象，積澱成爲了體現詩歌總集的地域性文化特徵，以及地域詩學的一個縮影。

（一）以詩傳世的著名詩人

近代著名學者、詩論家汪國垣曾對明清嶺南詩壇的發展作過一番精闢的論述：「迄於明清，鄺露、陳恭尹、屈大均、梁佩蘭、黎遂球諸家，先後繼起，沉雄清麗，蔚爲正聲。迨王士禛告祭南海，推重獨漉；屈大均流轉江左，終老金陵；嶺表詩人，與中原通氣矣。乾嘉之間，黎簡、馮敏昌、張維屏、宋湘、李黼平詩尤有名，李氏稍後，卓然名家」〔註 2〕。誠然，有清一代以來，嶺南詩壇已漸趨與中原地區融爲一體，交往與詩藝切磋也日漸頻密。正如汪國垣上文所說，即便如王士禛這樣的清初詩壇盟主，也已經開始對嶺南詩人刮目相看，並大力推重。王氏在其《漁洋詩話》中便盛讚屈大均詩歌「蘊藉婉轉，不減李益」，又謂陳恭尹詩「皆得唐人三味」，使屈大均與陳恭尹二人能享譽大江南北。而乾隆、嘉慶、道光三代的嶺南詩壇，亦即伍崇曜與譚瑩纂輯《楚庭耆舊遺詩》三集之際，同樣是名家輩出，絲毫不遜色於中原詩壇。當中被伍、譚二人編選入《楚庭耆舊遺詩》，且詩名在全國都爲人所重的著名詩人有：

宋湘，字煥襄，號芷灣，乾嘉時期嘉應州詩人。他於清初「嶺南三大家」後，自成一家。其詩「負絕人姿，又肆力於古……沉鬱頓挫，直逼少陵」，故「粵詩自黎簡、馮敏昌後，推湘爲巨擘」。〔註 3〕他與同時代的江浙名家相比，也絲毫不落下風，錢仲聯先生在《清詩三百首》前言中便稱宋湘「足以與江浙詩人對樹壇坫」〔註 4〕。著有《豐湖漫草》、《豐湖續草》、《不易居齋集》、《紅杏山房詩鈔》。《楚庭耆舊遺詩・前集》收錄宋湘詩歌 267 首，編成第七、八兩卷。其詩歌入選數量之多，爲《楚庭耆舊遺詩》三集七十位詩人之冠。伍崇曜和譚瑩在卷首更通過引用劉彬華《玉壺山房詩話》中對宋湘詩

〔註 2〕汪國垣撰：《近代詩派與地域》，見《汪辟疆說近代詩》，上海：上海古籍出版社，2001 年版，第 39 頁。

〔註 3〕王鍾翰點校：《清史列傳》卷七十二，「文苑傳三」，北京：中華書局，1987 年版，第 5978 頁。

〔註 4〕錢仲聯：《清詩三百首》，長沙：嶽麓書社，1985 年版，第 5 頁。

歌的相關評價，贊其詩「磊磊落落，是從眞性情坌湧而出，自成爲芷灣之詩；未曾規模於前人之格調也。……才力益健，不名一格。大抵沈健得之杜，豪快得之蘇，而忽如騰天，忽如入淵，忽而清清泠泠，忽而熊熊煥煥，則出於性靈而自成面目者也。」〔註5〕足可見他們對宋湘詩歌成就的充分肯定與重視。

李黼平，字繡子，又字貞甫。詩風淡雅，「其論詩謂心聲所發，含宮嚼羽，與象箾胥鼓相應，故所爲詩，專講音韻，能得古人不傳之秘」〔註6〕，與宋湘、黃香鐵、黃遵憲、丘逢甲齊名，合稱爲「嘉應五大詩人」。他結合自己讀書、爲官、執教的經歷，將詩歌按照編年選輯成《著花庵集》八卷，《吳門集》二卷，《南歸集》四卷，續集四卷。譚瑩認爲其詩「絕不矜才使氣，胸有積卷，故能自出機杼，依傍一空，統觀全集，竊以穩字相推」〔註7〕，特在《楚庭耆舊遺詩·前集》中收錄李黼平詩歌 258 首，編成第十五、十六兩卷。

譚敬昭，字子晉，號康侯，陽春人，著有《聽雲樓詩草》。爲人「淹博群籍，其詩出入古大家」〔註8〕，馮敏昌、黎簡等詩壇名宿皆盛稱其詩，並「歎爲異才」〔註9〕。其時他的詩歌與張維屏、黃培芳齊名，並稱「粵中三子」，又與林聯桂、黃玉衡、黃培芳、張維屏、吳梯、黃釗等合稱「粵東七子」。譚瑩在《楚庭耆舊遺詩·前集》中收錄譚敬昭詩歌 85 首，編入第十七卷，並引用劉彬華之言，直指其詩「風格清超，飄飄有淩雲之氣，……瓣香當不在青蓮以下」。〔註10〕二人將譚敬昭與李白相提並論，甚至認爲其詩的藝術成就不在李白詩歌之下，此論是否過譽，當見仁見智，但激賞之情溢於言表。

黃喬松，字鑒仙，號蒼崖，番禺人，著有《鯨碧樓嶽雲堂詩鈔》。張星南云「蒼崖抑塞磊落之氣蓬蓬勃勃一發之於詩，上下古今，別具絕大魄力，以

〔註5〕【清】劉彬華：《嶺南群雅·玉壺山房詩話》，顧廷龍主編：《續修四庫全書·1693：集部·總集類》，上海：上海古籍出版社，1995 年版，第 212 頁。

〔註6〕王鍾翰點校：《清史列傳》卷六十九，「儒林傳下二」，北京：中華書局，1987 年版，第 5632 頁。

〔註7〕【清】伍崇曜輯：《楚庭耆舊遺詩·前集》卷十五。

〔註8〕王鍾翰點校：《清史列傳》卷七十三，「文苑傳四」，北京：中華書局，1987 年版，第 6030 頁。

〔註9〕王鍾翰點校：《清史列傳》卷七十三，「文苑傳四」，北京：中華書局，1987 年版，第 6030 頁。

〔註10〕【清】伍崇曜輯：《楚庭耆舊遺詩·前集》卷十七。

漢魏六朝及唐宋共爐而冶，寶光騰躍，精芒四射」。〔註 11〕只可惜他詩歌寫就之後則隨手散佚，故所存不多。《楚庭耆舊遺詩．前集》中收錄黃喬松詩歌 65 首，編入第十八卷。

倪濟遠，字孟杭，號秋槎，南海人。從小嗜讀書，詩才超軼，其爲詩「於聲爲秋，於味爲苦，然運思必深，造語必警」〔註 12〕，「擺脫凡近，論者謂廣州自張錦芳、黎簡後，惟濟遠卓然自成一家」〔註 13〕，著有《味辛堂詩存》四卷。譚瑩讀了他的詩，即爲之傾倒，「不意吾粵乃誕此才」。不由讚歎其近體詩「哀感頑豔，簇簇生新，洵足拔戟自成一隊」，古體詩則「痛快淋漓，沉鬱頓挫，與杜陵相視而笑者。何論東坡遺山也。」〔註 14〕在《楚庭耆舊遺詩．後集》中收錄倪濟遠詩歌 251 首，編入第五、六兩卷，數量爲後集眾詩人之最。

吳榮光，字伯榮，號荷屋，南海人，爲近代嶺南名宿。嘉慶四年（1799）進士，改庶吉士，授編修。遷監察御史，以事革職。起授刑部員外郎、郎中，歷陝西陝安道、福建鹽法道，福建、浙江、湖北按察使，貴州、福建、湖南布政使，湖南巡撫，福建布政使，以原品休致。吳榮光除了是一代顯宦，也是著名的書法家、金石學家以及藏書家，「金石考證之學得之大興翁方綱，眞草行隸之學得之諸城劉墉……於法書名畫樂石吉金冢書壁視同性命。晚年家居惟立宗祠置祭產以惠宗族，築賜書樓儲古籍以訓子孫」〔註 15〕。張維屏在《藝談錄》中曾謂「粵東百餘年來，論書法推四家：馮魚山敏昌、黎二樵簡、吳荷屋榮光、張解山岳崧」。著有《筠清館金石錄》、《歷代名人年譜》等。吳榮光亦擅詩藝，他「早登詞館，得與當代名公巨人上下議論文章學術，具有淵源。其駢儷詞章之學得之德清蔡之定」〔註 16〕，著有《石雲山人集》、《綠伽楠館詩稿》。對於集中之詩，《晚晴簃詩彙》稱其「紀事述情，不規規摹仿

〔註 11〕【清】伍崇曜輯：《楚庭耆舊遺詩．前集》卷十八。

〔註 12〕【清】張維屏編撰，陳永正點校，蘇展鴻審定：《國朝詩人徵略》，廣州：中山大學出版社，2004 年版，第 791 頁。

〔註 13〕王鍾翰點校：《清史列傳》卷七十三，「文苑傳四」，北京：中華書局，1987 年版，第 6031 頁。

〔註 14〕【清】伍崇曜輯：《楚庭耆舊遺詩．後集》卷五。

〔註 15〕【清】鄭夢玉等修、梁紹獻等纂：《南海縣志》，同治十一年刊本，卷十三「列傳」。

〔註 16〕【清】鄭夢玉等修、梁紹獻等纂：《南海縣志》，同治十一年刊本，卷十三「列傳」。

前人」，伍崇曜《茶村詩話》更是高度評價其「句奇語重而實興會淋漓，殆欲前無古人後無來者」，並在《楚庭耆舊遺詩・續集》中收錄其詩歌 101 首，編入第八卷。

（二）在嶺南詩壇有一定影響的中小詩人

當時的嶺南詩壇，除了有上文所提及的如宋湘、李黼平、譚敬昭等可與中原詩壇相抗衡的著名詩人，也有一批因地處僻壤，又功名不高，且交遊圈子狹窄，而未能得到中原詩壇的認可，在當時聲名不高的詩人。他們之中很多人甚至無力將自己的詩歌結集出版，但他們對嶺南詩壇的發展所作出的貢獻，所產生的影響，均不應被嶺南詩歌研究者們所遺忘。事實上，對這批聲名不高的中小詩人的關注，對他們詩歌中的優秀之作的珍視，正是伍崇曜與譚瑩編輯《楚庭耆舊遺詩》的初衷所在。集中最受二人肯定的詩人有如下諸家：

李光昭，字闇如，一字秋田，嘉應人，著有《鐵樹堂詩集》。其詩「佳處沁入骨髓」，「眞意沉鬱，健筆崚嶒，卓然獨標一幟」〔註 17〕，與同鄉詩人徐又白、顏湘帆並稱「程鄉三友」。黃喬松嘗作詩《龍歌》，將李光昭譽爲程鄉詩人的龍頭，但因其諸生的卑微身份，所以影響往往僅局限於嘉應地區，在全國而言，名氣並不大，而並未能與其詩歌造詣相符。但正是李光昭神思飄逸、婉轉綺麗的詩作，引起了伍崇曜的關注，「與締交，屢相過從談詩，頗圐時怡」，〔註 18〕並在《楚庭耆舊遺詩・前集》中收錄其詩歌 109 首，編入第二十一卷。尤其是集中所選的七古長詩《詩禪吟示同學》，當中的詩句「喻詩以禪始嚴氏，作詩能令佛天喜。但云水月鏡花似，滄浪且未知禪理。浮光掠影下乘禪，積健爲雄眞種子」更是令伍氏與譚瑩均歎賞有加。李光昭以暢快淋漓的詩歌形式來駁正嚴羽「以禪喻詩」之說，甚至譏諷嚴羽未知禪理，可謂痛快。李氏持論如此，雖未必十分確當，但已經足夠引起當時的詩論家們的重視。如同時的著名詩人黃喬松便高度評價李光昭的「以詩喻禪主博大昌明，譏嚴氏水月鏡花之旨，知世之善說詩者當不河漢斯言爾」〔註 19〕。就連中國現代著名文學研究家錢鍾書先生，也在其學術著作《談藝錄》的《以禪喻詩》一章中，專門引用了李光昭的《詩禪吟示同學》，來對嚴羽「以禪喻詩」的詩

〔註 17〕【清】伍崇曜輯：《楚庭耆舊遺詩・前集》卷二十一。
〔註 18〕【清】伍崇曜輯：《楚庭耆舊遺詩・前集》卷二十一。
〔註 19〕【清】伍崇曜輯：《楚庭耆舊遺詩・前集》卷二十一。

歌創作理論加以言說和論證。李光昭這首本流傳不廣的論詩詩竟然在一百年後還能進入苛刻的錢鍾書的法眼，實屬不易，而從此也可見證伍崇曜與譚瑩兩人在編輯《楚庭耆舊遺詩》時甄選詩人以及詩歌的不俗眼光。

張岳崧，字子駿，又字翰山，瓊州府定安縣人。瓊州府由於僻處海澨，所以雖然明代也出現了如丘濬、海瑞這樣的名臣，但科第名次高者非常少。而張岳崧於嘉慶己巳（1809）被賜進士第三人及第，是瓊州府科舉歷史上唯一的一位探花郎，也是科舉名次最高的人。他自幼聰穎，嘉慶辛酉（1801）科以品優被薦爲優貢，入廣州粵秀書院讀書，其時便深受馮敏昌的賞識。張岳崧一生博學多才，與丘濬、海瑞、王佐並稱爲「海南四大才子」。他擅長書法，被譽爲「寫絕」，清人編的《國朝畫徵略》更將他列爲廣東四大書法家之一。由於張氏的探花郎以及知名書法家的身份，所以他在詩歌創作方面的造詣反而被前兩者的成就所掩蓋，從而並沒有得到時人很高的評價。但事實上，張岳崧深諳詩道，不但著有《筠心堂詩集》傳世，還在詩歌理論方面提出了「意與興驅，境與心構」、「詩本於情而通於樂」等主張，成一家之言。《楚庭耆舊遺詩・續集》中特收錄其詩 50 首，編入第十卷。這體現了伍崇曜與譚瑩對瓊州府詩人的重視，同時，也反映出在乾嘉道年間，瓊州府詩人對嶺南詩壇的影響力已經漸趨增強。

「西園吟社」（或稱「西園詩社」）詩人群體。《清史列傳》卷七十三「文苑傳四・譚瑩」中曾記譚瑩在道光初年「嘗偕同邑熊景星、徐良琛、漢軍徐榮、順德梁梅、鄧泰、番禺鄭棻，結西園吟社」〔註 20〕。加入「西園吟社」的詩人雖然都沒有很大的名氣，但由於他們之中不少人是學海堂的學者或學子，本身有著較好的文史學養，故所作的詩歌亦體現出相當的功力。詩社中的南海詩人徐良琛、順德詩人梁梅、番禺詩人鄭棻均被收錄進了《楚庭耆舊遺詩》，其中選徐良琛詩歌 89 首，編入後集第十五、十六兩卷。選梁梅詩歌 77 首，編入後集第十二卷。選鄭棻詩歌 98 首，編入續集第二十七卷。若單純就所被選入的詩歌數量而言，三人的地位已經與之前提及的詩壇耆宿譚敬昭（85 首）、黃喬松（65 首）、吳榮光（101 首）等人相仿。而且譚瑩在《楚庭耆舊遺詩》中，對徐良琛、鄭棻、梁梅三人的詩歌風格乃至學問、德行等也都作了詳細而充分的評述。其中，對徐良琛的評論有 43 行，約 940 字，字數

〔註 20〕王鍾翰點校：《清史列傳》卷七十三，「文苑傳四」，北京：中華書局，1987 年版，第 6065 頁。

爲《楚庭耆舊遺詩》七十位詩人之最；對鄭棻的評論有 40 行，約 880 字；對梁梅的評論稍少一些，但也有 34 行，約 740 字。而在通觀《楚庭耆舊遺詩》三集之後，我們發現，其實譚瑩對集中每位詩人所作的評論並不算多，文字普遍只在 10 行左右，約 220 字而已。即便對宋湘、李黼平這兩位在當時已享譽全國的名家，花的筆墨也分別僅爲 23 行約 500 字以及 17 行約 370 字，實在遠不及徐良琛、鄭棻與梁梅。筆者認爲，徐、鄭、梁三人之所以深受譚瑩重視，一方面，固然是因爲他們志同道合，同爲「西園吟社」中人，故譚瑩自然會對他們特別熟悉，相應地，對他們的詩作和數據進行搜集也會比較容易；而另一方面，從傳播與接受的角度來講，譚瑩對徐良琛、鄭棻與梁梅這三位名氣並不大的秀才詩人進行如此不遺餘力的薦拔揄揚，必定可以從客觀上大大地調動廣大讀者學詩和作詩的積極性。因爲人們會明白，即使自己沒有考取高順位的科名，即使沒有顯宦的經歷，也一樣可以憑藉詩歌這個載體，得到嶺南詩壇同人的廣泛肯定，從而青史留名。

（三）兼擅詩藝的知名學者

在乾隆、嘉慶、道光年間的嶺南詩壇，有這樣一群詩人，他們本身是博覽群書，皓首窮經，在學術研究方面卓有建樹的學者，但同時，他們又擅長詩藝，對嶺南詩壇的健康發展作出了重大的貢獻。這批詩人，往往出身於書院，或是不樂仕進，終身長駐書院，以教書育人爲業的山長、學長，又或是經書院教育培養出來的優秀學子。他們除了講授經史訓詁之學，也喜以詩歌駢儷之文課士，更經常在書院的場域內，於中秋月圓、重陽菊開或者其它節氣祭祀之日舉辦各種雅集活動，講學會友，切磋詩藝，事後還甄選好的作品結集成冊，以供交流。這一獨特的書院師生詩人群體，也正印證了清詩重「學人之詩」，或「以學問爲詩」的突出特點。其中尤以「學海堂」師生群體爲佼佼者。「學海堂」，是由時任兩廣總督的阮元，於道光四年（1824），在廣州城北越秀山上創建而成。故「學海堂」自開辦之日起，便受到了阮元的學術觀念和辦學理念的極大影響。阮氏認爲：「漢之相如、子雲，文雄百代者，亦由《凡將》、《方言》貫通經詁，然則捨經而文，其文無質，捨詁求經，其經不實，爲文者尚不可以昧經詁，況聖賢之道乎？」就是說從事文學創作也必須要有深厚的樸學學養。因此，在學海堂的教學過程中，非常重視文學和經詁樸學之間相輔相成的關係。阮元爲學海堂聘來的吳蘭修、趙均、林伯桐、曾釗、徐榮、熊景星、馬福安、吳應逵、譚瑩、黃子高、陳澧、張維屏等多位學長及教員，也都是當時名赫一時的學者兼詩人。故廣東學子「見聞日擴，而其文亦漸近純熟，嶺海人物，蒸蒸日上」。「學海堂」後將學生課藝文編輯成冊，有《學海堂集》四集，共九十卷，所收詩文兩千多篇，當中便有不少堪稱佳作。此外，嶺南的粵秀、越華、端溪、羊城、豐湖等著名書院亦均延攬名士，如知名學者陳昌齊、謝蘭生、劉彬華、黃子高、吳蘭修，著名詩人宋湘、蔡錦泉，梁鼎芬以及諸多詩壇耆宿名流都曾在這些書院擔任學長或曾到書院講學，令嶺南詩壇在百年間詩風甚盛。編者譚瑩作爲這個書院詩人群體當中的一員，濡染尤深，故他在《楚庭耆舊遺詩》中也特意收錄了大量這種學人之詩。其中較有影響力的學者詩人有：

陳昌齊，字賓臣，號觀樓，海康人。他學問淵博，既是乾嘉年間考古、語言、文學的大師，又是精通天文、曆算、醫學、地理的近代著名學者。在朝爲官時參與了《永樂大典》的勘校以及《四庫全書》的編校工作；歸里後歷修《雷州府志》、《海康縣志》；阮元督粵之時，聘其爲《廣東通志》總纂，並主講粵秀書院。所著書已刻者有《呂氏春秋正誤》二卷、《淮南子考證》六卷、《楚辭韻辨》一卷、《測天約術》一卷、《臨池瑣談》一卷，未刻者有《大戴禮記正誤》、《老子正誤》、《荀子正誤》、《天學胜說》一卷、《營兆約旨》一卷、《囊玉秘旨別傳》一卷。學術著作等身，本不以詩名世，但其《賜書堂集》中的詩作同樣頗具名家風範，故伍崇曜在《楚庭耆舊遺詩・前集》中亦精選陳昌齊詩歌 10 首，並定爲首卷，「以識景仰之私」〔註 21〕。

吳應逵，字鴻來，又字雁山，鶴山人，乾隆六十年（1795）乙卯科舉人。嘉慶間曾任昆暘義學主講，開平長沙書院主講；道光初年，受兩廣總督阮元之聘，擔任《廣東通志》的分纂；又應鶴山知縣徐香祖之邀，於道光六年編修完成《鶴山縣志》十二卷，體例端嚴，內容翔實；後來阮元在廣州設學海堂，聘吳應逵爲學長，其時的俊彥多出其門。吳氏平生著作甚豐，尤其長於古文，著有《雁山文集》四卷。他爲文「眞氣磅礴」，「以古文名嶺外者數十年」〔註 22〕，時人尊爲鶴山一代文宗。吳應逵亦兼擅五七言詩，詩作「雲濤飈馳，令讀者爭先睹之爲快」〔註 23〕，只可惜其若干卷詩集尚未及刊刻，吳便撒手人寰，遺詩多散佚，不由令人歎息。幸有伍崇曜與譚瑩不辭辛勞，「從

〔註 21〕【清】伍崇曜輯：《楚庭耆舊遺詩・前集》卷一。
〔註 22〕【清】伍崇曜輯：《楚庭耆舊遺詩・前集》卷六。
〔註 23〕【清】伍崇曜輯：《楚庭耆舊遺詩・前集》卷六。

各選本錄存之」〔註 24〕，終得吳應逵的詩歌 14 首，編入《楚庭耆舊遺詩・前集》第六卷，方令其詩歌不致湮沒。

謝蘭生，字佩士，號澧浦，南海人。嘉慶七年（1802）進士，選翰林院庶吉士。他生平博學多才，意趣高邁，父歿後，絕意進取，專心以教書育人爲業。曾爲粵秀、越華、端溪、羊城等書院掌教，是清代中期嶺南著名的學者。後來的名士陳澧、朱次琦等皆出其門下；阮元重修《廣東通志》時更被延爲總纂；他又擅書畫，書法學顏眞卿，參以褚遂良、李邕、趙孟頫之法，以雋永見長；繪畫則工於山水，得吳鎭、倪瓚、董其昌、石濤等元明清諸大家之妙，風致清豪。現今，在廣東省博物館、廣州藝博院、南海區博物館等處仍收藏有不少謝蘭生的書畫作品。謝蘭生除了是個出色的學者與書畫家，他的詩歌也頗有所成且淵源有自，從小便得到父親謝景卿的指點，少負才名。曾賓谷言其詩「宗法大蘇，又出入杜韓兩家而得其神骨」〔註 25〕，將其詩與當時的名家相比較，殊無愧色，著有《常惺惺齋詩集》。《楚庭耆舊遺詩・前集》中特收錄其詩歌 100 首，編入第十二卷。

吳蘭修，字石華，嘉應人。嶺南近代著名學者，「生平枕經葄史，構書巢於粵秀書院，藏書數萬卷，自榜其門，曰經學博士」〔註 26〕。他曾任廣東信宜縣儒學訓導，後在廣州粵秀書院講學。阮元任兩廣總督時，將廣州羊城、越華、端溪等四大書院門生集中於「學海堂」演習經史，並任命吳蘭修爲「學海堂」首任學長；吳氏精通經學、文史，其中於五代十國之南漢史研究尤深。他廣徵博採，竭十年之功，撰成《南漢紀》五卷，並「別爲《地理志》以補諸家之遺舛，爲《金石志》以搜當時之軼聞，皆詳而有體，核而不華」〔註 27〕。此外，吳蘭修在道光年間曾纂修《封川縣志》和充任《廣東通志》總校勘；他還兼擅算學，有數學著作《方程考》傳世。吳蘭修曾自詡「喚作詞人，死不瞑目也」〔註 28〕，這句話應當是玩笑之語，但從中亦可體味到他一生的志向，乃是以通識的學人自許，至於詩歌創作，不過是餘事作

〔註 24〕【清】伍崇曜輯：《楚庭耆舊遺詩・前集》卷六。

〔註 25〕【清】伍崇曜輯：《楚庭耆舊遺詩・前集》卷十二。

〔註 26〕王鍾翰點校：《清史列傳》卷七十二，「文苑傳三」，北京：中華書局，1987 年版，第 5978 頁。

〔註 27〕王鍾翰點校：《清史列傳》卷七十二，「文苑傳三」，北京：中華書局，1987 年版，第 5978 頁。

〔註 28〕【清】伍崇曜輯：《楚庭耆舊遺詩・後集》卷一。

詩人罷了。但通觀其詩作，詩筆亦算頗爲自然絕俗。《楚庭耆舊遺詩・後集》從其詩集《荔村吟草》中選取詩歌 50 首，編入第一卷。

劉彬華，字藻林，又字樸石，番禺人。少時即穎悟好學，年甫十六便中舉，時人以爲美談。嘉慶六年（1801）中進士，授翰林院編修。爲人澹泊，不樂仕進，後「請假歸省，恨父先卒不及見，以母老多病不復出」〔註 29〕，畢生以授徒講學爲業，先後主講端溪、越華兩書院凡二十餘年。他勤於課士，並卓有成效，嶺南名輩多北面稱弟子，「粵中大吏皆禮重之」〔註 30〕；曾主持道光《廣東通志》總纂及嘉慶《陽春縣志》、道光《陽山縣志》和《永安縣志》等縣志的修纂工作；劉彬華亦喜吟詠，他於《嶺南群雅》自序中即提及：「予少從先君子始學爲詩，即獲與數公遊處，飫聞其說而信好之」〔註 31〕，後更常與當時的詩壇名流，如馮敏昌、張維屏、黃培芳等人切磋詩藝。劉氏還熱心參與嶺南文獻的搜集整理工作，特意選粵人詩歌，編成《嶺南群雅》初二集、《嶺南四家詩鈔》，使許多不知名的嶺南詩人的詩歌能藉此以傳。《楚庭耆舊遺詩・前集》中收入其詩 42 首，編入第九卷。

黃子高（1794～1839 年）字叔立，號石溪，番禺人。道光十年以優行第一貢太學。總督阮元重之，拔爲學海堂學長。平生喜「留心掌故，考證金石，藏書甚富，率多異本，一一手自校勘」〔註 32〕。他對鄉邦文獻尤其重視，收藏有很多手抄的珍本，譚瑩與伍崇曜編撰《嶺南遺書》和《粵十三家集》等集時，當中很多的原始文獻材料便是從黃子高的藏書處借抄而來。黃子高本人亦編選成《粵詩蒐逸》四卷，卷首始於南朝陳代詩人劉刪，卷終於元朝詩人陳文瑤，專收遺佚，「發家中所有，聚而錄之。不足則借人閱市，積有歲月，得若干家，雖屬單詞，亦必甄錄」〔註 33〕，極具文獻價值。黃子高同樣以詞章擅名，著有《知稼軒集》，翁心存道光年間督廣東學政時，曾嘉許

〔註 29〕【清】李福泰修、史澄等纂：《番禺縣志》，清同治十年刊本，卷四十五，「列傳十四」。

〔註 30〕【清】李福泰修、史澄等纂：《番禺縣志》，清同治十年刊本，卷四十五，「列傳十四」。

〔註 31〕【清】李福泰修、史澄等纂：《番禺縣志》，清同治十年刊本，卷四十五，「列傳十四」。

〔註 32〕【清】李福泰修、史澄等纂：《番禺縣志》，清同治十年刊本，卷四十八，「列傳十七」。

〔註 33〕【清】黃子高撰：《粵詩蒐逸・序》，王雲五主編《叢書集成初編》，上海：商務印書館，1936 年版，第 1 頁。

黃爲「曠代逸才」。《楚庭耆舊遺詩・後集》中收錄其詩歌 108 首，編入第十三卷。

侯康，原名廷楷，字君模，番禺人。「少孤，事母孝。家貧，欲買書，母稱貸得錢，買十七史讀之，卷帙皆敝，遂通史學。及長，精研注疏，湛深經術」〔註 34〕。著《春秋古經說》二卷；又治《穀梁傳》以證三禮，爲《穀梁禮證》；又考漢魏六朝禮儀，貫串三禮，著書數十篇。其餘群經小學皆有論說，多前人所未發。除此之外，他還在正史之外旁搜群籍，仿裴松之注《三國志》例，盡注隋以前諸史。撰成《後漢書補注續》一卷、《三國志補注》一卷，並補撰《後漢》《三國》《晉》《宋》《齊》《梁》《陳》《北齊》《周》《魏》十書《藝文志》而自注之。由是知名，「時人比之孔廣森、汪中」〔註 35〕。同時，侯康在詩歌創作方面也有一定的造詣，他從小便有詩名，後來「（阮元）督粵開學海堂校士，得所擬庾子山《謝滕王集序啓二首》，擊賞之」〔註 36〕。在其詩集《惜燭山房詩草》中諸作亦「具見根柢，固迥異於翦紅刻翠者」〔註 37〕。《楚庭耆舊遺詩・後集》中收錄其詩歌 10 首，編入第十四卷。

梁序鏞，字健昌，又字雲門，南海人。博極群書，「名山廣內之藏無不泛覽」〔註 38〕，故自經史外、漢宋諸儒語錄注疏及釋典道藏、陰陽卜筮、堪輿藥石之學，無所不通。嘉慶丁丑進士，官韶州府教授。及歸，被推舉與謝蘭生等諸賢纂修縣志，並居省城以授徒爲業。他針對當時學子荒經蔑古之弊，「特創爲倍經社，兒童讀經成誦者厚賞之。一時村塾書聲琅琅不絕」〔註 39〕。梁序鏞的詩文皆臻絕詣，但因爲他「性習撝謙，吶吶然如不出諸其口，以故藝林罕稱道之。然實嶺南之鄭漁仲、王厚齋也」〔註 40〕。《楚庭耆舊遺詩・續集》中收錄其詩歌 116 首，編入第十一卷。

〔註 34〕王鍾翰點校：《清史列傳》卷六十九，「儒林傳下二」，北京：中華書局，1987 年版，第 5639 頁。

〔註 35〕王鍾翰點校：《清史列傳》卷六十九，「儒林傳下二」，北京：中華書局，1987 年版，第 5639 頁。

〔註 36〕【清】伍崇曜輯：《楚庭耆舊遺詩・後集》卷十四。

〔註 37〕【清】伍崇曜輯：《楚庭耆舊遺詩・後集》卷十四。

〔註 38〕【清】伍崇曜輯：《楚庭耆舊遺詩・續集》卷十一。

〔註 39〕【清】鄭夢玉等修、梁紹獻等纂：《南海縣志》，同治十一年刊本，卷十三「列傳」。

〔註 40〕【清】伍崇曜輯：《楚庭耆舊遺詩・續集》卷十一。

（四）愛好風雅的世家望族

明清兩代的嶺南詩壇出現了一個顯著的現象，那就是當地的名流世家作爲一個重要力量，登上了詩歌創作的大舞臺。他們往往是當地的名門望族，有著較高的社會地位與聲望，而且，他們又都歷經了數代的文化積纍與發展，擁有著極好的家學淵源與詩學基礎，且祖、父、子、孫輩都樂於此藝，故能薪火相傳，代有才人出，呈現出一門之內萃集多位作家的形態，並挾其影響力綿延數十年甚至上百年，鑄造出深具自身特色的家族文化，反過來，這也使其家族名望得到更大的提升。正如秦瑞珍在《錫山秦氏文鈔序》中所講到的：「自古名門右族，世稱邑望者非特侈閥閱，炫簪纓科第以誇耀庸俗而已，必其人文秀起，世多賢大夫卓然有可傳者，始克光昭累葉，聞望勿墜。」其中有過較大影響的文化世家有：香山黃氏。作爲嶺南詩歌歷史上延續時間最長的詩人世家，他們自明代正德年間的學者黃瑜起，後有屈大均口中「粵人書之精奧者，以先生爲最」的學者黃畿、被朱彝尊稱爲嶺南詩派領袖的黃佐、清代道光、咸豐年間被譽爲「粵東三子」的詩人黃培芳等，學者、詩人輩出，成就了「三百年里第，十七世書香」〔註 41〕；番禺、從化黎氏。黎氏於宋代南渡時入粵，派生出番禺、從化兩支，沿歷數朝。清康熙三十三年（1694），黎延祖輯成《番禺黎氏存詩彙選》一集，當中收錄番禺、從化黎氏詩人二十家，其中不乏人稱「牡丹狀元」的「嶺南前三家」黎遂球以及明代嘉靖、萬曆年間「南園後五先生」之一的黎民表等名家，可見其家族詩文之盛；順德陳氏。順德陳氏不但在明末清初的嶺南詩壇，甚至在政壇都產生著重要的影響，青史留名。其中尤以陳邦彥與陳恭尹父子爲最。陳邦彥深具民族氣節，雖爲一代碩儒，同樣勇赴國難，積極投身艱苦卓絕的抗清鬥爭。他順治四年與陳子壯密約，起兵攻廣州，兵敗入清遠，後來城破被執，慷慨就義，爲「嶺南三忠」之首。而其詩亦飮譽當時，與鄺露、黎遂球並稱爲「嶺南前三家」。溫汝能曾云：「吾粵詩筆老健，無逾陳岩野先生。先生身著大節，詩亦力企大家。感時之作，氣醟長虹，骨淩秋隼，直摩少陵之壘而拔其幟」。陳邦彥之子陳恭尹身歷國破家亡的巨變，以遺民身份終老。有《獨漉堂集》傳世，爲詩沉雄蒼涼，與屈大均、梁佩蘭同被譽爲「嶺南三大家」；香山何氏。何氏爲香山著姓，自明末的顯宦兼詩人何吾騶始，歷三百餘年世代書

〔註 41〕【清】黃培芳：《崖州學正葉秋嵐同年蘭成寄贈二律次韻奉答》詩自注，《粵東三子詩鈔》卷六，清道光二十二年刊本。

香，詩人踵興。道光年間，何天衢專門搜集編輯成《欖溪何氏詩徵》九卷，彙集歷代一百二十餘位何氏族人的詩篇。作爲一部家族之詩歌總集，其篇幅之宏，詩人數量之多，不但是在嶺南，即便放諸中原詩壇，亦屬罕見，令人不由肅然起敬；高明區氏。區氏一門中，對嶺南詩壇最具影響者當屬明代後期的著名詩人區大相。區大相的詩歌往往詩律板嚴、內容充實。屈大均曾給予他很高的評價，認爲「明三百年，嶺南詩之美者，海目爲最」，清初詩壇盟主王士禛更是一針見血地點出了區大相的詩歌對後世嶺南詩人的直接影響：「粵東詩派，皆宗區海目」〔註 42〕。區大相的弟弟區大倫、兒子區懷瑞與區懷年爲詩亦深有意致，足以自成一家。後屈大均曾爲區懷念的詩集作序，謂「俾世之言詩者知吾粵，言粵詩者知區氏焉」〔註 43〕，足證區氏家族對嶺南詩壇的貢獻以及他們在嶺南詩歌史上的重要地位。

可以說，這些傑出的嶺南文化家族的家族文學史、詩歌發展史，不但展現了他們家族的輝煌，更是嶺南詩歌史的重要構成以及嶺南詩壇發展的同步見證。有見及此，譚瑩與伍崇曜在編輯《楚庭耆舊遺詩》時，也十分重視在乾隆、嘉慶、道光三代名動嶺南詩壇的文化家族，對他們給予專門的關注，並對其家族成員的詩作加以彙集和整理。

而當中最特殊的文化家族群體，當屬乾隆、嘉慶、道光年間顯赫一時的廣州十三行商人家族。廣州十三行，是清代設立於廣州經營對外貿易的專業商行。作爲這一洋行制度主體的十三行商人，他們擁有著商人與官員的雙重身份，是清代中後期最重要的商人集團之一。他們在那個特殊的時期，在當時中國對外貿易和外交活動中，曾經發揮過不可取代的重要作用。同時，他們家族產業所帶來的雄厚經濟實力，又使得一批珍視鄉邦文化的十三行商人成爲當時嶺南文化投資的主要社會力量。他們大力發展文教事業、積極搜集整理嶺南人或海內重要學者、文學家的著作，並編成叢書刊刻傳世，爲保存嶺南文獻作出了巨大貢獻。《楚庭耆舊遺詩》中就重點收錄了十三行商人裏具有較高的文化水平和文化涵養的南海伍氏、番禺潘氏以及南海顏氏三大家族中的不少詩人及其作品：

〔註 42〕【清】王士禛：《漁洋詩話》卷下，【清】王夫之等撰：《清詩話》（上冊），上海：上海古籍出版社，1978 年版，第 202 頁。

〔註 43〕【清】屈大均：《廣東新語》卷十二《詩語》，北京：中華書局，1985 年版，第 349 頁。

1. 同文行番禺潘氏

潘氏家族原本家貧，居於福建同安縣。傳至第十七世潘振承，因其來廣東經商，才遷居番禺。《能敬堂潘氏族譜》對此有詳細的記載：「啓〔註 44〕，又諱振承，字遜賢，號文岩。乃璞齋公長子，生於清聖祖康熙五十三年甲午六月十二日辰時，終於清高宗乾隆五十二年丁未十二月初三日丑時，享壽七十三歲，……公家貧好義，由閩到粵，往呂宋國貿易，往返三次，夷語深通，遂寄居廣東省，在陳姓洋行中經理事務。陳商喜公誠，委任全權。迨至數年，陳氏獲利榮歸，公乃請旨開張同文洋行，『同』者，取本縣同安之義；『文』者，取本山文圃之意，示不忘本也。……於清高宗乾隆四十一年丙申在廣州府城外對海地名烏龍崗下運糧河之西，置餘地一段，四周界至海邊，背山面水，建祠開基，坐卯向酉，兼辛巳線，書扁額曰能敬堂，建漱珠橋、環珠橋、躍龍橋，定名龍溪鄉。在戶部註冊，報稱富戶，是爲能敬堂入粵始祖。」〔註 45〕由於潘振承善於拓展商業，又有超於常人的魄力，故同文行的商業地位很快就躋身廣州十三行各同行的前列，潘氏家族也隨之成爲番禺巨富。潘振承因爲自幼家貧，且爲經商之生計而奔忙，所以從小並沒能受到很好的教育。但他從商而好儒，不但在平時著力提升自己的文化水平，且目光長遠，很重視對後代的文化教育，以致自潘振承起之後的二百年間，潘氏家族的族人中雖中進士第者不算多，但卻都極具文化涵養。譚瑩就曾撰文對此讚歎道：「禺麓潘氏門才特盛，穀堂舍人、伯臨比部、棣萼庶常、星渚孝廉、季彤都轉、韻石、穀香兩員外、黎齋分司、駿坡文學，先基足懋，儀望俱華」〔註 46〕。尤其是潘振承之第三代孫潘仕成，據《番禺河南小志》記，「粵東巨室，……潘氏獨以著作傳。潘君鴻君軒，所居雙桐圃，春秋佳日，觴詠無虛。君好佛、好客、好書、好畫、好笛、好花，力勤性樸，烏衣子弟，居然名宿」〔註 47〕，「創築荔香園於西門外半塘，曰『海山仙館』。搜集故書、雅記，足資身心學問」〔註 48〕。其藏書樓「海山仙館」藏書充棟，精善本頗多，道光

〔註 44〕潘振承後開設同文洋行，定商名爲「啓官」，世稱潘啓官，故在族譜中也稱其爲潘啓。

〔註 45〕轉引自梁嘉彬：《廣東十三行考》，南京：國立編譯館，1937 年版，第 261 頁。

〔註 46〕【清】譚瑩：《潘鴻軒雙桐圃詩鈔序》，《樂志堂文續集》卷一，三十二。

〔註 47〕黃任恒：《番禺河南小志》卷九，《至樂樓叢書》（第三十八），1990 年版。

〔註 48〕丁仁長等纂：《宣統番禺縣續志》卷十九，列傳二十九，《中國地方志集成·廣東府縣志輯第 7 輯》，上海：上海書店出版社，1999 年版。

中輯刊之《海山仙館叢書》共收書五十六種，爲後世留下了一批彌足珍貴的文獻典籍。此外，潘氏後人也都普遍多才多藝，學有專長，學者、詩人、書法家、畫家、金石鑒藏家盈門，有著作傳世者就有二十多人，對嶺南文化的影響甚大。其中較爲出名且又入選《楚庭耆舊遺詩》的詩人有：

潘有爲，字毅堂，潘振承次子。乾隆三十七年（1772）進士，官內閣中書，久宦京華，後因與權貴不和，難獲陞遷，便乘父丁憂返回番禺，從此不復出，並在漱珠橋畔建「六松園」，「退居林下，足迹罕入城市」〔註 49〕。因他對東漢時的番禺名士「南雪先生」楊孚心存仰慕，故將其書齋起名曰「南雪巢」。潘有爲工書善畫，對金石鑒藏也有濃厚的興趣，不但在其家中收藏有眾多名家的法帖、書畫和歷朝的鍾鼎彝器，還據此撰有著作《古泉目錄》、《汲印齋印譜》、《看篆樓印譜》、《香雪樓印譜》等，傳誦一時。同時，作爲著名詩家翁方綱的入室弟子，潘有爲有《南雪巢詩鈔》傳世，事實上，他從青年時代起，在當地就已詩名藉甚，正是宋湘所謂「詩多老健，不關年者也」〔註 50〕，清代王昶作《湖海詩傳》時，對潘有爲也甚爲推重。伍崇曜與譚瑩的《楚庭耆舊遺詩》特採其詩 39 首，編入前集第三卷。

潘正亨，字伯臨，號荷衢，潘振承長子潘有能嗣子〔註 51〕。縣貢生，捐刑部員外郎。「負用世志，遇事能見其大，嘗言於廣州知府程含章，令洋船隨時載米，免其船稅。含章以其言白大府，行之。於是，洋米船絡繹而至，廣州遂鮮荒患」〔註 52〕。潘正亨弱冠能文，嘉慶甲子北闈，文章即爲李蘅塘激賞。又工楷書，宗法歐陽洵，筆力雄健。他亦久擅詩名，著有《萬松山館詩鈔》。劉彬華贊其詩「吐詞雋朗，中含健氣」〔註 53〕。被時人譽爲能詩、能文、能畫的「三絕清才」〔註 54〕。《楚庭耆舊遺詩・前集》采其詩 59 首，編入第十九卷。

潘正衡，字鈞石，又字仲平，潘振承第五子潘有原的長子。他生平最爲癖愛順德名士黎簡的書畫，遂將其書齋名定爲「黎齋」。潘正衡自幼好學並工

〔註 49〕【清】李福泰修、史澄等纂：《番禺縣志》，清同治十年（1871）刊本，卷四十五・列傳十四。

〔註 50〕【清】伍崇曜輯：《楚庭耆舊遺詩・前集》卷三。

〔註 51〕潘有能因無子，以四弟潘有度長子潘正亨入嗣。

〔註 52〕【清】李福泰修、史澄等纂：《番禺縣志》，清同治十年（1871）刊本，卷四十五・列傳十四。

〔註 53〕轉引自伍崇曜輯：《楚庭耆舊遺詩・前集》卷十九。

〔註 54〕轉引自伍崇曜輯：《楚庭耆舊遺詩・前集》卷十九。

於詩，著有《黎齋詩草》兩卷。他的詩歌多以豔體的形式來抒寫內心的愁怨，寄託遙深，頗有李商隱詩歌的情韻。故當時的著名詩人張維屏、陳曇等都對他評價甚高，譚瑩更將他推許爲「吾粵以香奩體擅場者」〔註 55〕。只可惜他空有詩名，在科場卻屢次不第，最終只能以諸生的身份鬱鬱而終。或許正如伍崇曜在《茶村詩話》中所惋歎的「所謂與之齒者，去其角耶？」〔註 56〕。《楚庭耆舊遺詩・後集》選其詩 20 首，編入第十卷。

潘定桂，字子駿，號駿坡，潘正衡次子。從小富有詩才，詩壇前輩陳曇云其詩「源出李蘇而泛濫於誠齋，風發飆舉，淩厲一世」〔註 57〕，但年方三十，竟然早逝，嶺南藝林多惋惜之。有《三十六村草堂詩鈔》傳世。《楚庭耆舊遺詩・後集》選其詩 20 首，編入第十九卷。

2. 泰和行南海顏氏

顏氏家族原居福建，明末，顏廷濬由福建遷到廣東，入籍南海縣，是爲南海顏氏的始祖。顏廷濬有兩個兒子：克嶷、克岐。克嶷生了五個兒子，分別是建勳、建俊、建偉、建智，建謀。其中顏建謀早逝，遺下一個三歲的幼子，名叫顏亮洲。因爲生活困苦所迫，顏亮洲無法如願地順利走上科舉入仕的道路。雍正年間，他不得不棄儒從商。《綽亭公暨柯太恭人墓誌銘》記曰：「會奉榷部檄，募充十三家與蕃漢通市，公（引者按：指顏亮洲）乃投筆廁身其間」，建立了泰和行。因經營得法，據馬士《東印度公司對華貿易編年史》所載，就行商們的資產及貿易規模的大小來進行排列，「瑛秀」（筆者按：泰和行顏氏之商名）在 1763 至 1779 年期間，經常被列於第二位，僅次於同文行。而且顏氏之泰和行在行商間威望很高，《綽亭公暨柯太恭人墓誌銘》中提到「時則有若陳監州、葉比部皆公同事，然尤推公爲領袖云……十餘年，擁巨貲成巨室，稱城西甲乙之家焉」。廣州城西，俗稱西關，是明清時期廣州的商貿中心，聚居此處者皆爲商賈富紳。顏氏能稱「城西甲乙之家」，可見其富，亦可知泰和行在十三行的行商中所處的領導地位。而不幸的是，正當泰和行業務最盛之時，泰和行以誆騙罪名被封，當時的泰和行行商顏時瑛被革去職銜，充軍伊犁。《粵海關志》卷二十五對此事有詳細的記載：「乾隆四十五年（按：即 1780 年）七月刑部會奏，言廣東巡撫李湖等奏稱，廣東顏時瑛等借

〔註 55〕 轉引自伍崇曜輯：《楚庭耆舊遺詩・後集》卷十。
〔註 56〕 轉引自伍崇曜輯：《楚庭耆舊遺詩・後集》卷十。
〔註 57〕 轉引自伍崇曜輯：《楚庭耆舊遺詩・後集》卷十九。

欠夷商銀兩，分別扣繳給還一折，奉朱批……查例載交結外國誆騙財物，發遠邊充軍等語，今行商顏時瑛、張天球明知借欠奉有例禁，乃不將每年所得行用餘利撙節歸還，任夷人加利滾算，顯存誆騙之心，應如該撫等所奏，顏時瑛、張天球均應……革去職銜，發往伊犁當差……所有泰和、裕源行兩商資財房產，交地方官悉行查明變估，除扣繳完餉鈔外，俱付夷人收領。其餘銀兩著落聯名具保人潘文岩去等分作十年清還。」〔註58〕

顏氏家族自家產被官府沒收變估後，徹底由盛轉衰。幸而他們素來有著風雅傳統。早在顏氏家族發迹初期，便從一位從事外洋貿易的富商楊氏的遺孀手中購得園林巨宅一所，取名曰「磊園」。磊園位於離繡衣坊不遠的十八甫，後來經過顏氏幾代人的擴闢裝飾，它出落成一座富有樓榭、草木之勝的華美建築，也成爲了當地詩人墨客雅集的場所。據記載，當時的著名詩人如黎簡、黃丹書、張錦芳等都是磊園的常客，與顏氏一起歌詩酬答。因此顏氏家族自顏時瑛之後，雖無法再以從事商業延續昔日的輝煌，但憑藉著族中子弟的科舉進學與詩文才名，仍足以在嶺南文化史和嶺南詩壇上佔有一席之地。但令人唏嘘的是，南海顏氏，雖門才特盛，但後代子弟的事迹卻在《南海縣志》、《國朝詩人徵略》等書中也罕見傳，這就令伍崇曜與譚瑩在《楚庭耆舊遺詩》中對顏氏事迹的相關記載變得更彌足珍貴：

顏時普，字穀田，號雨亭。乾隆己酉舉人，官太常寺博士。甚喜作詩，著有《觀心》、《貞元》兩集。在其詩集自序云「耽吟詠而厭思索，偶有所得，率爾操觚」〔註59〕。所謂「率爾」，不過是自謙之詞。因爲詩人劉彬華就曾對其詩的字雕句琢欣賞有加，而譚瑩也盛讚顏時普的詩歌「雅近香山、東坡，俯拾即是」〔註60〕。並特選其詩 24 首，編入前集第五卷。

顏斯總，字詒銓，號君猷，嘉慶庚午舉人。時人評價其爲人「懷文抱質，忘貧去吝，方之古人，有黃叔度、張思曼、阮士宗之風」〔註61〕。且自小便具詩才，以《白杜鵑花》詩得名。後來更以「夕陽殘後猶隨柁，春水高時欲上帆」之句深爲張船山太守所賞。伍崇曜《茶村詩話》亦云「就詩而論，君猷詩當推白眉」。然卻因終身未能進入仕途而功名難成，詩人陳曇也不

〔註58〕轉引自梁嘉彬：《廣東十三行考》，南京：國立編譯館，1937 年版，第 277 頁。

〔註59〕轉引自伍崇曜輯：《楚庭耆舊遺詩・前集》卷五。

〔註60〕轉引自伍崇曜輯：《楚庭耆舊遺詩・前集》卷五。

〔註61〕轉引自伍崇曜輯：《楚庭耆舊遺詩・後集》卷二。

由爲之感歎：「雖事業無傳而風流不可沒也」〔註62〕。顏斯總有《聽秋草堂詩鈔》傳世，但集中存詩並不多。《楚庭耆舊遺詩・後集》搜得其詩 61 首，編入第二卷。

顏惇恪，原名斯紱，字治廉，又字心齋。早年喪父，以孝順侍奉母親而聞名鄉里。乾隆五十五年及進士第，授官刑曹。但告假奉養母親，至送終後方才出仕。嘉慶十一年補刑部福建司主事，歷任安徽、江蘇、直隸司主事。「自奉儉約，惟耽書畫名迹」〔註63〕，看中者不惜重金購求。公務之餘，尤其喜愛吟詠詩賦，雖語言木訥卻常以寫詩自娛，著有《常惺惺齋詩集》。譚瑩對其詩評價甚高，認爲其詩之佳者「聲情激越，……頗近梅村」，「宜亟錄之以表微者也」〔註64〕，特在《楚庭耆舊遺詩・續集》中收錄其詩 26 首，編入第五卷。

顏斯緝，字菊湖，拔貢生，官陽春縣教諭，著有《菊湖詩鈔》。其詩名不如其弟顏斯總與從兄顏惇恪大，但亦字句頗工，且意境闊大。《楚庭耆舊遺詩・續集》中收錄其詩 10 首，編入第七卷。

3. 怡和行商南海伍氏

南海伍氏，作爲清代中期以來嶺南最負盛名的文化家族之一，他們對私家園林勝景的構設，對藏書刻書的鍾情，對古玩金石的雅好精通，對詩文書畫的偏愛及擅場，都體現出了伍氏家族淵源流長的文化積澱。尤其在乾隆、嘉慶、道光年間，他們憑藉著從商而獲得的雄厚的經濟實力，更是成爲當時嶺南詩壇一個不可忽視的群體。他們頻繁開展各種類型的雅集和文學活動，大大推進了當地及周邊地區詩人的詩歌創作。《楚庭耆舊遺詩》的編者伍崇曜便是南海伍氏家族中的一個傑出代表。出於對家族先賢的崇敬與推重，同時，也是爲了能夠更眞實而細緻地記錄下乾嘉道三朝嶺南詩壇發展的現狀，伍崇曜並不避嫌，他在《楚庭耆舊遺詩》中收錄了伍氏家族中已經仙逝的五位詩人的詩作。由於是與自己血脈相連的同族親人，所以可能難免會參雜進一種敝帚自珍式的認同感，但總體而言，伍崇曜對他們詩歌的評價是中肯與客觀的，這也正彰顯出了伍崇曜作爲一位詩歌評論家的良好素養。

伍秉鏞，字序之，號東坪，伍崇曜之伯父，貢生，官湖南嶽常澧道。歸

〔註62〕轉引自伍崇曜輯：《楚庭耆舊遺詩・後集》卷二。
〔註63〕轉引自伍崇曜輯：《楚庭耆舊遺詩・續集》卷五。
〔註64〕轉引自伍崇曜輯：《楚庭耆舊遺詩・續集》卷五。

田後喜以詩畫自娛，畫尤工，喜仿倪瓚。「獲交馮魚山（筆者按：即馮敏昌）、黎簡民（筆者按：即黎簡）諸子，故所作具有根柢，此外若芷灣（筆者按：即宋湘）觀察、澧浦（筆者按：即謝蘭生）庶常……等時相揚扢，嘯竹吟花。」〔註65〕有《淵雲墨妙山房詩鈔》傳世，羅蘿村盛讚其詩「從容樂易，蓋由資稟既厚而又澤以詩書，故其陶寫性情，率皆敦厚溫柔而無憤悶激昂之概」〔註66〕。《楚庭耆舊遺詩・後集》中收錄其詩16首，編入第二十卷。

伍宗澤，字振緒，號霖川，伍崇曜之從兄，監生。幼年即喜吟詩，然命運多舛，屢舉不第，故年僅三十三歲便鬱鬱而終，著有《隨筆錄》，詩集中雖「篇什不多，獨能即事會心，甄俗從雅，例之國朝檇李周青士、江都郭元釪，其人其詩殆不多讓」〔註67〕。伍崇曜推舉其爲伍氏家族中詩歌創作水平最高之人。《楚庭耆舊遺詩・後集》中收錄其詩10首，編入第二十一卷。

伍元華，字良儀，號春嵐。伍氏怡和行第三代「浩官」，商名「受昌」。他與其父輩一樣，是個精幹善賈的商人，但在家族文化的薰陶下，同樣善畫能詩，有《延暉樓吟稿》傳世。而且，他與南海當地文人交往甚密，曾在伍氏花園內多次主持開展各種文人遊園、雅集活動，「築聽濤樓於萬松山楊子宅畔，多書籍、圖畫、金石、鼎彝，與蘿村、琴山、槐卿、秋浦、子春、夢秋諸君子嘯詠其中」〔註68〕，極大地促進了當地詩藝的傳播與交流。《楚庭耆舊遺詩・續集》中收錄其詩15首，編入第三十卷。

伍元菘，字良弼，號秋舲，道光癸巳欽賜舉人，著有《池西草堂詩稿》。因其爲人性耽禪悅，故詩集中之句往往觸物成篇，寄興味於其內，發直趣於其外。在充滿意趣之餘包孕著深刻的禪理，旨意悠遠。《楚庭耆舊遺詩・續集》中收錄其詩14首，編入第三十一卷。

伍肇基，字簣山，伍崇曜從侄。夙擅江山丹青，馳譽嘉慶嶺南畫壇，故詩名反而爲之所掩，然亦實詩壇俊才，詩歌頗不俗，著有《紅棉山館吟草》。《楚庭耆舊遺詩・續集》中收錄其詩15首，編入第三十二卷。

要之，《楚庭耆舊遺詩》三集的卷次編排，大體上是依時間先後串聯在一

〔註65〕見伍崇曜《茶村詩話》，轉引自伍崇曜輯：《楚庭耆舊遺詩・後集》卷二十「伍秉鏞」。

〔註66〕見伍崇曜輯：《楚庭耆舊遺詩・後集》卷二十「伍秉鏞」。

〔註67〕見張雲巢對伍宗澤詩歌的評價，引自伍崇曜輯：《楚庭耆舊遺詩・後集》卷二十一「伍宗澤」。

〔註68〕伍崇曜輯：《楚庭耆舊遺詩・續集》卷三十「伍元華」。

起，但往往又能以某一派別，某一類型的一個或多個代表詩人領銜並貫穿全卷。這樣一個乾隆、嘉慶、道光三朝嶺南詩人譜系的描繪，便組成了其時嶺南重要詩派、詩人群體的基本架構。讀者也得以從中窺到一幅內容豐富、脈絡清晰的嶺南清中葉詩人的詩歌史系圖。

誠然，自明清以來，不少州府郡縣都會順應潮流，選輯刊刻大量帶有各自地域文學色彩的詩歌總集。但是，這些詩歌總集中的大部份都是僅僅作爲一部文學史料彙編而存在，無法使後世研究者眞正回到詩壇歷史的現場。所以，如《楚庭耆舊遺詩》這般，收人輯詩的面較爲寬廣，且有意識地梳理某一朝代、某一時段的嶺南詩壇狀況，從而爲後人認識、研究相關詩派和詩人群體，提供很好的詩史脈絡的詩歌總集，是並不常見的。客觀而言，由於《楚庭耆舊遺詩》的面世，不但使我們得以方便地鈎稽出清中葉嶺南詩壇的大致狀況，也使我們的認識不再局限於少數幾個重要的代表作家，而擴大至若干次要乃至終身布衣，其名不顯的作家群體，並能掌握更充分的證據以分析其時嶺南詩壇創作隊伍的構成與傳承脈絡，實是深具文獻史料價値。

二、《潮州詩萃》對潮州詩歌史總體風貌的展現

《潮州詩萃》，作爲潮州詩集編纂史上保存潮州歷代詩歌，乃至詩人資料最爲齊全的一部詩歌總集，「足爲來學矜式，厥功偉矣」。然而就溫廷敬的創作動機和編纂目標而言，與其贊《潮州詩萃》是一部「古今作品，咸萃於斯，誠海涵地負之巨觀」的地方詩歌總集，不如將其視爲一部旨在全面系統地研究、構建和展現潮州詩歌史歷程的學術著作。

（一）秦漢至唐——陳元光，潮州詩歌興起的標誌？

潮州由於偏處嶺海一隅，故在唐代以前，中原的先進文化，包括詩歌文化，都難越五嶺而傳。因此，自秦漢以至唐代前期，潮人詩歌均絕迹不聞，直至中唐揭陽人陳元光的出現。溫廷敬不依從前人之見，毅然在《潮州詩萃》「卷一」將中唐陳元光定爲潮州詩歌傳世的第一人。依集中作家小傳所記:「陳元光，字廷炬，揭陽人，原籍河南固始。唐嶺南行軍總管，進中郎將，右鷹揚衛率府懷化大將軍，漳州刺史。討潮寇死事，贈臨漳侯，謚忠毅。省府縣志有傳。著有《王鈐記》，已佚。威惠功烈，照耀漳潮。而新舊唐書不載，余已採輯各志乘，補爲之傳。」

將陳元光作爲潮州詩歌興起的標誌性詩人，這是溫廷敬的首創，也讓人

看到了溫氏爲追溯潮州詩歌的淵源所作出的不懈努力。但是，這一觀點是否能成立，其實還有待斟酌。當中最根本的問題在於：陳元光到底是不是潮州人？

由於新舊唐書均未爲陳元光立傳，因此後世對於其籍貫，多有異說。其中，以「光州固始說」與「揭陽說」爲主流。

溫廷敬所採用的便爲「揭陽說」。「揭陽說」最早見於黃佐明嘉靖四十年（1561）編竣的《廣東通志》。之後明隆慶六年（1572）黃一龍《潮陽縣志》卷一「建置沿革」中也有記及陳元光，但卻未取黃佐《廣東通志》之說，也不提陳元光之具體籍貫，只述其「唐儀鳳間崖山賊陷潮陽，命閫帥陳元光討之。元光伐木通道，大小百餘戰，俘首或萬計，嶺表以平。後潮人以其有功於潮，立廟於州城，名曰威惠，今廢。」這一段「有功於潮」的歷史。直至清乾隆二十七年（1762）刻本的周碩勳《潮州府志》，方在其卷二九「人物・武功」中首次將陳元光記爲揭陽人：「唐陳元光，揭陽人。父政，以武功隸廣州揚威府。」清乾隆四十四年（1779）劉業勤《揭陽縣志》以及清道光二年（1822）編成的阮元《廣東通志》同樣採用了周碩勳之說。《廣東通志》「列傳二十五・潮州一」「陳元光」條記曰：

> 陳元光，揭陽人，先世家潁川。祖洪，丞義安，因留居焉。父政以武功著，隸廣州揚威府。元光明習韜略鈐，善用兵，有父風，累官鷹揚衛將軍。唐高宗儀鳳中，崖山劇賊陳謙攻陷岡州城邑，徧掠嶺左，閩粵驚擾。元光隨父政戍閩，父死，代爲將。潮州刺史常懷德甚倚重之。時高士廉有孫琁，嗣封申國公左遷循州司馬。永隆二年，盜起攻南海邊鄙。琁受命專征，惟事招慰，乃令元光擊降潮州盜，提兵深入，伐山開道，潛襲寇壘，俘馘萬計。嶺表悉平，還軍於漳，奏請創置漳州，謂周官七閩，宜增爲八。詔從之，就命元光鎮撫。久之，殘黨復熾，元光力戰而歿。事聞上旌其忠，初贈右豹韜衛大將軍，詔立廟漳浦。開元四年，追封潁川侯，詔賜彤弓二以彰有功，謚昭烈。〔註69〕

相較於明嘉靖年間才出現的「揭陽說」，「光州固始說」則早在中唐便已

〔註69〕廣東省地方史志辦公室輯：《廣東歷代方志集成・省部》（十四～二十一），阮元等纂：（道光）《廣東通志》，卷二百九十二「列傳二十五・潮州一」，「陳元光」，廣州：嶺南美術出版社，2006年版。

成形。最早專門述及陳元光的籍貫及家世的人正是與陳元光一起入閩的副將許天正。他在《開漳始祖行狀》一文中明確記載陳元光爲光州固始人，其祖父名陳克耕，曾從唐太宗攻克臨汾等郡，立有顯赫戰功；其父名陳政，以軍功官拜玉鈐衛翊府左郎將、歸德將軍，並進朝議大夫，統領嶺南行軍總管事。另有同時代的福建晉江進士歐陽詹〔註 70〕撰寫的《忠毅文惠公行狀》，則將陳元光本人行迹及家世歷史描寫得更加具體。茲節錄重要語段如下：

> 陳元光，字廷炬，號龍湖，謚忠毅文惠。行百五三。生於唐顯慶二年丁巳二月十六日子時。總章二年己巳，年十三，舉光州鄉薦第一，從父戍閩。父歿，以儒術代領其眾，任玉鈐衛翊府左郎將。……垂拱二年丙戌十二月，上疏請建一州於泉潮間，以控嶺表，乞請刺史以主其事。……詔可其請，並給告身，進中郎將、右鷹揚衛率府懷化大將軍、輕車大都尉兼朝散大夫、持節漳州諸軍事、守漳州刺史。……值蠻寇雷萬興、苗自成之子復起於潮，潛抵嶽山。公率輕騎往討之，步兵後至，爲賊將藍奉高所刃，傷於頸，馬驚逸，至綏安溪之大峙原而卒，時景雲二年辛亥十一月五日午時，壽五十五歲。……先天元年壬子，州人以事聞，詔贈豹韜衛鎮軍大將軍兼光祿大夫、中書左丞、臨漳侯，謚忠毅文惠。

嗣後唐代元和進士、戶部郎中潘存實撰寫的《漳南陳氏世系記》開列了從陳胡公至陳元光的世系。若從東漢的陳寔算起，至陳元光，共爲二十三世。

現存閩地、漳州方志均爲陳政、陳元光父子立傳，當言及陳政與陳元光的籍貫時都取用「光州固始說」。如萬曆《閩書・君長志》言「陳政自固始入閩」，萬曆《漳州府志》卷九《秩官》則言「其先爲河東人，後家於光州之固始，遂爲固始人」。直至光緒年間修纂的《漳州府志》也仍然堅持此說，茲詳錄如下：

> 陳政，字一民，光州固始人。父克耕從唐太宗攻克臨汾等郡，政以良家子從征，功拜玉鈐衛、翊府左郎將、歸德將軍。高宗總章二年，泉潮間蠻獠嘯亂。民苦之，僉乞鎮帥有威望者以靖邊。方朝

〔註 70〕歐陽詹，字行周，福建晉江人，唐德宗貞元八年（792）進士，官國子監四門助教。祖父歐陽衍官溫州長史，父歐陽昌官博羅縣丞，都是唐代閩越的地方官吏。

廷以政剛果敢爲而謀猷克愼，進朝議大夫，統領嶺南行軍總管事，鎭綏安。偏裨自許天正以下一百二十三員，俱稟號令。詔曰：「莫辭病，病則朕醫，莫辭死，死則朕埋。」比至鎭百凡草創，備極勞瘁。群蠻來侵，自以眾寡不敵，退保九龍山，奏請益兵，朝命以政兄敏暨兄敷領軍校五十八姓來援。敏、敷道卒，母魏氏多智，代領其眾入閩，乃進師屯梁山之雲霄鎭。邊徼寧弭，因作宅於火田村居焉。嘗渡雲霄，指江水謂父老曰：「此水如上黨之清漳，以漳名。」郡本諸此。鳳儀二年四月卒。子元光。

——《光緒漳州府志》「卷之二十四・宦迹一・陳政」〔註 71〕

陳元光，字廷炬。生而敏異，長博通經史，尤耽黃石公素書及太公韜略。自著兵法、射法，服習之。年十三，領鄉薦第一。總章二年，隨父領兵入閩。父卒，代領其眾。會廣寇陳謙連結洞蠻苗自成、雷萬興等進攻潮陽，陷之，守帥不能制。元光以輕騎討平之。永隆二年，盜起攻南海邊邑。循州司馬高琔受命專征。檄元光潛師入潮，沿山倍道襲寇壘，俘獲以萬計。嶺表悉平，還軍於漳。事聞進正議大夫，嶺南行軍總管。嗣聖三年，上疏言州官七閩宜增爲八，請建一州泉潮間以控嶺表，委刺史領其事。朝議以遐僻之地，萬一遣官不諳土俗，反受其殃。元光父子久牧茲土，蠻民畏懷，即合其兼轄尤便。詔從之，給告身俾建郡邑於綏安地，進中郎將，右鷹揚衛率府，懷化大將軍，仍世守刺史，自別駕以下得自辟置。元光復疏薦部曲子弟馬仁等有干略，請受爲司馬等職。詔從之。乃率眾闢地置屯，招徠流亡，營農積粟，通商惠工，奏立行臺。於四境時巡邏焉。由是北距泉興，南□〔註 72〕潮惠，西抵汀贛，東接諸島嶼，方數千里，無烽火之驚，號稱樂土。先是葬父於雲霄之山。術者賀其地有王氣，元光曰：「是何言！」亟移厝之大溪峰，後復葬祖父母於半徑山，守制三年。帥事一付別駕許天正。已而蠻寇雷萬興、苗自成之子糾黨復起於潮，猝抵嶽山。元光聞報，遽率輕騎禦

〔註 71〕上海書店出版社編：《中國地方志集成》「福建府縣志輯 29」《光緒漳州府志》「卷之二十四・宦迹一」，「陳政」，上海書店、巴蜀書社、江蘇古籍出版社，2000 年版。

〔註 72〕原書該字模糊，無法辨認。

之，援兵後至，爲賊將藍奉高刃傷而卒。時景雲二年十一月也。百姓哀號，相與制服哭之，權葬於綏安溪之大峙原，事聞詔贈豹韜衛鎮軍大將軍。開元四年，徙州李沃川，詔立廟賜樂器、祭器，建盛德世祀之坊以表之。貞元二年，復徙州治龍溪，敕有司改葬於州北九龍裏松洲保之高坡山春秋饗祀，明初封昭烈侯。子珦，孫謨、詠詳見人物列傳。

——《光緒漳州府志》「卷之二十四・宦迹一・陳元光」〔註73〕

民國四年陳有國總纂的南洋檳城緞羅申鴻文石印本《潁川陳氏開漳族譜》中也撰有《忠毅文惠公傳記》。傳記中記曰：「總章己巳，年甫十三，……是歲領光州鄉薦，名居榜首而未第，遂從父戍閩，父薨代領其眾。……父則左郎將陳一民，祖父則有唐開國元勳克耕是也。」基本內容與歐陽詹撰寫的《忠毅文惠公行狀》並無二致。

因此，綜觀以上諸材料，即使我們非常欽佩溫廷敬爲潮州詩歌史尋找更早源頭的努力，但也必須承認，「陳元光是光州固始人」這一判斷從中唐起便爲更多人所接受，或許也更接近於歷史的眞相。

理由一：「光州固始說」出現年代早，文獻可信度高。

「揭陽說」雖然爲明嘉靖以後的廣東及潮州方志所取用，但這些地方志編訂之時，離陳元光所生活的年代已經非常久遠，實難令人確信。「光州固始說」則有著與陳元光同時代的許天正以及歐陽詹撰寫的兩篇行狀作爲史實基礎，況且二人一爲與陳元光關係甚爲親厚的手下副將，一爲祖輩在閩地生活，對鄉邦前賢甚爲熟悉的進士文人，即便他們所作之文有「矜其州里，誇其氏族」之嫌，但用唐人之書來檢驗唐人的事迹，應該是最爲精當，且可信度極高的。因爲就古籍整理工作而言，除非古籍有僞造之嫌，否則當是來源越古，就越有參勘的價值。所以實在少有利用明嘉靖年間的後出方志史料來推翻中唐時期的第一手傳記材料之理。

理由二：「揭陽說」與陳氏族譜與閩地方志的記載有諸多矛盾之處。

「揭陽說」主要觀點認爲：「陳元光，揭陽人，先世家潁川。祖洪，丞義安，因留居焉。父政以武功著，隸廣州揚威府。」所建立起的三代譜系如下：

〔註73〕上海書店出版社編：《中國地方志集成》「福建府縣志輯29」《光緒漳州府志》「卷之二十四・宦迹一」，「陳元光」，上海書店、巴蜀書社、江蘇古籍出版社，2000年版。

「陳洪==》陳政==》陳元光」，即陳元光的祖父叫陳洪，因爲官義安縣丞，故之後舉家在義安定居。但是，根據唐潘存實撰寫的《漳南陳氏世系記》，從東漢的陳寔算起，至陳元光，共爲二十三世。而陳元光的祖父，即陳寔的第二十一世孫，名叫陳克耕，不叫陳洪，且他既沒做過義安縣丞，也不曾在義安定居。而重要的是，「陳元光祖父爲陳克耕」之說與許天正的《開漳始祖行狀》以及歐陽詹的《忠毅文惠公行狀》乃至歷代的閩地以及漳州方志中的表述是完全一致的。

除此之外，自許天正的《開漳始祖行狀》起的各類提及陳元光的史乘和族譜材料均記載了陳元光「總章二年己巳，年十三，舉光州鄉薦第一」之事，唯獨嘉靖《廣東通志》對此隻字不提，對於陳元光入閩之前的經歷，僅用「元光明習韜略鈐，善用兵，有父風」這一句話便匆匆帶過。

誠然，由於現存最早的《固始縣志》，其纂修時間已屆明嘉靖年間，志中對該地唐高宗總章二年的鄉薦之事已失相關記錄，故以上二說之孰是孰非，其實都已無法判斷。但是，綜上所述，緣何「揭陽說」所據的諸多材料與證據，總是與其它的相關史志或族譜中的記載相悖？這點是值得思考的。同時，由於嘉靖《廣東通志》中並未標明其撰寫陳元光的傳記時所依據的史料出處，所以頗有孤證之嫌。曾有人指出，唐人張鷟曾在其旨在記錄隋唐時期朝廷與民間故事遺聞的《朝野僉載》中載有「嶺南首領陳元光設客」一事，既然陳元光被稱爲「嶺南首領」，則必爲嶺南人無疑。據此就可以推翻陳元光爲光州固始人之說，並進而將其作爲陳元光籍貫爲揭陽的佐證。但是，因爲陳元光在父陳政歿後襲其嶺南行軍總管之職，所以即使陳元光被稱爲「嶺南首領」也算合情理。況且從張鷟的敘述意圖來看，所謂「嶺南首領」在這裏指明的應該只是陳元光的身份或官職而已，而且「嶺南首領」也不能就等同於「嶺南土著首領」，它與籍貫並不是一回事。所以若據此就推斷陳元光是嶺南人，則不免會犯了過度闡釋之誤。

溫廷敬之所以將陳元光定爲潮州第一位有詩傳世的詩人，相信受黃佐和阮元等先賢所持的「揭陽說」的影響不小。然而，溫氏在下結論時，明顯比黃、阮二人要更審慎。他在作家小傳中闡述陳元光的籍貫之時，一方面，沿襲了「揭陽說」；另一方面，他也不忘特地說明：「陳元光，字廷炬，揭陽人，原籍河南固始。」「揭陽人，原籍河南固始」這種表述乃溫廷敬的首創，非明清以降的《廣東通志》所有，可見溫廷敬對長期以來的陳元光籍貫之爭是熟悉的。他對陳元光的籍貫所下的這一定語，雖不乏折中前人之說的意味，但也不失爲其經過理性思考之後的一種具學術智慧的嘗試。

即便將陳元光視爲潮州第一位有詩歌傳世的本土詩人，但是其詩作也並未能很好地保存以及流傳下來。溫廷敬通過對相關的方志材料進行了一番細緻的清理，方「從漳志得詩三首，亟爲錄入。其詩秀削天成，有沈宋之風。故不獨祭遵之雅歌投壺見稱於史冊也。」只可惜他的其它佳作未能流傳後世。而這種情況與潮州特殊的歷史地理條件是密切相關的。

直至中唐韓昌黎與眾多文人騷客、士族官宦的相繼被貶入潮，方才很好地引領了當時的潮州詩壇。雖然他們在潮州留下的詩作，內容上更多的仍停留於渲染潮州這一窮荒瘴癘之地給外鄉人帶來的恐懼，以及悲苦地抒發個人不平則鳴的失意之歎。但這些謫宦寓賢之作給潮州詩壇帶來了效法中原詩壇的新興發展之機。潮州詩歌便是在這樣的背景下汲取中原詩學的營養發展起來。

溫廷敬在《潮州詩文萃徵鄉先哲遺集啓》中追溯了自中唐韓愈被貶刺潮以來，潮州人民在中原主流文化，尤其是儒家文化的薰染下，在民風、文化層面所產生的潛移默化而又代代傳承的積澱與變化：

> 粵自泰山斗北，昌黎起化之邦；明月海南，趙子婆娑之地。洎夫炎宋，益懋人文。許漕使代握隨珠，劉安撫家傳和璧。尚書三疏，震直節於小朝；夫子萬言，著華聲於大學。以及禮經析義，傳伊洛之淵源；易範成書，躋孟京之堂奧。知鄒魯獨在潮陽，雖小民亦知禮義。時登末季，競切勤王；運入胡元，獨多隱士。歌釣磯之明月，弔戰壘之落暉。乃至一曲平元，大義能明於巾幗；七言上俞，先幾猶勝乎鬚眉。吁，其盛矣！

（二）宋——「海濱鄒魯」，詩文卻散佚嚴重

相應地，潮州地區的詩文創作也在宋元之後呈現出了人文漸盛、名賢輩出的繁榮局面，溫廷敬在《潮州詩文萃徵鄉先哲遺集啓》中這樣寫道：

> 勝國右文，海隅漸化。人知砥礪，士競濯磨。中葉以還，人材益盛。雖寇盜方殷，而絃歌不輟。豈第科名足翹嶺表，即論事業亦比中州。翁襄敏之威名，功存塞北；薛中離之道學，統闢天南。太乙名儒，接淵源於若水；東莆殿撰，追著作於眉山。薛氏祖孫，休論三鳳（指饒平薛清埜五世）；蕭家昆季，不讓八龍。鼎革滄桑，歲

寒松柏。郭正夫之大節，羅銓部之高風。桑浦行吟，何殊澤畔；湖山處士，獨傲首陽。昭代以來，氣節稍衰，而文章尚炳。球琳琬琰，源探宛委之編；鵠膝犀渠，識邁制科之業。中興間氣，崛起異材。豐政中丞，著三吳之治績；埔陽太僕，奏兩漢之循良。各有高文，足輝近代。況復天涯淪謫，流連十相之祠；海上播遷，慷慨三仁之節。窮愁有志，領海成書。僑寓彌多，采風不少。皆足備此邦之文獻，供南國之輶軒。」

而這一時期入潮的謫宦騷人，同樣爲引領潮州詩壇進入中原主流詩壇作出了自己的努力。其中影響最大的當推宋眞宗時任宰相的陳堯佐，他曾在咸平二年（999）被貶爲潮州通判。其《送人登第歸潮陽》詩曰：「休嗟城邑住天荒，已得仙枝耀故鄉。從此方輿載人物，海濱鄒魯是潮陽。」他把潮州喻爲「海濱鄒魯」，足見潮州地區的文化在北宋年間，已漸可「當於大雅」矣。但宋元之際，很多詩文文獻在戰禍中被焚之一炬，對方興未艾的潮州詩壇帶來了極大的負面影響。同時，不少「先輩之詩文遺集，多困於財力，未付梨棗，洪流驟發，室廬被浸，隨以漂沒；子孫不識，飽諸蠹魚，投之一炬，其湮沒不傳，或僅存百一。」〔註 74〕

面對宋元潮州詩歌文獻如此嚴重的散佚情況，無怪乎溫廷敬發出「遂使問天無術，難資呵護於鬼神；出土有靈，冀丐搜羅於金石。彌足貴也，不其悕乎？」的感慨，並就此立志「聚環瀛之簡冊，具有侈心；顧鄉土之闕殘，能無泚顙。是用不辭譾陋，願竭駑駘。……俾得眾卉紛羅，飽掇春林之秀；群流共集，蔚爲滄海之觀。豈徒彰微闡幽？先民有作，亦使知人論世，後起同資云爾。」自覺擔當起對存世希望已十分渺茫的鄉邦詩文所進行的搜集與整理等工作。對於宋代潮州詩歌的存佚，他曾這樣寫道：

揭陽鉅集，惟存棲鳳微吟。天水奇編，僅見序韓一作。考高陽之舊著，記剩蘇樓。訪大寶之遺文，贊惟韓木。寥寥短什，歌傳江上之山。落落名章，人弔鄰中之冢。〔註 75〕

溫氏提及的「揭陽鉅集」，即宋元祐辛未舉進士第一的揭陽人陳希伋所撰的《揭陽集》。然到了民國初年，已僅存《題鳳棲樓》一首：「千載傳聞孰是

〔註 74〕溫廷敬：《彙山遺雅序》，轉引自饒鍔、饒宗頤《潮州藝文志》，上海：上海古籍出版社，1994 年版。

〔註 75〕溫廷敬：《潮州詩文萃徵鄉先哲遺集啓》。

非，高梧修竹晚風微。欲知古寺曾棲鳳，樓殿今無燕雀飛。」；

「高陽之舊著」指宋大中祥符庚戌舉賢良方正，應詔正奏進士第一，官終刑部郎中的潮陽人許申所撰的《高陽集》。後僅存《張相公祠》殘篇：「□□□□□□□，□□□□□□□。鐵胎重整英儀峻，燕廈新成暑氣涼。韶石遍圖輝壁落，荔支分植映房廊。開元舊事豐碑在，家笥猶傳故笏囊。」；

「大寶之遺文」指宋建炎戊申進士第二名，歷官禮部尚書的海陽人王大寶之詩文，本有《王元龜遺文》傳世，但現存不過《莆陽邱君與刺史由梅州乞養歸隱潮州賦贈》：「北山有移文，抽簪不如君。庭蘭潔晨膳，岩桂流夕芬。道義齊嵩嶽，功名薄浮雲。林間多鸞鶴，忘機可以群。」與《刺史訪莆陽舊宅重贈》：「此去莆陽道，春風三月時。故廬花拂戶，先墓蘚留碑。親戚樂情話，江山生古思。潮中倚閭望，返斾莫教遲。」二首，且是從《丘氏族譜》中引錄而得；

「歌傳江上之山」指宋紹聖丁丑進士，海陽人劉允的詩句「三十二峰江上山」。劉允本撰有《劉厚中文集》，惜已佚，僅遺下《韓山》及《紀夢八首》。而「三十二峰江上山」之句便是出自《韓山》一詩：「惆悵昌黎去不返，小亭牢落古松間。月明夜靜神遊處，三十二峰江上山。」；

「人弔鄴中之冢」之文意出自宋淳祐庚戌進士，海陽人陳昌言的詩作《鄴都》：「山勢崔巍望太行，星軺迢遞過臨漳。華林園廢花爭發，銅雀臺空草自芳。何必三分誇漢業，獨憐千古擅文章。生逢亂世終非幸，疑冢累累掛夕陽。」而該詩也爲陳昌言僅存的一首。

以上溫廷敬提及之宋代珍稀詩歌均被一一收入了《潮州詩萃》「卷一」，雖然吉光片羽，但仍可見宋代潮州詩歌相比起前代來，所體現出來的長足的發展。

（三）元——詩壇沉寂，詩人多為隱逸遺民

在中國詩歌發展的長河中，元代詩壇的成就並不高。在這種整體的低迷之下，潮州詩壇也顯得較爲沉寂。在元朝統治的八十九年間，由於蒙元統治者不注重開科取仕，滅宋後直至仁宗延祐二年（1315）才恢復科舉。且自仁宗至順帝科舉時興時停，只曾舉辦約十次，取士一千餘人。潮州在有元一代只出了 4 名進士，而其中僅泰定年間進士、歷官翰林學士的揭陽人楊宗瑞有一首詩傳世。

值得注意的是，除了楊宗瑞曾仕元朝，溫廷敬所收錄的其它元代潮州詩人，如陳牧隱、陳野仙、陳與言、陳文瑤、鄭大玉、戴昌等都爲隱逸之士。他們雖選擇了歸於山林的隱居生活，但他們都不是那種雅好野逸的置身世外之徒。對於他們的眞正身份，溫廷敬在陳牧隱小傳之下就特意加注作了說明「自牧隱以下五人，皆當日逸民也。」故在他們爲數不多的詩歌創作中，充斥著的是一種強烈的遺民意識。陳與言在《鳳山釣磯》之二中曾有言：「漁磯夜夜歌明月，誰道遺民去不還。」赤裸裸地道出了其身爲遺民的特有的故國之思。陳牧隱則更爲大膽，在《題鳳山古寨》一詩中竟直接表露了對高舉抗元義旗的英雄的懷緬與呼喚：「保障當年建義旗，鳳山磐石繞陽溪。英雄戰壘今何在，萬古鴉聲對落暉。」

在《潮州詩萃》的元代詩人卷中，收入者以南宋遺民詩人爲主體。這固然體現了溫廷敬對宋元世變之際，拒不事新朝的遺（逸）民詩人的重視與關注。但是，在並不算廣闊的潮州大地上，竟然湧現出了如此大量的隱逸型遺民詩人，堪稱潮州詩歌史上一個令人側目的現象。

明代儲巏曾云「宋以仁厚立國，以禮誼恭讓遇士大夫，比其亡也，又值強鄰竊據而有之，故食焉於朝者往往死其封疆社稷以就夫義命之所安，而丞相文公（文天祥），尤光明俊偉，震動一世。……至於碩儒豪傑之士，窮處於家者，恥淪異姓，以毀冠裂裳爲懼，則相率避匿山谷間，服宋衣冠以終其身。」〔註 76〕由此可見，文天祥「人生自古誰無死？留取丹心照汗青。」的浩然正氣對於南宋遺民心靈的感召力，而文天祥這種忠節自任對潮州人民的影響則更爲深遠。緣因文天祥在宋端宗景炎二年後，一度扶持端宗小朝廷退卻入粵，轉戰於潮州、惠州一帶。在此民族危亡之際，潮州的忠臣義士皆聞風而起，潮州守將馬發亦毅然擁兵勤王。也正是潮州人民的殊死抗元，將蒙古兵徹底激怒，他們在破城後對潮州城的民眾進行了大肆的血腥屠殺。

由於南宋末年抗元戰爭的持久性與殘酷性，在南宋滅亡之前，潮州因避亂而隱居的詩人已爲數不少。在經歷了屠城浩劫與國破家亡的慘痛之後，相當多的潮州文人更是深受文天祥、陸秀夫的愛國精神之感化，自覺擔當起了「世道之責」。正如溫廷敬所言「胡元一代，潮多抗節之士。……其感於文陸之風者歟！」這些文人與廣大的遺民一起彷徨遷徙於殘山剩水間，孤憤激烈，

〔註 76〕【明】儲巏《晞髮集引》，程敏政《宋遺民錄》卷二。

悲鳴長號，以隱逸的旋律來表達他們對異族政權的疏離。其詩歌以幽憂激烈之音爲主，兼及繫念宗邦，寄懷深遠，既含高絕的民族氣節，又頗具野逸的隱者之風。從而在元代的潮州形成了一個特殊的南宋遺民詩人群體，也正是通過他們，潮州自中唐建立起來的一代詩風才在元代很好地延續了下來。溫廷敬在選輯時將這批隱逸遺民詩人作爲元代潮州詩壇的最重要的組成部份，其對潮州詩歌史歷程的清晰意識也昭然可見。

（四）明清——詩壇繁榮，名家輩出

《潮州詩萃》輯錄明清詩人三百九十七家，是唐宋元三代詩人總和的二十六倍之多。四庫館臣曾批評明代張邦翼編的《嶺南文獻》「於嶺南諸集，搜輯頗廣。然明人著作，百分之中幾居其九焉。蓋時彌近而所收彌濫，亦明季標榜之習氣也。」相對而言，《潮州詩萃》中輯錄的明清詩人雖然遠較前三代爲多，但並無標榜今人之習氣。溫氏之所以作這樣的安排，除了年代越近，詩歌文獻資料確實保存得越齊全之外，更多是因爲明清兩代的潮州詩壇出現了一大批頗有影響力的詩人與詩作，令這個時期的詩歌基本可以代表歷代潮州詩歌的最高藝術成就。

如明代便有：洪武間舉神童，詩有長吉之風，卻年十四而夭的潮陽人蘇福（收入《潮州詩萃》甲編卷一）；宣德己酉舉人，詩亦有唐人音節的潮陽人李齡（甲編卷一）；身爲白沙弟子，人品高絕，詩亦天機瀟灑，不愧其師的潮陽人吳向（甲編卷二）；爲嶺表傳陽明心學大宗，且有《中離集》傳世的揭陽人薛侃（甲編卷二）；嘉靖年間官兵部尚書，氣節學問並世無兩，近體詩亦氣骨磊落，爲人所重的揭陽人翁萬達（甲編卷二）；弘治乙丑進士，詩光明俊偉，五古尤類鮑明遠，《明文粹》亦嘗選其疏及詩二首的饒平人周用（甲編卷二）；嘉靖壬辰狀元，詩多清麗脫俗，蕭然自得的海陽人林大欽（甲編卷三）；歷官戶部左侍郎，詩五七古得香山一體，尚襲王李遺風的海陽人林熙春（甲編卷六）；南明時追隨桂王及永曆跋涉於粵桂南交一帶，抵抗清廷，累官至禮、兵二部尚書，且爲潮州歷代存世詩作最多的詩人郭之奇（甲編卷八）；「吸髓於古樂府，而佐以青蓮之逸，長吉之怪，東野之生，浪仙之僻，香山之眞」的揭陽詩人許國佐（甲編卷十）；崇禎甲戌進士，入清以遺老終，詩學六朝、劉、白的揭陽人羅萬傑（甲編卷十一）等。

入清之後，詩壇則更爲繁榮，出名的詩人有：七古及五七律俱出入唐宋的大埔詩人楊天培（收入《潮州詩萃》乙編卷十一）；詩醇濃如醪，溫潤如

玉，不愧潮海正宗的澄海詩人陳名儀（乙編卷十二）；詩歌才華富贍。絕句尤饒神韻的海陽詩人鄭重暉（乙編卷十六）；詩歌沖和閒適，有《刻燭吟館詩鈔》傳世的海陽詩人呂玉璜（乙編卷十八）；憂時感事之作足備當時詩史的大埔詩人邱對顏（乙編卷二十）；勤學好古，復留心程朱陸王之學，詩亦天機瀟灑的澄海人楊世勳（乙編卷二十一）；歷官江蘇、福建巡撫，政績卓著，詩亦高情逸韻，兼有太白東坡之長的豐順人丁日昌（乙編卷二十三）；曾出使東瀛，詩文俱極有義法且聲光炯然的大埔人何如璋（乙編卷二十九）；其詩沉酣壯恣，深得力於韓愈的大埔詩人饒雲驤（乙編卷三十一）；詩以老杜爲宗，間出入於太白、東坡，被推爲百餘年來大埔詩人之冠的邱晉昕（乙編卷三十二）；嗜學博覽，尤工塡曲、作詩的海陽人謝錫勳（乙編卷三十三）等等。其中，尤以海陽詩歌世家陳氏一門最負盛名。除了詩歌才力恣肆，被時人譽爲潮州明季清初之詩史的陳衍虞，其子陳玨的《硯痕堂詩文集》，其孫陳王猷的《蓬亭偶存詩草》亦多受稱譽。饒鍔在《潮州西湖山志》中便對陳氏家族自陳玨而下諸人的詩文成就作過一番梳理：「陳玨，字比之，號雙山，衍虞子，最知名。張尚瑗遊粵，語人曰：『吾於惠得葉西村，於潮得陳雙山，不負此遊矣。』著有《硯痕堂集》。兄士復，一名周禮，字心之，號癡山，有《自怡草》。弟嶼，字昆之，號魯山，有《屛文集》。士復子王猷，字良可，號硯村，康熙辛卯舉人，官肇慶教授，有《蓬亭集》。又陳藝蘅，字博之，號寄亭，有《愛園草》。士規，字景之，號鶴州，有《咽珠堂集》。士鳳，字翔之。士鼎，字位之，皆廷策孫。一門群從，咸能世其詩學。」海陽陳氏如此一個歷四、五代，擅於詩藝者達數十人，於清代潮州詩壇焜耀一時的詩家大族，即使將其放諸中原詩壇眾世家中，也是堪稱一流的。溫廷敬在《潮州詩萃》清代卷中將陳氏一門的著名詩人陳衍虞（乙編卷一）、陳衍隆（乙編卷四）、陳士規（乙編卷四）、陳士孚（乙編卷四）、陳藝蘅（乙編卷四）、陳士鳳（乙編卷五）、陳王器（乙編卷五）、陳王獻（乙編卷五）、陳士鼎（乙編卷五）、陳周禮（乙編卷五）、陳玨（乙編卷六）、陳璵（乙編卷六）、陳王軾（乙編卷六）、陳王猷（乙編卷七）、陳王梓（乙編卷九）、陳學典（乙編卷十）均選錄益備，且亦足見其推挹之意。

此外，潮州詩壇在明清兩代還有許多極具個性特色的詩人，如林仕猷（甲編卷一）、周孚先（甲編卷二）、薛宗鎧（甲編卷二）、薛雍（甲編卷三）、陳一松（甲編卷四）、周光鎬（甲編卷五）、吳殿邦（甲編卷七）、林銘球（甲編卷十）、謝宗鍹（甲編卷十二）、謝元汴（甲編卷十二）、曾華蓋（乙編卷五）、陳元德（乙編卷十）、張國棟（乙編卷二十五）等。以及以釋道忞爲代表的方外詩人和以郭眞順、謝五娘、范蕾淑爲代表的閨閣詩人，亦都不離風雅本旨，各自名家。

總體而言，溫廷敬在《潮州詩萃》中以愛古人而不薄近人的選輯尺度，通過對潮州詩歌興起的源流進行細緻嚴謹的考索與推求，通過對歷代潮州詩人及其詩作進行全面的輯錄和評價，系統地建構起了潮州詩歌史的發展歷程。

而當中最爲難得的是，溫廷敬除了引用豐富的本土文獻，還引用了大量非潮州籍的詩學名家的品評之語，如林仕猷之詩在明洪武年間名動京師，溫氏便專門摘得當時之大名士宋濂之讚語以作表彰：「潮去京師八千里，林君不出州里，而予知其名，其所造不已深乎？」在評價倪元藻《澗南遺草》時，溫氏引用了南海李長榮（子黼）之語，稱「其詩如讀宋君《大小招》，如讀庾信《哀江南》，如讀李華《弔古戰場》，如讀老杜《哀江頭》，字字商聲，言言血淚。而筆之超，骨之騫，味之雋，思之沉，調之響，詞之豔，合集眾妙，出以一心，其傾倒可謂至矣」；評價楊世勳《蔗尾吟草》時，則引用順德梁廷枏（章冉）語，稱其「憂時感事，課雨問晴，往往再三致意」。又稱其「學足緯文，言皆有物」；在評價郭之奇的詩時，則特意指出「方學士拱乾，謂其苦心孤詣，如與古人覿而吸其髓。曹侍郎勳謂英氣如其人。徐忠節公汧謂爲清乃能奇，而尤以徐之言爲得」，以表其詩於中原詩壇之廣泛影響；對導源於李杜韓蘇，並漸開梅州芷灣一派的饒慶捷，溫廷敬更是借陸耳山之口道出了其詩之佳處：「桐陰詩自出新意，不涉蹊徑。蓋能自竭其才力之所至，而不以家摹人仿爲工者。」

除此之外，《潮州詩萃》中對荇南樵、沈德潛、陸耳山、宋湘等名家的著作或詩話也作了注引。溫廷敬廣泛引用非潮州籍名家的言論，以與自己對該詩人的品評進行參較評價，使他對潮州詩歌史的評價與建構超越了一種敝帚自珍、自說自話的尷尬，更重要的是，這也展現了將潮州詩人置諸中原詩壇進行參照考慮的空間。故溫氏對詩歌總集所採取的這種編纂設計無疑是值得後人汲取的。

三、《梅水彙靈集》對嘉應詩歌史的考辨與梳理

（一）秦漢至宋

嘉應地區具有悠久的歷史，秦始皇設揭陽戍於揭嶺飛泉徑下，漢元鼎六年（前 111）升格爲縣。東晉咸和六年（331）析龍川縣設興寧縣，治所在今五華，屬東官郡。東晉義熙九年（413）析海陽縣設義招縣，屬義安郡。南齊永明元年（483）析海陽縣設程鄉縣。至五代後晉開運二年（945）始設置敬州，北宋初改名梅州。但長期以來，只有州的建置，僅領程鄉一縣，所轄地區與建縣時並無差別，直至清雍正十一年（1733），才建立直隸嘉應州，領興寧、長樂、平遠、鎮平四縣，連同程鄉縣，合稱嘉應五屬。

但嘉應地區因地處偏隅，氣候風物又與中原差別甚大。《隋書・地理志》中曰：「自嶺以南二十餘郡，大率土地下濕，皆多瘴癘」。故文化、文學的發展較之中原也有較大的差距。直到宋代才稍有改觀，此時的嘉應，雖仍爲有待開發，多用於流放罪臣的瘴癘之地，然「弦誦之聲，達於里巷」，讀書已成風氣。南宋人王象之所編《輿地紀勝・梅州景物記下》載：「梅人無產植，恃以爲活者，讀書一事耳。」

這一時期的藍奎、古革、蔡蒙吉、羅孟郊、楊圭等五人可謂嘉應地區詩人中的佼佼者。而至於五人中誰爲有詩歌傳世最早的詩人，則歷來存在較大的爭議。胡曦在《梅水彙靈集》中將興寧詩人羅孟郊視作第一人，置於首卷。他在詩人小傳中詳細轉引了阮氏《廣東通志》中「羅孟郊」本傳的相關敘述：

> 孟郊，其先南昌人，五代間有官興寧者，因家焉。至宋景德中，孟郊生，生而穎異。早喪父，事母孝兒。時牧牛長陂莊，坐讀書，有山人過，奇之。與語孟郊，告以父喪，貧未葬，山人指示地，遂葬焉。弱冠，結廬羅嶺以學，鄉子弟從之，孟郊指授篤至，邑始多學者。善書翰，洗硯，池水盡黑，人稱之曰墨池。天聖八年，舉進士第三人。累官諫議大夫、翰林學士，乞歸養母。峁華蕭然。母冬月思膾，孟郊解衣入池，取魚供母，鄉人目其池爲曾子湖。卒，眾立祠祀之。

在宋代五位有詩歌傳世的嘉應詩人中，雖沒有史料對他們的具體生年加以記載，但由於他們都有科名，故在選舉志中能獲取到一些有用的信息：

藍　奎：元祐戊辰（1088）進士

古　革：紹聖丁丑（1097）進士
蔡蒙吉：寶祐丙辰（1256）進士
楊　圭：咸淳（1265～1271）鄉貢

鑒於阮元《廣東通志》自面世起便享有盛名，成爲時人和後人可資引用的非常重要的文獻史料，而且當中關於羅孟郊的傳記又已較爲詳實，因此，如依照阮元《廣東通志》所記，羅孟郊出生於「宋景德中」，則其生年當在 1004～1008 年之間。再與另外四人稍加對比，不難判斷，在宋代五位有詩歌傳世的嘉應詩人中，羅孟郊是出生最早的。在這一點上，毫無疑問，胡曦受到的是阮元的直接影響。

但是，事實上，胡曦在《梅水彙靈集》成書之時已對這一觀點作了重新的考辨，對阮元《廣東通志》以及明成化《興寧縣志》中對羅孟郊生平的某些記載的眞實性提出了質疑，並就此附上了詳細的按語：

> 曦案：《四庫提要・史部地理存目》：《通志》初稿四十卷，明戴璟撰。蓋嘉靖乙未撫粵所修，乃粵乘最初之文也。考《興寧縣志》，自明成化縣令侯爵始輯成書。王璉序曰：「志書惜無刻本傳焉，訛謬罔有據依」云云。繼此則有正德丙子祝令允明、嘉靖庚寅吳令悌所修二志，皆在戴《通志》之前。是戴志纂公傳，其文必於三志爲據，而原諸侯氏始輯列傳，亦必即故老傳聞撰擬，未必確有可據也。《尚友錄》著錄提要子部類書存目。天啓中廖用賢撰。所載公傳，與戴志別無歧出，蓋即從戴氏書錄入者也。提要曰：「詳略失宜，無所考證，亦爲應俗而作」云云，蓋亦有所見矣。此外，郝玉麟《廣東通志》公本傳，無「至宋景德中」語，「舉進士」下刪去「第三人」三字，「立祠」更曰「立廟」，其餘字句稍有異同，別無歧出之義。意「第三人及第」之說或當時亦以爲疑，故去之也。又王之正《嘉應州志》公本傳，亦無大異。中惟多「嘗夜讀書山上，有光燭之，滌硯於池，池水黑，一二日始清」之語。又末云「年七十終」，與施念曾《興寧志》同，蓋本黃欽探花《祠記》採入也。又咸豐丙辰《續志》本，嘉慶辛未仲振履志增補傳後附注云：仲志改取魚爲少時事，未知何據。今依諸志，敘于歸養後。案此應是仲志臆改，然續志又於「官翰林學士」下增「掌制誥，文詞溫雅，特承顧問」三語，此亦黃欽《祠記》之文，非屬確據，所謂目不能自見

其睫也。〔註 77〕

尤其在獲見羅孟郊後裔錄存之《宋張文舉故翰林學士贈禮部尚書羅公神道碑》後，文中「紹興二十三年，翰林學士羅公卒於興國軍」之語令胡曦更堅定了自己的判斷，並發出了「今據此碑，乃南宋人。……始知《廣東通志》、《興寧縣志》本傳係由傳聞採錄，多不足據」的感概。

胡曦根據手頭所掌握的各種珍見而可靠的文獻史實，相當全面地對羅孟郊的生平及有關史實加以了清理和辯證，使得後人對「羅孟郊為南宋人」這一史實再無異議。這一出色的考辨工作除了很好地體現出了胡曦史料考證的功力，更重要的是，凸顯了他對構建嘉應詩歌史的重視。

（二）元明

經宋末元初及元末明初的社會動亂，嘉應地區的學風其實受到很大打擊。以至在明朝初年，「程鄉民鮮知學」，直到明建文四年（1402）鄭懋中擔任程鄉縣令後，「作新學規，親為生徒講解。自是始，有進士第者。」就整個明代而言，嘉應一地的教育發展與其它地區相比較，還是較為落後。相對應的，嘉應詩壇在有明一代也並沒有得到很好的發展，作者不多，傳世的詩歌文獻更是稀少。對此情況，番禺淩揚藻曾言：「嶺海士習喜實行、恥浮名，故有著作等身，裒然成集者，亦取自怡悅，未嘗輒付剞劂以問世，若篇什無幾，積經歲月，必耗蠹而不可復留。」王之正在《嘉應州志》中亦言：「自宋而元，遭世多亂，文獻無有。有明作者，所傳亦少。」因此，《梅水彙靈集》卷一中能彙輯到興寧王天與一首、興寧曾奎一首、興寧王希賢一首、興寧張天賦三十五首、長樂顏璉一首、興寧王淧一首、長樂李焞一首、程鄉鍾士楚一首、興寧胡爨十二首、程鄉徐韶奏一首、程鄉張玿三首、程鄉李梗五首、程鄉張琚三首、興寧劉奎昌一首、興寧王若水二首、鎮平林際亨一首、程鄉廖衷赤十三首，合共七十一首詩歌，已實屬不易，吉光片羽，亦足珍矣。

（三）清代

清初的嘉應地區，由於元明以來的風氣尚未廓清，故康熙《程鄉縣志》中仍言「程鄉聲教未及」。但經過清初近百年的發展，到了雍正以後，嘉應一

〔註 77〕【清】胡曦：《宋鄉賢羅學士遺事考略》，轉自廣東省興寧縣政協文史委員會編《興寧文史》（第 17 輯・胡曦曉岑專輯），1993 年，第 180～182 頁。

地已是人才輩出。雍正十一年，程鄉縣正式從潮州府分出，升格爲嘉應直隸州。嘉應州的設置，正是當地社會政治、經濟、文化迅速發展的標誌，但同時，朝廷的重視也更好地激發了嘉應學子讀書求學的風氣：「士喜讀書，多舌耕，雖困窮，至死不肯輟業。近年應童子試者至萬有餘人。前制府《請改設州治疏》稱『文風極盛』，蓋其驗也」。乾隆之後，嘉應地區的人文則更是日益昌盛：「嘉應爲古程鄉地，僻處偏隅，自南齊以來，風氣未開，詩人尚少。宋元明間，作者漸興，唯滄桑屢易，流傳亦少。我朝文治昌明，人才輩出，詩乃漸盛。乾嘉之際，如宋芷灣、劉梅冶、李繡子、李秋田、王壽山、徐又白諸先生，卓然成家，海內稱之，無異詞。」

正如上文所言，清代的嘉應地區，猶以詩歌最爲發達。代表詩人有：

長樂拔貢魏成漢（卷二收錄其詩十九首）

長樂舉人吉履青（卷三收錄其詩二十七首）

嘉應布衣李琇臨（卷三收錄其詩二十二首）

長樂進士賴鵬翀（卷三收錄其詩二十二首）

嘉應舉人李壇（卷三收錄其詩二十首）

嘉應舉人葉鈞（卷三收錄其詩三十六首）

嘉應進士宋湘（卷四收錄其詩三百八十四首）

嘉應進士王利亨（卷四收錄其詩十五首）

嘉應進士李黼平（卷五收錄其詩二百首）

嘉應舉人吳蘭修（卷五收錄其詩二十三首）

嘉應廩生李光昭（卷五收錄其詩六十二首）

嘉應廩生徐友白（卷五收錄其詩十二首）

興寧舉人陳一峰（卷五收錄其詩三十首）

鎮平舉人黃釗（卷六收錄其詩三百二十二首）

嘉應舉人楊懋建（卷六收錄其詩二十八首）

鎮平舉人邱起雲（卷六收錄其詩四十七首）

長樂舉人溫訓（卷七收錄其詩五十七首）

興寧廩生陳其藻（卷七收錄其詩十九首）

范荑香（卷八收錄其詩十八首）

葉璧華（卷八收錄其詩十八首）

《梅水彙靈集》通過對歷代嘉應詩人詩作進行選輯和分析這種方式，使人能對自宋代以來的嘉應詩壇的基本狀況有了大致的瞭解。具體而論，歷代詩人詩作在《梅水彙靈集》中的入選狀況，大致與其創作實績，他們在嘉應詩歌史上的地位以及大眾接受度是相吻合的。

而在這些詩人中，最負盛名者當屬被後人譽爲「梅詩三家」的宋湘、李黼平與黃釗。

宋湘，字煥襄，號芷灣，嘉應人。他出身貧寒，受家庭影響勤奮讀書，嘉慶四年（1799）進士。他年輕時便在詩及楹聯創作中嶄露頭角，被稱爲「嶺南第一才子」。《清史稿・列傳》中稱「粵詩自黎簡、馮敏昌後，推湘爲巨擘」。著有《紅杏山房詩鈔》十三卷、《不易居齋集》一卷、《豐湖漫草》《續草》二卷、《燕臺剩沈》一卷、《南行草》一卷、《滇蹄集》三卷、《楚艘吟》一卷、附《應試排律》二卷，賦一卷，《紅杏山房時文》七卷。

李黼平，字繡子，又字貞甫，嘉應人。幼穎異。年十四，精通樂譜。及長，治漢學，工考證。嘉慶十年（1805）進士。授江蘇昭文縣知縣。阮元開學海堂，聘閱課藝，遂留授諸子經。後主東莞寶安書院，人咸愛重之。黼平爲詩，專講昔韻，得古人不傳之秘。有《著花庵集》八卷，《吳門集》二卷，《南歸集》四卷，續集四卷。

黃釗，字谷生，號香鐵，鎮平人。嘉慶二十四年（1819）己卯科舉人，授官內閣中書。先生結交文人學士甚多，在京師與陽春譚敬昭、吳川林辛山、順德吳秋航及黃小舟、番禺張維屛、香山黃香石等人，有「粵東七才子」之稱。道光十八年（1838）任韓山書院山長。晚年在潮州城購買「雁來紅館」，從事教育。一生著作甚豐，有《讀白華草堂詩集》、《詩紉》、《鐵盒隨筆》以及《落葉詩》等大量詩文著作。

胡曦對「梅詩三家」評價甚高，而他對「梅詩三家」詩歌成就的認可，同樣明顯地體現在他對三人詩歌的選輯數量上。《梅水彙靈集》卷四收錄宋湘詩作三百八十四首，卷五收錄李黼平詩作二百首，卷六收錄黃釗詩作三百二十二首。相較《梅水彙靈集》全集總共收錄的二千零六十七首詩作，此三家詩作分別占全集詩歌總數量的 19%、10%和 16%！合起來則占全集詩歌總數量的 45%！事實上，他們的詩歌入選量也遠遠超過了其它選本的數量。如後出的《梅水詩傳》，所選輯的此三家的詩歌均爲四十首左右，與其它嘉應籍詩人皆相差不大。

眾所週知，明清以降，詩歌總集或選本的編纂和刊刻比之前任何一個朝代都要更加繁榮，其詩歌總集的數量甚至都超過了唐宋金元數代編纂數量的總和。《梅水彙靈集》雖爲第一部僅收錄嘉應一地之詩人詩作的地域詩歌總集，但在當時的詩學批評思潮、選家詩學觀念及編纂理念的影響下，也已具備了一定的成熟的向度。即編者對詩人詩作的選擇和取捨已不再僅停留在個人感性好惡和關係親疏的層面上。如胡曦在集中只收錄族叔祖胡展元詩作一首、族叔祖胡蘭枝三首、從叔祖胡秀枝一首、族兄胡瑤一首，至於其恩師陳炳章以及太夫子楊兆彝，也只分別收錄二首和一首。且在詩後的評論文字中，也均是就詩論詩，並無阿好溢美之詞。很好地表現出了一個成熟的詩歌總集編者所應具有的自覺、客觀和理性。換言之，胡曦之所以這樣大比例地選輯宋湘、李黼平、黃釗三人的詩歌，一方面，固然是彰顯了這三位詩人在嘉應詩歌史上的重要地位，另一方面，其實更多的是對自己的詩學觀念的一種適時的表達和張揚。

在談到宋湘、李黼平、黃釗三人的詩歌特點時，胡曦提到：「論吾梅詩三家，著花庵純以學勝，讀白華草堂純以才勝，先生（筆者按：指宋湘）則才兼以學，元氣淋漓，正隨園所謂「人居屋中，我來天外」者。總而論之，如大華三峰，蓮峰中聳，二峰其旁峙也。」從這段評價，不難看出，胡曦在「梅詩三家」中最欣賞的詩人是宋湘，因其詩「才兼以學，元氣淋漓」，而李黼平與黃釗固然都是好詩家，但往往僅取「才」、「學」之一端，而未能臻於完美。如此一來，其實也清晰的透露出了編者胡曦詩學傾向。

自從南宋嚴羽反對以才學爲詩的不良風氣，將爲詩之「才」與「學」兩者對舉，在《滄浪詩話・詩辨》中提出「詩有別才，非關學也」之說，對後世之詩學理念實是影響廣遠。明清之後，詩論家對「才」與「學」所作的討論仍然很多，特別是乾嘉之後，因多見明李贄公安以來雖稱重才性，然實多陷於空談與剽目之現狀，正如陳子龍《皇明經史文編序》所言，「士無實學」，「時王所尚，世務所急，是非得失之際，未之用心」，所以力主務實求是，重視「實學」。這種「實學」雖短於風議，但因重視廣泛學習古人，培植學問根底，對改變明季以來詩學的空疏風氣還是起到很大的作用。在論詩文創作時之所以更注重「學」，說到底是爲了矯肆「才」之弊，而不是爲了排斥「才」。故胡曦借選輯詩歌所表明的對「才」、「學」的態度，正吻合了當時清代詩家對此的共同態度，也令《梅水彙靈集》在構建嘉應詩歌史的同時，兼具了一層理論批評的色彩。

第二節　嶺南詩歌總集的地域文化內涵

所謂地域文化，美國學者格爾茲曾言，任何文化都是一張由人自己編織的「意義之網」，人生活在自己編織的意義之網中，而這個意義之網則是有著特殊的時間——空間規定的，故每一種文化的意義和價值都是特殊的，屬於「地方性知識」〔註 78〕。如今的不少中國學者通過引入西方的理論觀念，將其歸爲文化地理學的研究範疇。其實，對於地域文學，或是地域文化，大可不必步西方學者的研究後塵。我國早在先秦《詩經》時代，便按照地域將其分爲十五國風，完全便是地域文學、地域文化視角的雛形體現。之後，在班固《漢書・地理志》中也有對於地理環境與民情風俗的關係的探討：「凡民函五常之性，而其剛柔緩急，音聲不同，繫水土之風氣，故謂之風；好惡取捨，動靜亡常，隨君上之情慾，故謂之俗。」〔註 79〕是書還曾具體論述：「邯鄲北通燕、涿，南有鄭、衛、漳、河之間一都會也。其土廣俗雜，大精急，高氣勢，輕爲奸。」〔註 80〕可見，不同的地域自然和人文環境，對該地的民風以及文學作品風貌都會帶來極大而又極其明顯的影響。

民國初年，學人汪國垣在《近代詩派與地域》一文中，特別提到：「夫民亟五常之性，秉水土之情，風俗因是而成，聲音本之而異，則隨地以繫人，因人而成派。溯淵源於既往，昭軌轍於方來，庶無尤焉。況正變十五，已肇《國風》；分野十二，備存班《志》。觀俗審化，斯析類之尤雅者乎！」他更以地域文化作爲區分詩歌流派的主要依據，指出同治、光緒以來的中國詩壇「可以地域繫者，約可以分爲六派：一、湖湘派，二、閩贛派，三、河北派，四、江左派，五、嶺南派，六、西蜀派。」當中清晰地勾勒出了嶺南一派所處的地域自然環境與所秉持的文化品格，非常精彩。

其實，總體而言，嶺南文化發軔較晚，發展也較爲緩慢，與中原地區相比，一直有著較大的差距。清初屈大均在《廣東新語・文語》對此有著清醒的認識：「廣東居天下之南……天下之文明至斯而極，極故其發之也遲，始然於漢，熾於唐於宋，至有明乃照於四方焉。」應該說，也是迨明清之後，嶺

〔註 78〕【美】克里福德・格爾茨：《深描：邁向文化的闡釋理論》，載《文化的解釋》，納日碧力戈等譯，王銘銘校，上海：上海人民出版社，1999 年版，第 3～36 頁。

〔註 79〕【漢】班固：《漢書・地理志》，北京：中華書局，1962 年版，第 1640 頁。

〔註 80〕【漢】班固：《漢書・地理志》，北京：中華書局，1962 年版，第 1656 頁。

南地域文化認同感才逐漸形成，並從此獲得長足的發展。

嶺南詩歌總集是一種承載著豐富的地域文化內涵與地域情感的文獻形式，故我們要研究清末民初的嶺南詩歌總集，便必須要注意研究這一時期的嶺南地域文化，尤其是學風、士人生態、西方新思潮等等因素對詩歌總集編纂所帶來的深刻影響，更需要研究詩歌總集對地域文化內涵所作出的表述、回應與內在的反作用力。因此，爲了能對嶺南詩歌總集與地域文化的關係有更爲完整和清晰的思考，筆者擬從以下四個方面進行探討：

一、對阮元及「學海堂」樸學之風的傳承

歷史學家齊思和在論及清代學風時曾言：「有清三百年，學術風氣凡三變。清初諸大儒，多明代遺老，痛空談之亡國，恨書生之乏術，黜虛崇質，提倡實學。說經者則講求典章名物，聲音訓詁，而厭薄玩弄性靈。講學者亦以篤行實踐爲依歸，不喜離事而言理。皆志在講求天下之利病，隱求民族之復興，此學風之一變也。其代表人物爲顧炎武先生。至乾、嘉之世，清室君有天下，已逾百年，威立而政舉，漢人已安於其治；且文網嚴密，士大夫諱言本朝事。於是學者群趨於考據一途，爲純學術的研究。而聲音訓詁之學，遂突過前代，此學風之再變也。其代表人物爲戴東原先生。至道、咸以來，變亂迭起，國漸貧弱。學者又好言經世，以圖富強，厭棄考證，以爲無用，此學風之三變也。其代表人物爲魏默深先生。此三先生者，皆集前修之大成，開一時之風氣，繼往而開來，守先而待後，繫乎百年學術之升沉者也。」〔註81〕

誠然如齊先生所言，清代以降，陽明心學以至整個宋明理學已日趨衰頹，顧炎武、戴震等在對宋明理學的批判中，以「經世致用」相號召，提倡實學，後逐漸走向訓詁、名物、考據一途，就是所謂的漢學、樸學。到乾嘉二朝，樸學思想達到高潮，也宣告了晚明空疏學風的徹底終結，給予清代學者以極爲有益的影響。

嶺南的學術風氣也大致順應了這一歷史趨勢，但是，相對於中原地區樸學在乾嘉兩朝的臻於鼎盛，嶺南的樸學則顯得成就不高。學人崔弼在其所撰的《新建粵秀山學海堂記》中曾提到：「本朝廣南人士，不如江浙，蓋以邊省

〔註81〕齊思和：《魏源與晚清學風》，《中國史探研》，北京：中華書局，1981年版，第315頁。

少所師承，制舉之外，求其淹通諸經注疏及諸史傳者，屈指可數。其藏書至萬卷者，更屈指可數。」〔註 82〕事實也確是如此，嶺南地區由於地理位置上的偏於一隅，學術風氣向來不如中原地區濃厚，在有明一代，雖也頗受陳白沙、湛甘泉理學的薰染，但這種崇尚空談，專注心性的學術理念，不但與乾嘉以來興起的考據學大相徑庭，也在一定程度上造成了嶺南學人往往學術視野不廣，流於空疏等諸多弊端。對此，阮元有著清晰的認識，「自前明以來，多傳白沙、甘泉之學，固甚高妙，但有束書不睹，不立文字之流弊。」然而，待清末劉彬華的《嶺南群雅》，黃子高的《粵詩蒐逸》，溫汝能的《粵東詩海》，到伍崇曜、譚瑩的《楚庭耆舊遺詩》，胡曦的《梅水彙靈集》，溫廷敬的《潮州詩萃》等詩歌總集著作的問世，則又令人不得不對嶺南的學術風氣刮目相看。因爲，這一批卷帙浩繁，趨向於客觀材料的搜集、整理、考察爲內容的嶺南詩歌總集的編纂，除了彰顯出清末學人對嶺南前哲詩文的關注和珍惜，更重要的是，從詩歌總集的編纂本身，深刻地體現出了樸學之風在嶺南的傳承與振興。對此，今人程美寶有著精闢的論述：「同中國其他省份的讀書人一樣，廣東的讀書人，要表示自己的學術成就足以在全國占一席位，需要通過在以一省一地爲單位編纂的文集、人物傳記和地方史志等地方文獻，來展現本地文人的成就，並往往像族譜建構親屬關係一樣，追尋其學術上的師承關係。在編纂地方文集、頌揚前賢的同時，編者實際上也在表現自己的學術傳統。」〔註 83〕

而這一樸學傳統得以在清中葉之後的嶺南實現振興，實與阮元的提倡以及學海堂對嶺南士子的影響密不可分。特別是譚瑩與溫廷敬等多位嶺南詩歌總集的編纂者，更是都與阮元及其創辦的學海堂有著直接的或間接的關係。

阮元（1764～1849），字伯元，號芸臺，江蘇儀徵人。乾隆五十四年進士，歷官山東、浙江學政，兵部、禮部、工部侍郎，浙江、江西、河南巡撫，湖廣、兩廣、雲貴總督。晚年入京，爲體仁閣大學士，卒謚文達。阮元雖一生身爲顯宦，但其人博學焉通，於經史、小學、天算、輿地、金石、校

〔註 82〕【清】崔弼：《新建粵秀山學海堂記》，《學海堂集》卷 160，趙所生、薛正興主編：《中國歷代書院志》（第 13 冊），南京：江蘇教育出版社，1995 年版，第 279 頁。

〔註 83〕程美寶：《地域文化與國家認同：晚清以來廣東文化觀的形成》，北京：生活·讀書·新知三聯書店，2006 年版，第 164 頁。

勘等諸多領域皆造其微。嘉慶二十三年（1818），由湖廣總督任內奉旨調補兩廣總督，直至他道光六年（1826）六月赴雲貴總督任，督粵九年間，對嶺南學術，尤其是樸學傳統的振興貢獻很大。梁啓超對其稱讚有加：「儀徵阮芸臺元，任封疆數十年，到處提倡學問，浙江、廣東、雲南，學風皆受其影響。其於學亦實有心得，爲達官中之眞學者，朱笥河、紀曉嵐、畢秋帆輩，皆非其比也。」

嘉慶二十五年（1820），時任兩廣總督的阮元在廣州仿詁經精捨舊制，開設經古之課。道光四年（1824），始建堂粵秀山上，並取漢何休「學海」之義，稱學海堂。梁啓超在《清代學術概論》中提到：「自吾之生，而乾嘉學者已零落略盡，然十三歲肄業於廣州之學海堂，堂則前總督阮元所創，以樸學教於吾鄉者也。其規模矩矱，一循百年之舊。」〔註 84〕作爲一所專勉實學的新型書院，同時也是當時廣東的最高學府，「學海堂以古學訓士，經史詞章，分門課習。」〔註 85〕關於學海堂的辦學宗旨，吳蘭修曾在爲《學海堂二集》寫的短序中言：「凡爲學指歸，《初集》序中隱括已盡。大抵勖以有本之學，進以有用之書。」〔註 86〕至於學海堂的教學內容，阮元在《學海堂集序》中則明確道：「多士或習經傳，尋疏義於宋齊；或解文字，考故訓於倉雅；或析道理，守晦庵之正傳；或討史志，求深寧之家法；或且規矩漢晉，熟精蕭選；師法唐宋，各得詩筆。雖性之所近，業有殊工，而力有可兼，事亦並擅。」〔註 87〕「然後人知向風，一時經師詞宗聯翩蔚起，風氣始丕變焉。」〔註 88〕

從學海堂創建，到它光緒二十九年（1903）被迫關閉，在其存在的八十多年時間裏，學海堂聚集了大批廣東本地的才學之士。其中尤以陳澧、朱次琦、譚瑩、侯康、黃培芳、張維屏、梁廷枏等人的聲望最著。在阮元的倡導

〔註 84〕梁啓超著，朱維錚校注：《梁啓超論清學史二種・清代學術概論》，上海：復旦大學出版社，1985 年版，第 50 頁。

〔註 85〕【清】張鳳喈等修，桂坫等纂：（宣統）《南海縣志》，卷十九，《中國地方志集成・廣東府縣志輯第 30 輯》，上海：上海書店出版社，1999 年版。

〔註 86〕【清】吳蘭修：《學海堂二集》卷首序，趙所生、薛正興主編：《中國歷代書院志》（第 13 冊），南京：江蘇教育出版社，1995 年版，第 295 頁。

〔註 87〕【清】阮元：《學海堂集序》，趙所生、薛正興主編：《中國歷代書院志》（第 13 冊），南京：江蘇教育出版社，1995 年版，第 1 頁。

〔註 88〕【清】張鳳喈等修，桂坫等纂：（宣統）《南海縣志》，卷十九，《中國地方志集成・廣東府縣志輯第 30 輯》，上海：上海書店出版社，1999 年版。

鼓勵下，這批學人確立了樸學的學術方向，並積極進行著述編撰工作，從而形成了一個頗具特色的學術群體，擁有了可觀的學術力量。

如晚清著名的經學家、史學家，東塾學派的創始人——陳澧，自道光二十年（1840）起，擔任學海堂學長長達二十七年。陳澧一生，學問淹通，著述專精，有著述百餘種。已見刊行的主要有：《說文聲表》十七卷、《切韻考》六卷、《切韻考外篇》三卷、《聲律通考》十卷、《水經注西南諸水考》三卷、《漢書地理志水道圖說》七卷、《禹貢圖》一卷、《水經注提綱》四十卷、《漢儒通義》七卷、《東塾集》六卷、《東塾讀書記》十六卷、《朱子語類日鈔》五卷、《陳東塾先生讀詩日錄》一卷、《三統述詳說》四卷、《弧三角平視法》一卷、《摹印述》一卷、《憶江南館詞》一卷、《申範》一卷、《毛本梁書校議》一卷、《公孫龍子注》一卷、《琴律譜》一卷、《肇慶修志章程》一卷、《學海堂志（續）》一卷、《東塾遺書》等。在其任學長期間，「以經史及漢魏六朝唐宋詩文教士，與諸生講論文藝，勉以篤行立品，聽者恒數十人，十餘年如一日。士人出其門者，率知本身修行，成就甚眾。」〔註 89〕他成功地「引導人們從乾嘉年間埋頭考據的狹窄天地破牆而出，又極力糾正學術界中漢學宋學的門戶之爭，使之各展所長而避其所短，大力提倡考據訓詁爲手段以達到闡明義理的目的」〔註 90〕。並就此開創了一代學派一一東塾學派。陳澧的弟子及再傳弟子，承接其師之餘緒，各自著書立說，又進一步擴大了嶺南樸學的影響。

《潮州詩萃》的編者溫廷敬，便是陳澧的再傳弟子。其師溫仲和，作爲陳澧的得意門生，在學術上與陳澧一脈相承，均秉持義理與考據並重的治學家數。這對立志以文史研究爲畢生事業的溫廷敬產生了重要的影響。而認眞整理國故，在傳統樸學的傳承中求創變之新，也成爲了溫廷敬終生踐履的學術目標。丘逢甲在《溫柳介先生墓誌銘》中曾對溫仲和的學術師承以及薪火之傳有過清晰的梳理：「番禺陳京卿澧，治漢學者尊爲東南大儒。君（引者按：指溫仲和）其入室弟子，治群經，尤精《三禮》」〔註 91〕，又謂：「庚子

〔註 89〕【清】陳澧：《東塾集》，《國史儒林傳採進稿》，見沈雲龍主編：《近代中國史料叢刊》第四十七輯，臺北：文海出版社（1966～1995）印行。

〔註 90〕丁寶蘭：《嶺南歷代思想家評傳》，廣州：廣東人民出版社，1985 年版，第 179～180 頁。

〔註 91〕廣東丘逢甲研究會編：《丘逢甲集》，長沙：嶽麓書社，2001 年版，第 840～841 頁。

以前，士習患蔽於舊，其後則患囂於新。君於蔽者開之，囂者正之，前誹後謗無所動，弟子多成材者」〔註92〕。「在學術上受溫仲和濡染的潮汕學者，溫廷敬精於考據……爲時人所重」〔註93〕。而作爲溫廷敬再傳弟子的蔡起賢更是在《「潮州學派」的形成及其影響》一文中，把近代潮州以溫仲和及其弟子爲首的「治樸學如乾、嘉時代的考據學一樣」的學術群體，概括稱爲「潮州學派」。指出這個學派是「繼承陳澧的治學門徑而加以發展的」，他們治學的共同特點是「從地方的文獻、掌故、地理、歷史及人物的研究作起步」〔註94〕。由此可知，溫廷敬一生鍾情於鄉邦文獻的整理、辨訂，並耗一生心血編成《潮州詩萃》，實是淵源有自。其成就，與阮元、陳澧、溫仲和一脈對樸學的致力倡導是分不開的。

至於《楚庭耆舊遺詩》的編纂者譚瑩，同樣與阮元，與學海堂有著極深的淵源。譚瑩幼穎悟，長於辭賦，時阮元督粵，往山寺見譚瑩題壁詩文，奇之，告縣令曰：「縣有才人，宜得之。」譚瑩由此而得識拔。「道光初，阮制府開學海堂於粵秀山。以經史課士，兼及詩賦，見瑩所作《蒲澗修禊序》及《嶺南荔枝詞百首》尤爲激賞」〔註95〕後阮元更邀譚瑩任學海堂學長三十年，使當時嶺南英彥多出其門。正是阮元對譚瑩的這份知遇之恩，令譚瑩很自覺地去接受來自阮元學術上崇尚樸學的影響，棄帖括之學，轉而精研文獻，尤其是立足於對嶺南詩歌文獻進行系統的整理與編校。《楚庭耆舊遺詩》便是其最出色的代表作。譚瑩在該集的序言中，也特別提到了自己在編纂過程中對阮元《淮海英靈集》編輯體例的借鑒。《淮海英靈集》雖然不像同時代的淩揚藻的《國朝嶺海詩鈔》、張沆的《國朝蜀詩略》、吳顥的《國朝杭郡詩輯》那樣，在書名處便標以「國朝」二字，但亦是只採錄清代揚州籍詩人的詩歌總集，很好地體現了厚古而並不薄今，注重甄選當朝人之詩歌，尤其是收錄鄉邦詩人詩歌的編纂理念。譚瑩在此理念上與阮元可謂是一脈相承，這從《楚

〔註92〕廣東丘逢甲研究會編：《丘逢甲集》，長沙：嶽麓書社，2001 年版，第 840～841 頁。

〔註93〕黃挺、杜經國：《饒宗頤教授的潮州地方史研究——〈饒宗頤潮汕地方史論集〉編後》，載於潮汕歷史文化研究中心、汕頭大學潮汕文化研究中心編：《潮學研究》第五輯，汕頭：汕頭大學出版社，1996 年版，第 15 頁。

〔註94〕蔡起賢：《「潮州學派」的形成及其影響》，見蔡起賢著：《缶庵論潮文集》，廣州：廣東人民出版社，1995 年版，第 50 頁。

〔註95〕【清】鄭夢玉等修、梁紹獻等纂：《南海縣志》，同治十一年刊本，卷十八「列傳」十四～十六「譚瑩」。

庭耆舊遺詩》中對詩人的收錄便可見一斑。

事實上，不僅本書所重點提到的嶺南詩歌總集編者譚瑩與溫廷敬，阮元貫注於學海堂的樸學傳統，還深深地影響著一代代的學海堂師生。例如道光年間學海堂的著名學長黃子高，同樣在地方文獻的搜羅與整理，特別是嶺南詩歌總集編纂方面作出了不俗的貢獻。譚瑩在輯刊《嶺南遺書》、《粵十三家集》、《楚庭耆舊遺詩》時，都多從其處借抄藏書。卒後，譚瑩爲其撰寫《黃石溪墓表》，贊曰：「雅擅詞章，益研經史，漸富儲藏，特精讎校。邢邵之讀已遍，轉思誤書；任昉之家不貧，率多異本。略分部錄，尤重鄉邦；桑梓彌恭，瓣香原屬。」

總之，阮元創立學海堂，提倡有用之學，確實使嶺南樸學得到了非常大的發展。光緒年間學海堂學長，南海人廖廷相說：「嶺甫承白沙、甘泉之遺，國初如金竹、潛齋諸儒類，多講求身心性命之學。迨揚州阮文達公督粵，開學海堂以經術課士，而考據訓詁之學大興。」〔註 96〕這並非過譽之辭，在學海堂創立後，眾多的嶺南學者，無論其是否身屬學海堂師生群體之內，都開始致力於經史考證之學。當中的不少人，如陳澧、譚瑩、張維屏、黃子高、胡曦、溫廷敬等等，更是格外留心於地方掌故和金石文獻的收藏，對於藏書中的異本，也一一加以詳準的校勘，並尤其注重對地方詩歌文獻進行搜羅。《楚庭耆舊遺詩》、《潮州詩萃》、《梅水彙靈集》等詩歌總集，均堪稱清末民初嶺南樸學文化的出色結晶品，體現出其對嶺南樸學風氣的傳承，將其稱作「清代樸學的回波餘瀾」〔註 97〕，無愧矣。

二、藏書刻書與儒、商文化合作的興起

學人崔弼在描述清中葉之前的嶺南藏書情況時曾言：「本朝廣南人士，不如江浙，……其藏書至萬卷者，更屈指可數。」〔註 98〕確實，在清代前期相當長的一段時間裏，嶺南地區，相較於文化發達的中原地區，藏書冊數的增長嚴重滯後。更無論刻書的狀況了。其時「粵省號富饒而書板絕少，坊間所

〔註 96〕【清】廖廷相：《劬書室遺集序》，轉引自李緒柏：《清代廣東文化的結晶體——東塾學派》，《廣東社會科學》，1996 年第 3 期。

〔註 97〕李緒柏：《清代廣東文化的結晶體——東塾學派》，《廣東社會科學》，1996 年第 3 期。

〔註 98〕【清】崔弼：《新建粵秀山學海堂記》，《學海堂集》卷 160，趙所生、薛正興主編：《中國歷代書院志》（第 13 冊），南京：江蘇教育出版社，1995 年版，第 279 頁。

售，惟科場應用之書，此外無從購」〔註 99〕，「其它處販運來者，價值倍昂，寒士艱於儲蓄」〔註 100〕。

而此時，與嶺南地區的窘境相對應的，卻是中原地區在考據、校勘和輯刊等樸學之風興起的同時，刻書事業的同步興盛。有鑒於此，阮元在學海堂創建之初，便立即著手組織學海堂師生進行大規模的典籍刊刻工作。事實上，阮元早在督粵之前，即尚在山東、浙江等地任學政時，便已編刻了《山左金石志》、《兩浙金石志》、《積古齋鍾鼎彝器款識》、《疇人傳》，共計九十八卷。除此之外，還有《考工記車製圖解》、《石渠寶笈》、《小滄浪筆談》、《經籍籑詁》、《衡文瑣言》、《兩浙防護錄》、《十三經校勘記》、《皇清碑版錄》、《瀛舟書記》、《十三經經郛》、《海運考》、《漢延熹西嶽華山碑考》、《四庫未收百種書提要》、《國朝儒林傳》以及《浙江通志》等，在刊刻文獻典籍方面貢獻良多。而他所輯刻的《淮海英靈集》、《兩浙輶軒錄》、《江蘇詩徵》三部詩歌總集，更是搜殘存佚，爲功尤巨。爲後來嶺南學人編選詩歌總集提供了不少成功的經驗。

阮元在學海堂所大力推動的「書院刻書」事業，其實自南宋即已有之。但通常刻書數目都比較少。書院眞正開始大規模刻書並在全國產生較大影響的，其開先河者當推學海堂。學海堂第一個刻書項目，便是《皇清經解》的輯刻。具體的輯刻工作從道光五年（1825）八月開始，「編輯者爲錢塘嚴厚民先生，監刻者爲吳石華學博，校對者爲學海堂諸生。」〔註 101〕全書於道光九年（1829）刊刻完成。書的內容除經學之外，還涉及小學、校勘、史地、天算、金石諸方面，彙集了顧炎武、閻若璩、毛奇齡、惠棟、錢大昕、戴震、段玉裁等七十三位著名學者的著作共達一百八十三種，共一千四百餘卷。這部書的問世，對於推動嶺南學術研究和典籍刊刻事業的發展，影響極其深遠。之後，學海堂還陸續刊刻《學海堂集》四集九十卷，《三通》四百五十卷，《兩漢記》六十二卷，《四庫全書總目提要》二百卷等等。令時人均視學海堂爲嶺南典籍刊刻的中心。而且，學海堂所刻書籍，其書板藏於文瀾閣

〔註 99〕【清】瑞麟、戴肇辰等修，史澄等纂：《廣州府志》，光緒五年刊本，卷一百二十九，「伍崇曜」。

〔註 100〕【清】鄭夢玉等修、梁紹獻等纂：《南海縣志》，同治十一年刊本，卷十八「列傳」十四～十六「譚瑩」。

〔註 101〕【清】張鑒：《雷塘庵主弟子記》卷六，《續修四庫全書·史部·傳記類》（557），上海：上海古籍出版社，2002 年版。

中，可以出租給書坊印刷，並以租金維護書板，使它們經久可用。應該說，這種靈活而實惠的處理方式不僅擴大了其所刻書籍的影響，而且大大促進了嶺南刻書事業，乃至於藏書狀況的發展。今人桑兵便云：「阮元督粵，創學海堂，引樸學入粵，主張折中統一漢宋，對廣東文化發展，影響極大。道咸以降，粵學驟盛。清末民初，廣東藏書蔚然成風，即其流風餘韻。」〔註102〕而且，繼道光間學海堂輯刊的《皇清經解》而起，後有同治間廣東書局的《通志堂經解》，以及光緒間廣雅書局的《廣雅書局叢書》，清末嶺南刻書的高潮就此掀起。

與此同時，受學海堂開創的刻書風氣的影響，嶺南民間也出現了一股刻書的熱潮。再加上張之洞在《勸刻書說》一文中也對出資刻印古書之舉甚爲讚賞。鼓勵那些「自揣德業學問不足過人，而欲求不朽者」，應積極刻印、刊佈古書，因爲「其書終古不廢，則刻書之人終古不泯」，並斷言「歙之鮑，吳之黃，南海之伍，金山之錢」等四位刻書家終將因其刻書之功而不朽，爲後人所銘記。故私刻叢書之風在清末的嶺南變得熾熱實不足爲奇。如學者吳蘭修便輯刻《嶺南叢書》十三卷，林伯桐輯刻《修本堂叢書》九十三卷，陳澧撰刻《東塾叢書》三十四卷等等。但是，在這種現象背後，最值得注意的是：在其時出資並主持對大量嶺南文獻進行輯編和刊刻的人，除了上述提到的官方刻書局與家境富裕的學者士人，還有不少是當地的豪賈富商，尤以廣州十三行商人爲首。

清代的廣州十三行商人，其實是一個很特別的群體。乾隆二十二年（1757）之後，由於乾隆下令全國僅實行廣州一口岸通商，令廣州成爲了當時全國唯一合法的海上對外貿易口岸。這項政策，也使得廣州十三行順理成章地成爲了唯一一個由清政府特許的海外貿易壟斷性經營機構。正如朱希祖在《廣東十三行考》的序言中所言，當時的十三行，「在中國近代史中，關係最巨，以政治而言，行商有秉命封艙停市約束外人之行政權，又常爲政府官吏之代表，外人一切請求陳述，均須有彼輩轉達，是又有唯一之外交權；以經濟而言，行商爲對外貿易之獨佔者，外人不得與中國其他商人直接貿易。」之後的嘉慶、道光兩朝也都繼續沿用了這一政策，直至道光二十二年（1842）中英《五口通商章程》簽訂後方告中止，前後合共85年。這項政策的實施使來自全國各地的出口商品都雲集十三行，再由其發售世界各地，尤其是英美

〔註102〕桑兵：《近代中國學術的地域與流派》，《歷史研究》，1999年第3期。

等國；而經英國東印度公司爲首的英美公司、洋行船舶運抵的外國商品，也只能通過十三行再發售內地各大城市。據統計，僅僅從康熙五十年（1711）至乾隆二十二年（1757），英國東印度公司就共有船隻上千艘來華貿易，而除了廈門、寧波、舟山三港口有 6 艘船隻停靠外，其餘皆在廣州港停靠。由此可見廣州港在一口通商政策的蔭護下所處的絕對壟斷地位。瑞典學者龍思泰在其專著《早期澳門史》中就曾這樣寫道：「廣州的位置和中國的政策，加上其它各種原因，使這座城市成爲數額很大的國內外貿易舞臺。……中華帝國與西方各國之間的全部貿易，都以此地爲中心。中國各地的產品，在這裏可以找到；……東京、交趾支那、柬埔寨、暹羅、馬六甲和馬來半島、東方群島、印度各港口、歐洲各國、南北美洲各國、和太平洋諸島等地的商品，都被運到這裏」〔註 103〕。特別是廣州得天獨厚的地理位置，它毗鄰葡萄牙人強行租借的澳門，這就令澳門可以順理成章地成爲廣州的外港，從而進一步開通了廣州——澳門——果阿——歐洲航線：廣州——澳門——馬尼拉——拉丁美洲航線；廣州——澳門——長崎航線；廣州——澳門——望加錫——帝汶航線：廣州——澳門——紐約——北美航線；廣州——澳門——大洋洲航線；廣州——澳門——俄羅斯航線等七條航線。如此之盛況，屈大均的《廣州竹枝詞》有云：「洋船爭出是官商，十字門開向二洋。五絲八絲廣緞好，銀錢堆滿十三行。」〔註 104〕在這樣的海外貿易政策以及巨大的商業利潤的驅使下，令中國各個省份，尤其是廣東鄰近省份的商人紛至沓來，彙集到廣州進行貿易。這也令十三行商人擁有了其他商人所不能企及的經濟上和政治上的顯赫地位。

但是，即便如此，他們總歸只是一介商人，在封建社會千百年來早已根深蒂固的「重仕抑商」思想面前，商人們的顯赫聲望畢竟更多是僅停留於表面的，就深層次的社會心理而言，他們始終陷於社會地位的相對劣勢之中。因此，十三行商人在積纍了相當豐厚的財富之後，便開始十分注重「商」與「儒」之間的相互結合與轉化。也只有這樣，才能使自己更好地融入到社會主流體系之中。更何況在這些十三行商人之中，有一部分人其本身就已具有比較高的文化水平和文化涵養，故他們在經商之餘，也樂於與當地的文人雅

〔註 103〕【瑞典】龍思泰著、吳義雄等譯：《早期澳門史》，北京：東方出版社，1997 年版，第 301 頁。

〔註 104〕【清】屈大均：《廣州竹枝詞》，轉自屈大均著《廣東新語》卷十五，《貨語》，北京：中華書局，1983 年版，第 477 頁。

士交往，以習儒者之氣。據《番禺河南小志》記，「粵東巨室，……潘氏獨以著作傳。潘君鴻君軒，所居雙桐圃，春秋佳日，觴詠無虛。君好佛、好客、好書、好畫、好笛、好花，力勤性樸，烏衣子弟，居然名宿」〔註 105〕，此處之潘氏，即指同文行番禺潘氏。潘仕成更是「創築荔香園於西門外半塘，曰『海山仙館』。搜集故書、雅記，足資身心學問」〔註 106〕。其藏書樓「海山仙館」藏書充棟，精善本頗多。潘仕成還自設印刷之所於海山仙館內，將藏書進行訂正刊刻，並將其命名爲《海山仙館從書》。道光中所輯刊之《海山仙館叢書》共收書五十六種四百九十二卷，分編經史子集，共一百冊，爲後世留下了一批彌足珍貴的文獻典籍。

在廣州十三行商人之中，對嶺南文化貢獻最大的當屬怡和行南海伍氏。他們與南海當地文人交往甚密，曾在伍氏花園內多次主持開展各種文人遊園、雅集活動，「築聽濤樓於萬松山楊子宅畔，多書籍、圖畫、金石、鼎彝，與蘿村、琴山、槐卿、秋浦、子春、夢秋諸君子嘯詠其中」〔註 107〕，極大地促進了當地詩藝的傳播與交流。尤其是伍崇曜，自小便有很好的國學功底，「讀等身之書，勤焠掌之業，年十三補博士弟子員，受知於潞河白小山大冢宰。……常熟翁文端師相尤擊賞焉。」且一生都致力於搜羅和收藏歷代的古籍。他並特地築「遠愛樓」以作藏書之所，供「儲書萬簽，貯酒千斛，相與命儔嘯侶，送抱推襟，考川嶽之圖經，話生平之閱歷」〔註 108〕他還在廣州城西白鵝潭畔特地建起了「粵雅堂」，在其間「遍收四部圖書，尤重此邦文獻」〔註 109〕，並將此作爲伍氏輯書校書之地，更特意延請志同道合的鄉人譚瑩爲其藏書作品評甄別和校勘編訂，再擇其罕見者刻之。光緒年間編成的《廣州府志》對此也有專門的記載：「崇曜思刊刻書籍，以惠士林。乃延同邑譚瑩與編訂。首刊《嶺南遺書》六十二種，《粵十三家集》各種，《楚庭耆舊遺詩》七十二卷，粵東文獻略備，乃廣搜秘本，刻王象之《輿地紀勝》二百卷。此外零珠碎壁，集腋成裘，共成《粵雅堂從書》二百餘種……崇曜所刻多世不傳本，與同時番禺運使潘仕成《海山仙館叢書》並爲藝林所重，自此廣州學

〔註 105〕黃任恒：《番禺河南小志》卷九，《至樂樓叢書》（第三十八），1990 年版。

〔註 106〕丁仁長等纂：《宣統番禺縣續志》卷十九，列傳二十九，《中國地方志集成·廣東府縣志輯第 7 輯》，上海：上海書店出版社，1999 年版。

〔註 107〕【清】伍崇曜輯：《楚庭耆舊遺詩·續集》卷三十「伍元華」。

〔註 108〕【清】譚瑩：《遠愛樓記》，《樂志堂文集》卷十一。

〔註 109〕【清】譚瑩：《粵雅堂記》，《樂志堂文集》卷十一。

者不出門，而坐擁百城矣。」〔註 110〕

本書第一章所重點述及的嶺南詩歌總集《楚庭耆舊遺詩》，便屬於伍崇曜出資，而由譚瑩主持整理校勘和編訂刊刻工作的文化合作之舉。譚瑩，作爲清末嶺南著名的藏書家，據其子譚宗浚《希古堂書目》自序云：「余家希古堂書，凡先教授之所遺，近三萬餘卷……雖無宋元佳本，然搜採畧備」〔註 111〕。而且，他與世交好友伍崇曜志趣相投，均十分鐘情於鄉邦文化，加之他強記過人，故「於先哲嘉言懿行及地方事沿革變更，雖隔數十年，述其顛末初終，絲毫不爽」〔註 112〕。同時，爲了使各種珍稀的嶺南鄉邦文獻乃至海內先賢的著作「不至湮沒，而後起有好學深思之士，亦得窺見先進典型」〔註 113〕，他一生尤致力於對其進行細緻的搜集與整理。同治十一年刊本的《南海縣志》認爲他「有功藝林尤在刊刻秘籍巨編」〔註 114〕，可謂公允之論。

著名藏書家徐信符有《伍崇曜粵雅堂》詩云：「嶺南遺著楚庭詩，珍本雕刊賴主持。朗朗玉生資顧問，堂開粵雅有余師。」〔註 115〕詩中提及的充任顧問的「玉生」即指譚瑩。其實，譚瑩在編刻《楚庭耆舊遺詩》過程中所充當之角色，遠不止「顧問」，或其自認的「覆校」一職。事實上，從搜集古籍，到選擇版本，再到對書中文字內容作具體校對糾錯，以及撰寫叢書的序言和每種書後所附跋語等一系列環節，都是譚瑩以一己之力任之，伍崇曜由於商務繁忙，並沒有很多地參與其中。所以，《楚庭耆舊遺詩》的輯刻出版，實是離不開伍崇曜之「財」與譚瑩之「才」的完美結合。

而譚、伍兩人的文化合作，也正應合了明清以來商人與文人相互吸引，相互融合的時代潮流。伍崇曜，作爲一個曾經的仕宦與文化家族中的優秀一員，「讀等身之書，勤焠掌之業」，本就具有儒商的氣質，而這種氣質也令他

〔註 110〕【清】戴肇辰等修：(光緒)《廣州府志》卷一百二十九，列傳十八，《中國地方志集成・廣東府縣志輯第 3 輯》，上海：上海書店出版社，1999 年版。

〔註 111〕徐信符：《譚瑩樂志堂、譚宗濬希古堂》，見徐信符：《廣東藏書紀事詩》，臺北：文海出版社有限公司，1975 年影印本，第 161 頁。

〔註 112〕【清】鄭夢玉等修、梁紹獻等纂：《南海縣志》，同治十一年刊本，卷十八「列傳」十四～十六「譚瑩」。

〔註 113〕【清】鄭夢玉等修、梁紹獻等纂：《南海縣志》，同治十一年刊本，卷十八「列傳」十四～十六「譚瑩」。

〔註 114〕【清】鄭夢玉等修、梁紹獻等纂：《南海縣志》，同治十一年刊本，卷十八「列傳」十四～十六「譚瑩」。

〔註 115〕徐信符：《伍崇曜粵雅堂》，見徐信符：《廣東藏書紀事詩》，臺北：文海出版社有限公司，1975 年影印本，第 160 頁。

在與當地的學人和文人交往時遊刃有餘。他還廣建伍氏園林別墅，在其中積極組織各種雅集，邀請當地的眾多文人墨客，前來吟詩作對、評談時事。更築「遠愛樓」以作藏書之所，供「儲書萬簽，貯酒千斛，相與命儔嘯侶，送抱推襟，考川嶽之圖經，話生平之閱歷」。一時間，粵東名士多成爲其座上賓兼良師益友，譚瑩便爲其中之一員。譚瑩雖然是少年成名，又得阮元、鍾啓韶、劉廣禮等官員和老輩名流的極力推許，令「凡海內名流遊粵者，無不慕與締交」，但科舉之路卻一直不順，院考屢列前茅，但鄉場頻遭既噪。經過二十幾年的努力，直到道光二十四年（1844）才中舉，結果又因「三場策問，敷陳削切，微觸時諱，特抑置榜末，危得而幾失」〔註 116〕。自此，譚瑩「淡於榮名，於進取不甚在意。……嗣後，不復北上，惟安居教職」〔註 117〕。然而，作爲一個有抱負的文人，雖選擇了訣別科場，絕意仕進，但成就「經國之大業，不朽之盛事」的信念卻仍舊熾熱。此時，通過與有著顯赫社會地位和雄厚財力的儒商合作輯刻叢書以實現自我價值便成爲了以譚瑩爲代表的嶺南文人的一種極具吸引力的選擇。而相應地，以伍崇曜爲首的行商群體則亦可藉此提高自身的社會知名度和影響力，可謂雙贏。而且，正是因爲有著伍崇曜雄厚的財力支持，有著譚瑩在古籍編纂整理方面的才能與強烈的責任感，有著伍譚二人對傳承嶺南文化、保存鄉邦文獻的滿腔熱忱，才最終順利成就了編刻出版地方藝文著作二百六十種，二千二百六十六卷的壯舉，這是近代嶺南文化史上的驕傲，而且對嶺南文獻的保護、嶺南文化的傳承都起到了重要的推動作用。伍崇曜、譚瑩皆無愧於成爲張之洞口中「五百年中必不泯滅」之人。

綜而視之，清末民初的嶺南詩歌總集的編纂，往往都是商人與學人的交流與文化合作的產物，也很好地體現了儒商結合的刻書活動的優勢：學人因爲有著雄厚的財力作爲後盾，故能更從容地將學術研究、充實圖書資料、廣泛刊刻典籍結合起來，使所刻書籍往往都是詳校精讎，質量上乘；而商人在刊刻書籍，以惠士林之時，由於從搜集、甄選、整理都有了專業的學者爲其把關，而且每書刻畢，都由學者附有跋文，介紹作者生平、書籍來源、版本情況等內容，爲著作本身增色良多，也能使商人們藉此獲得更多的社會認可。

〔註 116〕【清】鄭夢玉等修、梁紹獻等纂：《南海縣志》，同治十一年刊本，卷十八「列傳」十四～十六「譚瑩」。

〔註 117〕【清】鄭夢玉等修、梁紹獻等纂：《南海縣志》，同治十一年刊本，卷十八「列傳」十四～十六「譚瑩」。

故儒、商文化合作這樣一種社會風氣的興起，不僅有力地推動了嶺南典籍刊刻事業的發展，同時，也有利於學人借助商人的財力支持，達成對嶺南地方文獻的保護、整理與弘揚，這對整個嶺南文化的近代化進程都具有深遠的歷史影響力。

三、詩歌總集中的嶺南山川風物書寫

由於詩歌總集的編纂者們普遍持有強烈的文獻意識與鄉邦觀念，加之古已有之的描繪鄉土風物以及採風問俗的傳統，故在以《楚庭耆舊遺詩》、《潮州詩萃》、《梅水彙靈集》爲代表的清末嶺南詩歌總集中，展現嶺南山川風物的詩歌也成爲了當中的一個很有地域特色的主要組成部份。它們大抵可以歸入題詠山水類的範疇，同時，由於嶺南地區在地域上、氣候風物的特殊性上，均與中原地區有著較大的差異，因此，這部份描繪嶺南山川風物的詩歌，也就能自成一個系列，成爲讀者認識、考察嶺南風物乃至地域風情的一條較直接而便利的途徑。

不同的地域自然環境，必然孕育和促成不同的地域文化。同時，「那根植於自然地域環境的執著與鍾情，那生於斯、遊於斯的生活與歌詠，使地域自然環境本身成爲地域文化『一體兩翼』中不可或缺的部分」。在嶺南詩歌總集中，其所選輯的詩歌對嶺南一地的反映遍及自然地理、人文傳統等各個層面。然而，詩歌畢竟不是鏡子，它也不可能反映嶺南自然環境與氣候物產的全貌，相反，在這種書寫中，帶有一種明顯的選擇性。也就是說，通過對詩歌總集中眾多的詩歌的研讀，我們會發現嶺南詩人們在用詩歌反映其鄉邦文化之時，往往表現出共同的嗜好，從而將他們的筆觸多集中在某一山川形勝、文化遺迹、地方物產的某一方面，而不及其餘。

明學者郭棐編輯，清陳蘭芝增輯的《嶺海名勝記》十六卷，錄詩數千首，是記錄嶺南名勝的較早的一部大型詩文總集，也爲後世樹立了一個很好的範例和標準。嶺南詩歌總集中的佼佼者，以《楚庭耆舊遺詩》、《潮州詩萃》、《梅水彙靈集》爲例，便也都選輯了不少對嶺南的山川名物加以歌詠的詩篇。這些題詠，不僅能使讀者加深瞭解嶺南地區獨特的勝景與物產，同時，這些詩作也能作爲可徵的歷史文獻，增加地方文化研究的有用材料和可徵文獻，對於研究嶺南地區的山川地理、人文風采，都具有很高的價值。在這些名山秀水和特色物產中，最受作家垂青，用詩歌表現最多的有：

1. 霍山

霍山，在龍川縣東北一百里。「秦初有霍龍居之，因名」。傳說秦時有霍龍避亂隱居於此，遇眞人給他金液還生丹，功成仙去。後人因以霍名山。它以奇特的山形，清幽的岩宇，悠久歷史而著名，是廣東七大名山之一，被譽爲「朝在羅浮暮在霍」。故千百年來許多文人墨客、高僧道士紛至沓來。宋蘇軾在《江漲用過韻》中便曾提到霍山云：「已連漲海白，尙帶霍山綠。」歷代不少嶺南詩人，如王天與、顏璉、李焞、劉奎昌、王若水、彭邦瓊等都曾在此流連覽勝，留下珍貴的墨迹：

王天與《登霍山》

特訪循州第一峰，仙嚴高處近蟾宮。
插天石筍雲逾濕，向日山花春自紅。
萬象包羅歸眼底，兩儀合闢屬胸中。
興濃直上飛雲頂，望見西南山萬重。

顏璉《遊霍山》

翠削雲根宿雨收，憑虛孤眺俯循州。
醴泉細滴靈巖夜，石甕高懸碧漢秋。
地切榆垣煙火隔，僧棲蓮室歲時悠。
莫將大藥愁顏鬢，且脫樊羈學漫遊。

李焞《重遊霍山》

蓬壺迢遞結幽棲，踏蹬攀蘿路不迷。
岩裏鶴迎前度客，壁間僧錄舊時題。
長思玄豹藏煙霧，或有僊人到杖藜。
黃石秘傳今在否，金針持受霍山西。

劉奎昌《霍山詩寄懷巫凝始先生》

從古有仙山則靈，名山還賴哲人銘。
登仙日靜閒今古，睡佛雲深鎖户庭。
奮迹龍川儲舜嶽，標名雁塔徙莊溟。
振衣千仞峰爭秀，期我明時耀日星。

王若水《霍山仙迹》

火候初周果已圓，眞身飛陟任遨旋。

青華玉室吟何世，碧洞桃花不計年。
搗藥臼留丹鼎冷，遊仙徑斷石鐘懸。
前時要結多情侶，此日相逢倍暢然。

彭邦瓊《偕遊霍山次孟君鋅韻》
夢繞名山二十年，煙霞信宿半生緣。
松浮翠色天邊淨，藤掛秋光石上妍。
明月清風閒野客，丹崖青巘老頑仙。
忽聞孤鶴峰頭唳，疑聽鈞夫大古弦。

2. 陰那山

陰那山是嘉應地區首屈一指的勝景名山，人稱粵東群山之祖。陰那山秀甲潮梅，名播閩粵，與羅浮、南華鼎峙齊名，並稱「粵東三勝」。其山頂五峰並列，稱五指峰，海拔均超千米，故有「白雲深處望三州」之說。

南宋末年程鄉人蔡蒙吉曾讀書於陰那山畔，作《遊陰那山》詩：

古剎懸崖勢絕奇，況臨泉石畫中窺。
五峰青翠冠攢玉，二水迴環練拂漪。
魚鳥性能明正定，猿猴聲似發菩提。
沉沉鐘鼓僧閒寂，客亦忘言自得之。

明代潮州詩人林大欽，亦作有《遊陰那》詩，道出了陰那山的幽寂之趣：

遙看名勝起巃嵸，束膝徐徐謁鏡空。
五玉峰前鋪玉埒，二珠樹裏蕊珠宮。
有因特叩關中偈，無盡誰傳燈下紅。
石上精魂今在否？今人酬唱有無中。

清乾隆年間的嘉應詩人葉煌，也常在陰那山中盤桓遊玩，其《聖壽寺》（作家自注：寺在陰那山最高處）詩云：

絕頂招提隱，晨鐘寂不聞。
鳥啼千嶂雨，僧臥一庵雲。
曲徑莓苔長，深林麋鹿群。
安知翠微裏，坐久落斜曛。

以上三位詩人所詠物雖同爲陰那山，但由於他們在詩歌的抒寫中，各自從不同角度寫景抒懷，故並無雷同之感，相反，體現出的是對鄉邦名山勝迹的熱愛，別有一番獨特的審美情趣。

3. 荔枝

李時珍《本草綱目》云：「荔枝始傳漢世，初惟出嶺南。」荔枝作爲最富盛名的嶺南佳果，以其獨特的口感和幽遠的地域性，成爲歷代詩家青睞的抒詠對象，富有詩性特質的荔枝意象散存於各類詩詞當中。王逸的《荔枝賦》是最早對荔枝進行審美關注的：「皮似丹罽，膚如明璫，潤侔和璧，奇逾五黃。仰歎麗表，俯嘗佳味，口含甘液，腹受芳氣。兼五滋而無常主，不知百和之所出；卓絕類而無儔，超眾果而獨貴。」而伴隨著唐楊貴妃的嗜荔，《資治通鑒·唐紀三十一》有記：「（楊貴妃）欲得生荔枝，歲命嶺南馳驛致之，比至長安，色味不變。」《新唐書》中也有著同樣的記載：「妃嗜荔枝，必欲生致之，乃置騎傳送，走數千里，味未變已至京師。」卻令詠荔詩從此更多被借用於諷喻時政，從而在後世的文學書寫中承擔了罵名。

粵人的詩歌中，也多有詠荔枝之作。與外鄉人從諷喻時政的角度出發不同，嶺南詩人筆下的荔枝書寫，往往都包含著鄉土之愛，著重對荔枝的美態與獨特的口感進行最原真的呈現，這也是嶺南詩歌總集的編纂者所想表達的：

張其翰《嶺南荔枝詞二首》

競沽仙釀說仙酹，琥珀齊斟白玉缾。
記得去年今夕宴，有人扶醉荔根屏。
（自注荔枝酒色如琥珀，荔根屏間粵舫。）

手植靈根說大顛，楊枝一滴灑南天。
果然我佛慈悲甚，甘露門開八百年。

李鳳修《嶺南荔支詞三首》

一年一會鬥繁華，雪藕調冰未足誇。
昨日蘆棚又開社，紅香堆滿狀頭家。

五雲樓閣近城隅，中有僊人絳雪膚。
昨夜月明江上望，錯疑神女弄虬珠。

南州荔支無處無，南州掛綠貴如珠。
兼金欲購不易得，五月尚未登盤盂。

李燮《嶺南荔支詞》

朝漢臺前望若何，千林紅映日華多。

南天此是承恩樹，曾記葡萄報尉佗。

李汝孚《嶺南荔支詞二首》

枇杷答遝上林殊，尤物天生有意無。

宛馬才來邛杖入，離宮扶荔爲番禺。

（自注東坡詩：「不知天公有意無，遣此尤物生海隅。」）

瓊花珠果產江鄉，北客南來莫漫嘗。

不用塵埃困飛騎，一杯先合酹唐羌。

黎昱《嶺南荔支詞》

飛騎曾征到海頭，永元一疏竟千秋。

年來不上花田冢，只買紅香薦伯遊。

除此之外，荔枝作爲嶺南人最喜歡的果品之一，還經常被詩人作爲社課、學課的題目。在荔枝成熟的季節，文人往往開荔社，啖荔賦詩。道光元年（1821），粵中詩人競賦荔枝詩，參與者有楊時濟、梁國珍、黃喬松、吳應逵、熊景星、吳梅修等諸多文士名流。其中的佳作有：

楊時濟《嶺南荔支詞三首》

笑問江洲畫得無，珊瑚紅墜幾千株。

稱心那用論園買，一個金錢一顆珠。

（自注珊瑚墜產嘉應州，鳳尾閣五月熟以香包勝）

珠江樓閣總迷離，不買山支買永支。

最好輕紅纖手擘，水晶簾下納涼時。

朝來小摘露華寒，顆顆圓勻稱玉盤。

修到神仙無別訣，一生長燕水晶丸。

（自注水晶丸產番禺，俗名糯米餈）

吳梅修《嶺南荔支詞四首》

南風先熟鷓鴣斑，藤盒家家疊往還。

怪道珠娘好顏色，個儂原住荔支灣。

（自注鷓鴣斑早熟，開園時，輒以藤盒分餉親友。）

香醪何處問林婆，古木荒祠長薜蘿。

曾摘驪珠三百顆，年時湖上薦東坡。

（自注驪珠產海豐）

松江江口樹離離，不種桑麻種荔支。
記取色香兼味絕，蒨紅初擘酒醒時。
（自注嘉應鬆口產荔支有蒨紅嫩綠丁香結諸種）

最憶丁香五月初，垂垂千樹繞吾廬。
何時得遂連床約，紅荔村中老著書。
（自注余家鬆口之荔村，有荔村草堂爲余兄弟讀書處。）

這些荔枝詞作品中對荔枝水果形態的優美呈現，營造出一個充滿嶺南風情的詩性空間，比起其它地域的詩人創作的諷喻之作，更貼近嶺南人的日常生活，眞實還原了嶺南人對本地果品的喜愛，讓人耳目一新。

4. 其它自然、文化勝景

歌詠文化遺迹及地方勝景，本來就是詩歌反映的主要題材，故而在嶺南詩歌總集中也是俯拾皆是。如劉允的《韓山》、古革的《題南里石》、楊圭的《題蒲侯曾井石亭》、胡霙的《神光山懷古》、張玿的《淩風樓懷古》、吳仕訓的《文馬祻》、《舌鏡塔》、《潮陽八景》、李象元的《登蓮花峰弔文信國》、陳鶚薦的《白雲山》、李恒熉的《留衣亭》、陳任的《鳳凰臺詩》、陳王猷的《留衣亭故址》、楊仲興的《度梅嶺》、顏鳴臯的《過百花洲二首》、賴鵬翀《登五層樓》、鄭高華的《謁韓文公祠》、《蓮花峰弔古》、徐嵩的《惠州西湖》、鄭安道的《東山弔文丞相》、《韓山懷古》、李光昭的《番山》、《禺山》、《浮邱山》、鄭重暉的《韓山雙旌石懷古》、《飛泉嶺》、《潮州二十四詠》、廖紀的《五仙觀》、楊世勳的《重修馬公墳》、《金山伏虎石歌》、《擬元人十臺詩詠潮州十臺》、陳有懿的《粵秀山懷古》、宋湘的《韓江樓題壁》、《遊韓山》、《下蓬辣灘》、《木棉花二首》、《廣濟橋晚眺》、李黼平的《南園詩社行》、陳一峰《海幢寺》、黃釗的《過梅嶺小憩雲封寺》、《光孝寺鐵塔》等，不勝枚舉。

這些詩歌，生動地反映了嶺南地區各具體地域的山川風物和世情文化。從橫亙粵北邊境，「通宵雨滴急催梅，枝北枝南曉盡開」，嶺南自唐代起最重要的中原交通要道「梅嶺古道」，到「十里煙霞洲渚通，群山繚繞碧波中」的惠州西湖；從宋代以來「羊城八景」的「珠江秋色」、「光孝菩提」、「白雲晚望」到只能停留在秦漢時期的美好懷想中的「穗城作鎮惟三山，堯山故迹今失傳」的番禺二山；從岡巒起伏，花木明秀的越秀山及座落山中，供文人雅士弔古賦詩的越王臺、呼鑾道、鮑姑井、鎮海樓，到振嶺南一代詩風而著稱於世的廣州南園抗風軒。全面地展現了嶺南地區的山川、物產、歷史、習俗。通過它們，讀者可以瞭解到嶺南社會、民俗、文學活動的最具體生動的圖景。詩人在賦詩之時所使用的豐富的藝術技巧固然值得稱道，但從中所體現出來的詩人的文化創作心態同樣值得人品味。他們在詩歌創作時對嶺南風物、文化飽含的深情，不但使其詩作中的審美對象「寫氣圖貌，屬採附聲」，盡括菁華。同時，其秉承的模山範水、遺貌取神的山水文學創作傳統，也足令讀者由對某一處自然山水或文化遺迹的喜愛，進而上陞為對嶺南整體地域文化的鍾情與熱愛。

就此而言，嶺南詩歌總集中所收錄的各體詩歌作品不但能充當嶺南詩歌的一個容量巨大的文獻庫，更可以為嶺南文學、嶺南文化、嶺南民俗等諸多領域的專題研究提供珍貴且數量不菲的原始材料，其價值——相信是不言自明的。

四、詩歌總集編纂與嶺南族群研究意識的覺醒

二十世紀初的中國史學界，正在梁啓超旨在呼喚中國民族意識的覺醒的倡導下，試圖建構起一個與傳統史學完全不同的「新史學」，即「國族主義」的研究模式，將「新史學」的具體研究對象明確界定為種族、國族之發展史。梁啓超在光緒二十八年（1902）寫就的文章《新史學》中便大力強調「敘述數千年來各種族盛衰興亡之迹者，是歷史之性質也……是歷史之精神也」〔註118〕。以致一時之間，「國民」、「民族」、「種族」等術語變得炙手可熱。在這種「新史學」思潮的大背景下，對嶺南的幾大族群進行源流以及文化特質層面的探討，也就成為了學界關注的熱點。

嶺南詩歌總集，雖然表面上看只是旨在收錄、編輯嶺南歷代詩歌作品的詩歌選本類著作。但是，事實上，每部選本都不免滲透著編選者自己文學審美追求，以及他的文化觀。尤其是溫廷敬，他作為近代粵東著名的文史學家，更是借《潮州詩萃》的編纂，闡述了他對嶺南族群的理解，以體現出一種鮮明的嶺南族群研究意識。以前，雖有《廣東文徵》、《廣東通志》、《廣東新語》、《嶺南文獻》等一系列書的編纂刊行，都帶有強烈的地域色彩，但將族群作

〔註118〕梁啓超：《新史學》，見《飲冰室合集》文集第一冊之九，北京：中華書局，1989年版，第12頁。

爲明確的研究對象，是絕無僅有的。

溫廷敬在撰寫詩人小傳時，創造性地加入了他關於「土族」與「客族」的理解。「土族」與「客族」這一組概念，其實，他的這種觀點，最早出現在光緒二十九年十一月初八日至十一日（筆者按：1903 年 12 月 26 至 29 日），他以「訥庵」爲筆名，所撰寫的《潮嘉地理大勢論》一文中：

> 民族者，地理之主人翁也。故言地理者，必以民族爲歸。地理既殊，則民族亦因之而異。……潮嘉民族，分爲土、客二族，嘉應全屬，皆爲客族；澄、普二縣，皆爲土族；海、潮、揭、惠，亦屬土族，惟山谷之間，頗有一二客族錯處；饒平、豐順，則土、客各居其半；大埔亦客族，惟有一支自福建來者，尚守其土音不改，然實寥寥不足數。要之則山谷内陸，爲客族根據地；海濱廣斥，爲土族根據地。〔註 119〕

文章不但率先對梁啓超提出的以民族、種族發展理念爲重的「新史學」研究作出了積極的響應，還創造性地拈出了「土族」、「客族」這兩個本身意義相對，且從構詞法上與「民族」一詞較爲接近的概念，來替代古已有之「福老」、「客家」二詞，很好地體現了溫廷敬心中民族意識的覺醒，以及對「新史學」這個西方舶來品的出色變通運用，而這一創見也使得學界對嶺南客家族群的研究從此獲得了一個新的發展起點。三十年後，即 1933 年，羅香林撰成並出版了對後世客家研究影響深遠的《客家研究導論》一書，書中創製了「民系」這一概念，來爲廣府、客家和福老這三大嶺南族群作出了簡潔而清晰的分類界定。「民系」這一詞也從此開始被學界研究者所普遍認可，並沿用至今，成爲權威的話語。而考察羅香林對「民系」的建構歷程，不難發現，它明顯有著溫廷敬「民族」、「土族」、「客族」這一系列概念的影子。不同之處在於，羅香林將溫廷敬的「民族」演變成了「民系」。必須承認，羅香林對「民系」的發明與建構，堪稱厥功至偉，然而，就研究思路而言，基本上與溫廷敬 1903 年的研究是一脈相承的。

除此之外，溫廷敬在收錄詩人之時，堅持將潮汕與客家詩人視爲同源，兼而並收，而不是狹隘地僅收錄以潮州方言爲母語的詩人。而這種選輯理念的確立，還與當時學界關於嶺南福老及客家兩大族群的源流考索與論爭相伴

〔註 119〕溫廷敬：《潮嘉地理大勢論》，載《嶺東日報》光緒二十九年十一月十一日，第一版。

隨。早在《潮州詩萃》的文獻準備階段，溫廷敬就以《嶺東日報》爲陣地先後發表了《廣東鄉土歷史客家福老非漢種辨》、《與國學保存會論客家、福老種族書》等學術文章。尤其是在他與黃節就《廣東鄉土歷史教科書》（上海國學保存會 1907 年出版）所持的「廣東種族有曰客家福老二族，非粵種，亦非漢種」一說所作的論爭中，更是明確地將客家、福老二族都定位爲五代之時隨王潮先遷至閩，後遷入粵的中原移民的後裔：

> 客家、福老二族之稱，實起於唐宋以後。蓋自唐代，潮州人士始稍萌芽，若陳元光之武功，趙德之文學，雖爲潮人，然其先實中原故族。元光平漳州，其將卒悉河南人，設郡後，來者益多，聚居城邑。土人（猺族，即閩之舊種）畏之，稱爲河老。河老者謂其自河南遷來也，此爲河老之舊族。及唐末之亂，王潮陷漳州，其將士亦河南人，避亂之士，復多歸焉，與雜居，變其語音，是爲福老之新族。其族繁衍，遍播於漳泉興化之間，以及於潮瓊海濱之地。蓋福老之名，原爲河老，其後訛河爲學（今其族尚自云河老，而客家則呼爲學老），而末學之士不能考其本原，以其來自福建，遂定爲福老之稱，甚且書爲狫或獠字，等諸異族，而不知其同爲中原遺裔也。
>
> 至客家一族，亦出於河南光州，其證據尤顯，至今客家之人曾主河南者，云客族方言與光州之光山縣無異。蓋多爲住山之民，其轉徙亦在唐末，與福老同時，初居汀之寧化，其後遍植於汀州一郡，與江西之贛州，廣東之惠嘉欽廉，潮之大埔豐順，以及諸邑近山之地，多其族所住。其族以少與外人交通，故其語言風俗，獨能保中原之舊。陳蘭甫京卿所謂客家語言，證之周德清中原音韻，無不合者也。〔註 120〕

溫廷敬本著對鄉邦「客族」、「土族」的深情，秉承自己一生所擅長的治樸學的家法，詳盡搜羅土、客兩族的相關史料，將其歷史源流考察得清晰無誤，令上海國學保存會不久即在報紙上聲明，「擬於再版時改正，其餘未經售罄之書概行停售」〔註 121〕。這場論爭的全面勝利，奠定了嶺南土、客兩族爲

〔註 120〕溫廷敬：《廣東鄉土歷史客家福老非漢種辨》，載於《嶺東日報》光緒三十三年二月十六日，第一版。

〔註 121〕陳澤泓：《愛國未有不愛鄉——試釋黃節編著廣東鄉土歷史教科書》，見《廣

中原舊族後裔的歷史推論，很好地糾正了當時社會上，乃至學界中尚抱有的對這兩個族群的偏見。這一成果，不僅具有值得重視的歷史學意義，也深具民族學和社會學層面的學術價值。

縱觀二十世紀前期的嶺南族群研究，幾乎千篇一律集中在對客家、福老的族裔源流的考索上，甚至往往僅將目光停留在這兩個族群語言與血緣的差異上，而忽略了他們之間本有的文化同源性。這，不能不說是一種缺失。因此，溫廷敬在編纂《潮州詩萃》時，便著力以「韓江文化」的族群文化史觀貫穿全書，他指出：

> 潮、嘉爲人爲之區畫，實具天然之流域。今雖分爲二州，向實合爲一府。程鄉、鎮平、平遠，本爲潮州之隸屬；興寧、長樂，雖割自惠州，然以地勢論之，固與潮州屬同一流域。……我粵省爲西江流域，而東有東江，北有北江以會之。自惠州以西，韶州以南，皆脈絡貫通，聯爲一氣。獨我潮、嘉，山脈異向，河水異流，坐是之故，民情風俗，自成一派，與省會絕不相同。〔註 122〕

其實，不僅是地緣相近的因素，福老與客家兩大族群的祖先本就同來自中原，加上後來屢次的「客家遷移運動」，尤其是清康熙初年實行的「遷海」與「復界」等政策都令粵東的福老與客家族群呈現出了難以截然區分的雜居狀態。如在康熙元年的「遷界」運動中，韓江下游的民眾都被安插到中上遊山區定居，澄海縣更在康熙三年（1664）被裁撤，縣民全都被安插到程鄉縣。這種種具不可抗力的遷徙，導致韓江流域的族群分佈產生了新的變化，也使得福老、客家兩個族群的習俗文化在雜居過程中達成了一定程度的融合，變得相近。例如：在風俗習慣上，湯坑的客家人也爲年滿 15 歲的少年舉行「出花園」成丁禮（潮俗）；客家人也有喝工夫茶的習慣；客家人在方言中吸納了一些潮方言詞彙，如食糜（吃粥）、菜頭（蘿蔔），相比於其他方言，潮汕方言與客家方言的音系相似度也是最高的；揭西客家區村寨設有的弦樂館，不少演奏的也是潮州音樂。總之，潮汕與客家兩大族群呈現出的是一種你中有我，我中有你的二元文化狀態，反而與地處珠江流域的廣府文化則顯得差異明顯。

東史志》1999 年第 2 期，第 54 頁。

〔註 122〕溫廷敬：《潮嘉地理大勢論》，載於《嶺東日報》光緒二十九年十一月初八日，第一版。

溫廷敬能在二十世紀初嶺南民系族群研究初興，所有研究者只片面強調族群文化之異之時，便清醒地認識到寓客家、福老文化於一江的重要性，著眼於韓江流域文化相比起珠江流域文化的自成一派，實具有高遠的歷史目光以及開闊的學術前瞻性。溫廷敬提出「韓江文化」這一概念，體現出的是他對粵東地區，尤其是韓江流域的政治歷史沿革的全面認知，突顯了他對兩個族群文化同源的深層次認同。他試圖構建起的是一種重文化源流的，而不是簡單地以方言，以及血緣的差異爲區分的新型族群文化歷史觀。《潮州詩萃》對潮嘉兩地，福老、客家兩族群的文學作品兼收，便很好地體現了他所倡導的韓江流域文化一體化的觀念。

著名史家陳寅恪先生在其 1942 年完稿的《唐代政治史述論稿》中曾說過：「漢人與胡人之分別，在北朝時代，文化較血統尤爲重要。凡漢化之人即目爲漢人，胡化之人即目爲胡人，其血統如何，在所不論。」〔註 123〕陳先生這番爲後人所廣泛傳誦，並引爲至論的見解，其實與溫廷敬的文化史觀正有異曲同工之妙。而溫廷敬的高足饒宗頤教授上個世紀四十年代在揭陽黃岐山虎頭嶺、五經富，普寧之大壩後山、鐵山，大棚山、苦腸腹、洪山，豐順之湯坑，潮安之登塘以及饒平之黃岡等地親作田野勘察後寫成的《韓江流域史前遺址及其文化》一書，也正是把韓江流域作爲一個獨立的文化載體來進行考慮，從中明顯可見溫廷敬研究理路影響的痕迹。

應該說，正是溫廷敬融彙於《潮州詩萃》中的嶺南族群研究，引發了學界嶺南族群研究意識的覺醒，也使得後世研究者對該課題的研究從此獲得了一個新的學術起點。

〔註 123〕陳寅恪：《唐代政治史述論稿》，北京：生活・讀書・新知三聯書店，2001 年版，第 200 頁。

結　語

詩歌總集是中國文學中一種獨特而重要的詩歌文獻。一方面，可以將其置於案頭以供揣摩、吟誦，省卻閱讀全集時披沙揀金的工夫，使之直接成爲指導詩歌創作的範本；另一方面，詩歌總集在其成書過程中，往往深受某一特定歷史階段的文學思潮或社會思潮之影響，與文學流派的形成、文學理論的豐富、文學創作的發展密切相關，成爲編者宣揚其詩學認識、傳達其詩歌史觀念的重要載體。因此，明清以來，古代文人士子非常重視總集的作用，在編纂總集的同時，對前人編就的成果也不斷進行研究。

近年來，詩歌總集的價值越來越受到重視，張伯偉《中國古代文學批評方法研究》設有專章討論總集的形成、發展和影響。孫琴安《唐詩選本六百種提要》對唐詩總集做了基本概括。鄒雲湖《中國選本批評》，從文學史的角度討論了總集的價值。

本書以嶺南詩歌總集作爲研究對象，從論述嶺南詩歌總集與嶺南詩歌史、嶺南地域文化等要素的關係入手，選取伍崇曜、譚瑩輯《楚庭耆舊遺詩》（側重收錄廣州府詩人詩作）、溫廷敬輯《潮州詩萃》（收錄自唐至民初潮州籍詩人詩作）、胡曦輯《梅水彙靈集》（收錄從北宋至清末嘉應地區詩人詩作）等三部分屬於廣府、客家和福老三大民系，且在清末民初頗具影響力的三部詩歌總集作爲主要觀照對象。

《楚庭耆舊遺詩》是由廣州十三行富商、藏書家伍崇曜和南海學者譚瑩合作編成的一部旨在收錄乾隆、嘉慶、道光年間嶺南籍詩人的詩歌總集。先後刊刻前、後、續三集，凡十三冊，合共收錄詩人七十家，詩作三千五百九十七首。其中《楚庭耆舊遺詩》前、後二集乃於道光二十三年（1843）同時刻印。前集四冊，凡二十一卷，選輯陳昌齊等十九位詩人之詩一千二百一十首；後集同為四冊，二十一卷，選輯吳蘭修等十九位詩人之詩一千零五十三首。續集則於道光三十年（1850）刻印。分為五冊，共三十二卷，選輯顏檢等三十二位詩人之詩一千三百三十四首。

《楚庭耆舊遺詩》在編纂體例上，繼元好問《中州集》與朱彝尊《明詩綜》的餘緒，在詩人小傳之下不僅採錄劉彬華、張維屏等十七位詩論家的評論文字，並以「某某云」冠之，還將編者譚瑩與伍崇曜創作的詩話著作置於詩集每一卷的作家小傳與作品選錄之間，使之成為詩集中一個不可或缺的組成部份。事實上，通過他們本色當行的鑒賞點評，不但能使讀者更準確地把握住詩人的宗尙、創作風格及其在當時詩壇所處的眞實地位，同時，也有助於編者自身的詩學觀念藉此而獲得更有效的傳達。而且，最值得關注的是，譚瑩的詩話（筆者按：譚瑩在《楚庭耆舊遺詩》中對每位入選的詩人所作的評論，雖未曾集結成一部完整的詩話著作付梓，但若把這些評論文字提取出來彙編在一起，其實已明顯具備詩話的形態）以及伍崇曜的《茶村詩話》都是僅賴《楚庭耆舊遺詩》以傳，而均未見有另外的單行本，因此更是彌足珍貴。

伍崇曜與譚瑩一生均對搜求、整理歷代嶺南文獻寄予深情。他們根據翔實的文獻史實所編成的《楚庭耆舊遺詩》，雖只錄入了區區七十位嶺南詩人，並不足以反映乾隆、嘉慶、道光三朝嶺南詩壇之全貌，但他們在集中通過序言、小傳、詩歌評論等形式向讀者提供了豐富的與嶺南詩歌相關的文獻資料，當中更不乏其它許多文史書籍中所未加載，甚至未曾注意到的材料。很好地體現了厚古而並不薄今，注重甄選當朝人之詩歌，尤其是收錄鄉邦詩人詩歌的編纂理念。同時，伍崇曜與譚瑩對此詩集所付諸的心血，也絕不僅止於對前賢詩歌進行搜求與簡單的編選。他們在集中所透露出來的對鄉邦詩歌文獻的珍視，以及期望能以詩存人、以詩存史的編纂理念，都明確地向後世讀者傳達出他們通過彙輯鄉邦前賢文獻，弘揚嶺南文化的學術意識，也令《楚庭耆舊遺詩》三集因此而具有了堪值後世研究者充分重視的文獻價值。而其中所表現出來的敏銳的審美眼光和廣闊的評價視野，更是足以確立該書在嶺南詩歌總集編纂史，以及嶺南詩歌文獻上的標誌性地位。

《潮州詩萃》是溫廷敬憑一己之力，耗數十年心血編成的，旨在收錄潮州歷代詩歌作品的詩萃巨編。全書凡五十卷，一百餘萬字，合共收錄了自唐、宋、元、明至清末民初的潮州籍詩人四百三十九家，詩作六千五百三十餘首。溫廷敬由於對潮州及周邊地區的方志史乘多有搜集，且披覽甚勤，故在詩人詩作的搜集方面比前人更趨完備，且輯佚了一批前人所未見的詩歌。

《潮州詩萃》意在將古今所有潮州籍的詩人及其詩作咸萃於一集，成爲既以人存詩，亦以詩存人的一代巨編。因此，集中所收皆爲土生土長的潮州籍人士，而不包括曾在潮州生活過的謫宦和寓賢這類外地作家。溫廷敬其實也深知歷代宦遊僑寓之士的詩作對潮州詩壇發展所起到的重要作用，他素將潮州稱爲「昌黎起化之邦」，因爲正是中唐以降，隨著韓昌黎與眾多文人騷客、士族官宦的相繼被貶入潮，方給潮州詩壇帶來了效法中原詩壇的新興發展之機，才造就了宋元以後潮州詩壇的繁榮。他在《潮州詩文萃徵鄉先哲遺集啓》中也以「僑寓彌多，采風不少」之語提到了自己對宦遊、僑寓詩人創作之豐富的密切關注。但是，爲了更純粹、更眞實地反映出自唐代至民國初年潮州籍詩人及詩作的歷史概貌，《潮州詩萃》還是斷然捨去了歷代宦遊僑寓之士的詩作，這也體現了溫廷敬對鄉賢楊天培編輯的《潮雅拾存》所用體例的一種認可。

編者溫廷敬一生均致力於對歷代潮人詩作、詩集及相關史實進行全面而系統的清理，對於那些珍稀難得一見的鄉邦文獻，他均是親手逐字謄抄。而爲了能辨明一些在歷史上存有歧見的史實，他對潮州以外的其它地區的方志也十分關注，以方便隨時進行必要的考證與辨析。正因爲這份對方志史實的熟悉程度，使得溫廷敬在編纂《潮州詩萃》之時也大量運用潮州本地或其它地區的方志材料以補詩人或詩作記載之不足。除了多方面地整理和參考歷代潮人詩文別集，溫廷敬對於明清以來的潮州詩歌總集，尤其是《古瀛詩苑》、《潮州耆舊集》、《潮雅拾存》等等這些搜集詩歌文獻材料較廣的詩文總集，更是多所取資。而且他在編《潮州詩萃》時也會自覺地對其所瞭解的詩人其它文學著作的相關情況加以交代，還往往對正史方志、諸家別集、叢書詩話和書畫報章等眾多文獻材料都加以適當的運用。這一系列看似附錄性質的記載，都能爲後人提供準確的文獻資料的來源，其價值堪值重視。

作爲一個欲以建立潮州詩歌史體系爲己任的研究者，溫廷敬對明清以來眾多的詩話，兼及選本、評點、筆記、序跋也都進行了全面而系統的披覽與研究，大大豐富了以往詩歌總集記載的缺漏與不足。故使《潮州詩萃》能踵越前人，成爲保留潮州詩人詩作最多，最全面的潮州詩歌總集，堪稱中國古代潮州詩歌總集編纂史上的集大成之作。

最值得一提的是，溫廷敬在《潮州詩萃》中貫穿著「新史學」嶺南族群研究的理念。一方面，顯現了他學術方法因對象制宜的自我調適；另一方面，也很好地折射出了二十世紀初期中國史學界的關注熱點與發展趨勢。溫廷敬一生都將古之潮州三陽與古之程鄉視爲同源，將其置於韓江流域文化一體的背景下進行觀照。融彙其多年心血編成的《潮州詩萃》便最大限度地復原了潮州，或說韓江地區詩歌創作的眞實面貌，爲後人搭建起了潮州詩歌史的研究框架。饒宗頤教授便盛讚它們「爲集大成之總集，條流昭析，閎博精詳，考作者生平，兼揚榷其風格，古今作品，咸萃於斯，誠海涵地負之巨觀，足爲來學矜式，厥功偉矣」。

胡曦編輯的《梅水彙靈集》是現存最早、規模最大、體系最爲完備的梅州一地歷代詩歌總集。共收錄梅水地區從北宋至清末約一千餘年的二百二十七位詩人的優秀詩作二千零六十七首。全書分爲八卷，其中第一卷爲宋明部分，收錄詩人二十三家，詩作九十三首。第二卷至第七卷所收則均爲清代的梅州詩人及詩作，合共一百八十五人，詩歌一千九百一十五首。最後一卷，即第八卷，編者將其分爲上下兩個部份。上半部份所收乃十位閨秀詩人及其詩作四十四首，下半部份所收則是方外詩人及其詩作，凡詩人九家，詩歌十五首。卷末並附有宋明兩代無名氏創作的繇辭雜諺四首。

全書按人繫詩，力求全備，對當中的每一位詩人，都有所點評。而且各有側重點，有的側重點評詩人的德行，有的側重點評其詩作中的某些詩眼、警句。這些對詩人、詩作的評論文字，並非均由胡曦一人撰成，當中的不少其實都是摘錄自當時重要的詩話或前輩先賢之隨筆雜記，還有些是摘錄自詩人的傳記以及其籍貫所屬地的史乘方志等等。雖然在《梅水彙靈集》中有的詩人的評論文字洋洋灑灑，長達數千言，有的詩人只有寥寥數句甚至是一句話。但不論是詳是略，都將有助於後人更好地瞭解詩人的生平、詩學淵源及詩歌作品，在文獻和文學史方面的作用都是不容忽視的。同時，胡曦通過廣泛搜閱東晉以來歷代有代表性的史書和地方志，指出了阮元《廣東通志》中的一些錯誤，也得出了正確的結論。其描述之細緻，條理之清晰，考證之嚴密，都可爲後人瞭解嘉應地區的歷史變遷提供非常重要的參考價值。除此之外，由於胡曦從小便受到客家山歌的薰陶。所以他也有意地在《梅水彙靈集》中選錄了多首客家文人竹枝詞，且在卷八中還收錄了四首客家謠諺。作爲流傳於客家地區的簡練通俗而富有意義的語句，客家謠諺積澱著千百年客家文化心理，很有保存與研究的價值。胡曦能夠在收集文人詩歌之餘，注重對文人竹枝詞與客家謠諺進行採輯，可謂是雅俗兼收。這實在是對嘉應詩歌史的一個最有益，也最必要的補充。既讓讀者清晰地看到了嘉應詩歌自宋代以來的那種異彩紛呈與蓬勃發展，同時，也讓讀者感受到了來自嘉應民間的文學與詩歌形式給正統詩壇所帶來的雅與俗的碰撞與交融。而這，也成爲了最具有嘉應地域特色的一道燦爛的文學風景線。

總而言之，《楚庭耆舊遺詩》、《潮州詩萃》、《梅水彙靈集》，作爲三部在清末民初頗具影響力的嶺南詩歌總集，無論是對詩人採取的甄選標準，對詩作體裁、內容的選輯，詩作數目的多寡，還是與詩人、詩作密切相關的傳記、評論、注釋，乃至序跋、凡例等，都明確透露出編者的審美旨趣、詩學主張、其所受的詩學薰陶以及師友的影響。因此，透過研讀這些總集，我們又可以由小及大，窺測編者所處時代的詩壇潮流之動態走向，與瞭解他編選的詩歌總集所代表的特定區域的詩歌發展歷程。這，其實也往往是編者所想達至的編纂主旨。

就每一部具體的詩歌總集而言，每位詩人相互之間的聯繫其實是比較鬆散的，往往僅是因爲相同的生活地域，相近的生活年代而被聚合到一起。不過，若細加考察，就能在一定程度上發現他們本身所處時代的詩壇動向、詩學思潮、詩作風格特色等方方面面的情況，並成爲我們探索潮州、嘉應，乃至嶺南全境的詩歌創作歷史、詩學現象與規律的珍貴材料與重要依據。事實上，即使於編者對詩歌總集進行選輯的當時，也已經包涵著他本人對鄉邦詩歌史的理解，以及他對於鄉邦詩歌史進行敘述與構建的自覺意識。

同時，作爲一種承載著豐富的地域文化內涵與地域情感的文獻形式，伍崇曜、譚瑩的《楚庭耆舊遺詩》，胡曦的《梅水彙靈集》，溫廷敬的《潮州詩萃》等詩歌總集著作的問世，除了彰顯出清末學人對嶺南前哲詩文的關注和珍惜，更重要的是，從詩歌總集的編纂本身，深刻地體現出了自阮元督粵、創建學海堂，大力倡導鼓勵樸學研究以來，樸學之風在嶺南的傳承與振興；而且，伴隨著清末民初嶺南詩歌總集編纂過程中，儒、商文化合作這樣一種社會風氣的興起，以及嶺南族群研究意識的覺醒，不僅有力地推動了嶺南典籍刊刻事業的發展，同時，也有利於對嶺南地方文獻的保護、整理與弘揚，這對整個嶺南文化的近代化進程都具有深遠的歷史影響力。

參考文獻

古籍文獻（含影印、校點本）

1. 【清】伍崇曜輯：《楚庭耆舊遺詩》，前後集：清道光二十三年（1843）南海伍氏刻本。續集：清道光三十年（1850）南海伍氏刻本。
2. 溫廷敬輯，吳二持、蔡起賢校點：《潮州詩萃》，汕頭：汕頭大學出版社，2001 年版。
3. 【清】胡曦輯：《梅水彙靈集》，清光緒十二年（1886）湛此心齋刻本。
4. 廣東丘逢甲研究會編：《丘逢甲集》，長沙：嶽麓書社，2001 年版。
5. 廣東省地方史志辦公室輯：《廣東歷代方志集成・省部》（十四～二十一），廣州：嶺南美術出版社，2006 年版。
6. 【清】黃遵憲撰，吳振清、徐勇、王家祥編校整理：《黃遵憲集》，天津：天津人民出版社，2003 年版。
7. 【清】黃遵憲著，錢仲聯箋注：《人境廬詩草箋注》，上海：上海古籍出版社，1981 年版。
8. 【清】江峰青等修、顧福仁等纂：《嘉善縣志》，清光緒十八年（1892）刊本。
9. 【清】李福泰修、史澄等纂：《番禺縣志》，清同治十年（1871）刊本。
10. 【清】廖廷臣等撰：《廣東輿地圖說》（影印本），臺北：成文出版社，1967 年版。
11. 【清】劉錦藻編：《清朝續文獻通考・經籍考》，杭州：浙江古籍出版社，2000 年版。
12. 【清】盧蔚猷修、吳道鎔纂：《海陽縣志》，清光緒二十六年（1900）刊本。

13. 【清】錢鑅修，盧鈺、俞燮奎纂：《光緒廬江縣志》，清光緒十一年（1885）刻本。
14. 【清】屈大均著：《廣東新語》，北京：中華書局，1985年版。
15. 【清】阮元修：《廣東通志》（影印本），上海：上海古籍出版社，1990年版。
16. 【清】瑞麟、戴肇辰等修，史澄等纂：《廣州府志》，清光緒五年（1879）刊本。
17. 上海書店出版社編：《中國地方志集成》「福建府縣志輯29」，上海書店、巴蜀書社、江蘇古籍出版社，2000年版。
18. 【清】沈德潛編：《唐詩別裁集》，北京：中華書局，1973年影印本。
19. 【清】沈德潛編：《國朝詩別裁集》，北京：中華書局，1975年版。
20. 【清】檀萃著，楊偉群校點：《楚庭稗珠錄》，廣州：廣東人民出版社，1982年版。
21. 【清】譚瑩撰：《樂志堂詩集》，《續修四庫全書》編委會編：《續修四庫全書》（影印本），一五二八・集部・別集類，上海：上海古籍出版社，1995～2002年。
22. 【清】譚瑩撰：《樂志堂文集》，《續修四庫全書》編委會編：《續修四庫全書》（影印本），一五二八・集部・別集類，上海：上海古籍出版社，1995～2002年。
23. 【清】譚瑩撰：《樂志堂文續集》，《續修四庫全書》編委會編：《續修四庫全書》（影印本），一五二八・集部・別集類，上海：上海古籍出版社，1995～2002年。
24. 【清】汪大經、王恒修，民國十五年（1926）吳輔再補刻：《興化府莆田縣志》。
25. 【清】王夫之等撰：《清詩話》，上海：上海古籍出版社，1978年版。
26. 王雲五主編：《叢書集成初編》，上海：商務印書館，1936年版。
27. 【清】文慶等編纂：《籌辦夷務始末・道光朝》，北京：中華書局，1964年版。
28. 【清】溫汝能纂輯，呂永光等整理，李曲齋、陳永正審定：《粵東詩海》，廣州：中山大學出版社，1999年版。
29. 溫廷敬等纂：《大埔縣志》，民國三十三年（1944）刊本。
30. 【清】伍長華輯：《兩廣鹽法志》，清道光十六年（1836）刻本。
31. 伍銓萃、伍瑤光編：《嶺南伍氏合族總譜》，民國二十二年（1933）石印本。
32. 【清】伍元葵撰：《月波樓詩鈔》，清道光二十一年（1841）刊本。

33. 【清】蕭麟趾纂：（乾隆）《普寧縣志》，臺北：成文出版社，1974 年版。
34. 【清】徐世昌輯：《晚晴簃詩彙》，北京：中華書局，1990 年版。
35. 【清】佚名纂：《安海志》，《中國地方志集成》鄉鎮志專輯 26，上海：上海書店，1992 年版。
36. 【清】永瑢等撰：《四庫全書總目提要》，北京：中華書局，1965 年版。
37. 【清】鄭夢玉等修、梁紹獻等纂：《南海縣志》，清同治十一年（1872）刊本。
38. 【清】張維屏編撰，陳永正點校，蘇展鴻審定：《國朝詩人徵略》，廣州：中山大學出版社，2004 年版。
39. 【清】朱彝尊輯錄：《明詩綜》，北京：中華書局，2007 年版。

研究專著

1. 蔡起賢著：《缶庵論潮文集》，廣州：廣東人民出版社，1995 年版。
2. 潮汕歷史文化研究中心、汕頭大學潮汕文化研究中心編：《潮學研究》第五輯，汕頭：汕頭大學出版社，1996 年版。
3. 陳香白輯校：《潮州三陽志輯稿／潮州三陽圖志輯稿》，廣州：中山大學出版社，1989 年版。
4. 陳寅恪著：《唐代政治史述論稿》，北京：生活・讀書・新知三聯書店，2001 年版。
5. 陳永正主編：《嶺南文學史》，廣州：廣東高等教育出版社，1993 年版。
6. 陳永正著：《嶺南詩歌研究》，廣州：中山大學出版社，2008 年版。
7. 陳永正選注：《嶺南歷代詩選》，廣州：廣東人民出版社，1985 年版。
8. 陳永正著：《沚齋叢稿》，廣州：中山大學出版社，2011 年版。
9. 陳澤泓著：《潮汕文化》，廣州：廣東人民出版社，2006 年版。
10. 陳澤泓著：《廣府文化》，廣州：廣東人民出版社，2007 年版。
11. 程美寶著：《地域文化與國家認同》，北京：生活・讀書・新知三聯書店，2006 年版。
12. 程志遠、江鳳蓮、徐桂英編：《梅州客家歷代鄉賢著述目錄》，廣東省梅縣圖書館編印，1989 年 10 月。
13. 鄧之誠著：《清詩紀事初編》，上海：上海古籍出版社，1984 年版。
14. 方孝岳著：《中國文學批評》，北京：生活・讀書・新知三聯書店，2007 年版。
15. 管林主編：《廣東歷史人物辭典》，廣州：廣東高等教育出版社，2001 年版。
16. 管林、陳永標、汪松濤、謝飄雲、左鵬軍、閔定慶著：《嶺南晚清文學研究》，廣州：廣東人民出版社，2003 年版。
17. 廣東省梅州市地方志辦公室編：《梅州人物傳》，梅州：梅州市地方志辦公室，1989 年。
18. 郭紹虞編選，富壽蓀校點：《清詩話續編》，上海：上海古籍出版社，1983 年版。
19. 郭延禮著：《中國近代文學發展史》，北京：高等教育出版社，2001 年版。
20. 黃霖著：《近代文學批評史》，上海：上海古籍出版社，1993 年版。
21. 黃任恒著：《番禺河南小志》，《至樂樓叢書》（第三十八），廣州：廣東人民出版社，2012 年版。
22. 黃淑娉主編：《廣東族群與區域文化研究》，廣州：廣東高等教育出版社，1999 年版。
23. 黃挺著：《潮汕文化源流》，廣州：廣東高等教育出版社，1997 年版。
24. 黃偉經主編：《客家名人錄》，廣州：花城出版社，1992 年版。
25. 金恩輝、胡述兆主編：《中國地方志總目提要》，臺北：漢美圖書有限公司，1996 年版。
26. 柯愈春著：《清人詩文集總目提要》，北京：北京古籍出版社，2002 年版。
27. 梁嘉彬著：《廣東十三行考》，南京：國立編譯館，1937 年版。
28. 李靈年、楊忠主編：《清人別集總目》，合肥：安徽教育出版社，2000 年版。
29. 李權時等編：《嶺南文化》（修訂本），廣州：廣東人民出版社，2010 年版。
30. 梁啓超著：《清代學術概論》，北京：中華書局，1954 年版。
31. 梁啓超著，舒蕪校點：《飲冰室詩話》，北京：人民出版社，1959 年版。
32. 梁啓超著：《飲冰室合集》，北京：中華書局，1989 年版。
33. 劉世南著：《清詩流派史》，北京：人民文學出版社，2004 年版。
34. 【瑞典】龍思泰著、吳義雄等譯：《早期澳門史》，北京：東方出版社，1997 年版。
35. 倫明著，雷夢水校補：《辛亥以來藏書紀事詩》，上海：上海古籍出版社，1990 年版。
36. 羅可群著：《廣東客家文學史》，廣州：廣東人民出版社，2000 年版。
37. 羅香林等輯：《興寧先賢叢書》，香港：香港《興寧先賢叢書》校印處，1958～1973 年。
38. 羅香林著：《客家研究導論》，上海：上海文藝出版社，1992 年版。

39. 羅志歡著：《嶺南歷史文獻》，廣州：廣東人民出版社，2006年版。
40. 駱偉主編：《廣東文獻綜錄》，廣州：中山大學出版社，2000年版。
41. 【美】馬士著，區宗華、林樹惠、章文欽譯：《東印度公司對華貿易編年史》，廣州：中山大學出版社，1991年版。
42. 毛慶耆主編：《嶺南學術百家》，廣州：廣東人民出版社，2004年版。
43. 彭玉平著：《詩文評的體性》，北京：北京大學出版社，2012年版。
44. 齊思和著：《鴉片戰爭》，上海：上海人民出版社，1957年版。
45. 錢仲聯著：《夢苕庵論集》，北京：中華書局，1993年版。
46. 錢仲聯主編：《清詩紀事》，南京：鳳凰出版社，2004年版。
47. 錢鍾書著：《談藝錄》（補訂本），北京：中華書局，1984年版。
48. 喬好勤主編：《嶺南文獻史》，武漢：華中科技大學出版社，2011年版。
49. 饒鍔、饒宗頤著：《潮州藝文志》，上海：上海古籍出版社，1994年版。
50. 【美】威廉·C·亨特著，馮樹鐵、沈正邦譯：《廣州番鬼錄·舊中國雜記》，廣州：廣東人民出版社，2009年版。
51. 司徒尚紀著：《嶺南歷史人文地理——廣府、客家、福佬民系比較研究》，廣州：中山大學出版社，2001年版。
52. 譚棣華、曹騰騑、冼劍民著：《廣東碑刻集》，廣州：廣東高等教育出版社，2001年版。
53. 天津圖書館編：《中國古籍善本書目書名索引》（稿本），濟南：齊魯書社，2003年版。
54. 汪國垣撰：《汪辟疆全集》，上海：上海古籍出版社，1988年版。
55. 王貴忱著：《可居叢稿》，廣州：廣東人民出版社，2011年版。
56. 王鍾翰點校：《清史列傳》，北京：中華書局，1987年版。
57. 吳承學著：《中國古代文體學研究》，北京：人民出版社，2011年版。
58. 吳承學著：《中國古典文學風格學》，北京：北京大學出版社，2011年版。
59. 吳至強主編：《廣東省志·出版志》，廣州：廣東人民出版社，1997年版。
60. 謝重光著：《客家文化述論》，北京：中國社會科學出版社，2008年版。
61. 謝永芳：《廣東近世詞壇研究》，上海：上海古籍出版社，2008年版。
62. 謝正光、佘汝豐編著：《清初人選清初詩彙考》，南京：南京大學出版社，1998年版。
63. 謝正光著：《清初詩文與士人交遊考》，南京：南京大學出版社，2001年版。

64. 興寧縣地方志編修委員會編：《廣東省地方志叢書・興寧縣志》，廣州：廣東人民出版社，1992 年版。
65. 興寧縣政協文史委員會編：《興寧文史》第 17 輯，1993 年。
66. 徐信符著：《廣東藏書紀事詩》，臺北：文海出版社有限公司，1975 年影印本。
67. 葉春生著：《嶺南民間文化》，廣州：廣東高等教育出版社，2000 年版。
68. 嚴迪昌著：《清詩史》，杭州：浙江古籍出版社，2002 年版。
69. 嚴明著：《清代廣東詩歌研究》，臺北：文津出版社，1992 年版。
70. 袁行雲著：《清人詩集敘錄》，北京：文化藝術出版社，1994 年版。
71. 趙爾巽等撰：《清史稿》，北京：中華書局，1977 年版。
72. 左鵬軍著：《黃遵憲與嶺南近代文學叢論》，廣州：中山大學出版社，2007 年版。
73. 中國人民政治協商會議廣東省汕頭市委員會文史與研究委員會編：《汕頭文史》第三輯，1986 年。
74. 中國人民政治協商會議廣東省大埔縣委員會文史資料委員會主編：《大埔文史》第六輯，1987 年。
75. 中山大學中國古文獻研究所編：《全粵詩》（12 冊），廣州：嶺南美術出版社，2008～2011 年。
76. 鍾賢培、汪松濤主編：《廣東近代文學史》，廣州：廣東人民出版社，1996 年版。
77. 周湘著：《廣州外洋行商人》，廣州：廣東人民出版社，2002 年版。
78. 章鈺等編：《清史稿藝文志及補編》，北京：中華書局，1982 年版。
79. 鄒雲湖著：《中國選本批評》，北京：生活・讀書・新知三聯書店，2002 年版。
80. 朱則傑著：《清詩史》，南京：江蘇古籍出版社，1992 年版。
81. 朱則傑著：《清詩考證》，北京：人民文學出版社，2012 年版。

學位、期刊論文

1. 陳凱玲：《清代廣東省級詩歌總集研究》（浙江大學 2008 年 6 月中國古代文學專業碩士學位論文，導師：朱則傑教授）。
2. 劉和文：《清人選清詩總集研究》（蘇州大學 2009 年 6 月中國古代文學專業博士學位論文，導師：馬衛中教授）。
3. 宋迪：《嶺南詩歌總集研究》（中山大學 2006 年 6 月中國古典文獻學專業碩士學位論文，導師：陳永正教授）。
4. 王湘華：《晚清民國詞籍校勘研究》（中山大學 2009 年 6 月中國古代文學

專業博士學位論文，導師：彭玉平教授)。
5. 夏勇：《清詩總集研究（通論)》(浙江大學 2011 年 6 月中國古代文學專業博士學位論文，導師：朱則傑教授)。
6. 張瀾：《類書文學觀念個案研究》(中山大學 2007 年 6 月中國古代文學專業博士學位論文，導師：吳承學教授)。
7. 張波：《明代宋詩總集研究》(中山大學 2011 年 6 月中國古代文學專業博士學位論文，導師：孫立教授)。
8. 趙秀紅：《蔣景祁與〈瑤華集〉研究》(中山大學 2007 年 6 月中國古代文學專業博士學位論文，導師：彭玉平教授)。
9. 陳永正：《韓愈詩對嶺南詩派的影響》，《中山大學學報（社會科學版)》，1993 年第 2 期。
10. 陳永正：《嶺南詩派略論》，《嶺南文史》，1999 年第 3 期。
11. 陳澤泓：《愛國未有不愛鄉——試釋黃節編著廣東鄉土歷史教科書》，《廣東史志》，1999 年第 2 期。
12. 蔣寅：《清代詩學與地域文學傳統的建構》，《中國社會科學》，2003 年第 5 期。
13. 劉和文：《清詩總集地域性特徵考論》，《內蒙古大學學報》，2011 年第 4 期。
14. 閔定慶：《〈潮州詩萃〉選政初探》，《華南師範大學學報》，2006 年第 5 期。
15. 閔定慶：《〈潮州詩萃〉選政三題》，《古籍整理研究學刊》，2008 年第 2 期。
16. 彭玉平：《選本批評與詞學觀念——陳廷焯的詞選批評探論》，《汕頭大學學報》，2005 年第 5 期。
17. 彭玉平：《論民國時期的清詞編纂與研究——以葉恭綽爲中心》，《南京大學學報（哲學・人文科學・社會科學版)》，2009 年第 2 期。
18. 吳承學：《論〈四庫全書總目〉的文體學思想》，《北京大學學報（哲學社會科學版)》，2007 年第 4 期。
19. 吳承學：《明代文章總集與文體學——以〈文章辨體〉等三部總集爲中心》，《文學遺產》，2008 年第 6 期。
20. 吳承學：《宋代文章總集的文體學意義》，《中國社會科學》，2009 年第 2 期。
21. 吳二持：《〈潮州詩萃〉在潮人文化史上的價值》，《汕頭大學學報》，2006 年第 3 期。
22. 謝永芳：《譚瑩的〈論詞絕句〉及其學術價值》，《圖書館論壇》，2009 年第 2 期。

23. 夏勇：《清代地域詩歌總集編纂流變述略》，《西南交通大學學報》，2009 年第 1 期。
24. 左鵬軍：《晚清嶺南客家詩人胡曦詩歌簡論》，《嶺南文史》，1997 年第 4 期。
25. 左鵬軍：《錢鍾書論黃遵憲述說》，《華南師範大學學報（社會科學版）》，1999 年第 3 期。
26. 左鵬軍：《論詩絕句的集成與絕唱——陳融〈讀嶺南人詩絕句〉的批評史和文體史意義》，《中山大學學報（社會科學版）》，2011 年第 3 期。
27. 朱則傑：《六種廣東地區清詩總集鈎沈》，《五邑大學學報》，2009 年第 1 期。
28. 朱則傑：《關於清詩總集的分類》，《甘肅社會科學》，2008 年第 1 期。
29. 朱則傑：《關於清詩總集的選人與選詩》，《甘肅社會科學》，2009 年第 1 期。

後　記

如今呈現在各位讀者面前的這本小書，是我 2010 年至 2013 年在華南師範大學文學院攻讀中國古代文學專業博士學位時的畢業論文修改稿。

自 2004 年從湛江負笈來穗，得以忝列左師鵬軍先生門牆，系統地學習中國近代文學，至今不過十一年的時間。而以清末民初嶺南詩歌總集作爲自己的一個重要研究對象更是才三四年光景。其實，當初之所以將其作爲自己攻讀博士學位的研究選題，更多是應左師的建議，自己並不是太鍾情的。因爲那時的我一直深深地爲晚清民國學人的風骨風韻所吸引，希望一窺身處新舊嬗變的大時代中的大師們的學術路徑和學術風采，並進而感受中華學術文明「獨立之精神、自由之思想」的馨香。相較於後者的豐滿、有趣、熱鬧，嶺南詩歌總集研究顯得是那樣的貧乏、枯燥與冷清。然而當眞正進入到對清末民初嶺南詩歌總集的研究，我便不由歎服，恩師的專業學術手眼，確實非我所能企及。

嶺南詩歌總集作爲一種承載著豐富的地域文化內涵的文獻形式，其編纂不但能體現出編輯者的詩學傾向，同時，也在一定程度上構建起了詩歌總集本身的一套編纂體系。因此，通過對清末民初嶺南詩歌總集進行清理，並以文體學的角度來對其進行觀照研究，將可以在一定程度上釐清和揭示清末民初之際的嶺南詩歌對前代的繼承以及自身新的嬗變；更何況詩歌總集的編者們都是從治鄉邦文獻目錄之學起步，尤長史料考據之學的學人。他們在總集編纂中所透露出來的對鄉邦詩歌文獻的珍視，以及因人存詩、以詩存史的編纂理念，都明確地向後世讀者傳達出他們通過彙輯鄉邦前賢文獻，弘揚嶺南文化的編纂意圖。因此，以嶺南詩歌總集爲對象的研究可以爲後世研究者考察詩歌總集編者的學術思想、詩學觀念，乃至相關時代的社會環境、文化風氣、文人群體、文學潮流等，提供豐富的文獻資料與多樣的學術視角。故而時至今日，我越來越清晰地認識到，清末民初嶺南詩歌總集，非但不是一個了無意趣、乏善可陳的領域，相反，實有著其獨特而重要的研究價值和學術魅力。

幸運的是，從我這個論題的最初構思到如今修改定稿的三年多時間裏，大至論文的框架和內容的設計，小到標點符號與注釋引文的規範等細節問題，但凡有失當之處，恩師皆逐一給予我精心的指導。這也令我在研究中的每一點進步都浸潤著恩師的心血。

除此，我還必須感謝臺灣花木蘭文化出版社，尤其是楊嘉樂先生及其同仁的辛勤工作和熱情幫助，如非蒙他們的錯愛和包容，拙作實無在 2015 年便能與讀者見面的機會。

清初學者屈大均在《廣東文選》自序中曾言：「廣東者，吾之鄉也。不能述吾之鄉，不可以述天下。」如今，《清末民初嶺南詩歌總集研究》出版在即，雖然由於自身學養所限，尚存許多錯漏與不足，但作爲一個土生土長的廣東人，每當念及能藉此文爲鄉邦文化的弘揚盡到自己的一份綿薄之力，心中還是能收穫到一份「慚愧的欣慰」。

清人楊芳燦有言：「作詩如生子，有賢者，固可喜；其愚者，似亦不忍逐而棄之也。」此語，恰也可作爲我對這本小書的眞實感情寫照，聊引於此作結。

黎　聰
2015 年 4 月 2 日
於廣州河南